PONS

Bildwörterbuch
Dänisch
Deutsch

PONS GmbH
Stuttgart

INHALT

INDHOLD

LEICHTER LERNEN MIT BILDERN – WARUM IST DAS SO?

Liebe Leserin, lieber Leser,

wie wichtig die Bedeutung von Bildern ist, wenn es um das Merken von Begriffen geht, wissen wir seit Jahren aus der Lernpsychologie. Kennen Sie das? Wenn Sie ein Bild zu einem Wort sehen, bleibt das Wort viel schneller im Gedächtnis haften, als wenn es nur geschrieben dasteht. Und wenn es darum geht, in einer fremden Sprache Wortschatz nicht nur nachzuschlagen, sondern auch zu verstehen und ihn sich zu merken, unterstützen die Bilder Sie dabei, sich die Wörter schneller und besser einzuprägen. Das hat ganz einfache Gründe:

→ ***Bilder wirken schneller und direkter als reiner Text**. Schon als kleine Kinder denken wir in Bildern und können sie ganz intuitiv entschlüsseln, interpretieren und aufnehmen. Sind Bilder mit Wörtern verknüpft, bilden sie eine Einheit, die unser Gehirn mit hoher Effizienz verarbeitet und abspeichert.*

→ ***Bilder erleichtern und unterstützen das Verständnis.** Sie vermitteln Zusammenhänge und liefern uns deutlich mehr Informationen als nur Text alleine.*

→ ***Bilder sind emotional.** Sie wecken unser Interesse, steigern unsere Motivation und bleiben besser im Gedächtnis haften als einzelne Wörter.*

→ ***Bilder machen Freude.** Wo viel Text abschreckt, sorgen Bilder dafür, dass uns das Lernen Spaß macht, und wir bleiben länger bei der Sache.*

Gesehen, verstanden und schon gemerkt – so leicht kann das visuelle Lernen sein. Überzeugen Sie sich selbst!

Ihre

PONS-Redaktion

HVORFOR ER DET NEMMERE AT LÆRE MED BILLEDER?

Kære læser,

vi ved fra mange års erfaring inden for læringspsykologien, hvor vigtige billeder er, når det gælder om at huske ting og begreber. Kender du det? Når du ser et ord sammen med et billede, så sidder ordet meget hurtigere fast i hukommelsen, end hvis du kun ser det på skrift. Og når det kommer til ikke bare at lære et ordforråd på et fremmed sprog, men også forstå og huske det, så hjælper billederne dig med at huske ordene hurtigere og bedre. Det er der nogle enkle grunde til:

→ **Billeder virker hurtigere og mere direkte end ren tekst.** Allerede som børn tænker vi i billeder og kan intuitivt afkode, fortolke og opfatte billeder. Hvis billederne er knyttet sammen med ord, så danner de en enhed, som vores hjerne bearbejder og gemmer mere effektivt.

→ **Billeder letter og understøtter forståelsen.** De formidler sammenhænge og giver os mere information på en tydeligere måde end tekst alene.

→ **Billeder betyder emotion.** De vækker vores interesse, fremmer motivationen og sætter sig bedre fast i hukommelsen end tekst alene.

→ **Billeder vækker glæde.** Hvor en stor mængde tekst kan være afskrækkende, så sørger billeder for, at det er sjovt at lære, og vi koncentrerer os længere om opgaven.

Set, forstået og husket – så let kan visuel læring være. Prøv det selv!

Mange hilsner fra din

PONS Redaktion

SO ARBEITEN SIE EFFIZIENT MIT DEM BILDWÖRTERBUCH

die Erdbeere
jordbær -et n
[joɐ̯bæɐ̯]

die Himbeere
hindbær -et n
[henˀbæɐ̯]

die Brombeere
brombær -et n
[brɔmbæɐ̯]

die Heidelbeere
blåbær -et n
[blʌbæɐ̯]

Ganz gleich, ob Sie erst anfangen, eine Fremdsprache zu erlernen, oder ob Sie bereits über gute Sprachkenntnisse verfügen: Dieses Wörterbuch ist Ihr idealer Begleiter. Für jede Sprache decken rund 8.000 Begriffe alle Bereiche des Alltags ab und die Kombination von Wort und Bild ermöglicht Ihnen, Wörter schnell nachzuschlagen, zu übersetzen und sich mühelos einzuprägen. Hier die wichtigsten Tipps, wie Sie den größten Nutzen aus diesem Wörterbuch ziehen:

Uanset om du lige er begyndt at lære et fremmedsprog, eller om du allerede har gode sprogfærdigheder: Denne ordbog er din ideelle ledsager. Hvert sprog vises med omkring 8.000 begreber fra alle områder af hverdagen, og kombinationen af ord og billede giver dig mulighed for hurtigt og nemt at slå op, oversætte og huske ord. Her er de vigtigste tips til, hvordan du får mest ud af denne ordbog:

1. Wörter im Zusammenhang lernen

Wörter werden schneller gemerkt, wenn man sie im Kontext lernt. Aus diesem Grund ist dieses Wörterbuch nach Themenfeldern aus dem Alltagsleben gegliedert. Ganz gleich, in welches Thema Sie eintauchen – ob Einkaufen, Kleidung, Lebensmittel oder Familie – betrachten Sie beim Lernen das Thema als Ganzes und versuchen Sie, möglichst viele Wörter aus dem Themenbereich aufzunehmen. Sie werden erstaunt sein, wie viel Wortschatz Sie sich in kürzester Zeit merken können.

1. Lær ordene i sammenhæng

Ord huskes nemmere, når man lærer dem i sammenhæng. Derfor er denne ordbog struktureret efter emner fra hverdagen. Uanset hvilket emne du fordyber dig i – shopping, tøj, mad eller familie – så ser du emnet som en helhed, mens du lærer. Prøv på at opfatte så mange ord som muligt inden for emneområdet. Du vil blive overrasket over, hvor stort ordforråd du kan huske på ingen tid.

SÅDAN ARBEJDER DU EFFEKTIVT MED BILLEDORDBOGEN

Herzlichen Glückwunsch!	**Hjerteligt tillykke!** [jæɐ̯dəli təˈløgə]
Alles Gute zum Geburtstag!	**Tillykke med fødselsdagen!** [təˈløgə meðˀ føsəlsdæˀn]
Wie viel Uhr ist es?	**Hvad er klokken?** [vað æɐ̯ klʌgən]
Es ist zwei Uhr.	**Klokken er to.** [klʌgən æɐ̯ toˀ]
Guten Appetit!	**Velbekomme!** [vɛlbəˈkʌmˀə]
Zum Wohl!	**Skål!** [sgɔˀl]

① ②

2. Die wichtigsten Schlüsselsätze auf einen Blick

Ob in der Fremdsprache nach der Uhrzeit fragen, oder zum Geburtstag gratulieren: In den 13 thematisch sortierten Kapiteln finden Sie neben der reinen Wort-Bild-Zuordnung die wichtigsten Sätze für die häufigsten Situationen ①. Prägen Sie sich diese Schlüsselsätze gut ein und schon haben Sie den Grundstein für eine erfolgreiche Kommunikation gelegt.

2. Oversigt over de vigtigste nøglesætninger

Om du gerne vil spørge om, hvad klokken er eller ønsker at sige tillykke med fødselsdagen på et fremmedsprog: I de 13 tematisk opdelte kapitler finder du ikke blot den enkle sammenstilling af ord og billede, men også de vigtigste sætninger til brug i de mest hyppige situationer ①. Lær disse nøglesætninger omhyggeligt, så har du allerede lagt grunden til en vellykket kommunikation.

3. Richtig aussprechen

Damit Sie jedes Wort richtig aussprechen, haben wir allen Wörtern und Sätzen eine Lautschrift beigefügt ②. Eine Übersicht über die verwendeten phonetischen Zeichen finden Sie bequem auf der letzten Seite des Buches.

3. Korrekt udtale

Vi har tilføjet lydskrift for alle ord og sætninger, så du kan udtale ordene rigtigt ②. Du kan finde en oversigt over de anvendte fonetiske tegn på sidste side i bogen.

③

glutenfrei
glutenfri
[glu:dənfriˀ]

laktosefrei
laktosefri
[lɑgˈto:səfriˀ]

④

4. Schnell übersetzen

Wenn es einfach schnell gehen muss, schlagen Sie im Anhang im Stichwortverzeichnis die richtige Übersetzung nach ③. Dort ist jedes Stichwort in Deutsch und Dänisch in alphabetischer Reihenfolge aufgeführt und im Nu gefunden.

4. Hurtig oversættelse

Hvis det bare skal gå hurtigt, så kan du se den korrekte oversættelse i stikordsregisteret i bilaget ③. Der er hvert søgeord angivet på tysk og dansk i alfabetisk rækkefølge, så de hurtigt kan findes.

5. Für den Notfall

Bilder sind eine universelle Sprache, die von allen Kulturen verstanden wird. Sollten Ihnen doch mal die Worte fehlen, zeigen Sie einfach auf das entsprechende Bild ④. Ob im Hotel, Restaurant oder auf der Straße – so können Sie sich überall auf der Welt ganz ohne Sprache verständigen.

5. I nødstilfælde

Billeder er et universelt sprog, som kan forstås i alle kulturer. Hvis du står i en situation, hvor du mangler ord, så er det let at pege på det tilhørende billede ④. Uanset om du er på hotellet, restauranten eller på gaden – så kan du kommunikere overalt i verden helt uden sprog.

6. Noch mehr Sprache

Für die ersten Schritte in der fremden Sprache liefern Ihnen die Extras im Anhang des Bildwörterbuchs praktische Unterstützung: Mit den wichtigsten Sätzen auf Deutsch und auf Dänisch sind Sie für den gelungenen Einstieg in die Fremdsprache gewappnet. Und wenn es darum geht, eigene Sätze zu bilden, hilft Ihnen unsere ausführliche Verbliste, wo Sie auch abstrakte Verben, die sich nicht abbilden lassen, nachschlagen und übersetzen können.

6. Mere sprog

Til de første trin findes der ekstra materiale i bilaget til billedordbogen, som giver praktisk støtte. Med de vigtigste sætninger på tysk og dansk er du på vej til at lykkes fra starten. Og når du vil danne dine egne sætninger, vil vores udførlige liste over abstrakte udsagnsord, som ikke kan illustreres, hjælpe dig med at slå op.

die Bankkauffrau
bankassistent -en u
[baŋgasiˈsdɛnˀd]

der Lehrer
lærer -en u
[lɛːʌ]

die Ingenieurin
ingeniør -en u
[enɕən jøˀɐ]

der Kellner
tjener -en u
[tjɛːnʌ]

Das sollten Sie noch wissen

Die Stichwörter in diesem Wörterbuch stehen immer in der Einzahl, es sei denn sie werden in der Regel nur in der Pluralform verwendet.
Im Dänischen wird der bestimmte Artikel nicht vor das Substantiv gestellt, sondern als Endung hintenan. Diese Endungen der bestimmten Form stehen rechts neben jedem Substantiv in grauer Schrift.

Hvad du mere skal vide

Søgeordene i denne ordbog er altid i ental, medmindre de normalt kun bruges i flertal.
På dansk er den bestemte artikel ikke placeret før navneordet, men placeret bagved som endelse. Disse endelser af den bestemte form står til højre for hvert navneord med grå skrift.

Es war uns wichtig, bei Funktions- und Berufsbezeichnungen Männer und Frauen gleichermaßen und gleichberechtigt zu berücksichtigen. Da wir aber aus Platzgründen nicht immer beide Geschlechter gleichzeitig abbilden können, haben wir uns immer für eines entscheiden müssen. Dabei orientiert sich das Geschlecht des Wortes immer am Geschlecht der abgebildeten Figur.

Vi har lagt vægt på at medtage både mandlige og kvindelige betegnelser på lige fod i jobtitlerne, når det er relevant. Men fordi vi af pladsgrunde ikke altid kan illustrere begge køn samtidig, har vi altid måttet bestemme os for et af de to. Derfor er ordets køn altid bestemt af den viste figur.

MENSCHEN

MENNESKER

DIE FAMILIE – FAMILIEN

Der Stammbaum – Stamtræet

der Schwiegervater
svigerfar -en u
[sviːəfɑː]

die Schwiegermutter
svigermor -en u
[sviːəˈmoɐ̯]

die Schwägerin
svigerinde -en u
[sviʌˈenə]

der Schwager
svoger -en u
[svɔwˀʌ]

der Ehemann
ægtemand -en u
[ɛgdəmanˀ]

die Ehefrau
kone -en u
[koːnə]

der Schwiegersohn
svigersøn -en u
[sviˀʌsœn]

die Tochter
datter -en u
[dadʌ]

der Sohn
søn -en u
[sœn]

der Enkel
barnebarn -et n
[bɑːnəbɑˀn]

die Enkelin
barnebarn -et n
[bɑːnəbɑˀn]

DIE FAMILIE – FAMILIEN

Der Stammbaum – Stamtræet

der Großvater
morfar/farfar -en/-en u
[moɐ̯fɑ:/fɑ:fɑ:]

die Großmutter
mormor/farmor -en/-en u
[moɐ̯moɐ̯/fɑ:moɐ̯]

die Mutter
mor -en u
[moɐ̯]

der Vater
far -en u
[fɑ:]

die Tante
tante -n u
[tandə]

der Onkel
onkel -en u
[ɔŋˀgəl]

die Schwester
søster -en u
[søsdʌ]

der Bruder
bror -en u
[broɐ̯]

die Cousine
kusine -n u
[kuˈsi:nə]

die Nichte
niece -n u
[niˈɛ:sə]

der Neffe
nevø -n u
[neˈvø]

der/die Verwandte	**slægtning** -en u [slɛgdneŋ]
die Großeltern	**bedsteforældre** -ne pl [bɛsdəfʌɛlˀdrʌ]
die Eltern	**forældre** -ne pl [fʌɛlˀdrʌ]
das Ehepaar	**ægtepar** -ret n [ɛgdəpɑ]
der Vorfahre	**forfader** -en u [fɒ:fæ:ðʌ]
ledig	**ugift** [ugifd]
verheiratet	**gift** [gifd]
geschieden	**fraskilt** [frɑˀsgelˀd]
verlobt	**forlovet** [fʌˈlɔˀvəd]
verwitwet	**enke/enkemand** [ɛŋgə/ɛŋgəmanˀ]
verwandt	**beslægtet** [beˈslɛgdəð]

BEZIEHUNGEN – TILKNYTNING

Familie und Lebensphasen – Familie og livsfaser

das Baby
baby/spædbarn
[bɛjbi/sbɛðbɑˀn]

das Kind
barn -et n
[bɑˀn]

Herr ...
Hr. ... -en u
[hæɐ̯]

der Mann
mand -en u
[manˀ]

die Jugendliche
teenager -en u
[tiːnɛjdɕʌ]

die Zwillinge
tvilling -en u
[tvileŋ]

die Frau
kvinde -en u
[kvenə]

Frau ...
Fru ... -en u
[fruː]

der/die Bekannte
den **bekendte** u
[beˈkɛnˀdə]

der Junge
dreng -en u
[draŋˀ]

das Mädchen
pige -n u
[piːə]

die Freunde
venner -ne pl
[vɛnʌ]

das Paar
par -et n
[pɑ]

die Freundin
veninde -n u
[vɛnˈenə]

der Freund
ven -en u
[vɛn]

der Erwachsene	den **voksne** u [vʌgsnə]
die Geschwister	de **søskende** pl [søsgənə]
der Patenonkel	**gudfar** -en u [guðfɑː]
die Patentante	**gudmor** -en u [guðmoɐ̯]
der Stiefvater	**stedfar** -en u [sdɛðfɑː]
die Stiefmutter	**stedmor** -en u [sdɛðmoɐ̯]
der Stiefbruder	**stedbror** -en u [sdɛðbroɐ̯]
die Stiefschwester	**stedsøster** -en u [sdɛðsøsdʌ]
der Nachbar	**nabo** -en u [næːbo]
die Nachbarin	**nabo** -en u [næːbo]

BEZIEHUNGEN – TILKNYTNING

Begrüßen und verabschieden – Hilse på og tage afsked med nogen

jemanden vorstellen
at **præsentere nogen**
[prɛsənˈteˀʌ noən]

jemanden begrüßen
at **hilse på nogen**
[hilsə ˈpɔˀ noən]

sich die Hand geben
at **give hånd**
[giˀ hʌnˀ]

sich verbeugen
at **bukke**
[bɔgə]

sich umarmen
at **omfavne nogen**
[ʌmˀfɑwˀnə noən]

lachen
at **grine**
[gri:nə]

weinen
at **græde**
[gra:ðə]

sich verabschieden
at **tage afsked**
[tæˀ ˈɑwsgeðˀ]

einen Knicks machen
at **neje**
[nɑjə]

winken
at **vinke**
[veŋgə]

jemandem einen Kuss geben
at **give nogen et kys**
[giˀ noən ed ˈkøs]

jemanden anrufen
at **ringe til nogen**
[rɛŋə tel noən]

Hallo!	**Hej!** [hɑi]
Guten Tag!	**Goddag!** [goˈdæˀ]
Guten Morgen!	**Godmorgen!** [goˈmɒ:ˀɒn]
Guten Abend!	**Godaften!** [goˈɑfdən]
Wie heißt du?	**Hvad hedder du?** [vað heðer du]
Wie heißen Sie?	**Hvad hedder De?** [vað heðer di]
Ich heiße ...	**Jeg hedder ...** [jai heðer ...]
Herzlich willkommen!	**Hjertelig velkommen!** [jæɐ̯dəli ˈvɛlkʌmˀən]
Tschüss!	**Farvel!/Hej!** [fɑˈvɛl/hɑi]
Auf Wiedersehen!	**På gensyn!/farvel!** [pɔˀ gɛnsyˀn/fɑˈvɛl]

das kleine Geschenk
den **lille gave** u
[lilə gæ:və]

BEZIEHUNGEN - TILKNYTNING

Feste - Fester

die Hochzeit
bryllup -et n
[brœlʌb]

der Geburtstag
fødselsdag -en u
[føsəlsdæˀ]

das Weihnachten
jul -en u
[juˀl]

der Valentinstag
valentinsdag -en u
[valəntiˀnsdæˀ]

das Thanksgiving
thanksgiving
[θæŋksgiviŋ]

das Halloween
halloween
[hæləʊíːn]

der/das Silvester
nytårsaften -en u
[nydʌsɑfdən]

das Ostern
påske -en u
[pɔːsgə]

die Hanukkah
Hanukkah -en u
[hʌnʊkə]

das Wesakfest
Vesakfest -en u
[vesakfɛsd]

das Ramadanfest
Ramadanfest -en u
[rɑmadæˀnfɛsd]

das chinesische Neujahr
kinesisk nytår
[kinéˀsisg nydʌː]

der Karneval
fastelavn -en u
[fasdəˈlɑwˀn]

das Diwalifest	**Dwalifest** -en u [diˈvalifɛsd]
das Passah	**Passah** -en u [pasa]
die Feier	**fest** -en u [fɛsd]
der Hochzeitstag	**bryllupsdag** -en u [brœlʌbsdæˀ]
der Feiertag	**helligdag** -en u [hɛlidæˀ]
der Muttertag	**mors dag** [moɐ̯sdæˀ]
der Vatertag	**fars dag** [fɑːsdæˀ]
die Taufe	**dåb** -en u [ɔˀb]
Herzlichen Glückwunsch!	**Hjerteligt tillykke!** [jæɐ̯dəli təˈløgə]
Alles Gute zum Geburtstag!	**Tillykke med fødselsdagen!** [təˈløgə meðˀ føsəlsdæˀn]

EREIGNISSE IM LEBEN – BEGIVENHEDER I LIVET

Wendepunkte – Vendepunkter

die Geburt
fødsel -en u
[føsəl]

der Kindergarten
børnehave -n u
[bœɐ̯nəhæ:və]

die Einschulung
skolestart -en u
[sgo:ləsdɑˀd]

der Schulabschlussball
skolebal -let n
[sgo:ləbalˀ]

der Studienabschluss
studieafslutning -en u
[sduˀdjəɑwsludneŋ]

der Berufseinstieg
karriere -n u
[kɑiˈɛ:ʌ]

sich verlieben
at **forelske sig**
[fʌˈɛlˀsgə saj]

sich verloben
at **forlove sig**
[fʌˈlɔˀvə saj]

heiraten
at **gifte sig**
[gifdə saj]

die Schwangerschaft
graviditet -en u
[gɑvidiˈteˀd]

umziehen
at **flytte**
[flødə]

in Rente gehen
at **gå på pension**
[gɔˀ pɔˀ pɑŋˈɕoˀn]

die Beerdigung
begravelse -n u
[beˈgrɑˀwəlsə]

volljährig werden	at **blive myndig** [bli:ə møndi]
jemandem einen Heiratsantrag machen	at **fri til nogen** [fri tel noən]
das Brautkleid	**brudekjole** -n u [bruˀðə kjo:lə]
die Braut	**brud** -en u [bruˀð]
der Bräutigam	**brudgom** -en u [bruˀðgʌmˀ]
eine Familie gründen	at **stifte familie** [sdefdə faˈmilˀjə]
die Scheidung	**skilsmisse** -n u [sgelˀsmisə]
sich scheiden lassen	at **blive skilt** [bli:ə sgelˀd]
sterben	at **dø** -en u [døˀ]

MENSCHEN BESCHREIBEN – BESKRIVE MENNESKER

Das Gesicht – Ansigtet

eine Grimasse schneiden
lave en grimasse
[læːvə eˀn griˈmasə]

die Haut	**hud** -en u [huðˀ]
die Falte	**rynke** -n u [rœŋgə]
das Muttermal	**modermærke** -t n [moɐ̯mæɐ̯gə]
das Grübchen	**smilehul** -et n [smiːləhɔl]
die Sommersprossen	**fregner** -ne pl [frɑjnər]
die Pore	**pore** -n u [poːʌ]
der Pickel	**bums** -en u [bɔmˀs]

MENSCHEN BESCHREIBEN – BESKRIVE MENNESKER

Das Haar – Håret

rothaarig
rødhåret
[rœdhɒːˀɒð]

gewellt
bølget
[bøljəd]

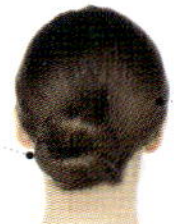

der Dutt
knold -en u
[knʌlˀ]

brünett
brunette
[bruˈnɛdə]

grau meliert
gråsprængt
[grʌsbraŋˀd]

der Kurzhaarschnitt
korthårsfrisure -n u
[kɒːdhɒːsfriˈsyːʌ]

die Perücke
paryk -ken u
[pɑˈrœg]

der Stufenschnitt
etageklipning -en u
[eˈtæˀɕəklebneŋ]

der Pony
pandehår -et n
[panəhɒˀ]

die Strähnchen
striber -ne pl
[sdriːbʌ]

die Bobfrisur
pagehår -et n
[pæːɕəhɒˀ]

glatt
glat
[glad]

blond
blond
[blʌnˀd]

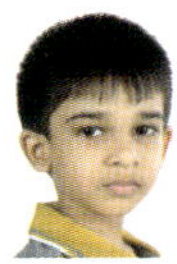

dunkel
mørk
[mœɐ̯g]

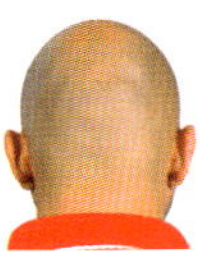

die Glatze
skaldet isse u
[sgaləð isə]

der Pferdeschwanz
hestehale -n u
[hɛsdəhæːlə]

lockig
krøllet
[krœləð]

der Zopf
fletning -en u
[flɛdneŋ]

MENSCHEN BESCHREIBEN – BESKRIVE MENNESKER

Die äußere Erscheinung – Udseendet

der Bart
skæg -et n
[sgɛˀg]

der Schnurrbart
overskæg -et n
[ɒwʌsgɛˀg]

jung
ung
[ɔŋˀ]

alt
gammel
[gɑməl]

muskulös
muskuløs
[musguˈløˀs]

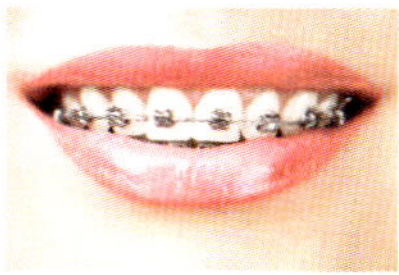

die Zahnspange
tandbøjle -n u
[tanbʌjlə]

blass
bleg
[blɑjˀ]

sonnengebräunt
solbrændt
[so:lbranˀd]

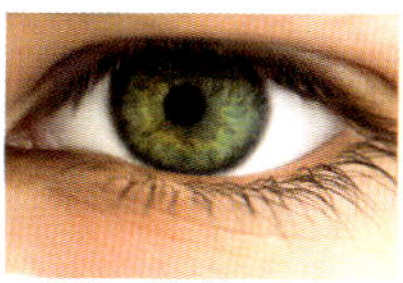

die grünen Augen
grønne øjne
[grœnˀə ʌjnə]

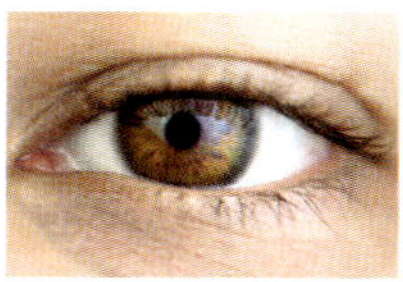

die braunen Augen
brune øjne
[bru:nə ʌjnə]

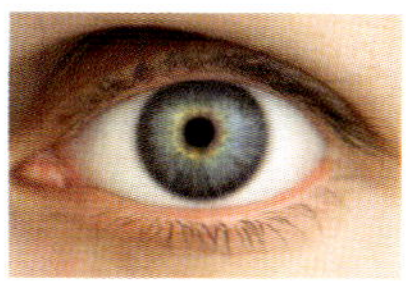

die grauen Augen
grå øjne
[grɔˀ ʌjnə]

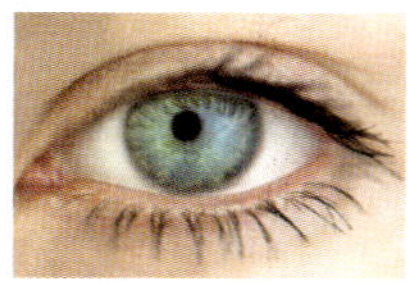

die blauen Augen
blå øjne
[blɔˀ ʌjnə]

attraktiv	**attraktiv** [atrɑgˈtiwˀ]
hübsch	**køn** [kœnˀ]
hässlich	**grim** [grɛmˀ]
schön	**smuk** [smɔg]
jemanden nach dem Äußeren beurteilen	**bedømme nogen på udseendet** [beˈdœmˀə noən pɔˀ uðseˀənə]
schlank	**slank** [slaŋˀg]
dick	**tyk** [tyg]
groß	**stor** [sdoˀɐ̯]
klein	**lille** [lilə]
die Narbe	**ar** -et n [ɑˀ]

MENSCHEN BESCHREIBEN – BESKRIVE MENNESKER

Gefühle und Persönlichkeit – Følelser og personlighed

glücklich
lykkelig
[løgəli]

stolz
stolt
[sdʌlˀd]

überrascht
overrasket
[ɒwʌrɑsgəd]

aufgeregt
ophidset
[ʌbhisəd]

verlegen
forlegen
[fʌˈlɑjˀən]

verwirrt
forvirret
[fʌˈviɐ̯ˀʌd]

schüchtern
genert
[ɕeˈneɐ̯ˀd]

nachdenklich
eftertænksom
[ɛfdʌtɛŋsʌmˀ]

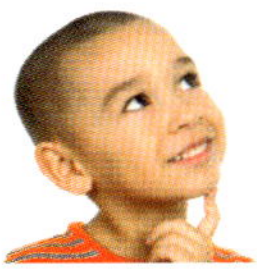

neugierig
nysgerrig
[nysgæɐ̯ˀi]

niedlich
yndig
[øndi]

verliebt
forelsket
[fʌˈɛlˀsgəd]

selbstbewusst
selvbevidst
[sɛlˀvbeˈvesd]

offen	**åben** [ɔ:bən]
tolerant	**tolerant** [toləˈrɑnˀd]
geduldig	**tålmodig** [tʌlˈmoˀði]
freundlich	**venlig** [vɛnli]
sympathisch	**sympatisk** [symˈpæˀdisg]
nett	**rar** [rɑˀ]
lächeln	**smile** [smi:lə]
Ich bin verärgert/froh/traurig.	**Jeg er vred/glad/ked af det** [jai æɐ̯ vrɛð/glað/keðˀ æˀ de]

MENSCHEN BESCHREIBEN – BESKRIVE MENNESKER

Gefühle und Persönlichkeit – Følelser og personlighed

traurig
trist
[trisd]

gestresst
stresset
[sdrɛsəð]

verärgert
vred
[vrɛð]

wütend
rasende
[rɑ:sənə]

eifersüchtig
jaloux
[ɕaˈlu]

verängstigt
bange
[bɑŋə]

nervös
nervøs
[næɐ̯ˈvøˀs]

müde
træt
[trad]

angeekelt
frastødt
[frɑˀsdød]

dickköpfig
tykhovedet
[tygho:ədəð]

gelangweilt
at **keder sig**
[ke:ðə sai]

sauer
sur
[suɐ̯]

die Stirn runzeln	**rynke panden** [rœŋgə panən]
bestürzt	**chokeret** [ɕoˈkeˀʌd]
unsympathisch	**usympatisk** [usympaˈteˀtisg]
verzweifelt	**fortvivlet** [fʌˈtviwˀləð]
neidisch	**misundelig** [misˈɔnˀəli]
ungeduldig	**utålmodig** [utʌlˈmoˀði]
arrogant	**arrogant** [ɑoˈganˀd]
intolerant	**intolerant** [entolərɑnˀd]
sensibel	**følsom** [fø:lsʌmˀ]

DIE KLEIDUNG – BEKLÆDNINGEN

Babysachen – Babyudstyr

die Stoffwindel
stofble -n u
[sdʌfbleˀ]

die Wegwerfwindel
engangsble -n u
[engaŋˀbleˀ]

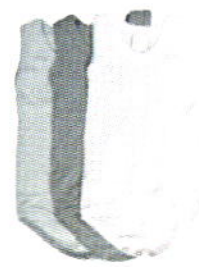

der Body
body -en u
[bɔdi]

der Schneeanzug
flyverdragt -en u
[fly:vʌdrɑgd]

der Babyschlafsack
babysovepose -n u
[bɛjbisɒwəpɑ:sə]

die Rassel
rangle -n u
[rɑŋlə]

der Strampler
sparkedragt -en u
[sbɑ:gədrɑgd]

der Babyfäustling
babyluffe -n u
[bɛjbilɔfə]

die Mütze
hue -n u
[hu:ə]

das Babyschühchen
babysko -en u
[bɛjbisgoˀ]

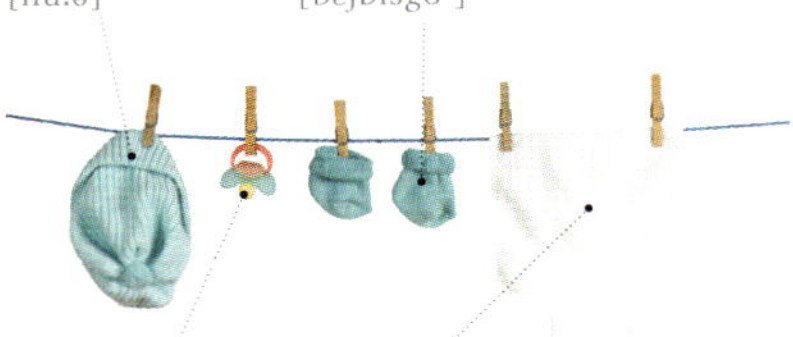

der Schnuller
sut -ten u
[sud]

das Lätzchen
hagesmæk -en u
[hæ:jəsmɛg]

der Sonnenhut
solhat -ten u
[so:lhad]

das Söckchen
sokker -ne pl
[sʌgʌ]

das Latzhöschen
smækbukser -ne pl
[smɛgbɔgsʌ]

die Babydecke
babydyne -n u
[bɛjbidy:nə]

das Babyfläschchen	**sutteflaske** -n u [sudəflasgə]
die Biobaumwolle	**økologisk bomuld** u [økoˈloˀisg bʌmulˀ]
aus Kunstfaser	**i kunstfiber** [i kɔnsdfiˀbʌ]

DIE KLEIDUNG – BEKLÆDNINGEN

Unisex-Kleidung – Unisex

der Trainingsanzug
træningsdragt -en u
[trɛ:neŋsdrɑgd]

der Kapuzenpullover
hættetrøje -n u
[hɛdətrʌjə]

der Turnschuh
gymnastiksko -en u
[gymnasdigˈsgoˀ]

der Schlafanzug
pyjamas -en u
[pyˈjæ:mas]

der Hausschuh
hjemmesko -en u
[jɛməsgoˀ]

der Bademantel
badekåbe -n u
[bæ:ðəkɔ:bə]

der Wintermantel
vinterfrakke -n u
[venˀdʌfrɑgə]

die Regenjacke
regntøj -et n
[rɑjˀntʌj]

die Schneehose
skibukser -ne pl
[sgibɔgsʌ]

Könnte ich das mal anprobieren?	**Må jeg prøve den/det?** [mɔˀ jai prœ:wə dən/de]
Haben Sie das auch eine Nummer größer/kleiner?	**Har du også et nummer større/mindre?** [hæˀ du ʌsə ed nɔmˀʌ sdœɐ̯ʌ/mendrʌ]
eng/weit	**stram/løs** [sdrɑmˀ/løˀs]
kurz/lang	**kort/lang** [kɒ:d/lɑŋˀ]
klein/groß	**lille/stor** [lilə/sdoˀɐ̯]
Das passt gut, ich nehme es.	**Den/det passer fint. Den/det tager jeg.** [dən/de pasʌ fiˀnt dən/de tɑˀ jai]
mit kurzen/langen Ärmeln	**med korte/lange ærmer** [meðˀ kɒ:də/lɑŋə æɐ̯mə]
der Knopf	**knap** -pen u [knɑb]
der Druckknopf	**trykknap** -en u [trœgknɑb]
das Knopfloch	**knaphul** -let n [knɑbhɔl]

DIE KLEIDUNG – BEKLÆDNINGEN

Herrenkleidung – Herretøj

das T-Shirt
T-shirt -en u
[ti:ɕœ:d]

das Polohemd
poloskjorte -n u
[po:losgjo̯ɐ̯də]

der Rollkragenpullover
rullekravesweater -en u
[ruləkrɑ:vəswɛdʌ]

die Weste
vest -en u
[vɛsd]

der Pullunder
slipover -en u
[slibˈɔwʌ]

die Fliege
butterfly -en u
[bʌdʌflɑj]

der Anzug
jakkesæt -tet n
[jɑgəsɛd]

der Kragen
krave -n u
[krɑ:və]

die Krawatte
slips -et n
[slebs]

das Hemd
skjorte -n u
[sgjo̯ɐ̯də]

der/das Sakko
sportsjakke -n u
[sbɒ:dsjɑgə]

die Hose
bukser -ne pl
[bɔgsʌ]

die kurze Hose
shorts -ene pl
[ɕɒ:ds]

die Boxershorts
boxershorts -ene pl
[bʌgsʌɕɒ:ds]

die Unterhose
underbukser -ne pl
[ɔnˀʌbɔgsʌ]

die Badehose
badebukser -ne pl
[bæ:ðəbɔgsʌ]

DIE KLEIDUNG – BEKLÆDNINGEN

Damenkleidung – Dametøj

der Strumpf
strømpe -n u
[sdrœmbə]

die Strumpfhose
strømpebukser -ne pl
[sdrœmbəbɔgsʌ]

die Leggings
leggings -ene pl
[lɛgeŋs]

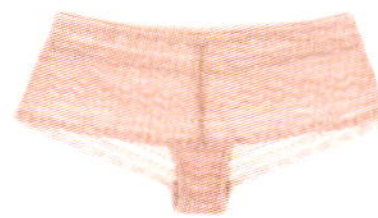

der Slip
trusser -ne pl
[trusʌ]

der Bikini
bikini -en u
[biˈkini]

der Badeanzug
badedragt -en u
[bæːðədrɑgd]

der Sport-BH
sports-BH -en u
[sbɒːdsbeˈhɔˀ]

der Büstenhalter/der BH
brystholder -en u
[brœsdhʌlʌ]

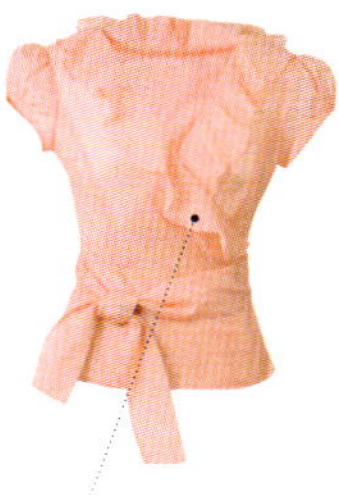

die Rüsche
flæse -n u
[flɛːsə]

die Umstandsmode	**ventetøj** -et n [vɛndətʌj]
die Naht	**søm** -men u [sœmˀ]
der Ärmel	**ærme** -t n [æɐ̯mə]
der Saum	**kant** -en u [kanˀd]
die Seide	**silke** -en u [selgə]
die Spitze	**blonde** -n u [blʌndə]
die Größe	**størrelse** -n u [sdœɐ̯ʌlsə]
der Ausschnitt	**udskæring** -en u [uðsgɛˀɐ̯eŋ]
trägerlos	**stropløs** [sdrʌbløˀs]
tailliert	**figursyet** [fiˈguɐ̯ˀsyˀəd]
leger	**casual** [kaɕuəl]
schick	**elegant** [eləˈganˀd]
bequem	**behagelig** [beˈhæˀjəli]
mit Stretchanteil	**med stretch** [meðˀ strɛdɕandeˀl]
modisch	**smart** [smɑˀd]

DIE KLEIDUNG – BEKLÆDNINGEN

Damenkleidung – Dametøj

die Schleife
sløjfe -n u
[slʌjfə]

das Kleid
kjole -n u
[kjo:lə]

das Trägertop
top -pen u
[tʌb]

die Bluse
bluse -n u
[blu:sə]

die Strickjacke
strikjakke -n u
[sdrɛgjɑgə]

der Rock
nederdel -en u
[neðʌdeˀl]

das Schulterpolster
skulderpude -n u
[sgulʌpu:ðə]

der Blazer
blazer -en u
[blɛ:sʌ]

das Oberteil
overdel -en u
[ɒwʌdeˀl]

die Jeans
cowboybukser -ne pl
[kɒwbʌjbɔgsʌ]

die Stiefelette
støvlet -ten u
[sdœwˈlɛd]

die Shorts
shorts -ene pl
[ɕɒ:ds]

die Röhrenhose
leggings -ene pl
[lɛgeŋs]

die Schlaghose
trompetbukser -ne pl
[trɔmˈpeˀdbɔgsʌ]

die leicht ausgestellte Hose
bukser med svaj -ne pl
[bɔgsʌ meðˀ svɑjˀ]

DIE KLEIDUNG – BEKLÆDNINGEN

Accessoires – Tilbehør

der Sonnenhut
solhat -ten u
[so:lhad]

der Hut
hat -ten u
[had]

die Brille
briller -ne pl
[brɛlʌ]

die Sonnenbrille
solbriller -ne pl
[so:lbrɛlʌ]

der Rucksack
rygsæk -ken u
[rœgsɛg]

die Krawattennadel
slipsnål -en u
[slebsnɔˀl]

der Regenschirm
paraply -en u
[paˀaˈplyˀ]

die Uhr
ur -et n
[uɐ̯ˀ]

die Hosenträger
seler -ne pl
[se:lʌ]

der Ring
ring -en u
[rɛŋ]

der Handschuh
handske -n u
[hansgə]

die Mütze
hue -n u
[hu:ə]

der Schal
tørklæde -t n
[tœɐ̯klɛ:ðə]

der Ohrring
ørering -en u
[ø:ʌrɛŋ]

die Halskette
halskæde -n u
[halˀskɛ:ðə]

der Manschettenknopf
manchetknap -en u
[maŋˈɕɛdknab]

der Reißverschluss	**lynlås** -en u [ly:nlɔˀs]
der Klettverschluss	**velcrolukning** -en u [vɛlkrolɔgneŋ]
die Handytasche	**taske til mobiltelefon** -n u [tasgə tel moˈbiˀlteləfoˀn]
die Reisetasche	**rejsetaske** -n u [rajsətasgə]
der Koffer	**kuffert** -en u [kɔfʌd]

DIE KLEIDUNG – BEKLÆDNINGEN

Schuhe und Lederwaren – Sko og lædervarer

der Pumps
pumps -ene pl
[pʌmb]

die Sandale
sandal -en u
[sanˈdæˀl]

der Ballerina
ballerinasko -en u
[baləˈri:nasgoˀ]

der Gummistiefel
gummistøvle -n u
[gɔmisdœwlə]

der Flip-Flop®
klipklapper -en u
[klibklɑbʌ]

der hohe Stiefel
den **høje støvle**
[hʌjə sdœwlə]

die Handtasche
håndtaske -n u
[hʌntasgə]

das Portemonnaie
pung -en u
[pɔŋˀ]

die Brieftasche
tegnebog -en u
[tɑjnəbɔˀw]

die Aktentasche
dokumentmappe -n u
[doguˈmɛnˀdmɑbə]

der Gürtel
bælte -t n
[bɛldə]

die Lederjacke
læderjakke -n u
[lɛðˀʌjɑgə]

der Schnürschuh
snøresko -ene pl
[snœ:ʌsgoˀ]

der Wanderstiefel
vandrestøvle -n u
[vɑndrʌsdœwlʌ]

die Socke
sok -ken u
[sʌg]

der Schnürsenkel	**snørebånd** -et n [snœ:ʌbʌnˀ]
die Gürtelschlaufe	**bæltestrop** -pen u [bɛldəsdrʌb]
der Keilabsatz	**kilehæl** -en u [ki:ləhɛˀl]
der Absatz	**hæl** -en u [hɛˀl]
die Sohle	**sål** -en u [sɔˀl]
der Riemen	**rem** -men u [ramˀ]
die Schnalle	**spænde** -t n [sbɛnə]

die Trekkingsandale
trekkingsandal -en u
[trɛgeŋsanˈdæˀl]

der Turnschuh
gymnastiksko -en u
[gymnasdigˈsgoˀ]

DIE KÖRPERPFLEGE – KROPSPLEJEN

die Zahnpasta
tandpasta -en u
[tanpasda]

das Parfüm
parfume -n u
[pɑˈfy:mə]

das Deo
deodorant -en u
[deodoˈrɑnˀd]

die Gesichtscreme
ansigtscreme -n u
[ansegdskrɛˀm]

der Kamm
kam -men u
[kɑmˀ]

das Duschgel
brusegel -en u
[bru:səgeˀl]

das Shampoo
shampoo -en u
[ɕæ:mpu:]

die Spülung
balsam -en u
[balsɑm]

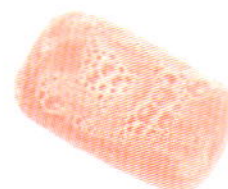

die Seife
sæbe -n u
[sɛ:bə]

die Haarbürste
hårbørste -n u
[hɒ:bœɐ̯sdə]

die Sonnencreme
solcreme -n u
[so:lkrɛˀm]

der Kulturbeutel
toilettaske -n u
[toaˈlɛdtasgə]

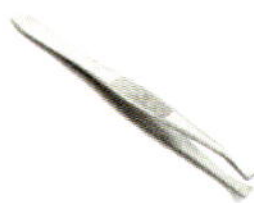

die Pinzette
pincet -ten u
[penˈsɛd]

die Nagelschere
neglesaks -en u
[nɑjləsags]

die Nagelfeile
neglefil -en u
[nɑjləfiˀl]

die Haarspange
hårspænde -t n
[hɒ:sbɛnə]

die Feuchtigkeitscreme	**fugtighedscreme** -n u [fɔgdiheðˀskrɛˀm]
sich die Augenbrauen zupfen	at **plukke øjenbryn** [plɔgə ʌjənˈbryˀn]
die Enthaarung	**hårfjerning** -en u [hɒ:fjæɐ̯ˀniŋ]
der Nagellackentferner	**neglelakfjerner** -en u [nɑjləlɑgfjæɐ̯ˀnʌ]
das Haarprodukt	**hårprodukt** -et n [hɒ:proˈdɔgd]
sich die Haare föhnen	at **føntørre håret** [føntœɐ̯ʌ hɒ:ˀɒð]
sich die Haare glätten	at **glatte håret** [gladə hɒ:ˀɒð]
der/das Haargummi	**hårelastik** -ken u [hɒ:elasdig]

SCHMINKSACHEN – KOSMETIK OG SMINKE

der Pinsel	**pensel** penslen u [pɛnˀsəl]
der Kajalstift	**eyeliner** -en u [ɑːjlɑjnʌ]
der/das Lipgloss	**lipgloss** -en u [lipglʌs]
die Wimpernzange	**øjenvippetang** -en u [ʌjənvebətɑŋˀ]

ZU HAUSE

HJEMME

DIE WOHNUNG – BOLIGEN

der Hausschlüssel
husnøgle -n u
[huˀsnʌjlə]

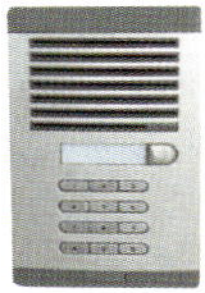

die Sprechanlage
samtaleanlæg -get n
[sɑmtæ:ləanlɛˀg]

die Hausnummer
husnummer -et n
[huˀsnɔmˀʌ]

die Türklingel
dørklokke -n u
[dœˀɐ̯klʌgə]

das Türschloss
dørlås -en u
[dœˀɐ̯lɔˀs]

der Fußabtreter
dørmåtte -n u
[dœˀɐ̯mʌdə]

der Briefkasten
postkasse -n u
[pʌsdkasə]

das Einfamilienhaus
parcelhus -et n
[pɑˈsɛlˀhuˀs]

das Doppelhaus
dobbelthus -et n
[dʌbəldhuˀs]

das Reihenhaus
rækkehus -et n
[ragəhuˀs]

das Mehrfamilienhaus
lejlighedskompleks -et n
[lɑjliheðˀkʌmplɛgs]

der Bungalow
bungalow -en u
[bɔŋgalɒw]

der Schirmständer
paraplystativ -et n
[pɑˀɑplyˀsdaˈtiwˀ]

die Eigentumswohnung	**ejerlejlighed** -en u [ɑjʌlɑjliheðˀ]
die Mietwohnung	**lejebolig** -en u [lɑjəbo:li]
der Hof	**gård** -en u [gɒˀ]
das Eigentum	**ejendom** -en u [ɑjəndʌmˀ]
das Grundstück	**grund** -en u [grɔnˀ]
der Umbau	**ombygning** -en u [ʌmˀbygneŋ]
der Anbau	**tilbygning** -en u [telbygneŋ]
zu verkaufen	**til salg** [tel salˀ]

DIE WOHNUNG – BOLIGEN

der Dachboden
loft -et n
[lʌfd]

der Keller
kælder -en u
[kɛlʌ]

der Flur
gang -en u
[gɑŋˀ]

der Aufzug
elevator -en u
[eləˈvæːtʌ]

der Grundriss
plantegning -en u
[plæːntɑjneŋ]

die Garage
garage -n u
[gɑˈrɑːɕə]

der Carport
carport -er u
[kɑːpoɐ̯ˀd]

der Altbau
gammel bygning u
[gɑməl bygneŋ]

der Hausmeister
vicevært -en u
[viːsəvæɐ̯d]

die Wendeltreppe
vindeltrappe -n u
[venˀəltrɑbə]

der Rauchmelder
røgdetektor -en u
[rʌjˀdeˈtɛgtʌ]

das Treppenhaus
opgang -en u
[ʌbgɑŋˀ]

mieten	**at leje** [lɑjə]
die Miete	**husleje** -n u [huslɑjə]
vermieten	**at udleje** [uðlɑjˀə]
der Vermieter	**udlejer** -en u [uðlɑjˀʌ]
die Vermieterin	**udlejer** -en u [uðlɑjˀʌ]
der Mieter	**lejer** -en u [lɑjʌ]
die Mieterin	**lejer** -en u [lɑjʌ]
die Kaution	**depositum** -met n [deˈpoˀsitɔm]

der Mietvertrag
lejekontrakt -en u
[lɑjəkɔnˈtrɑgd]

DAS HAUS – HUSET

das Einzelhaus	**fritliggende hus** n [fridlegənə huˀs]
der Neubau	**nybyggeri** -et n [nybygʌˈriˀ]
die Dreizimmerwohnung	**treværelses lejlighed** u [trɛˀvæɐ̯ʌlsʌs lɑjliheðˀ]
möbliert	**møbleret** [møˈbleˀʌ]
das Stockwerk	**etage** -en u [eˈtæˀɕə]
der Eigentümer	**ejer** -en u [ɑjʌ]
die Eigentümerin	**ejer** -en u [ɑjʌ]
eine Hypothek aufnehmen	at **optage et boliglån** [ʌbtæˀ ed ˈbo:lilɔˀn]

DAS HAUS – HUSET

Der Eingang – Indgangen

die Diele
gulvbræt -tet n
[gɔlbrad]

der Spiegel
spejl -et n
[sbɑjˀl]

der Sessel
lænestol -en u
[lɛːnəsdoˀl]

der Ablagetisch
entrebord -et n
[ɑŋˈtrɛboˀɐ̯]

die Wohnungstür
hoveddør -en u
[hoːəðdœˀɐ̯]

der Garderoben-ständer
stumtjener -en u
[sdɔmtjɛːnʌ]

der Schirmständer
paraplystativ -et n
[pɑˀɑplyˀsdaˈtiwˀ]

das Treppengeländer
trappegelænder -et n
[trɑbəgeˈlɛnˀʌ]

die Treppe
trappe -n u
[trɑbə]

der Treppenabsatz
trappeafsats -en u
[trɑbəæˀsads]

die Treppenstufe
trappetrin -et n
[trɑbətrin]

das Schlüsselbrett
nøglebræt -tet n
[nʌjləbrad]

der Kleiderhaken
knagerække -n u
[knæːjəragə]

der Kleiderbügel
tøjbøjle -n u
[tʌjbʌjlə]

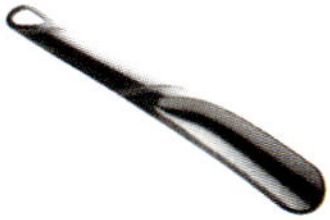

der Schuhlöffel
skohorn -et n
[sgoˀhoɐ̯ˀn]

DAS HAUS – HUSET

Das Wohnzimmer – Opholdsstuen

der Spiegel
spejl -et n [sbɑjˀl]

der Ventilator
ventilator -en u [vɛntiˈlæ:tʌ]

der Bilderrahmen
billedramme -n u [bilədrɑmə]

der Vorhang
forhæng -et n [fɒ:hɛŋˀ]

die Decke
loft -et n [lʌfd]

das Gemälde
maleri -et n [mæ:lʌˈriˀ]

das Sofa
sofa -en u
[so:fa]

die Lampe
lampe -n u
[lɑmbə]

das Sofakissen
sofapude -n u
[so:fapu:ðə]

der Beistellschrank
sideskab -et n
[si:ðəsgæˀb]

der Kaminsims
kaminhylde -n u
[kaˈmiˀnhylə]

der gepolsterte Hocker
polstret taburet u
[pʌlsdrʌð tɑbuˈrad]

der Teppichboden
væg-til-væg-tæppe -t n
[vɛˀgtelˈvɛˀgtɛbə]

der Kamin
kamin -en u
[kaˈmiˀn]

der Sessel
lænestol -en u
[lɛ:nəsdoˀl]

der Couchtisch
sofabord -et n
[so:faboˀɐ̯]

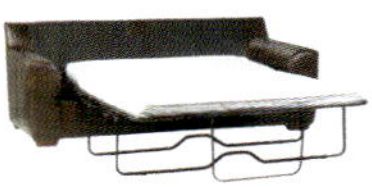

die Schlafcouch
sovesofa -en u
[sɒwəso:fa]

die Vitrine
vitrineskab -et n
[viˈtri:nəsgæˀb]

die Fernsehbank
tv-bord -et n
[teˀveˀboˀɐ̯]

das Bücherregal
bogreol -en u
[bɔˀwrɛˈoˀl]

DAS HAUS – HUSET

Das Esszimmer – Spisestuen

das Rollo
rullegardin -et n
[rulǝgɑˈdiˀn]

der Kronleuchter
lysekrone -n u
[lysəkro:nə]

die Vitrine
vitrineskab -et n
[viˈtri:nəsgæˀb]

die Zimmerpflanze
stueplante -n u
[sdu:əplandə]

das Fensterbrett
vindueskarm -en u
[vendusgɑˀm]

der Tischläufer
bordløber -en u
[boɐ̯lø:bʌ]

die Kerze
stearinlys -et n
[scaˈriˀnlyˀs]

der Stuhl
stol -en u
[sdoˀl]

der Esstisch
spisebord -et n
[sbi:səboˀɐ̯]

die Tischdekoration
borddekoration -en u
[boɐ̯degorɑˈɕoˀn]

der Holzboden
trægulv -et n
[trɛˀgɔl]

die Blumenvase
blomstervase -n u
[blʌmˀsdʌvæ:sə]

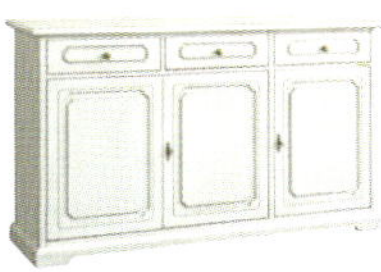

die Anrichte
skænk -en u
[sgɛŋˀg]

die Wanduhr
vægur -et n
[vɛ:guɐ̯ˀ]

der Hochstuhl
højstol -en u
[hʌjˀsdoˀl]

DAS HAUS – HUSET

Die Küche – Køkkenet

die Einbauküche
elementkøkken -et n
[elə'mɛn'dkøgən]

die Einbauleuchte
indbygningsarmatur -et n
[enbygneŋsɑma'tuɐ̯']

die Dunstabzugshaube
emhætte -n u
[ɛmhɛdə]

die Arbeitsplatte
bordplade -n u
[boɐ̯plæ:ðə]

der Hängeschrank
hængeskab -et n
[hɛŋəsgæ'b]

der Backofenschalter
bageovnskontakt -en u
[bæ:jəɒw'nskɔn'tɑgd]

der Herd
komfur -et n
[kɔm'fuɐ̯']

der Backofen
bageovn -en u
[bæ:jəɒw'n]

das Spülbecken
køkkenvask -en u
[køgənvasg]

der Küchenhocker
køkkentaburet -ten u
[køgənɑbu'rad]

die Schublade
skuffe -n u
[sgɔfə]

der Kühlschrank
køleskab -et n
[kø:ləsgæ'b]

die Frühstückstheke
køkkenbord -et n
[køgənbo'ɐ̯]

die Spülmaschine
opvaskemaskine -n u
[ʌbvasgəma'sgi:nə]

der Gefrierschrank
fryseskab -et n
[fry:səsgæ'b]

das Geschirrtuch
viskestykke -t n
[vesgəsdøgə]

der Mülleimer	**affaldsspand** -en u [ɑwfal'ssban']
die Mülltrennung	**affaldssortering** -en u [ɑwfal'ssɒ'te'ɐ̯eŋ]
die Verpackung	**emballage** -n u [ɑmba'læ:ɕə]
das Altglas	**glasaffald** -et n [glasɑwfal']
den Ofen vorheizen	at **forvarme ovnen** [fɒ:vɑ:mə ɒw'nən]
die Spülmaschine laufen lassen	at **lade opvaskemaskinen køre** [læ:ðə ʌbvasgəma'sgi:nən kø:ʌ]
das Geschirr abtropfen lassen	at **lade opvasken dryppe af** [læ:ðə ʌbvasgən drœbə æ']

DAS HAUS – HUSET

Küchengeräte – Køkkenudstyr

der Pürierstab
stavblender -en u
[sdæˀwblɛndʌ]

der Mixer
blender -en u
[blɛndʌ]

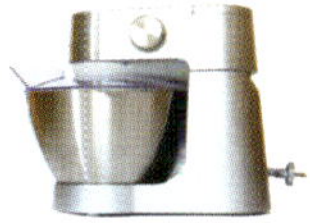

die Küchenmaschine
køkkenmaskine -n u
[køgənmaˈsgiːnə]

die Mikrowelle
mikrobølgeovn -en u
[mikrobøljəɒwˀn]

das Handrührgerät
håndmikser -en u
[hʌnmegsʌ]

der Wasserkocher
elkedel elkedlen u
[ɛlkeðəl]

das Waffeleisen
vaffeljern -et n
[vɑfəljæɐ̯ˀn]

der Elektrogrill
elektrisk grill u
[eˈlɛgtrisg gril]

der Toaster
brødrister -en u
[brœðˀrɛsdʌ]

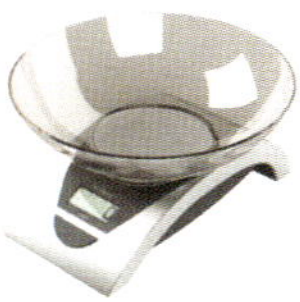

die Küchenwaage
køkkenvægt -en u
[køgənvɛgd]

der Schnellkochtopf
trykkoger -en u
[trœgkɔːwʌ]

der Sandwichgrill
sandwichgrill -en u
[sanwidɕgril]

die Kaffeemaschine
kaffemaskine -n u
[kɑfəmasgiːnə]

der Dampfgarer
dampkoger -en u
[dɑmbkɔːwʌ]

der Raclettegrill
raclettegrill -en u
[raˈklɛd gril]

der Reiskocher
riskoger -en u
[riˀskɔːwʌ]

DAS HAUS – HUSET

Koch- und Backutensilien – Koge- og bageredskaber

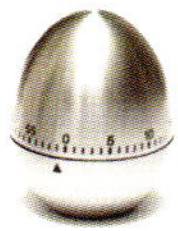

der Küchenwecker
køkkenur -et n
[køgənuɐ̯ˀ]

das Ausstechförmchen
udstiksform -en u
[uðsdegsfɒˀm]

das Küchenpapier
køkkenrulle -n u
[køgənrulə]

die Schürze
forklæde -t n
[fɒ:klɛ:ðə]

das Muffinförmchen
muffinform -en u
[mʌfənfɒˀm]

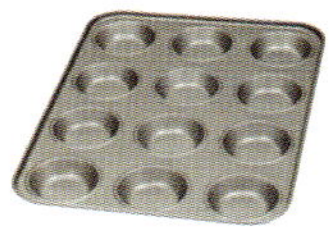

die Törtchenform
kageform -en u
[kæ:jəfɒ:m]

die Springform
springform -en u
[sbrɛŋˀfɒ:m]

das Backblech
bageplade -n u
[bæ:jəplæ:ðə]

der Messerschärfer
knivsliber -en u
[kniwˀsli:bʌ]

das Teigrad
klejnespore -en u
[klɑjnəsbo:ʌ]

der Topfhandschuh
grillhandske -n u
[grilhansgə]

das Tablett
bakke -n u
[bɑgə]

die Sanduhr
timeglas -set n
[ti:məglas]

das Kuchengitter	**bagerist** -en u [bæ:jərɛsd]
der Spritzbeutel	**sprøjtepose** -n u [sbrʌjdəpo:sə]
das Backpapier	**bagepapir** -et n [bæ:jəpapiɐ̯ˀ]
die Frischhaltefolie	**husholdningsfilm** -en u [hushʌlˀneŋsfilˀm]
der Putzlappen	**rengøringsklud** -en u [rɛ:ngœˀɐ̯eŋskluðˀ]
die Alufolie	**alufolie** -n u [æ:lufoˀljə]
der Gefrierbeutel	**frysepose** -n u [fry:səpo:sə]
die Rührschüssel	**røreskål** -en u [rœ:ʌsgɔˀl]

DAS HAUS – HUSET

Koch- und Backutensilien – Koge- og bageredskaber

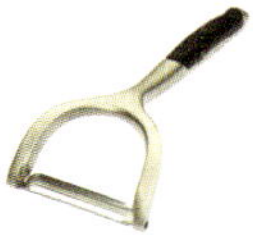

der Schäler
kartoffelskræller -en u
[kɑˈtʌfəlsgralˀʌ]

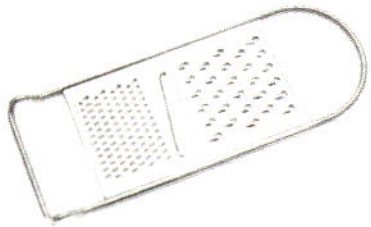

die Reibe
rivejern -et n
[riːvəjæɐ̯ˀn]

das Hackmesser
kødøkse -n u
[køðøgsə]

das Küchenmesser
køkkenkniv -en u
[køgənkniwˀ]

das Küchensieb
køkkensi -en u
[køgənsiˀ]

das Abtropfsieb
dørslag -et n
[dœɐ̯slæˀj]

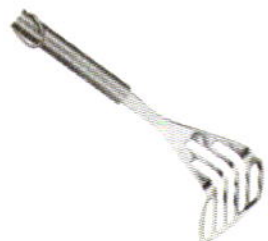

der Kartoffelstampfer
kartoffelmoser -en u
[kɑˈtʌfəlmoːsə]

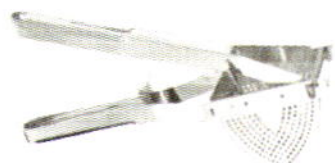

die Knoblauchpresse
hvidløgspresse -n u
[viðlʌjˀsprasə]

die Schöpfkelle
suppeøse -n u
[sɔbəøːsə]

der Schneebesen
piskeris -en u
[pisgəriˀs]

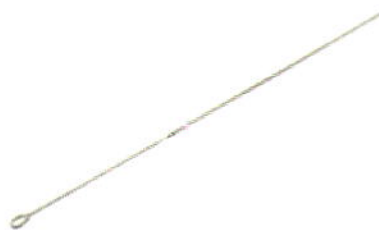

der Spieß
spyd -det n
[sbyð]

der Dosenöffner
dåseåbner -en u
[dɔːsəɔːbnʌ]

der Mörser	**morter** -en u [mɒˈteˀɐ̯]
der Stößel	**støder** -en u [sdøːðʌ]
der Messerblock	**knivblok** -ken u [kniwˀblʌg]
der Fleischklopfer	**kødhammer** -en u [køðhamʌ]
der Eierschneider	**æggedeler** -en u [ɛgədeːlʌ]
der Eisportionierer	**iskugleske** -n u [iˀskuːləsgeˀ]
die Thermoskanne®	**termokande** -n u [tæɐ̯mokanə]
der Spüllappen	**køkkensvamp** -en u [køgənsvɑmˀb]

das Schneidebrett
skærebræt -tet n
[sgɛːʌbrad]

DAS HAUS – HUSET

Koch- und Backutensilien – Koge- og bageredskaber

der Korkenzieher
proptrækker -en u
[prʌbtragʌ]

der Backpinsel
bagepensel -penslen u
[bæ:jəpɛnˀsəl]

das Nudelholz
kagerulle -n u
[kæ:jərulə]

der Pfannenwender
paletkniv -en u
[paˈlɛdkniwˀ]

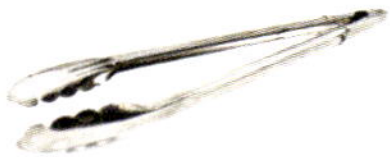

die Küchenzange
køkkentang -en u
[køgəntɑŋˀ]

der Teigschaber
dejskraber -en u
[dɑjˀsgrɑ:bʌ]

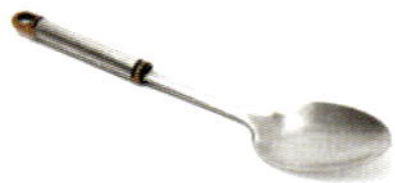

der Servierlöffel
serveringsske -n u
[sæɐ̯ˈveˀɐ̯eŋsgeˀ]

der Kochlöffel
grydeske -n u
[gry:ðəsgeˀ]

die Bratpfanne
bradepande -n u
[brɑ:ðəpanə]

der Wok
wok -ken u
[vʌg]

der Kochtopf
gryde -n u
[gry:ðə]

der Schmortopf
stegegryde -n u
[sdɑjəgry:ðə]

das Auflaufförmchen
tærteform -en u
[tæɐ̯dəfɒ:m]

die Bratengabel	**stegegaffel** -en u [sdɑjəgɑfəl]
der Untersetzer	**bordskåner** -en u [boɐ̯sgɔ:nʌ]
die Grillpfanne	**grillpande** -n u [grilpanə]
der Messbecher	**målebæger** -et n [mɔ:ləbɛ:jʌ]
der Trichter	**tragt** -en u [tragd]
der Messlöffel	**måleske** -n u [mɔ:ləsgeˀ]
der Abtropfständer	**opvaskestativ** -et n [ʌbvasgəsdaˈtiwˀ]
der Flaschenöffner	**øloplukker** -en u [øluplɔgʌ]

DAS HAUS – HUSET

Das Schlafzimmer – Soveværelset

der Bettbezug
dynebetræk -et n
[dy:nəbetrag]

die Bettdecke
dyne -n u
[dy:nə]

das Kopfteil
hovedende -n u
[ho:əðɛnə]

das Doppelbett
dobbeltseng -en u
[dʌbəldsɛŋˀ]

das Kopfkissen
hovedpude -n u
[ho:əðpu:ðə]

der Kissenbezug
pudebetræk -et n
[pu:ðəbetrag]

die Nachttischlampe
natbordslampe -n u
[nadboɐ̯slɑmbə]

die Kommode
kommode -n u
[koˈmo:ðə]

das Bettgestell
sengestel -et n
[sɛŋˀəsdɛlˀ]

das Laken
lagen -et n
[læjˀən]

der Teppich
tæppe -t n
[tɛbə]

der Hocker
skammel skamlen u
[sgɑməl]

die Matratze
madras -sen u
[maˈdrɑs]

der Nachttisch
natbord -et n
[nadboˀɐ̯]

der Kleiderschrank	**klædeskab** -et n [klɛ:ðəsgæˀb]
der Wecker	**vækkeur** -et n [vɛgəuɐ̯ˀ]
den Wecker stellen	**at stille vækkeuret** [sdelə vɛgəuɐ̯ˀəð]
die Wärmflasche	**varmedunk** -en u [vɑ:mədɔŋˀg]
die Heizdecke	**varmetæppe** -t n [vɑ:mətɛbə]
die Tagesdecke	**sengetæppe** -t n [sɛŋˀətɛbə]
die Schlafbrille	**sovebrille** -en u [sɒwəbrɛlə]
das Zimmer mit Bad	**værelse med bad** -t n [væɐ̯ʌlsə meðˀ bað]

DAS HAUS – HUSET

Das Kinderzimmer – Børneværelset

der Ball
bold -en u
[bʌlˀd]

die Puppe
dukke -n u
[dɔgə]

die Wickeltasche
pusletaske -n u
[puslətasgə]

der Kinderwagen
barnevogn -en u
[bɑːnəvɒwˀn]

das Babyfon®
babyalarm -en u
[bɛjbiaˈlɑˀm]

der Laufstall
kravlegård -en u
[krɑwləgɒˀ]

das Gitterbettchen
tremmeseng -en u
[traməsɛŋˀ]

die Flauschdecke
fleecetæppe -t n
[fliːstɛbə]

das Mobile
uro -en u
[uroˀ]

der Gitterstab
tremme -n u
[tramə]

der Teddy
bamse -n u
[bɑmsə]

der Wickeltisch
puslebord -et n
[pusləboˀɐ̯]

das Kuscheltier
tøjdyr -et n
[tʌjdyɐ̯ˀ]

das Spielzeug
legetøj -et n
[lɑjətʌj]

die Wickelauflage
puslepude -n u
[pusləpuːðə]

das Töpfchen
potte -en u
[pʌdə]

die Babytragetasche
bæresele -n u
[bɛːʌsələ]

der Schulranzen
skoletaske -n u
[sgoːlətasgə]

das Bauklötzchen
byggeklods -en u
[bygəklʌs]

DAS HAUS – HUSET

Das Jugendzimmer – Teenageværelset

das Einzelbett
enkeltseng -en u
[ɛŋˀgəldsɛŋˀ]

die Hängelampe
hængelampe -n u
[hɛŋəlambə]

der Schreibtisch
skrivebord -et n
[sgri:vəboˀɐ̯]

das Bücherregal
bogreol -en u
[bɔˀwrɛˈoˀl]

die Schreibtischlampe
skrivebordslampe -n u
[sgri:vəboˀɐ̯slambə]

der Stuhl
stol -en u
[sdoˀl]

der Teppichboden
væg-til-væg-tæppe -t n
[vɛˀgtelˈvɛˀgtɛbə]

die Fensterbank
vindueskarm -en u
[vendusgɑˀm]

die Schublade
skuffe -n u
[sgɔfə]

das Etagenbett	**køjeseng** -en u [kʌjəsɛŋˀ]
schlafen	at **sove** [sɒwə]
schnarchen	at **snorke** [snɒ:gə]
aufwachen	at **vågne** [vɔwnə]
aufstehen	at **stå op** [sdɔˀ ˈʌb]
der Albtraum	**mareridt** -et n [mɑ:ˀɑrid]
träumen	at **drømme** [drœmə]

einschlafen	at **falde i søvn** [falə i sœwˀn]
tief schlafen	at **sove tungt** [sɒwə tɔŋˀd]
ausschlafen	at **sove ud** [sɒwə ˈuðˀ]
wach sein	at **være vågen** [vɛ:ʌ vɔwən]
das Bett machen	at **rede seng** [rɛ:ðə ˈsɛŋˀ]
ins Bett gehen	at **gå i seng** [gɔˀ i ˈsɛŋˀ]
das Zimmer aufräumen	at **rydde op på værelset** [ryðə ʌb pɔˀ væɐ̯ʌlsəd]

DAS HAUS – HUSET

Das Arbeitszimmer – Arbejdsværelset

der Bilderrahmen
billedramme -n u
[bilədrramə]

die Verandatür
altandør -en u
[alˈtæˀndœˀɐ̯]

der Bücherschrank
bogskab -et n
[bɔˀwsgæˀb]

die Zimmerpflanze
stueplante -n u
[sdu:əplandə]

das Foto
fotografi -et n
[fodograˈfiˀ]

das Tageslicht
dagslys -et n
[dawslyˀs]

der/das Laptop
bærbar computer u
[bɛɐ̯baˀ kʌmˈpju:dʌ]

die Rückenlehne
ryglæn -et n
[rœglɛ:n]

der Sessel
lænestol -en u
[lɛ:nəsdoˀl]

der Schreibtisch
skrivebord -et n
[sgri:vəboˀɐ̯]

der Rollcontainer
skuffemøbel på hjul -møblet n
[sgɔfəmøˀbəl pɔˀ juˀl]

der Drehstuhl
drejestol -en u
[drajəsdoˀl]

die Armlehne
armlæn -et n
[aˀmlɛ:n]

die Unterlage	**underlag** -et n [ɔnˀʌlæˀj]
die Steuererklärung	**selvangivelse** -n u [sɛlˀvˈangiˀvəlsə]
arbeiten	at **arbejde** [a:bajˀdə]
sich konzentrieren	at **koncentrere sig** [kʌnsəntrɛˀʌ saj]
die Überstunde	**overarbejdstime** -n u [ɒwʌa:bajˀdsti:mə]
von zu Hause arbeiten	at **arbejde hjemmefra** [a:bajˀdə jɛməfraˀ]
eine Pause machen	at **holde pause** [hʌlə ˈpawsə]
selbstständig sein	at **være selvstændig** [vɛ:ʌ ˈsɛlsdɛnˀdi]

DAS HAUS – HUSET

Das Badezimmer – Badeværelset

der Spiegel
spejl -et n
[sbɑjˀl]

das Waschbecken
håndvask -en u
[hʌnvasg]

der Seifenspender
sæbeautomat -en u
[sɛ:bəɑwtomæˀd]

die Badewanne
badekar -et n
[bæ:ðəkɑ]

der Waschbecken-unterschrank
underskab til håndvask -et n
[ɔnˀʌsgæˀb tel hʌnvasg]

die Duschkabine
brusekabine -n u
[bru:səkabi:nə]

die Dusche
brusebad -et n
[bru:səbað]

der Handtuchhalter
håndklædeholder -en u
[hʌnklɛ:ðəhʌlə]

das Handtuch
håndklæde -t n
[hʌnklɛ:ðə]

der Wasserhahn
vandhane -n u
[vanhæ:nə]

die Toilette
toilet -et n
[toaˈlɛd]

die Toilettenspülung
toiletskyl -let n
[toaˈlɛdsgøl]

der Spülkasten
cisterne -n u
[siˈsdæɐ̯nə]

auf die Toilette gehen
at **gå på toilettet**
[gɔˀ pɔˀ toaˈlɛdə]

der Toilettendeckel
toiletlåg -et n
[toaˈlɛdlɔˀw]

die Toilettenbrille
toiletsæde -t n
[toaˈlɛdsɛ:ðə]

die Kloschüssel
toiletkumme -n u
[toaˈlɛdkɔmə]

die Klobürste
toiletbørste -n u
[toaˈlɛdbœɐ̯sdə]

das Toilettenpapier
toiletpapir -et n
[toaˈlɛdpaˈpiɐ̯ˀ]

der Raumduft
luftopfrisker -en u
[lɔfdʌbfrɛsgʌ]

der Klostein
WC-tablet -en u
[veˀseˀtɑblɛd]

DAS HAUS – HUSET

Sanitäre Anlagen – Sanitære anlæg

der Elektroboiler
vandvarmer -en u
[vanvɑ:mʌ]

der Behälter
beholder -en u
[beˈhʌlˀʌ]

das Thermostat
termostat -en u
[tæɐ̯moˈsdæˀd]

der Warmwasserablauf
varmtvandsudtag -et n
[vɑ:mdvansuðtæˀj]

der Kaltwasserzulauf
koldtvandstilførsel -en u
[kʌlvanstelføɐ̯səl]

das Gas-Wandheizgerät
gasvandvarmer -en u
[gasvanvɑ:mʌ]

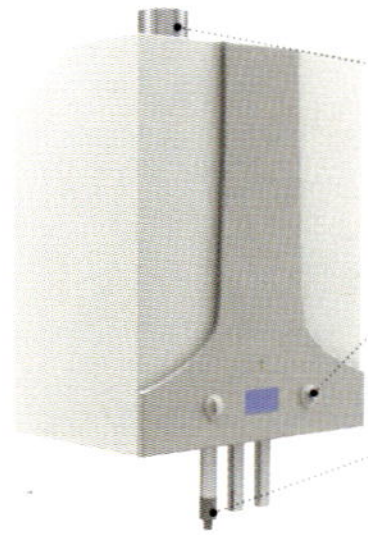

das Sicherheitsventil
sikkerhedsventil -et n
[segʌheðsvɛnˈtiˀl]

der Regler
regulator -en u
[rɛguˈlæ:tʌ]

der Überlauf
overløb -et n
[ɒwʌløˀb]

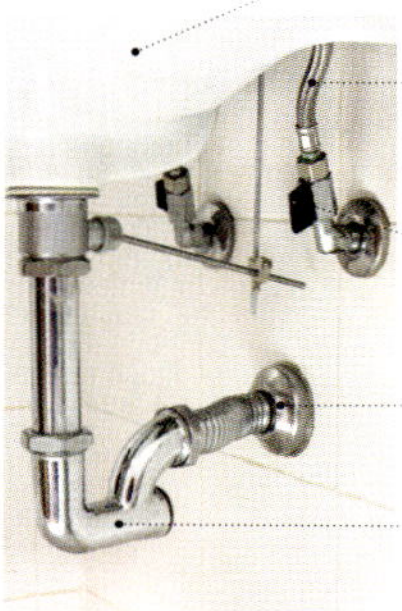

das Waschbecken
håndvask -en u
[hʌnvasg]

die Zuleitung
tilførsel -en u
[telføɐ̯səl]

der Absperrhahn
afspærringshane -n u
[ɑwsbæɐ̯eŋhæ:nə]

der Abfluss
afløb -et n
[ɑwløˀb]

der Siphon
vandlås -en u
[vanlɔˀs]

der Spülkasten
cisterne -n u
[siˈsdæɐ̯nə]

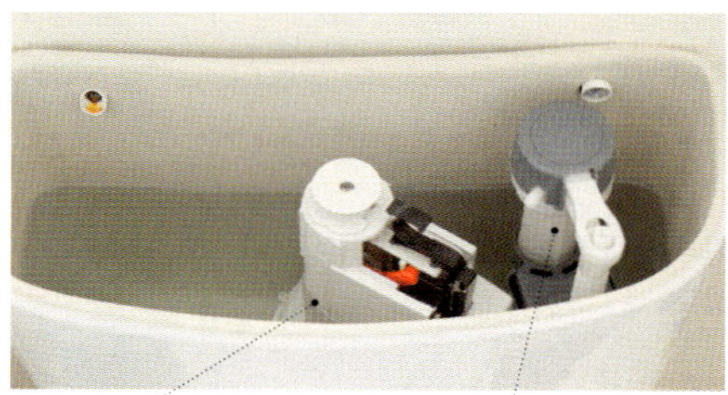

die Heberglocke
skyllegarniture -n u
[sgøləgɑnity:ʌ]

der Überlauf
overløb -et n
[ɒwʌløˀb]

DAS HAUS – HUSET

Im Badezimmer – I badeværelset

das Wattepad
vatrondel -en u
[vadrʌndɛl ˀ]

der Duschschwamm
badesvamp -en u
[bæ:ðəsvɑmˀb]

der Lockenstab
krøllejern -et n
[krœləjæɐ̯ˀn]

das Glätteisen
glattejern -et n
[gladəjæɐ̯ˀn]

der Rasierapparat
barbermaskine -n u
[bɑˈbeˀmasgi:nə]

das Schwammtuch
svampeklud -en u
[svɑmˀbəkluðˀ]

die Zahnseide
tandtråd -en u
[tantrɔˀð]

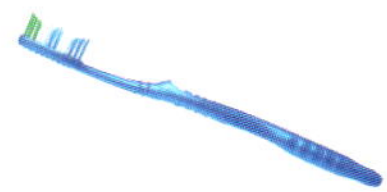

die Zahnbürste
tandbørste -n u
[tanbœɐ̯sdə]

das Taschentuch
lommetørklæde -t n
[lʌmətœˀɐ̯klɛ:ðə]

das Wattestäbchen
vatpind -en u
[vadpenˀ]

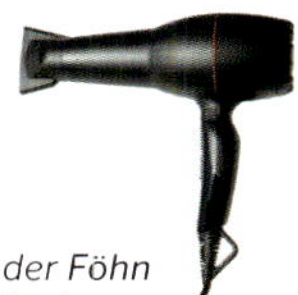

der Föhn
føntørrer -en u
[føˀntœɐ̯ʌ]

der Rasierschaum
barberskum -et n
[bɑˈbeˀɐ̯sgɔmˀ]

der Rasierer
skraber -en u
[sgrɑ:bʌ]

der Waschlappen	**vaskeklud** -en u [vasgəkluðˀ]
das Mundwasser	**mundskyllevæske** -n u [mɔnsgøləvɛsgə]
sich rasieren	at **barbere sig** [bɑˈbeˀʌ saj]
sich frisch machen	at **friske sig op** [frɛsgə saj ʌb]
sich schminken	at **sminke sig** [smeŋgə saj]
sich die Zähne putzen	at **børste tænder** [bœɐ̯sdə tɛnʌ]
das Rasierwasser	**aftershave** -n u [ɑ:fdʌɕɛjv]
der Duschkopf	**brusehoved** -et n [bru:səho:əð]
der Duschvorhang	**bruseforhæng** -et n [bru:səfɒ:hɛŋˀ]
die Badematte	**bademåtte** -n u [bæ:ðəmʌdə]
sich waschen	at **vaske sig** [vasgə saj]
baden	at **tage bad** [tæˀ bað]
den Hahn auf-/zudrehen	at **åbne/lukke for vandhanen** [ɔ:bnə/lɔgə foˀɐ̯ vanhæ:nən]
duschen	at **tage brusebad** [tæˀ bru:səbað]

DAS HAUS – HUSET

Die Waschküche – I vaskerummet

die Waschmaschine
vaskemaskine -n u
[vasgəmasgi:nə]

die Waschmittelkammer
rum til vaskepulver -met n
[rɔmˀ tel vasgəpɔlˀvʌ]

der Frontlader
frontåbning
[frʌndɔ:bneŋ]

der Wäschekorb
vasketøjskurv -en u
[vasgətʌjsguɐ̯ˀw]

die zusammengelegte Wäsche
sammenlagt vasketøj n
[sɑmənlɑgd vasgətʌj]

die Wäscheleine
tørresnor -en u
[tœɐ̯ʌsnoˀɐ̯]

die Wäscheklammer
tøjklemme -n u
[tʌjklɛmə]

der Fleckenentferner
pletfjerner -en u
[plɛdfjæɐ̯nʌ]

der Weichspüler
skyllemiddel -et n
[sgøləmiðˀəl]

das Bleichmittel
blegemiddel -et n
[blɑjəmiðˀəl]

das Waschpulver
vaskepulver -et n
[vasgəpɔlˀvʌ]

das Bügeleisen
strygejern -et n
[sdry:əjæɐ̯ˀn]

das Bügelbrett
strygebræt -et n
[sdry:əbrad]

die Waschmaschine füllen	at **fylde vaskemaskinen** [fylə vasgəmasgi:nə]
die Wäsche waschen	at **vaske tøj** [vasgə tʌj]
die Wäsche schleudern	at **slynge tøj** [sløŋə tʌj]
der Wäscheständer	**tørrestativ** -et n [tœɐ̯ʌsdaˈtiwˀ]
der Wäschetrockner	**tørretumbler** -en u [tœɐ̯ʌtɔmblʌ]
der Schmutzwäschekorb	**kurv til snavset tøj** -en u [kuɐ̯ˀw tel snɑwsəð tʌj]
die Wäsche zum Trocknen aufhängen	at **hænge vasketøj til tørre** [hɛŋə vasgətʌj tel tœɐ̯ʌ]
bügeln	at **stryge** [sdry:ə]

DAS HAUS – HUSET

Reinigungsartikel – Rengøringsartikler

das Reinigungsmittel
rengøringsmiddel -et n
[rɛːngœˀɐeŋmiðˀəl]

das Spülmittel
opvaskemiddel -et n
[ʌbvasgəmiðˀəl]

die Bürste
børste -n u
[bœɐ̯sdə]

die Sprühflasche
sprayflaske -n u
[sbrɛjflasgə]

der Gummiwischer
gummiskraber -en u
[gɔmigrɑːbʌ]

die Kehrschaufel
fejebakke -n u
[fɑjəbɑgə]

der Handfeger
håndfejekost -en u
[hʌnfɑjəkɔsd]

der Wischmopp
gulvmoppe -n u
[gɔlmʌbə]

der Schwamm
svamp -en u
[svɑmˀb]

der Gummihandschuh
gummihandske -n u
[gɔmihansgə]

der Eimer
spand -en u
[sbanˀ]

der WC-Reiniger
WC-rens -en u
[veˀseˀranˀs]

schrubben	at **skrubbe** [sgrɔbə]
fegen	at **feje** [fɑjə]
polieren	at **polere** [poˈleˀʌ]
putzen	at **pudse** [pusə]
abwischen	at **tørre af** [tœɐ̯ʌ æˀ]
der Staubsauger	**støvsuger** -en u [sdøwsuˀʌ]
Staub saugen	at **støvsuge** [sdøwsuˀə]
der Staubwedel	**støvekost** -en u [sdøːvəkɔsd]

die Wurzelbürste
skurebørste -n u
[sguːʌbœɐ̯sdə]

DAS HAUS – HUSET

Die Heimwerkstatt – Hjemmeværkstedet

die Handsäge
håndsav -en u
[hʌnsæˀv]

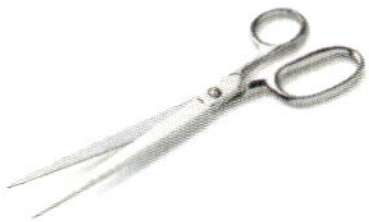

die Schere
saks -en u
[sɑgs]

die Schraube
skrue -n u
[sgru:ə]

die Mutter
møtrik -en u
[møtrɛg]

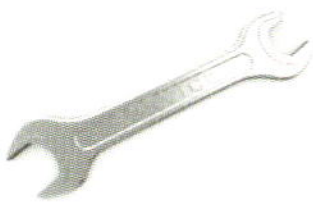

der Schrauben-schlüssel
skruenøgle -n u
[sgru:ənʌjlə]

der Holzhammer
træhammer -en u
[trɛˀhɑmʌ]

die Rohrzange
rørtang -en u
[rœˀɐ̯tɑŋˀ]

das Maßband
målebånd -et n
[mɔ:ləbʌnˀ]

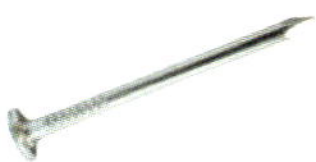

der Nagel
søm -met n
[sœmˀ]

der Hammer
hammer -en u
[hɑmʌ]

das Schleifpapier
slibepapir -et n
[sli:bəpaˈpiɐ̯ˀ]

die Wasserwaage
vaterpas -set n
[vadʌpas]

die Kombizange
universaltang -en u
[univæɐ̯ˈsæˀltɑŋˀ]

der Schraubenzieher
skruetrækker -en u
[sgru:ətragʌ]

die Bügelsäge
buesav -en u
[bu:əsæˀv]

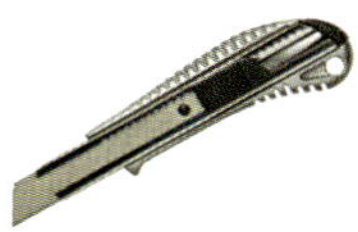

das Teppichmesser
hobbykniv -en u
[hʌbikniwˀ]

DAS HAUS – HUSET

Die Heimwerkstatt – Hjemmeværkstedet

der Akkubohrer
batteridreven boremaskine u
[badʌˈriˀdrɛ:vən bo:ʌmasgi:nə]

der Akku
batteri -et n
[badʌˈriˀ]

der Bohrer
bor -et n
[boˀɐ̯]

der Elektrobohrer
el-boremaskine -n u
[ɛlbo:ʌmasgi:nə]

das Stemmeisen	**stemmejern** -et n	[sdɛməjæɐ̯ˀn]
die Nietenzange	**nittetang** -en u	[nidətaŋˀ]
der Seitenschneider	**skævbider** -en u	[sgɛwbiðˀʌ]
das Sägeblatt	**savblad** -et n	[sæˀvblað]
schrauben	at **skrue**	[sgru:ə]
löten	at **lodde**	[lʌðə]
messen	at **måle**	[mɔ:lə]
abschmirgeln	at **polere**	[poˈleˀʌ]
sägen	at **save**	[sæˀvə]
schneiden	at **skære**	[sgɛ:ʌ]
bohren	at **bore**	[bo:ʌ]
hämmern	at **hamre**	[hamrʌ]
feilen	at **file**	[fi:lə]
ausstemmen	at **stemme ud**	[sdɛmə uðˀ]
nieten	at **nitte**	[nidə]
streichen	at **male**	[mæ:lə]
hobeln	at **høvle**	[hœwlə]

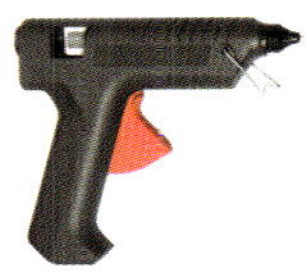

die Klebepistole
limpistol -en u
[liˀmpiˈsdoˀl]

die Stichsäge
stiksav -en u
[sdegsæˀv]

der Bandschleifer
båndsliber -en u
[bʌnsli:bʌ]

die Kreissäge
rundsav -en u
[rɔnˀsæˀv]

DAS HAUS – HUSET

Die Heimwerkstatt – Hjemmeværkstedet

der Müllbeutel
affaldspose -n u
[ɑwfalˀpo:sə]

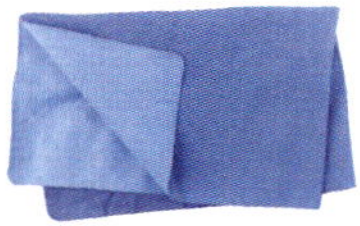

das Mikrofasertuch
mikrofiberklud -en u
[mikrofiˀbʌkluðˀ]

der Dichtstoff
tætningsmiddel -et n
[tɛdneŋsmiðˀəl]

die Kartuschenpistole
patronpistol -en u
[paˈtroˀnpiˈsdoˀl]

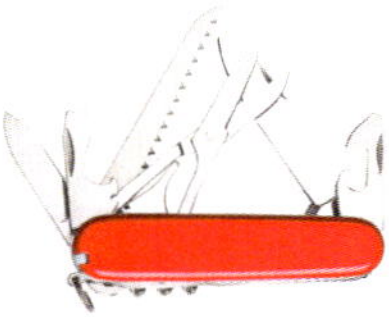

das Taschenmesser
lommekniv -en u
[lʌməkniwˀ]

der Werkzeugkasten
værktøjskasse -n u
[væɐ̯gtʌjskasə]

die Werkbank
høvlebænk -en u
[hœwləbɛŋˀg]

der Inbusschlüssel
unbrakonøgle -n u
[unˈbrɑgonʌjlə]

der Besen
kost -en u
[kɔsd]

die Schutzbrille
sikkerhedsbriller -ne pl
[segʌheðsbrɛlʌ]

der Lötkolben
loddekolbe -n u
[lʌðəkʌlbə]

das Lötzinn
loddemetal -et n
[lʌðəmetal]

das Sperrholz	**krydsfiner** -et n [krysfineˀɐ̯]
die Spanplatte	**spånplade** -n u [sbʌnplæ:ðə]
der Lack	**lak** -ken u [lɑg]
das Metall	**metal** -let n [meˈtal]
der rostfreie Stahl	**rustfrit stål** n [rɔsdfrid sdɔˀl]
der Kunststoff	**kunststof** -fet n [kɔnsdsdʌf]
der Draht	**tråd** -en u [trɔˀð]
das Holzbrett	**træbræt** -tet n [trɛˀbrad]

DAS HAUS - HUSET

Renovieren - Renovering

der Acryllack
akryllak -ken u
[aˈkryˀllɑg]

der Flachpinsel
den **flade pensel** u
[flæˀðə ˈpɛnˀsəl]

die Farbwanne
malebakke -n u
[mæ:ləbɑgə]

das Verdünnungsmittel
fortynder -en u
[fʌˈtønˀʌ]

der/die Spachtel
spatel -en u
[sbæˀdəl]

der Farbroller
malerulle -n u
[mæ:lərulə]

der Handwerker
håndværker -en u
[hʌnvæɐ̯gʌ]

die Leiter
stige -n u
[sdi:ə]

die Latzhose
overall -en u
[ɒwɒˀɒ:l]

die Farbdose
farvedåse -n u
[fɑ:vədɔ:sə]

tapezieren
at **tapetsere**
[tɑbəˈseˀʌ]

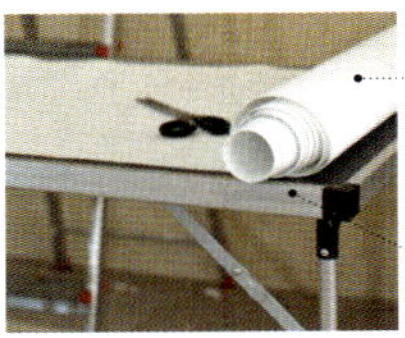

die Tapetenrolle
tapetrulle -n u
[taˈpeˀdrulə]

der Tapeziertisch
tapetbord -et n
[taˈpeˀdboˀɐ̯]

die Farbe
farve -n u
[fɑ:və]

das Abdeckband
afdækningstape -n u
[ɒwdɛgneŋstɛjb]

kacheln	at **lægge fliser** [lɛgə ˈfliˀsʌ]
verputzen	at **pudse** [pusə]
spachteln	at **spartle** [sbɑ:dlə]
die Tapete entfernen	at **fjerne tapet** [fjæɐ̯nə taˈpeˀd]
die Abdeckfolie	**afdækningsfolie** -n u [ɒwdɛgneŋsfoˀljə]
die Spachtelmasse	**spartelmasse** -n u [sbɑ:dəlmasə]
das Lösungsmittel	**opløsningsmiddel** -et n [ʌblø:sneŋsmiðˀəl]
das Versiegelungsmittel	**tætningsmiddel** -et n [tɛdneŋsmiðˀəl]

das Farbmuster
farvemønster -et n
[fɑ:vəmønˀsdʌ]

DAS HAUS – HUSET

Strom und Heizung – Strøm og opvarmning

der Stromzähler
elmåler -en u
[ɛlmɔ:lə]

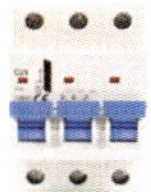

die Sicherung
sikring -en u
[segrɛŋ]

der Heizkörper
radiator -en u
[rɑdiˈæ:tʌ]

der Kaminofen
pejs -en u
[pɑjˀs]

der Stecker
stik -ket n
[sdeg]

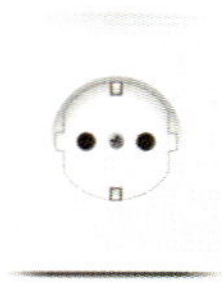

die Steckdose
stikdåse -n u
[sdegdɔ:sə]

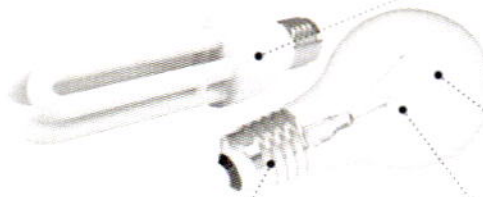

die Energiesparlampe
lavenergilampe -n u
[lɑwenæɐ̯giˀlɑmbə]

die Glühbirne
glødelampe -n u
[glø:ðəlɑmbə]

der Lampensockel
pæresokkel -en u
[pɛ:ʌsʌgəl]

der Glühfaden
glødetråd -en u
[glø:ðətrɔˀð]

das Verlängerungskabel
forlængerledning -en u
[foˀɐ̯lɛŋʌˀʌleðneŋ]

der Schalter
kontakt -en u
[kɔnˈtɑgd]

die Mehrfachsteckdose
multistikdåse -n u
[multisdegdɔ:sə]

der Luftkanal	**luftkanal** -en u [lɔfdkaˈnæˀl]
die Heizung anschalten/ ausschalten	at **tænde/slukke for varmen** [tɛnə/slɔgə foˀɐ̯ vɑˀmən]
die erneuerbare Energie	**vedvarende energi** u [veðvɑ:ˀɑnə enæɐ̯ˈgiˀ]
das Stromnetz	**elnet** -tet n [ɛlnɛd]
die Stromstärke	**strømstyrke** -n u [sdrœmsdyɐ̯gə]
die Spannung	**spænding** -en u [sbɛneŋ]
die Solarheizung	**solvarme** -n u [so:lvɑˀmə]
die Zentralheizung	**centralvarme** -n u [sɛnˈtrɑˀlvɑˀmə]
die Fußbodenheizung	**gulvvarme** -n u [gɔlvɑˀmə]
der Sicherungskasten	**sikringskasse** -n u [segrɛŋskasə]
die Leitung	**ledning** -en u [leðneŋ]
das Ampere	**ampere** [ɑmˈpɛ:ɐ̯]
das Watt	**watt** [vad]
das Volt	**volt** [vʌlˀd]
der Adapter	**adapter** -en u [aˈdɑbtʌ]
die Erdung	**jordforbindelse** -n u [joˀɐ̯fʌˈbenˀəlsə]

DER GARTEN – HAVEN

die Terrasse
terrasse -n u
[taˈrɑsə]

der Gartenteich
dam -men u
[dɑmˀ]

der Gartenweg
havesti -en u
[hæːvəsdiˀ]

der Gemüsegarten
grøntsagshave -n u
[gʁœnsæˀjshæːvə]

die Küchenkräuter
køkkenurter -ne pl
[køgənuɐ̯ˀdʌ]

das Gewächshaus
drivhus -et n
[driwhuˀs]

das Gartenhaus
havehus -et n
[hæːvəhuˀs]

das Blumenbeet
blomsterbed -et n
[blʌmˀsdʌbeð]

die Gartenbank
havebænk -en u
[hæːvəbɛŋˀg]

die Gartenmöbel
havemøbler
-møblerne pl
[hæːvəmøˀblʌ]

die Gartenmauer
havemur -en u
[hæːvəmuɐ̯ˀ]

der Dachgarten
taghave -n u
[tæˀjhæːvə]

der Komposter
kompostbeholder -en u
[kɔmˈpʌsdbeˈhʌlˀʌ]

der Steingarten
stenhave -n u
[sdeˀnhæːvə]

der Gartenzaun
havehegn -et n
[hæːvəhɑjˀn]

die Hecke
hæk -ken u
[hɛg]

DER GARTEN – HAVEN

Gartengeräte – Haveredskaber

die Rosenschere
rosensaks -en u
[ro:sənsags]

der Gartenschlauch
haveslange -n u
[hæ:vəslɑŋə]

die Topfpflanze
potteplante -n u
[pʌdəplandə]

die Blumenkelle
planteske -n u
[plæˀnteˀsgeˀ]

der Handrechen
håndrive -n u
[hʌnri:və]

der Laubrechen
løvrive -n u
[løˀwri:və]

der Spaten
spade -n u
[sbæ:ðə]

die Gießkanne
vandkande -n u
[vankanə]

der Gartenhandschuh
havehandske -n u
[hæ:vəˈhansgə]

der Rasenmäher
plæneklipper -en u
[plɛ:nəklebʌ]

der Rasentrimmer
plænetrimmer -en u
[plɛ:nətrɛmə]

der Rechen
rive -n u
[ri:və]

die Mistgabel
høtyv -en u
[høtywˀ]

die Schubkarre
trillebør -en u
[triləbøˀɐ̯]

die Heckenschere
hækkesaks -en u
[hɛgəsags]

die Hacke
hakkejern -et n
[hɑgəjæɐ̯ˀn]

der Rasensprenger
vandspreder -en u
[vansbrɛ:ðʌ]

DER GARTEN – HAVEN

Die Gartenarbeit – Havearbejdet

Rollrasen verlegen
at **udlægge rullegræs**
[uðlɛgə ruləgras]

den Rasen sprengen
at **vande græsplæne**
[vanə grasplɛːnə]

das Laub rechen
at **rive blade sammen**
[riːvə blæːðə sɑmˀən]

pflanzen
at **plante**
[plandə]

stutzen
at **studse**
[sdusə]

den Rasen mähen
at **slå græsplæne**
[slɔˀ grasplɛːnə]

Unkraut jäten
at **fjerne ukrudt**
[fjæɐ̯nə ˈukrud]

umgraben
at **grave om**
[grɑːvə ˈʌm]

zurückschneiden
at **skære ned**
[sgɛːʌ ˈneðˀ]

pflücken
at **plukke**
[plɔgə]

säen
at **så**
[sɔˀ]

spritzen
at **sprøjte**
[sbrʌjdə]

düngen	at **gøde** [gøːðə]
ernten	at **høste** [høsdə]
züchten	at **dyrke** [dyggə]
vermehren	at **formere** [fʌˈmeˀʌ]
gießen	at **vande** [vanə]
der Sämling	**sætteplante** -n u [sɛdəplandə]
der Dünger	**gødning** -en u [gøðneŋ]
der Unkrautvernichter	**ukrudtsmiddel** -et n [ukrudmiðˀəl]

eintopfen
at **sætte i urtepotte**
[sɛdə i uɐ̯ˀdəpʌdə]

ESSEN UND TRINKEN

MAD OG DRIKKE

TIERISCHE PRODUKTE – ANIMALSKE PRODUKTER

Fleisch – Kød

das Lammfleisch
lammekød -et n
[lɑməkøð]

das Rindfleisch
oksekød -et n
[ʌgsəkøð]

das Steak
bøf -fen u
[bøf]

das Schweinefleisch
svinekød -et n
[svi:nəkøð]

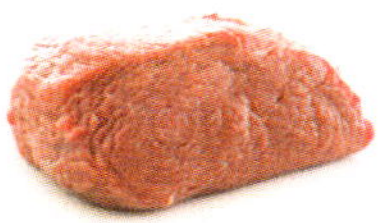

das Filet
mørbrad -en u
[møˀɐ̯brɑð]

das Kalbfleisch
kalvekød -et n
[kalvəkøð]

die Keule
kølle -n u
[kølə]

das Kotelett
kotelet -ten n
[kodəˈlɛd]

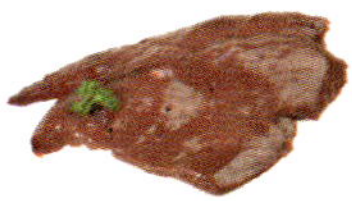

die Leber
lever -en u
[lewˀʌ]

die Niere
nyre -n u
[ny:ʌ]

das Kaninchen
kanin -en u
[kaˈniˀn]

der Schinken
skinke -n u
[sgeŋgə]

das Hackfleisch
hakket kød n
[hɑgəd køð]

die Wurst
pølse -n u
[pølsə]

der Aufschnitt
pålæg -get n
[pʌlɛˀg]

die Salami
salami -en u
[saˈlæ:mi]

TIERISCHE PRODUKTE – ANIMALSKE PRODUKTER

Geflügel – Fjerkræ

das Hähnchen
kylling -en u
[kyleŋ]

die Brust
bryst -et n
[brœsd]

der Schenkel
lår -et n
[lɒˀ]

der Flügel
vinge -n u
[veŋə]

die Hähnchenkeule
kyllingelår -et n
[kyleŋʌlɒˀ]

die Ente
and -en u
[anˀ]

das Entenfleisch
andekød -et n
[anəkøð]

die Gans
gås -en u
[gɔˀs]

das Gänsefleisch
gåsekød -et n
[gɔˀskøð]

die Wachtel
vagtel -en u
[vɑgdəl]

das Wachtelfleisch
vagtelkød -et n
[vɑgdəlkøð]

die Pute
kalkun -en u
[kalˈkuˀn]

das Putenfleisch
kalkunkød -et n
[kalˈkuˀnkøð]

das Bioprodukt	**økologisk produkt** n [økoloˀisg proˈdɔgd]
die Innereien	**indmad** -en u [enmað]
mariniert	**marineret** [mɑiˈneˀʌ]
geräuchert	**røget** [rʌjəð]
gepökelt	**saltet** [saldəð]
braten	at **stege** [sdɑjə]
schmoren	at **braisere** [brɛˈseˀʌ]
grillen	at **grille** [grilə]

aus Freilandhaltung
fra frilandsdrift
[frɑˀ frilanˀsdrɛfd]

TIERISCHE PRODUKTE – ANIMALSKE PRODUKTER

Fisch – Fisk

die Forelle
ørred -en u
[œɐ̯ʌð]

der Karpfen
karpe -n u
[kɑ:bə]

der Zander
sandart -en u
[sanɑˀd]

der Seeteufel
havtaske -n u
[hɑwtasgə]

die Makrele
makrel -len u
[mɑˈkralˀ]

die Seezunge
søtunge -n u
[søtɔŋə]

die Sardine
sardin -en u
[sɑˈdiˀn]

die Scholle
rødspætte -n u
[rœðsbɛdə]

der Aal
ål -en u
[ɔˀl]

der Thunfisch
tunfisk -en u
[tu:nfesg]

der Kabeljau
torsk -en u
[tɒ:sg]

der Seebarsch
havbars -en u
[hɑwˀbɑˀs]

der Lachs
laks -en u
[lɑgs]

der Heilbutt
hellefisk -en u
[hɛləfesg]

der Fischrogen
fiskerogn -en u
[fesgərɒwˀn]

das Fischsteak
fiskebøf -fen u
[fesgəbøf]

TIERISCHE PRODUKTE – ANIMALSKE PRODUKTER

Meeresfrüchte – Havets frugter

die Garnele
reje -n u
[rɑjə]

der Hummer
hummer -en u
[hɔmˀʌ]

der Krebs
krebs -en u
[krabs]

der Flusskrebs
ferskvandskrebs -en u
[fæɐ̯sgvanskrabs]

die Miesmuschel
blåmusling -en u
[blɔˀmusleŋ]

die Kammmuschel
kammusling -en u
[kɑmˀmusleŋ]

die Venusmuschel
venusmusling -en u
[veːnusmusleŋ]

die Herzmuschel
hjertemusling -en u
[jæɐ̯dəmusleŋ]

die Auster
østers -en u
[øsdʌs]

der Tintenfisch
blæksprutte -n u
[blɛgbrudə]

der Krake
ottearmet blæksprutte u
[ɔːdɑːməd blɛgsbrudə]

der Räucherfisch
røget fisk u
[rʌjəð fesg]

das Filet	**filet** -en u [fiˈle]
geräuchert	**røget** [rʌjəð]
einen Fisch entgräten	at **udbene en fisk** [uðbeˀnə eˀn fesg]
die Gräte	**fiskeben** -et n [fesgəbeˀn]
die Schuppe	**skæl** -let n [sgɛlˀ]
abschuppen	at **fjerne skæl** [fjæɐ̯nə sgɛlˀ]
tiefgefroren	**dybfrossen** [dyˀbfrɔsən]
frisch	**frisk** [frɛsg]

der Dosenfisch
fisk på dåse -n u
[fesg pɔˀ dɔːsə]

TIERISCHE PRODUKTE – ANIMALSKE PRODUKTER

Milchprodukte und Eier – Æg og mælkeprodukter

die Sahne
fløde -en u
[flø:ðə]

die Milch
mælk -en u
[mɛlˀg]

der Hüttenkäse
hytteost -en u
[hydəɔsd]

der Ziegenkäse
gedeost -en u
[geðˀeˀɔsd]

der Quark
kvark -en u
[kvɑ:g]

der Joghurt
yoghurt -en u
[joguɐ̯ˀd]

der Brie
brie -n u
[bri:ə]

der Gorgonzola
gorgonzola -en u
[gɒ:gʌnˈso:la]

der Feta
fetaost -en u
[fe:taɔsd]

das Hühnerei
hønseæg -get n
[hœnsəɛˀg]

die Eierschale
æggeskal -len u
[ɛgəsgalˀ]

das Eiweiß
æggehvide -n u
[ɛgəvi:ðə]

das Eigelb
æggeblomme -n u
[ɛgəblʌmə]

das Wachtelei
vagtelæg -get n
[vɑgdəlɛˀg]

das Gänseei
gåseæg -get n
[gɔˀseˀɛˀg]

TIERISCHE PRODUKTE – ANIMALSKE PRODUKTER

Milchprodukte und Eier – Æg og mælkeprodukter

der Eierkarton
æggebakke -n u
[ɛgəbagə]

die Butter
smør -ret n
[smœɐ̯]

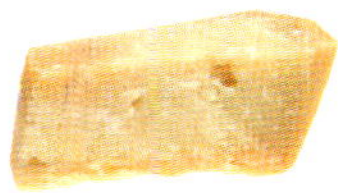

der Parmesan
parmesan -en u
[pamə'sæˀɹ]

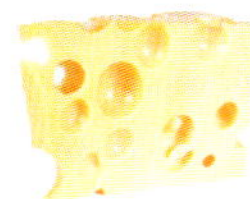

der Emmentaler
emmentaler -en u
[ɛməntɑ:lʌ]

der Cheddar
cheddar -en u
[tjɛdɑ]

der Raclettekäse
racletteost -en u
[rɑ'klɛdɔsd]

der Camembert
camembert -en u
[kɑmɑm'bɛ:ɐ̯]

der Gouda
gouda -en u
[gɒwda]

der Mozzarella
mozzarella -en u
[mosa'rɛla]

der geriebene Käse
den **revne ost** u
[rɛ:vnə ɔsd]

die Buttermilch
kærnemælk -en u
[kæɐ̯nəmɛlˀg]

der Frischkäse
friskost -en u
[frɛsgɔsd]

die Kuhmilch	**komælk** -en u [koˀmɛlˀg]
die Ziegenmilch	**gedemælk** -en u [geðˀeˀmɛlˀg]
die laktosefreie Milch	den **laktosefrie mælk** u [lag'to:səfriə mɛlˀg]
die Sojamilch	**sojamælk** -en u [sʌjamɛlˀg]
homogenisiert	**homogeniseret** [homogeni'seˀəd]
pasteurisiert	**pasteuriseret** [pasdoɐ̯i'seˀəd]
fettarm	**med lavt fedtindhold** [meðˀ læˀvd 'feðenhʌlˀ]
die Vollmilch	**sødmælk** -en u [søðˀmɛlˀg]

die Kondensmilch
den **kondenserte mælk** u
[kʌndən'seˀʌdə mɛlˀg]

GEMÜSE – GRØNTSAGER

die/der Trüffel
trøffel -en u
[trœfəl]

der Champignon
champignon -en u
[ɕampinjʌŋ]

der Steinpilz
Karl-Johan-svamp -en u
[kɑ:ljoˈhansvamˀb]

der Pfifferling
kantarel -len u
[kantaˈralˀ]

der Spargel
asparges -en u
[asˈbɑˀs]

der Kohlrabi
glaskål -en u
[glaskɔˀl]

der Rhabarber
rabarber -en u
[rɑˈbɑˀbʌ]

der Mangold
bladbed -en u
[blaðbeð]

der Fenchel
fennikel -en u
[fɛnˀigəl]

der/die Stangensellerie
bladselleri -en u
[blaðselʌriˀ]

die Artischocke
artiskok -ken u
[ɑ:tiˈsgʌg]

die Kresse
karse -n u
[kɑ:sə]

die Brunnenkresse
brøndkarse -n u
[brœnˀkɑ:sə]

das Blatt	**blad** -et n [blað]
der Strunk	**stilk** -en u [sdelˀg]
das Röschen	**knop** -pen u [knɔb]
das Herz	**hjerte** -t n [jæɐ̯də]
die Spitze	**spids** -en u [sbes]
das gedämpfte Gemüse	de **dampede grøntsager** pl [dambədə ˈgrœnsæˀjʌ]
aus biologischem Anbau	**fra økologisk dyrkning** [frɑˀ økoloˀisg ˈdyɐ̯gneŋ]
aus heimischer Produktion	**fra indenlandsk produktion** [frɑˀ enənlanˀsg prodogˈɕoˀn]

GEMÜSE – GRØNTSAGER

Wurzelgemüse – Rodfrugter

die Süßkartoffel
sød kartoffel
den søde kartoffel u
[søð' kɑˈtʌfəl]

die Karotte
gulerod -en u
[guləroˀð]

die Kartoffel
kartoffel kartoflen u
[kɑˈtʌfəl]

die Schalotte
skalotteløg -en u
[sgaˈlʌdəlʌjˀ]

die rote Zwiebel
rødløg -en u
[rœðlʌjˀ]

die Pastinake
pastinak -ken u
[pasdiˈnɑg]

der Knoblauch
hvidløg -en u
[viðˀlʌjˀ]

die Rübe
roe -n u
[ro:ə]

die Zwiebel
løg -et n
[lʌjˀ]

das Radieschen
radise -n u
[rɑˈdisə]

die Frühlingszwiebel
forårsløg -et n
[fɒ:ˀɒslʌjˀ]

die Rote Bete
rødbede -n u
[rœðˈbe:ðə]

die Knoblauchzehe	**hvidløgsfed** -en u [viðlʌjsfeð]
die Knoblauchknolle	den **hele hvidløg** u [he:lə viðlʌjˀ]
die Wurzel	**rod** -en u [roˀð]
bitter	**bitter** [bedʌ]
roh	**rå** [rɔˀ]
scharf	**skarp** [sgɑ:b]
mehligkochend	**melet i kog** [me:ləð iˀ kɔˀw]
festkochend	**fast i kog** [fasd iˀ kɔˀw]

der Lauch
porre -n u
[pɒɐ̯ʌ]

GEMÜSE – GRØNTSAGER

Blattgemüse – Bladgrøntsager

der Brokkoli
broccoli -en u
[brʌkoli]

der Rotkohl
rødkål -en u
[rœðˀkɔˀl]

der Wirsing
savoykål -en u
[saˈvʌjˀkɔˀl]

der Rosenkohl
rosenkål -en u
[ro:sənkɔˀl]

der Blumenkohl
blomkål -en u
[blʌmkɔˀl]

der Weißkohl
hvidkål -en u
[viðˀkɔˀl]

der Kopfsalat
hovedsalat -en u
[ho:əðsaˈlæˀd]

der Eisbergsalat
icebergsalat -en u
[ɑjsbœ:gsaˈlæˀd]

der Römersalat
romainesalat -en u
[roˈmɛ:nsaˈlæˀd]

der/die Chicorée
julesalat -en u
[ju:ləsaˈlæˀd]

der Feldsalat
vårsalat -en u
[vɒˀsaˈlæˀd]

der Spinat
spinat -en u
[sbiˈnæˀd]

der Rucola
rucola -en u
[rukola]

der Endiviensalat
endiviesalat -en u
[ɛnˈdiˀvjəsaˈlæˀd]

GEMÜSE – GRØNTSAGER

Fruchtgemüse – Grøntsagsfrugter

der/die Paprika
peberfrugt -en u
[pewʌfrɔgd]

die Zucchini
courgette -n u
[kuɐ̯ˈɕɛdə]

die Aubergine
aubergine -n u
[obæɐ̯ˈɕiːn]

die Tomate
tomat -en u
[toˈmæˀd]

die Kirschtomate
cherrytomat -en u
[ɕæɐ̯itoˈmæˀd]

die Olive
oliven -en u
[oˈliˀvən]

die Okraschote
okra -en u
[ʌkrɑ]

die Chilischote
chili -en u
[tjili]

die Avocado
avocado -en u
[avoˈkæːdo]

die Gurke
agurk -en u
[aˈguɐ̯g]

der Kürbis
græskar -ɛn u
[graskɑ]

der Butternusskürbis
butternutgræskar -en u
[bʌtʌnʌtgraskɑ]

schälen	at **skrælle** [sgralə]
schneiden	at **skære** [sgɛːʌ]
roh	**rå** [rɔˀ]
gekocht	**kogt** [kʌgd]
gegart	**kogt ved lavt blus** [kʌgd veð læˀvd blus]
das Püree	**puré** -en u [pyˈrɛ]
püriert	**pureret** [pyˈrɛˀʌd]
braten	at **stege** [sdɑjə]

der Mais
majs -en u
[mɑjˀs]

GEMÜSE – GRØNTSAGER

Hülsenfrüchte – Bælgfrugter

die grüne Linse
den **grøne linse** u
[grœnˀə lensə]

die Ackerbohne
hestebønne -n u
[hɛsdəbœnə]

die schwarze Bohne
den **sorte bønne** u
[sɒ:də bœnə]

die Gartenerbse
haveært -en u
[hæ:vəæɐ̯ˀd]

die Kichererbse
kikært -en u
[kigæɐ̯ˀd]

die rote Linse
den **røde linse** u
[rœðˀə lensə]

die grüne Bohne
den **grøne bønne** u
[grœnˀə bœnə]

die Zuckererbse
sukkerært -en u
[sɔgʌæɐ̯ˀd]

die Kidneybohne
kidneybønne -n u
[kidne:bœnə]

die Limabohne
limabønne -n u
[li:mabœnə]

die Tellerlinse
den **brune linse** u
[bruˀnə lensə]

die Hülse	**bælg** -en u [bɛlˀj]
der Kern	**kerne** -n u [kæɐ̯nə]
die Schote	**bælg** -en u [bɛlˀj]
der Samen	**frø** -en u [frœˀ]
die Sojasprossen	**bønnespirer** -ne pl [bœnəsbi:ʌ]
die Sojabohne	**sojabønne** -n u [sʌjabœnə]
die Mungobohne	**mungobønne** -n u [muŋgobœnə]
die Schwarzaugenbohne	**sortøjebønne** -n u [sɒ:dʌjəbœnə]

OBST – FRUGT

Beeren und Steinobst – Bær og stenfrugt

die Erdbeere
jordbær -et n
[joɐ̯bæɐ̯]

die Himbeere
hindbær -et n
[henˀbæɐ̯]

die Brombeere
brombær -et n
[brɔmbæɐ̯]

die Heidelbeere
blåbær -et n
[blʌbæɐ̯]

die roten Johannisbeeren
ribs -et n
[rɛbs]

die schwarzen Johannisbeeren
solbær -et n
[so:lbæɐ̯]

die Weintraube
vindrue -n u
[vindru:ə]

die Stachelbeere
stikkelsbær -et n
[sdegəlsbæɐ̯]

die Preiselbeere
tyttebær -et n
[tydəbæɐ̯]

die Kirsche
kirsebær -et n
[kiɐ̯səbæɐ̯]

die Holunderbeere
hyldebær -et n
[hyləbæɐ̯]

der Pfirsich
fersken -en u
[fæɐ̯sgən]

die Nektarine
nektarin -en u
[nɛgtɑˈriˀn]

die Zwetschge
blomme -n u
[blʌmə]

die Aprikose
abrikos -en u
[ɑbriˈkoˀs]

der Apfel
æble -t n
[ɛ:blə]

die Birne
pære -n u
[pɛ:ʌ]

die Quitte
kvæde -n u
[kvɛ:ðə]

OBST – FRUGT

Exotische Früchte – Eksotiske frugter

die Feige
figen -en u
[fiːən]

die Birnenmelone
melonpære -n u
[meˈloˀnpɛːʌ]

die Physalis
ananaskirsebær -et n
[ananaskiɐ̯səbæɐ̯]

die Litschi
litchi -en u
[litji]

die Sternfrucht
stjernefrugt -en u
[sdjæɐ̯nəfrɔgd]

die Ananasguave
ananasguava -en u
[ananasguˈæːva]

die Papaya
papaya -en u
[paˈpɑja]

die Cherimoya
cherimoya -en u
[tjeɐ̯iˈmʌja]

die Passionsfrucht
passionsfrugt -en u
[paˈɕoˀnsfrɔgd]

die Mangostanfrucht
mangostan -en u
[mɑŋgosdan]

der Granatapfel
granatæble -t n
[grɑˈnæˀdɛːblə]

die Kiwano
hornmelon -en u
[hoɐ̯nmeˈloˀn]

die Rambutan
rambutan -en u
[rɑmˀbuˈtæˀn]

die Drachenfrucht
pitahaya -en u
[pitaˈhaja]

die Ananas
ananas -sen u
[ananas]

die Guave
guava -en u
[guˈæːva]

die Banane
banan -en u
[baˈnæˀn]

die Kiwi
kiwi -en u
[kiːvi]

die Mango
mango -en u
[mɑŋgo]

die Kokosnuss
kokosnød -den u
[koːgosnøðˀ]

OBST – FRUGT

Zitrusfrüchte und Melonen – Citrusfrugter og meloner

die Orange
appelsin -en u
[ɑbəlˈsiˀn]

die Limette
lime -n u
[lɑjm]

geschält
skrællet
[sgralˀəð]

die Clementine
clementin -en u
[klemənˈtiˀn]

die Grapefruit
grapefrugt -en u
[grɛjbfrɔgd]

die Zitrone
citron -en u
[siˈtroˀn]

der Schnitz
skive -n u
[sgiːvə]

die Schale
skal -len u
[sgalˀ]

die Zuckermelone
sukkermelon -en u
[sɔgʌmeˈloˀn]

die Honigmelone
honningmelon -en u
[hʌneŋmeˈloˀn]

die Wassermelone
vandmelon -en u
[vanˀmeˈloˀn]

die Blutorange
blodappelsin -en u
[bloˀðɑbəlˈsiˀn]

kernlos	**uden kerner/sten** [uðən kæɐ̯nʌ/sdeˀn]
saftig	**saftig** [sɑfdi]
knackig	**sprød** [sbrœðˀ]
das Kerngehäuse	**kernehus** -et n [kæɐ̯nəhuˀs]
sauer	**sur** [suɐ̯]
reif	**moden** [moˀðən]
frisch	**frisk** [frɛsg]
faulig	**rådden** [rʌðən]

die Kumquat
kumquat -ten u
[kɔmkvad]

OBST – FRUGT

Nüsse und Trockenobst – Nødder og tørret frugt

der Cashewkern
cashewnød -den u
[kaɕuːnøðˀ]

die Mandel
mandel -en u
[manˀəl]

die Kastanie
kastanje -n u
[kaˈsdanjə]

die Walnuss
valnød -den u
[valnøðˀ]

die Haselnuss
hasselnød -den u
[hasəlnøðˀ]

die Erdnuss
jordnød -den u
[joˀɐ̯nøðˀ]

die Pekannuss
pekannød -den u
[peˈkannøðˀ]

die Macadamianuss
macadamianød -den u
[mɑgaˈdɛjmianøðˀ]

der Pinienkern
pinjekerne -n u
[pinjəkæɐ̯nə]

die Rosine
rosin -en u
[roˈsiˀn]

die Sultanine
sultanarosin -en u
[sultanaroˈsiˀn]

die Backpflaume
sveske -n u
[svesgə]

die Dattel
daddel -en u
[daðˀəl]

die Paranuss	**paranød** -den u [pɑːˀɑnøðˀ]
die Pistazie	**pistacie** -n u [piˈsdæːɕə]
geröstet	**ristet** [rɛsdə]
gesalzen	**saltet** [saldəd]
das Studentenfutter	**studenterhavre** -n u [sduˈdɛndʌhɑwrʌ]
der Nussknacker	**nøddeknækker** -en u [nøðəknɛgʌ]
die Nussschale	**nøddeskal** -en u [nøðəsgalˀ]
eine Nuss knacken	at **knække en nød** [knɛgə eˀn nøˀð]

KRÄUTER UND GEWÜRZE – URTER OG KRYDDERIER

Kräuter – Urter

der Lavendel
lavendel -en u
[laˈvɛnˀəl]

der Estragon
estragon -en u
[ɛsdrɑˈgʌŋ]

der Oregano
oregano -en u
[oɡ̊əˈgæːnɔ]

das/der Liebstöckel
løvstikke -n u
[løwsdegə]

der Salbei
salvie -n u
[salˈviːə]

die Minze
mynte -n u
[møndə]

der Majoran
merian -en u
[mɛˀɡ̊ian]

der Rosmarin
rosmarin -en u
[rosmɑˈriˀn]

das Basilikum
basilikum -en u
[baˈsilˀikɔm]

die Petersilie
persille -n u
[pæɡ̊ˈselə]

der Thymian
timian -en u
[tiˀmian]

der Koriander
koriander -en u
[kɒiˈanˀdʌ]

der Schnittlauch
purløg -en u
[puɡ̊lʌjˀ]

der Fenchel
fennikel -en u
[fɛnˀigəl]

der Dill
dild -en u
[dilˀ]

die Zitronenmelisse
citronmelisse -n u
[siˈtroˀnmelisə]

KRÄUTER UND GEWÜRZE – URTER OG KRYDDERIER

Gewürze – Krydderier

der Sternanis
stjerneanis -sen u
[sdjæɐ̯nəanis]

das Lorbeerblatt
laurbærblad -et n
[lɑwʌbæɐ̯blað]

der Koriander
koriander -en u
[kɒiˈanˀdʌ]

die Zimtrinde
kanelbark -en u
[kaˈneˀlbɑ:g]

die Kurkuma
gurkemeje -n u
[guɐ̯gəˈmɑjə]

das Currypulver
karrypulver -et n
[kɑ:ipɔlˀvʌ]

der Paprika
paprika -en u
[pɑbrika]

der Pfeffer
peber -et n
[pewʌ]

die Muskatnuss
muskatnød -den u
[muˈsgæˀdnøðˀ]

der/das Kardamom
kardemomme -n u
[kɑdəˈmɔmə]

die Nelken
kryddernellike -n u
[kryðʌnelˀegə]

der Ingwer
ingefær -en u
[eŋəfæɐ̯]

die Chiliflocken
chiliflager -ne pl
[tjiliflæ:jʌ]

die Chilischote
chilipeber -en u
[tjilipewʌ]

der Fenchel
fennikel -en u
[fɛnˀigəl]

das Garam masala
garam masala -en u
[garam maˈsɑ:lɑ]

KRÄUTER UND GEWÜRZE – URTER OG KRYDDERIER

Würzmittel und Soßen – Krydderistoffer og sovse

der Essig
eddike -n u
[ɛðgə]

das Olivenöl
olivenolie -n u
[oˈliˀvənoljə]

der Pfeffer
peber -et n
[pewʌ]

die Pfeffermühle
peberkværn -en u
[pewʌkvæɐ̯ˀn]

das Salz
salt -en u
[salˀd]

die Salsa
salsa -en u
[salsa]

der/das Ketchup
ketchup -pen u
[kɛdɕub]

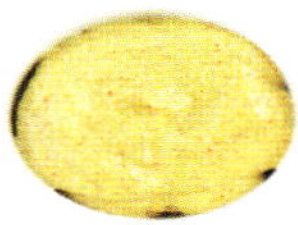

der Senf
sennep -pen u
[senəb]

die Mayonnaise
mayonnaise -n u
[mɑjoˈnɛːs]

zerstoßen	**stødt** [sdøˀd]
gemahlen	**malet** [mæːləd]
geraspelt	**revet** [rɛːvəð]
der Salzstreuer	**saltbøsse** -n u [saldbøsə]
die Salatsoße	**salatdressing** -en u [saˈlæˀddrɛseŋ]
würzen	at **krydre** [kryðrʌ]
anmachen	at **tilberede** [telbeˈrɛˀðə]
marinieren	at **marinere** [mɑiˈneˀʌ]

die Sojasoße
sojasovs -en u
[sʌjasɒwˀs]

GETREIDE UND MEHL – KORN OG MEL

der Dinkel
spelt -en u
[sbɛlˀd]

die Kürbiskerne
græskarfrø -en u
[graskɑfrœˀ]

die Sonnenblumen-kerne
solsikkefrø -en u
[so:lsegəfrœˀ]

die Quinoa
quinoa -en u
[kiˈno:a]

der Wildreis
den **vilde ris** u
[vilə riˀs]

der Hafer
havre -n u
[hɑwrʌ]

die Gerste
byg -gen u
[byg]

der Naturreis
naturris -en u
[naˈtuɐ̯ˀriˀs]

der Mais
majs -en u
[mɑjˀs]

die Hirse
hirse -n u
[hiɐ̯sə]

der Weizen
hvede -n u
[ve:ðə]

der/das Couscous
couscous -en u
[kusˈkus]

der Buchweizen
boghvede -n u
[bɔwve:ðə]

der Basmatireis
basmatiris -en u
[basˈmæ:tiriˀs]

der Bulgur
bulgur -en u
[bulguɐ̯ˀ]

der Reis
ris -en u
[riˀs]

GETREIDE UND MEHL – KORN OG MEL

die Penne
penne -ne pl
[pɛnə]

die Tagliatelle
båndspaghetti -erne pl
[bʌnsbaˈgɛdi]

die Spaghetti
spaghetti -erne pl
[sbaˈgɛdi]

die Ravioli
ravioli -erne pl
[rɑviˈo:li]

die Fusilli
pastaskrue -ne pl
[pasdasgru:ə]

die Rigatoni
rigatoni -erne pl
[rigaˈtoni]

die Tortellini
tortellini -erne pl
[tɒdəˈlini]

das Weizenmehl
hvedemel -et n
[ve:ðəmeˀl]

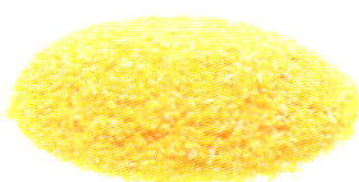

das Maismehl
majsmel -et n
[mɑjˀsmeˀl]

die Hefe
gær -et n
[gɛˀɐ̯]

der Teig
dej -en u
[dɑjˀ]

das Backpulver	**bagepulver** -et n [bæ:jəpɔlˀvʌ]
das glutenfreie Mehl	det **glutenfrie mel** n [glu:dənfriə ˈmeˀl]
das Roggenmehl	**rugmel** -et n [ru:meˀl]
das Vollkornmehl	**fuldkornsmel** -et n [fulˌkoɐ̯ˀnsmeˀl]
sieben	at **si** [siˀ]
kneten	at **ælte** [ɛldə]
verrühren	at **røre** [rœ:ʌ]
backen	at **bage** [bæ:jə]

die Reisnudeln
risnudler -ne pl
[risnuðˀlʌ]

GETREIDE UND MEHL – KORN OG MEL

Brot – Brød

die Brezel
saltkringle -n u
[saldkrɛŋlə]

das Croissant
croissant -en u
[krwɑˈsɑŋ]

das/die Baguette
flute -n u
[flyd]

das Schwarzbrot
rugbrød -et n
[rubrœðˀ]

das Weißbrot
franskbrød -et n
[frɑnˀsgbrœðˀ]

das Vollkornbrot
fuldkornsbrød -et n
[fulkoɐ̯ˀnsbrœðˀ]

das Mehrkornbrot
flerkornsbrød -et n
[fleɐ̯koɐ̯ˀnsbrœðˀ]

das Graubrot
sigtebrød -et n
[segdəbrœðˀ]

das Fladenbrot
fladbrød -et n
[flæˀðbrœðˀ]

die Tortilla
tortilla -en u
[tɒˈtilja]

das Toastbrot
toastbrød -et n
[tɔwsdbrœðˀ]

das Sauerteigbrot
surdejsbrød -et n
[suɐ̯ˀdɑjsbrœðˀ]

das Brötchen
rundstykke -t n
[rɔnsdøgə]

der Bagel
bagel -en u
[bɛjgəl]

das belegte Brötchen
rundstykke med pålæg -t n
[rɔnsdøgə meðˀ pʌlɛˀg]

das Knäckebrot
knækbrød -et n
[knɛgbrœðˀ]

GETREIDE UND MEHL – KORN OG MEL

Brotaufstriche – Smørepålæg

das Glas
glas -et n
[glas]

der Honig
honning -en u
[hʌneŋ]

der Waldhonig
skovhonning -en u
[sgɒwhʌneŋ]

der flüssige Honig
den **flydende honning** u
[fly:ðənə hʌneŋ]

der Zitronenaufstrich
citronsmør -et n
[siˈtroˀnsmœɐ̯]

die Konfitüre
syltetøj -et n
[syldətʌj]

die Marmelade
marmelade -n u
[mɑməˈlæ:ðə]

der Ahornsirup
ahornsirup -pen u
[ahoɐ̯ˀnsiˀrəb]

die Erdnussbutter
jordnøddesmør -ret n
[joɐ̯nøðəsmœɐ̯]

der Schokoladen-aufstrich
chokoladecreme -n u
[ɕogoˈlæ:ðəkʁɛˀm]

die Margarine
margarine -en u
[mɑgəˈri:nə]

der Laib
det **hele brød** n
[he:lə brœðˀ]

die Scheibe
skive -n u
[sgi:və]

das Paniermehl
rasp -en u
[rɑsb]

das Sandwich
sandwich -en u
[sanwidɕ]

GETREIDE UND MEHL – KORN OG MEL

Kuchen und Gebäck – Kager og bagværk

der Käsekuchen
ostekage -n u
[ɔsdəkæ:jə]

die Schokoladentorte
chokoladekage -n u
[ɕogoˈlæ:ðəkæ:jə]

der Muffin
muffin -en u
[mʌfən]

die Makrone
makron -en u
[mɑˈkroˀn]

der Lebkuchen
peberkage -n u
[pewʌkæ:jə]

das Biskuit
kiks -en u
[kigs]

der Berliner
berliner -en u
[bæɐ̯ˈliˀnʌ]

der Gugelhupf
gugelhupf -en u
[guglhupf]

die Obsttorte
frugtkage -n u
[frɔgdkæ:jə]

die Schwarzwälder Kirschtorte
schwarzwälder kirsebærkage -n u
[ʃvartsvɛldʌ kiɐ̯səbæɐ̯kæ:jə]

der Zwetschgenkuchen
sveskekage -n u
[svesgəkæ:jə]

die Linzer Torte
linsekage -n u
[lensəkæ:jə]

das Marmeladentörtchen
marmeladetærte -n u
[mɑməˈlæ:ðətæɐ̯də]

der Zuckerguss	**glasur** -en u [glaˈsuɐ̯ˀ]
das Marzipan	**marcipan** -en u [mɑsiˈpæˀn]
der Geburtstagskuchen	**fødselsdagslagkage** -n u [føsəlsdæˀslɑwkæ:jə]
die Geburtstagskerze	**lagkagelys** -et n [læˀjkæ:jølyˀs]
die Kuchendekoration	**kagedekoration** -en u [kæ:jədegorɑˈɕoˀn]
das Gebäck	**bagværk** -et n [bɑwvæɐ̯g]
das Eclair	**eclair** -en u [eˈklɛ:ɐ̯]
das Baiser	**marengs** -en u [mɑˈraŋs]

DESSERTS UND SÜßSPEISEN – DESSERTER OG SØDE SAGER

der Apfelstrudel
æblestrudel -en u
[ɛ:bləsdruˀðəl]

das Tiramisu
tiramisu -en u
[tiʁ̞amiˈsu]

der Pfannkuchen
pandekage -n u
[panəkæ:jə]

die Crêpe
crêpe -n u
[krab]

der Eisbecher
isbæger -et n
[isbɛ:jʌ]

der Karamellpudding
karamelbudding -en u
[kɑˀɑˈmɛlˀbuðeŋ]

die Mousse
mousse -n u
[mus]

die Schlagsahne
flødeskum -met n
[flø:ðəsgɔmˀ]

die Crème brûlée
crème brûlée -n u
[krɛmbryˈle]

die Panna cotta
panna cotta -en u
[panaˈkʌta]

der Wackelpudding
gelé -en u
[çeˈle]

der Obstsalat
frugtsalat -en u
[frɔgdsaˈlæˀd]

GETRÄNKE – DRIKKE

Erfrischungsgetränke – Opfriskende drikke

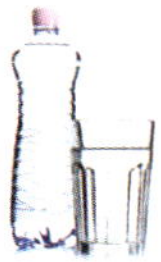

das Wasser
vand -et n
[vanˀ]

das Tonicwater
tonicvand -et n
[tʌnigvanˀ]

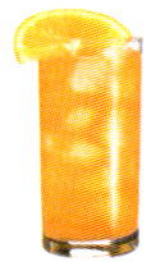

der Orangensaft
appelsinjuice -n u
[ɑbəlˈsiˀndjuːs]

der Tomatensaft
tomatjuice -n u
[toˈmæˀddjuːs]

das alkoholfreie Bier
det **alkoholfrie øl** n
[algohʌlfriə øl]

der Karottensaft
gulerodssaft -en u
[guləroˀðsɑfd]

die/das Cola
cola -en u
[koːla]

die Limonade
limonade -n u
[limoˈnæːðə]

der Eiskaffee
iskaffe -n u
[iskɑfə]

die Eisschokolade
ischokolade -n u
[isɕogoˈlæːðə]

der Eistee
iste -n u
[isteˀ]

die Apfelschorle
æbledrik -ken u
[ɛːblədrɛg]

der Milchshake
milkshake -n u
[milgɕɛjg]

die Saftpresse	**saftpresser** -en u [sɑfdprasʌ]
der frisch gepresste Grapefruitsaft	den **friskpressede grapefrugtjuice** u [frɛsgprasəðə grɛjbfrɔgddjuːs]
das Tafelwasser	**bordvand** -et n [boˀɐ̯vanˀ]
das Leitungswasser	**postevand** -et n [pʌsdəvanˀ]
das Mineralwasser mit Kohlensäure	**danskvand** -et n [danˀsgvanˀ]
das stille Mineralwasser	**mineralvand uden brus** [minəˈrɑlvanˀ uðən bruˀs]
der Apfelsaft	**æblesaft** -en u [ɛːbləsɑfd]
der Johannisbeersaft	**solbærjuice** -n u [soːlbæɐ̯djuːs]

GETRÄNKE – DRIKKE

Heißgetränke – Varme drikke

der Espresso
espresso -en u
[ɛsˈpraso]

die Kaffeebohnen
kaffebønner -ne pl
[kafəbœnʌ]

der Amaretto
amaretto -en u
[amaˈrɛdo]

der Kaffee zum Mitnehmen
kaffe to go -n u
[kafə tu gɔ]

der Deckel
låg -et n
[lɔˀw]

der Becher
bæger -et n
[bɛːjʌ]

der Milchschaum
mælkeskum -met n
[mɛlgəsgɔmˀ]

der Teebeutel
tebrev -et n
[tebrɛwˀ]

die Teeblätter
teblade -ne pl
[teblað]

die Teekanne
tepotte -n u
[tepʌdə]

der Schwarztee
sort te u
[sɒːd teˀ]

der/die Latte macchiato
latte macchiato -en u
[ladə makiˈaːto]

der Kaffee
kaffe -n u
[kafə]

der Cappuccino
cappuccino -en u
[kabuˈtjiːno]

der Milchkaffee
caffe latte -n u
[kafəˈladə]

der Minztee
myntete -en u
[møndəteˀ]

der Kamillentee
kamillete -en u
[kaˈmiləteˀ]

der Kräutertee
urtete -en u
[uɐ̯ˀdəteˀ]

der Glühwein
gløgg -en u
[gløg]

GETRÄNKE – DRIKKE

Alkoholische Getränke – Alkoholiske drikke

der Cocktail
cocktail -en u
[kʌgˌtɛjl]

die Sangria
sangria -en u
[sɑŋˈgri:a]

mit Eis
med is
[meðˀ is]

der Whisky
whisky -en u
[visgi]

der Gin Tonic
gintonic -en u
[djentʌnig]

der Rum
rom -men u
[rʌmˀ]

das Bier
øl -let n
[øl]

das Pils
pilsner -en u
[pilˀsnʌ]

das dunkle Bier
det **mørke øl** n
[mœɐ̯gə øl]

der Wodka
vodka -en u
[vʌdka]

der Roséwein
rosévin -en u
[roˈseviˀn]

der Weißwein
hvidvin -en u
[viðˀviˀn]

der Rotwein
rødvin -en u
[rœðviˀn]

der Sekt
den **mousserende vin** u
[muˈseˀʌnə viˀn]

der Tequila
tequila -en u
[teˈki:la]

der Weinbrand	**brandy** -en u [bɹæ:ndi]
der Schnaps	**snaps** -en u [snɑbs]
der Sherry	**sherry** -en u [ɕæɐ̯i]
der Likör	**likør** -en u [liˈkøˀɐ̯]
der Cidre	**cider** -en u [si:ðʌ]
die Weinschorle	**spritzer** -en u [sbrɛtsʌ]
das Hefeweizen	det **gærede øl** n [gɛ:ʌðə øl]
der Champagner	**champagne** -n u [ɕɑmˈpanjə]

KOCHEN – MADLAVNING

Zubereitung – Tilberedning

schälen
at **skrælle**
[sgralə]

schneiden
at **skære**
[sgɛːʌ]

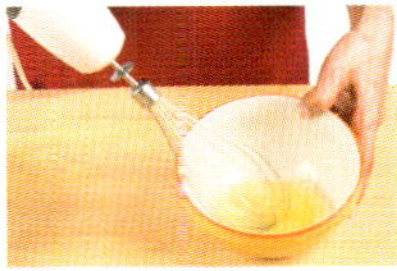

schlagen
at **piske**
[pisgə]

reiben
at **rive** -n u
[riːvə]

zerstoßen
at **støde**
[sdøːðə]

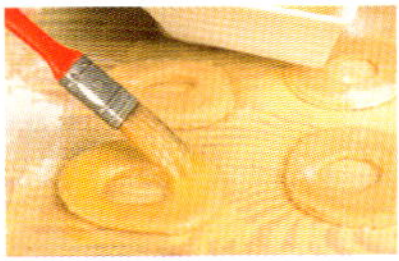

glasieren
at **glasere**
[glaˈseˀʌ]

sieben
at **si**
[siˀ]

stampfen
at **mose**
[moːsə]

klopfen
at **banke**
[bɑŋgə]

ausrollen
at **rulle ud**
[rulə ˈuðˀ]

salzen
at **salte**
[saldə]

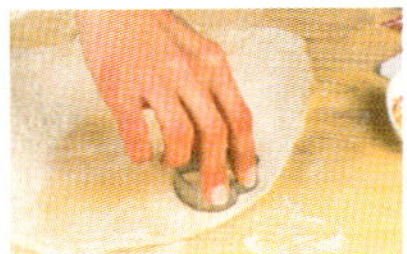

ausstechen
at **stikke ud**
[sdegə ˈuðˀ]

rösten	at **riste** [rɛsdə]
kochen	at **koge** [kɔːwə]
köcheln lassen	at **simre** [semrə]
grillen	at **grille** [grilə]
anbraten	at **brune** [bruːnə]
braten	at **stege** [sdɑjə]
frittieren	at **friturestege** [friˈtyːʌsdɑjə]
pochieren	at **pochere** [poˈɕeˀʌ]

streuen
at **drysse**
[drœsə]

GERICHTE UND MAHLZEITEN – RETTER OG MÅLTIDER

Das Frühstück – Morgenmaden

das Brot
brød -et n
[brœðˀ]

der Orangensaft
appelsinjuice -n u
[ɑbəlˈsiˀndjuːs]

das Brötchen
rundstykke -t n
[rɔnsdøgə]

die Milch
mælk -en u
[mɛlˀg]

der Käse
ost -en u
[ɔsd]

die Marmelade
marmelade -n u
[mɑməˈlæːðə]

der Cappuccino
cappuccino -en u
[kabuˈtjiːno]

das gekochte Ei
det **kogte æg** n
[kʌgdə ɛˀg]

das Müsli
müsli -en u
[mysli]

die Melone
melon -en u
[meˈloˀn]

der Schinken
skinke -n u
[sgeŋgə]

die Butter
smør -ret n
[smœɐ̯]

die Frühstücksflocken
morgenmadsprodukt -et n
[mɒːˀɒnmaðsproˈdɔgd]

das Croissant
croissant -en u
[krwɑˈsɑŋ]

die Cornflakes
cornflakes -ene pl
[koɐ̯nflɛgs]

der Früchtejoghurt
frugtyoghurt -en u
[frɔgdjoguɐ̯ˀd]

das frische Obst
den **friske frugt** u
[frɛsgə frɔgd]

der Müsliriegel
myslibar -en u
[myslibɑˀ]

die Weizenkeime
hvedekim -ene pl
[veːðəkiˀm]

GERICHTE UND MAHLZEITEN – RETTER OG MÅLTIDER

Das Frühstück – Morgenmad

das Toastbrot
toastbrød -et n
[tɔwsdbrœðˀ]

die gegrillte Tomate
den **grillede tomat** u
[grilədə toˈmæˀd]

die gebackenen Bohnen
de **bagte bønner**
[bæ:jə bœnʌ]

die Rösti
røsti -en u
[rœsdi]

die Blutwurst
blodpølse -n u
[bloðpølsə]

der Speck
bacon -en u
[bɛjkʌn]

die Pilze
svampe -ne pl
[svɑmˀb]

die Wurst
pølse -n u
[pølsə]

das Spiegelei
spejlæg -get n
[sbɑjlɛˀg]

das Rührei
røræg -get n
[rœˀɐ̯ɛˀg]

das Omelett
omelet -ten u
[oməˈlɛd]

armer Ritter
arme riddere n
[ɑˈmeˀ riðˀʌə]

die Waffel
vaffel -en u
[vɑfəl]

der Pfannkuchen
pandekage -n u
[panəkæ:jə]

der Haferbrei
grød -en u
[grœðˀ]

der Fruchtshake
frugtshake -en u
[frɔgdɕɛig]

die heiße Schokolade
den **varme chokolade** u
[vaˀmə ɕogoˈlæ:ðə]

GERICHTE UND MAHLZEITEN – RETTER OG MÅLTIDER

Snacks und Knabbereien – Snacks og slik

die Chips
chips -ene u
[tjibs]

die Salzbrezel
saltkringler -ne pl
[saldkrɛŋlʌ]

das Popcorn
popcorn -ene pl
[pʌbkoɐ̯ˀn]

der/das Bonbon
bolsje -t n
[bʌlˀɕə]

das Gummibärchen
vingummibamse -n u
[vi:ngɔmibɑmsə]

die Lakritze
lakrids -en u
[laˈkris]

der/das Kaugummi
tyggegummi -et n
[tygəgɔmi]

der Lutscher
slikkepind -en u
[slegəpenˀ]

die weiße Schokolade
den **hvidə chokolade** u
[viðə ɕogoˈlæ:ðə]

der Schokoriegel
chokobar -en u
[ɕogobɑˀ]

die Zartbitter-schokolade
den **mørke chokolade** u
[mœɐ̯gə ɕogoˈlæ:ðə]

die Milchschokolade
mælkechokolade -n u
[mɛlgəɕogolæ:ðə]

der Eislutscher
ispind -en u
[ispenˀ]

der Frozen Yogurt
den **frossne yoghurt** u
[frɔsnə jogueɐ̯ˀd]

der Keks
kiks -en u
[kigs]

die Praline
konfekt -en u
[kɔnˈfɛgd]

GERICHTE UND MAHLZEITEN – RETTER OG MÅLTIDER

Das Fastfood – Fastfood

das Stück Pizza
pizzastykke -t n
[pidsasdøgə]

die Pizza
pizza -en u
[pidsa]

der Hamburger
hamburger -en u
[hæ:mbœ:gʌ]

die Pommes frites
pommes frites
pommes fritene u
[pʌmˈfrid]

die Tortilla-Chips
tortillachips -ene pl
[tɒˈtiljatjibs]

der Taco
taco -en u
[tɑko]

die gebratenen Nudeln
de **stegte nudler** pl
[sdɛgdə nuðˀlʌ]

das Sushi
sushi -en u
[suɕi]

der/das Hot Dog
hot dog -en u
[hʌd dɒw]

der Döner
kebab -ben u
[keˈbɑb]

der Wrap
wrap -pen u
[ɹab]

der Fisch mit Pommes
fisk med pommes frites
-en u
[fesg meðˀ pʌmˈfrid]

Ich würde gerne etwas zum Mitnehmen bestellen.	**Jeg vil gerne bestille noget til at tage med.** [jai vel gæɐ̯nə beˈsdelˀə nɔ:əð ad tæˀ meðˀ]
Eine Portion Pommes rot-weiß, bitte.	**En portion pommes frites med ketchup og mayonnaise.** [en pɒˈɕoˀn pʌmˈfrid meðˀ kɛdɕub ɒw mɑjoˈnɛ:s]
klein/mittelgroß/groß	**lille/mellemstor/stor** [lilə/mɛləmsdoˀɐ̯/sdoˀɐ̯]
süß	**sød** [søðˀ]
salzig	**salt** [salˀd]
der Lieferservice	**leveringsservice** -n u [leˈveˀɐ̯eŋsœ:vis]
bestellen	at **bestille** [beˈsdelˀə]
liefern	at **levere** [leˈveˀʌ]

das Nugget
nugget -en u
[nugəð]

GERICHTE UND MAHLZEITEN – RETTER OG MÅLTIDER

Hauptmahlzeit – Hovedmåltid

die Suppe
suppe -n u
[sɔbə]

die Frikadelle
frikadelle -n u
[frɛgəˈdɛlə]

das Steak
steak -en u
[sdɛjg]

der Beilagensalat
salat som tilbehør -en u
[saˈlæˀd sʌm telbehøˀɐ̯]

die Kartoffelspalten
kartoffelbåde -ne pl
[kɑˈtʌfəlbɔːðə]

die Lasagne
lasagne -n u
[laˈsanjə]

die Spaghetti Bolognese
spaghetti bolognese -n u
[sbaˈgɛdi bolʌnˈjeːsə]

das Brathähnchen
den **stegte kylling** u
[sdɛgdə kyleŋ]

das panierte Schnitzel
den **panerte schnitzel** u
[paˈneˀʌdə snidsəl]

die Bratkartoffeln
de **stegte kartofler** pl
[sdɛgdə kɑˈtʌflʌ]

der Eintopf
stuvning -en u
[sduːneŋ]

der Auflauf
gryderet -ten u
[gryːðərad]

die Pastete
paté -en u
[paˈte]

die Quiche
quiche -n u
[kiç]

das Curry
karryret -ten u
[kɑːirad]

GERICHTE UND MAHLZEITEN – RETTER OG MÅLTIDER

Im Restaurant – På restaurant

① *der Gast*
gæst -en u
[gɛsd]

② *der Kellner*
tjener -en u
[tjɛːnʌ]

③ *der Tisch für zwei Personen*
bord til to personer -et n
[boˀɐ̯ tel toˀ pæɐ̯ˈsoˀnʌ]

④ *das Rotweinglas*
rødvinsglas -set n
[rœðviˀnsglas]

⑤ *die Speisekarte*
menukort -et n
[meˈnykɒːd]

⑥ *die Bestellung*
bestilling -en u
[beˈsdelˀeŋ]

die Vorspeise
forret -ten u
[foɐ̯rad]

der Nachtisch
dessert -en u
[deˈsɛɐ̯ˀd]

die Beilage
tilbehør -et n
[telbehøˀɐ̯]

das Hauptgericht
hovedret -ten u
[hoːəðrad]

die Suppe
suppe -n u
[sɔbə]

der Aperitif
aperitif -fen u
[apeɐ̯iˈtif]

der/das Sorbet
sorbet -en u
[sɒˈbe]

der Salat
salat -en u
[saˈlæˀd]

der Käseteller
osteanretning -en u
[ɔsdəanradneŋ]

der Kaffee
kaffe -n u
[kɑfə]

der Likör
likør -en u
[liˈkøˀɐ̯]

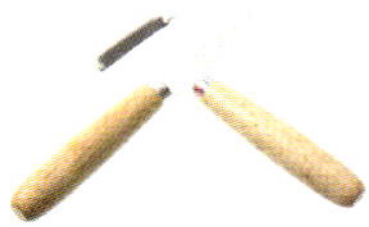

das Käsemesser
ostekniv -en u
[ɔsdəkniwˀ]

das Stäbchen
spisepind -en u
[sbiːsəpenˀ]

GERICHTE UND MAHLZEITEN – RETTER OG MÅLTIDER

Geschirr und Besteck – Viskestykke

die Serviette
serviet -ten u
[sæɐ̯viˈɛd]

der Brotteller
brødtallerken -en u
[brœðtaˈlæɐ̯gən]

die Gabel
gaffel -en u
[gɑfəl]

die Tischdecke
borddug -en u
[boɐ̯duˀ]

der Essteller
middagstallerken -en u
[medastaˈlæɐ̯gən]

das Wasserglas
vandglas -set n
[vanglas]

das Weinglas
vinglas -set n
[viːnglas]

der Dessertlöffel
dessertske -n u
[deˈsɛɐ̯ˀdsgeˀ]

der Suppenlöffel
suppeske -n u
[sɔbəsgeˀ]

das Messer
kniv -en u
[kniwˀ]

die Schüssel
skål -en u
[sgɔˀl]

die Karaffe
karaffel -en u
[kɑˈrɑfəl]

das Steakmesser
steakkniv -en u
[sdɛjgkniwˀ]

der Zahnstocher
tandstikker -en u
[tansdegʌ]

Könnten Sie uns bitte die Weinkarte bringen?	**Må vi få vinkortet?** [mɔˀ vi fɔˀ viːnkɒːded]
Guten Appetit!	**Velbekomme!** [vɛlbəˈkʌmˀə]
Zum Wohl!	**Skål!** [sgɔˀl]
Als Vorspeise/Hauptgericht/Nachtisch nehme ich …	**Som forret/hovedret/dessert tager jeg…** [sʌm foɐ̯rad/hoːəðrad/deˈsɛɐ̯ˀd tæˀ jai]
die Spezialitäten	**specialiteter** -ne pl [sbeçaliˈteˀdʌ]
Ich hätte gerne die Rechnung, bitte.	**Jeg vil gerne betale.** [jai vel gæɐ̯nə beˈtæˀlə]
die Bezahlung	**betaling** -en u [beˈtæˀleŋ]
das Trinkgeld	**drikkepenge** -ne pl [drɛgəpɛŋə]

DIE ERNÄHRUNG – ERNÆRING

das Fett
fedt -et n
[fed]

der Zucker
sukker -et n
[sɔgʌ]

das Kohlenhydrat
kulhydrat -et n
[kɔlhyˈdrɑˀd]

das Eiweiß
protein -et n
[protəˈiˀn]

ohne Eier
uden æg
[uðən ɛˀg]

zuckerfrei
uden sukker
[uðən sɔgʌ]

glutenfrei
glutenfri
[glu:dənfriˀ]

laktosefrei
laktosefri
[lɑgˈto:səfriˀ]

die Ballaststoffe
fiber -ne pl
[fiˀbʌ]

das Cholesterin
kolesterol -et n
[koləsdəˈroˀl]

vegetarisch
vegetarisk
[vegəˈtɑˀisg]

vegan
vegansk
[veˈgæˀnsg]

die Lebensmittelintoleranz	**fødevareallergi** -en u [fø:ðəvɑ:ˀɑalæɡ̊ˈgiˀ]
die Fruktose	**fruktose** -n u [frugˈto:sə]
die Glukose	**glukose** -n u [gluˈko:sə]
das Natrium	**natrium** -en u [næˀtriɔm]
die Kalorien	**kalorier** -ne pl [kaˈloɡ̊ˀjʌ]
der Geschmacksverstärker	**smagsforstærker** -en u [smæˀsjfʌˈsdæɡ̊gʌ]
die gesunde Ernährung	den **sunne ernæring** u [sɔnə æɡ̊ˈnɛˀɡ̊eŋ]
fasten	at **faste** [fæ:sdə]

die Diät
diæt -en u
[diˈɛˀd]

UNTERWEGS

UNDERVEJS

STRAẞEN UND VERKEHR – VEJE OG TRAFIK

① *die Straßenlaterne*
gadelampe -n u
[gæ:ðəlɑmbə]

② *die Einbahnstraße*
den **ensrettede vej** u
[ensradədə vɑjˀ]

③ *die Fußgängerampel*
fodgængerlys -et n
[foðgɛŋʌlyˀs]

④ *der Bürgersteig*
fortov -et n
[fɒ:tɒw]

⑤ *der Bordstein*
kantsten -en u
[kandsdeˀn]

⑥ *die Ampel*
Trafiklys -et n
[trɑˈfiglyˀs]

⑦ *das geparkte Auto*
den **parkerede bil** u
[pɑˈkeˀʌdə biˀl]

⑧ *die Fahrspur*
kørebane -n u
[kø:ʌbæ:nə]

⑨ *die Straßen-markierung*
afmærkning -en u
[ɑwmæɐ̯gneŋ]

⑩ *der Rinnstein*
rendesten -en u
[ranəssdeˀn]

der Tunnel
tunnel -en u
[tɔnˀəl]

der Parkschein-automat
billetautomat -en u
[biˈlɛdɑwtoˈmæˀd]

der Fahrradweg
cykelsti -en u
[sygəlsdiˀ]

der Behinderten-parkplatz
handicapplads -en u
[handikɑbplas]

die Brücke
bro -en u
[broˀ]

der Kreisverkehr
rundkørsel -en u
[rɔnkøɐ̯səl]

der Zebrastreifen
fodgængerovergang -en u
[foðgɛŋʌɒwʌgɑŋˀ]

die Notrufsäule
nødtelefon -en u
[nøðteləˈfoˀn]

STRAßEN UND VERKEHR – VEJE OG TRAFIK

das Autobahnkreuz
motorvejskryds -et n
[mo:tʌvɑjskrys]

die Autobahn
Motorvej -en u
[mo:tʌvɑjˀ]

der Berufsverkehr
myldretid -en u
[mylrʌtiðˀ]

① *der Mittelstreifen*
midterstribe -n u
[medʌsdri:bə]

② *die Überholspur*
overhalingsbane -en u
[ɒwʌhæˀleŋsbæ:nə]

③ *die Überführung*
bro -en u
[broˀ]

④ *die Kurve*
sving -et n
[sveŋˀ]

⑤ *die Unterführung*
fodgængertunnel -en u
[foðgɛŋʌtɔnˀəl]

⑥ *die Einfahrt*
indkørsel -en u
[enkøɐ̯səl]

⑦ *die Ausfahrt*
udkørsel -en u
[uðkøɐ̯səl]

der Verkehrspolizist
færdselsbetjent -en u
[fæɐ̯səlsbeˈtjɛnˀd]

der Strafzettel
bøde -n u
[bø:ðə]

die Mautstelle
betalingsanlæg -get n
[beˈtæˀleŋsanˌlɛˀg]

abschleppen
at **bugsere**
[bugˈseˀʌ]

die Kreuzung	**kryds** -et n [krys]
die Vorfahrt	**højrevigepligt** -en u [hʌjrʌvi:əplegd]
die Geschwindigkeitsüberschreitung	**hastighedsoverskridelse** -n u [hasdiheðsɒwʌsgriðˀəlsə]
anhalten	at **stoppe** [sdʌbə]
der Standstreifen	**nødspor** -et n [nøðsboˀɐ̯]
die Raststätte	**rasteplads** -se u [rɑsdəplas]
die Entfernungstafel	**afstandsskilt** -et n [ɑwsdansgelˀd]
rückwärtsfahren	at **bakke** -n u [bɑgə]

der Stau
kø -en u
[køˀ]

STRAẞEN UND VERKEHR – VEJE OG TRAFIK

Verkehrsschilder – Traffikskilte

Einfahrt verboten
indkørsel forbudt
[enkøɐ̯səl fɒ:bud]

das Halteverbot
standsningsforbud -det n
[sdansneŋsfɒ:buð]

die Baustelle
vejarbejde -t n
[vɑjɑ:bɑjˀdə]

der Tunnel
tunnel -en u
[tɔnˀəl]

das Parkverbot
parkeringsforbud -det n
[pɑˈkeˀɐ̯eŋsfɒ:buð]

der Stau
kø -en u
[køˀ]

das Gefälle
fald -et n
[falˀ]

der Kreisverkehr
rundkørsel -en u
[rɔnkøɐ̯səl]

die Geschwindigkeits-begrenzung
hastigheds-begrænsning -en u
[hasdiheðsbeˈgranˀsneŋ]

Vorfahrt gewähren!
vigepligt!
[vi:əplegd]

die Einbahnstraße
den **ensrettede vej** u
[ensradədə vɑjˀ]

der Gegenverkehr
den **modkørende trafik** u
[moˀðkøˀʌnə trɑˈfig]

Einbiegen nach rechts verboten
det er forbudt at dreje til højre
[de ær fʌbud ad drɑjə tel hʌjrʌ]

Einbiegen nach links verboten
det er forbudt at dreje til venstre
[de ær fʌbud ad drɑjə tel vɛnsdrʌ]

Wenden verboten
det er forbudt at vende om
[de ær fʌbud ad vɛnə ʌmˀ]

die Schnee- oder Eisglätte
de **sne- og isglatte veje**
[sne ɒw isgladə vɑjə]

DAS AUTO – BILEN

Autotypen – biltyper

die Stretchlimousine
stretchlimousine -n u
[strɛdɕlimuˈsiːnə]

das Cabrio
cabriolet -en u
[kabrioˈlɛ]

die Fließhecklimousine
limousine med hatch-back -n u
[limuˈsiːnə meðˀ hadɕbag]

der Sportwagen
sportsvogn -en u
[sbɒːdsvɒwˀn]

der Kleinstwagen
mikrobil -en u
[mikrobiˀl]

der Kleinwagen
den **lille bil** u
[lilə biˀl]

der Oldtimer
oldtimer -en u
[ɔwldtajmʌ]

die Limousine
limousine -n u
[limuˈsiːnə]

der Kombiwagen
stationcar -en u
[sdɛjɕənkɑː]

der Pick-up
pick-up -en u
[pigˈʌb]

der Kleintransporter
varevogn -en u
[vɑːˀɑvɒwˀn]

die Klimaanlage	**klimaanlæg** -get n [kliːmaanlɛˀg]
die Sitzheizung	**sædevarme** -n u [sɛːðəvɑːmə]
die Automatikschaltung	**automatgear** -et n [ɑwtoˈmæˀdgiɐ̯ˀ]
die Handschaltung	det **manuelle gear** n [manuˈɛlə giɐ̯ˀ]
die Zündung	**tænding** -en u [tɛneŋ]
zweitürig	**todørs** [todœɐ̯ˀs]
dreitürig	**tredørs** [trɛdœɐ̯ˀs]
viertürig	**firedørs** [fiɐ̯dœɐ̯ˀs]

der Geländewagen
offroader -en u
[ɒːfɹɔwdʌ]

DAS AUTO – BILEN

Das Auto – Außenansicht – Bilen – yderside

die Beifahrerseite
passagerside -n u
[pasaˈɕeˀɡsɛːðə]

das Dach
tag -et n
[tæˀj]

die Windschutzscheibe
forrude -n u
[fɒːruːðə]

die Fahrerseite
førerside -n u
[føːʌsɛːðə]

die Begrenzungsleuchte
positionslygte -n u
[posiˈɕoˀnsløgdə]

der Rückspiegel
bakspejl -et n
[bɑgsbɑjˀl]

die Blinkleuchte
blinklys -et n
[bleŋˀglyˀs]

das Rad
hjul -et n
[juˀl]

der Scheibenwischer
vinduesvisker -en u
[vendusvesgʌ]

der Kühlergrill
kølegitter -et n
[køːləgidʌ]

die Stoßstange
kofanger -en u
[koˀfɑŋʌ]

das Nummernschild
nummerplade -n u
[nɔmˀʌplæːðə]

das Markenemblem
mærke -t n
[mæɐ̯gə]

der Nebelscheinwerfer
tågelygte -n u
[tɔːwəløgdə]

das Reifenprofil
dækprofil -et n
[dɛgproˈfiˀl]

der Ölmessstab	**oliemålepind** -en u [oljəmɔːləpenˀ]
der Luftfilter	**luftfilter** -et n [lɔfdfilˀdʌ]
der Bremsflüssigkeitsbehälter	**bremsevæske** -n u [bramsəvɛsgə]
die Antenne	**antenne** -n u [anˈtɛnə]
die Radaufhängung	**hjulophæng** -et n [juːlʌbhɛŋˀ]
das Abblendlicht	**nærlys** -et n [nɛɐ̯lyˀs]
das Fernlicht	**fjernlys** -et n [fjæɐ̯nlyˀs]

DAS AUTO – BILEN

Das Auto – Außenansicht – Bilen – yderside

① *der Seitenspiegel*
sidespejl -et n
[si:ðəsbɑjˀl]

② *die B-Säule*
B-søjle -n u
[besʌjlə]

③ *der Kofferraum*
bagagerum -met n
[baˈgæ:ɕərɔmˀ]

④ *die Heckscheibe*
bagrude -n u
[bɑgru:ðə]

⑤ *die Motorhaube*
motorhjelm -en u
[mo:tʌjɛlˀm]

⑥ *das Seitenfenster*
siderude -n u
[si:ðəru:ðə]

⑦ *die Autotür*
bildør -en u
[bi:ldœˀɐ̯]

⑧ *die Radkappe*
hjulkapsel -en u
[ju:lkɑbsəl]

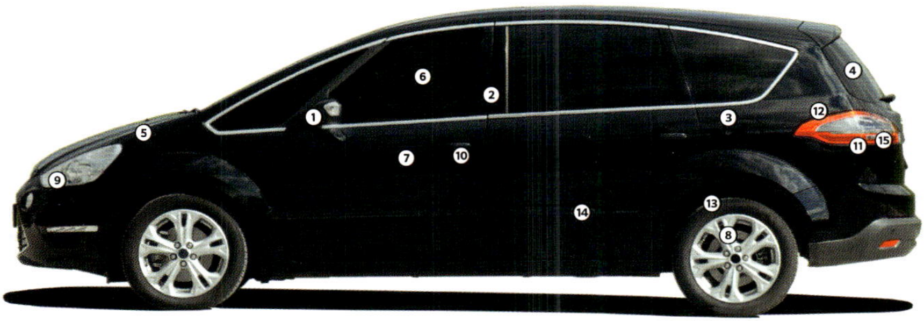

⑨ *der Scheinwerfer*
forlygte -n u
[foˀɐ̯løgdə]

⑩ *der Türgriff*
dørhåndtag -et n
[dœˀɐ̯hʌntæˀj]

⑪ *die Bremsleuchte*
stoplygte -n u
[sdʌbløgdə]

⑫ *die Rückleuchte*
baglygte -n u
[bɑwløgdə]

⑬ *der Reifen*
dæk -ket n
[dɛg]

⑭ *die Seitenschutzleiste*
beskyttelsesliste -n u
[beˈsgødəlsəslesdə]

⑮ *der Rückfahrscheinwerfer*
baklygte -n u
[bɑgløgdə]

der Motor	**motor** -en u [mo:tʌ]
der Benzintank	**benzintank** -en u [bɛnˈsiˀntɑŋˀg]
das Getriebe	**gear** -et n [giɐ̯ˀ]
der Kühler	**køler** -en u [kø:lʌ]
der Ventilator	**ventilator** -en u [vɛntiˈlæ:tʌ]
die Batterie	**batteri** -et n [badʌˈriˀ]
der Auspufftopf	**lydpotte** -n u [lyðpʌdə]
das Auspuffrohr	**udstødningsrør** -et n [uðsdøðˀneŋsrœˀɐ̯]

die Felge
fælg -en u
[fɛlˀj]

DAS AUTO – BILEN

Das Auto – Innenausstattung – Bilen – inderside

① *der Seitenspiegel*
sidespejl -et n
[si:ðəsbɑjˀl]

② *das Lenkrad*
rat -tet n
[rɑd]

③ *das Armaturenbrett*
instrumentbræt -tet n
[ensdruˈmɛnˀdbrad]

④ *der Türöffner*
døråbner -en u
[dœɐ̯ɔ:bnʌ]

⑤ *der Fahrersitz*
førersæde -t n
[fø:ʌsɛ:ðə]

⑥ *die Mittelkonsole*
midterkonsol -len u
[medʌkɔnˈsʌlˀ]

⑦ *die Handbremse*
håndbremse -n u
[hʌnbramsə]

⑧ *der Heizungsregler*
varmeregulator -en u
[vɑ:mərɛguˈlæ:tʌ]

⑨ *das Handschuhfach*
handskerum -met n
[hansgərɔmˀ]

⑩ *der Schalthebel*
gearstang -en u
[giɐ̯sdɑŋˀ]

⑪ *der Beifahrersitz*
passagersæde -t n
[pasaˈɕeˀɐ̯sɛ:ðə]

der Warnblinkschalter
advarselsknap -pen u
[aðvɑ:səlsknɑb]

die Stereoanlage
stereoanlæg -get n
[sdeˀɐ̯eoanˌlɛˀg]

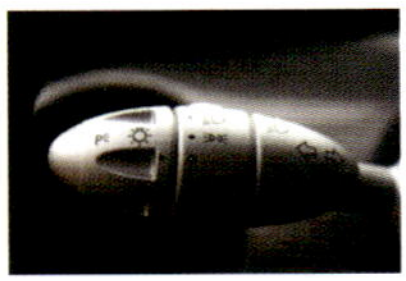

der Blinkerhebel
blinklyskontakt -en u
[bleŋglyskɔntɑgd]

der Zigaretten-anzünder
cigarettænder -en u
[sigəˈradtɛnʌ]

das Navigationsgerät
GPS -en u
[gepeˈɛs]

die Fußstütze	**fodstøtte** -n u [foðssdødə]
das Kupplungspedal	**koblingspedal** -en u [kʌbleŋspeˈdæˀl]
das Bremspedal	**bremsepedal** -en u [bramsəpeˈdæˀl]
das Gaspedal	**speeder** -en u [sbi:dʌ]
der Sicherheitsgurt	**sikkerhedssele** -n u [segʌheðse:lə]
die Kopfstütze	**nakkestøtte** -n u [nɑgəsdødə]
der Airbag	**airbag** -gen u [ɛɐ̯bæ:g]
die Hupe	**horn** -et n [hoɐ̯ˀn]

DAS AUTO – BILEN

Die Tankstelle – Tankstation

die Preisanzeige
prisskilt -et n
[prissgel'd]

die Literanzeige
literangivelse -n u
[lidʌangi'vəlsə]

der Feuerlöscher
brandslukker -en u
[branslɔgʌ]

die Zapfsäule
stander -en u
[sdanʌ]

das Reifenfüllgerät
dækpumpe -n u
[dεgpɔmbə]

das Rauchverbot
rygeforbud -det n
[ry:əfɒ:buð]

das Benzin
benzin -en u
[bεn'si'n]

der Diesel
diesel -en u
[di'səl]

bleifrei
blyfri
[blyfri']

verbleit
blyholdig
[blyhʌl'di]

der Zapfschlauch
påfyldningsslange -n u
[pʌfylneŋslaŋə]

die Zapfpistole
påfyldningspistol -en u
[pʌfylneŋspi'sdo'l]

der Tankdeckel
tankdæksel -et n
[taŋ'gdεgsəl]

der Wagenheber
donkraft -en u
[dɔnkrafd]

(das) Öl wechseln	at **skifte olie** [sgifdə oljə]
der Reifendruck	**dæktryk** -ket n [dεgtræg]
der Keilriemen	**kilerem** -men u [ki:ləram']
die Lichtmaschine	**dynamo** -en u [dy'næ:mo]
der Sommerreifen	**sommerdæk** -ket n [sʌmʌdεg]
der Winterreifen	**vinterdæk** -ket n [ven'dʌdεg]
der Allwetterreifen	**helårsdæk** -ket n [he:lɒ'sdεg]
die Schneekette	**snekæde** -n u [snekε:ðə]

tanken
at **tanke**
[taŋgə]

DAS AUTO – BILEN

Die Tankstelle – Tankstation

① *die Tankanzeige*
tankindikator -en u [tɑŋˀgendiˈkæ:tʌ]

② *die Tankleuchte*
tanklys -et n [tɑŋˀglyˀs]

③ *der/das Tachometer*
speedometer -et n [sbidoˈmeˀdʌ]

④ *die Geschwindigkeit*
hastighed -en u [hasdiheðˀ]

⑤ *der Kilometerstand*
kilometertæller -en u [kiloˈmeˀdʌtɛlʌ]

⑥ *der Drehzahlmesser*
omdrejningstæller -en u
[ʌmdrɑjˀneŋstɛlʌ]

⑦ *die Kühlmitteltemperaturanzeige*
kølevæsketemperatur -en u
[kø:ləvɛsgətɛmbrɑˈtuɐ̯ˀ]

den Reifen wechseln
at **skifte dæk**
[sgifdə dɛg]

der Radmutternschlüssel
hjulmøtriknøgle -n u
[ju:lmøtrɛgnʌjlə]

das Reserverad
reservehjul -et n
[rɛˈsæɐ̯vəjuˀl]

die Reifenpanne
punktering -en u
[pɔŋˈteˀʌŋ]

der Verkehrsunfall	**trafikulykke** -n u [trɑˈfiguløgə]
Ich habe eine Panne.	**Min bil er brudt sammen.** [min biˀl ær brud sɑmˀən]
Könnten Sie bitte den Pannendienst anrufen?	**Kan du ringe efter vejhjælp?** [kan du rɛŋə ɛfdʌ vɑjjɛlˀb]
Der Motor springt nicht an.	**Motoren starter ikke.** [mo:tʌn ˈsdɑ:dʌ egə]
das Starthilfekabel	**startkabel** -et n [sdɑˀdkæˀbəl]
Könnten Sie mir Starthilfe geben?	**Kan du give mig starthjælp?** [kan du giˀ mɑj sdɑˀdjɛlˀb]
der Ersatzreifen	**reservehjul** -et n [rɛˈsæɐ̯vəjuˀl]
Könnten Sie mir beim Reifenwechseln helfen?	**Kan du hjælpe mig med at skifte dæk?** [kan du jɛlˀbə mɑj meðˀ ad sgifdə dɛg]

DER BUS – BUSSEN

der Doppeldecker
dobbeltdækker -en u
[dʌbəlddɛgʌ]

die Liniennummer
linjenummer -ret n
[linjənɔmˀʌ]

das Fahrziel
destination -en u
[desdinaˈɕoˀn]

der Reisebus
turistbus -sen u
[tuˈrisdbus]

die Automatiktür
den automatiske dør u
[awtoˈmæˀtisgə dœˀɐ̯]

der Gepäckraum
bagagerum -met n
[baˈgæ:ɕərɔmˀ]

die Bushaltestelle
busstoppested -et n
[bussdʌbəsdɛð]

der Fahrplan
køreplan -en u
[kø:ʌplæˀn]

das Wartehäuschen
læskur -et n
[lɛskuɐ̯ˀ]

der Schulbus
skolebus -sen u
[sgo:ləbus]

der Halteknopf
stopknap -pen u
[sdʌbknab]

der Niederflurbus	**lavtgulvsbus** -sen u [lawdgɔlbus]
der Busbahnhof	**rutebilstation** -en u [rudəbiˀlsdaˈɕoˀn]
der Linienbus	**rutebil** -en u [rudəbiˀl]
der Kleinbus	**minibus** -sen u [minibus]
die Monatskarte	**månedskort** -et n [mɔ:nəðskɒ:d]
der Fahrpreis	**billetpris** -en u [biˈlɛdpriˀs]
die Fahrkarte	**billet** -ten u [biˈlɛd]
der Fahrkartenautomat	**billetautomat** -en u [biˈlɛdawto mæˀd]

die Halteschlaufe
holdestrop -pen u
[hʌləsdrʌb]

DAS MOTORRAD – MOTORCYKLEN

die Rennmaschine
racermotorcykel -en u
[rɛːsʌmoːtʌsygəl]

das Cockpit
styreapparat -tet n
[sdyːʌɑbɑˈrɑˀd]

der Kupplungshebel
koblingsstang -en u
[kʌbleŋssdɑŋˀ]

der Lenkergriff
styr -et n
[sdyɐ̯ˀ]

der Fahrersitz
føresæde -t n
[føːʌsɛːðə]

der Rückspiegel
bagspejl -et n
[bɑwsbajˀl]

der Soziussitz
bagsæde -t n
[bɑwsɛːðə]

das Schutzblech
skærm -en u
[sgæɐ̯ˀm]

der Seitenständer
sidestøtteben -et n
[siːðəsdødəbeˀn]

die Fußraste
fodhviler -en u
[foðviːlʌ]

die Rückleuchte
baglygte -n u
[bɑwløgdə]

das Getriebe
gear -et n
[giɐ̯ˀ]

der Fußschalthebel
gearpedal -en u
[giɐ̯ˀpeˈdæˀl]

die Radaufhängung
hjulophæng -et n
[juːlʌbhɛŋˀ]

der Motorroller
scooter -en u
[sguːdʌ]

das Quad
quad -en u
[kwɒd]

das Geländemotorrad
den **terrængående motorcykel** u
[taˈrɑŋgɔˀənə moːtʌsygəl]

der Chopper
chopper -en u
[tjʌbʌ]

DAS MOTORRAD – MOTORCYKLEN

der Motorradhelm
motorcykelhjelm -en u
[mo:tʌsygəljɛlˀm]

die Lederjacke
læderjakke -n u
[lɛðˀʌjɑgə]

die Motorradkombi
motorcykeltøj -et n
[mo:tʌsygəltʌj]

der Lederhandschuh
læderhandske -n u
[lɛðˀʌhansgə]

das Visier
visir -et n
[viˈsiɐ̯ˀ]

der Lufteinlass
luftindtag -et n
[lɔfendtæˀj]

der Reflektorstreifen
reflektorstribe -n u
[rɛˈflɛgtʌsdri:bə]

der/das Tachometer
speedometer -et n
[sbidoˈmeˀdʌ]

der Lenker
styr -et n
[sdyɐ̯ˀ]

der Tankdeckel
tankdæksel -et n
[tɑŋˀgdɛgsəl]

der Benzintank
benzintank -en u
[bɛnˈsiˀntɑŋˀg]

der Blinker
blinklys -et n
[bleŋˀglyˀs]

der Bremshebel für die Vorderradbremse
bremsegreb til forhjulet -et n
[bramsəgrɛˀb tel fɒ:juˀləd]

der Gasdrehgriff
gashåndtag -et n
[gashʌntæˀj]

das Motorradgespann
motorcykel med sidevogn -en u
[mo:tʌsygəl meðˀ si:ðəvɒwˀn]

der Tourer
tourer -en u
[tu:rʌ]

der Beiwagen
sidevogn -en u
[si:ðəvɒwˀn]

DAS FAHRRAD – CYKLEN

der Schalthebel	**gearhåndtag** -et n [giɐ̯ˀhʌntæˀj]
der Bremshebel	**bremsehåndtag** -et n [bramsəhʌntæˀj]
die Luftpumpe	**luftpumpe** -n u [lɔfdpɔmbə]
der Fahrradhelm	**cykelhjelm** -en u [sygəljɛlˀm]
der Dynamo	**dynamo** -en u [dyˈnæːmo]
in die Pedale treten	at **træde i pedalen** [trɛːðə i peˈdæˀln]
bremsen	at **bremse** [bramsə]
in einen höheren/niedrigeren Gang schalten	at **skifte til et højere/lavere gear** [sgifdə tel en hʌjəʌ/lɑwəʌ giɐ̯ˀ]
Radfahren lernen	at **lære at cykle** [lɛːʌ ad syglə]
einen Fahrradschlauch flicken	at **lappe en cykelslange** [lɑbə en sygəlslɑŋə]

DAS FAHRRAD – CYKLEN

der Kindersitz
barnestol -en u
[bɑːnəsdoˀl]

das Einrad
unicykel -en u
[unisygəl]

das Tandem
tandemcykel -en u
[tandemsygəl]

das BMX-Rad
bmx-cykel -en u
[beɛmˈɛkssygəl]

das Rennrad
racercykel -en u
[rɛːsʌsygəl]

das Tourenfahrrad
trekkingcykel -en u
[tɹɛgeŋsygəl]

das Mountainbike
mountainbike -n u
[mɔwntənbɑjg]

das Elektrofahrrad
el-cykel -en u
[ɛlsygəl]

das Liegerad
liggecykel -en u
[legəsygəl]

das Dreirad
den **trehjulede cykel** u
[trɛjuˀləðə sygəl]

das Fahrradschloss
cykellås -en u
[sygəllɔˀs]

das Flickzeug
reparationsudstyr -et n
[rɛbrɑˈɕoˀnsuðsdyɡ̊ˀ]

das Leihfahrrad
lånecykel -en u
[lɔːnəsygəl]

der Kinderanhänger
børneanhænger -en u
[bœɡ̊nəanhɛŋˀʌ]

die Satteltasche
sadeltaske -n u
[sad̥əltasgə]

der Fahrradständer
støttefod -en u
[sdødəfoˀð]

DAS LASTKRAFTFAHRZEUG – LASTBILEN

der Sattelschlepper
påhængsvogn -en u
[pʌhɛŋˀsvɒwˀn]

die Kühlerhaube
kølerhjelm -en u
[køːlʌjɛlˀm]

der Kühlergrill
kølegitter -et n
[køːləgidʌ]

der Scheinwerfer
forlygte -n u
[foˀɡ̊løgdə]

der Stoßfänger
kofanger -en u
[koˀfɑŋʌ]

die Windschutzscheibe
forrude -n u
[fɒːruːðə]

die Trittstufe
trinbræt -tet n
[trinbrad]

der Kraftstofftank
brændstoftank -en u
[bransdʌftɑŋˀg]

das Auspuffrohr
udstødningsrør -et n
[uðsdøðˀneŋsrœˀɐ̯]

die Schlafkabine
sovekabine -n n
[sɒwəkaˈbiːnə]

das Lufthorn
lufthorn -et n
[lɔfdhoɐ̯ˀn]

der Stauraum
opbevaringsrum -met n
[ʌbbeˈvɑˀeŋsrɔmˀ]

der Autotransporter
biltransporter -en u
[biˀltrɑnsˈpɒːdʌ]

die Schneefräse
snefræser -en u
[snefrɛːsʌ]

die Straßen-kehrmaschine
gadefejemaskine -n u
[gæːðəfɑjəmaˈsgiːnə]

der Müllwagen
skraldebil -en u
[sgrɑləbiˀl]

der Tankwagen
tankvogn -en u
[tɑŋˀgvɒwˀn]

der Sattelzug
lastvogn -en u
[lasdvɒwˀn]

der Auflieger
sættevogn -en u
[sɛdəvɒwˀn]

der Flachbettauflieger
fladvogn -en u
[flæˀðvɒwˀn]

WEITERE FAHRZEUGE – YDERLIGE FARTØJER

der Bagger
gravemaskine -n u
[grɑːvəmasgiːnə]

der Radlader
læsser -en u
[lɛsʌ]

der Betonmischer
betonblander -en u
[beˈtʌŋblanə]

der Kipper
dumper -en u
[dɔmbʌ]

der Wohnwagen
campingvogn -en u
[kæːmpeŋvɒwˀn]

das Wohnmobil
autocamper -en u
[ɑwtokæːmbʌ]

der Gabelstapler
gaffeltruck -en u
[gɑfəltrʌg]

das Feuerwehr-fahrzeug
brandbil -en u
[brɑnbiˀl]

der Anhänger
anhænger -en u
[anhɛŋˀʌ]

der Traktor
traktor -en u
[trɑgtʌ]

der Polizeiwagen
politibil -en u
[poliˈtibiˀl]

das Taxi
taxa -en u
[tɑgsa]

der Abschleppwagen
bugseringsvogn -en u
[bugˈseˀreŋsvɒwˀn]

der Fahrzeugkran
den **mobile kran** u
[moˈbiˀlə krɑˀn]

der Taxistand
taxaholdeplads -en u
[tɑgsahʌləplas]

ein Taxi herbeiwinken
at **vinke efter en taxa**
[veŋgə ɛfdʌ en tɑgsa]

DER ZUG – TOGET

der Zug
tog -et n
[tɔˀw]

der Führerstand
førerrum -met n
[fø:ʌrɔmˀ]

das Kleinabteil
kupé -en u
[kuˈpeˀ]

die Gepäckablage
bagagehylde -n u
[baˈgæ:ɕəhylə]

die Schiene
skinne -n u
[sgenə]

der Waggon
vogn -en u
[vɒwˀn]

die Armlehne
armlæn -et n
[ɑˀmlɛ:n]

der Sitz
sæde -t n
[sɛ:ðə]

die Kopflehne
hovedstøtte -n u
[ho:əðsdødə]

der Güterzug
godstog -et n
[goðstɔˀw]

die Straßenbahn
s-tog -et n
[ɛstɔˀw]

die U-Bahn
undergrundsbane -n u
[ɔnʌgrɔnsbæ:nə]

die Einschienenbahn
enskinnebane -n u
[eˀnsgenəbæ:nə]

die Dampflok
damplokomotiv -et n
[dɑmblogomoˈtiwˀ]

der Hochgeschwindigkeitszug	**lyntog** -et n [lyˀntɔˀw]
das Großraumabteil	den **åbne vogn** u [ɔ:bnə vɒwˀn]
die Oberleitung	**køreledning** -en u [kø:ʌleðneŋ]
die erste Klasse	den **første klasse** u [fœɐ̯sdə klasə]
die zweite Klasse	den **andre klasse** u [ɑndrʌ klasə]
der Klapptisch	**klapbord** -et n [klɑbboˀɐ̯]
der Triebwagen	**motorvogn** -en u [mo:tʌvɒwˀn]
die Sitzplatzreservierung	**pladsreservering** -en u [plasrɛˈsæɐ̯vɐreŋ:]

DER ZUG – TOGET

Am Bahnhof – Jernbanestation

der Bahnsteig
perron -en u
[pa'rʌŋ]

einsteigen
at **stige ind**
[sdi:ə 'en?]

aussteigen
at **stige ud**
[sdi:ə 'uð?]

das Geländer
gelænder -et n
[ge'lɛn?ʌ]

die Gleisnummer
perronnummer -et n
[pa'rʌŋnɔm?ʌ]

der Wegweiser
vejviser -en u
[vɑjvi:sʌ]

der Reisende
den **rejsende** u
[rɑjsənə]

die Rolltreppe
rulletrappe -n u
[ruləṭrɑbə]

die Bahnhofshalle
banegårdshal -len u
[bæ:nəgɒshal?]

der Fahrkartenschalter
billetluge -n u
[bi'lɛdlu:ə]

der Fahrkarten-automat
billetautomat -en u
[bi'lɛdɑwtɔ'mæ?d]

die Schaffnerin
togbetjent -en u
[tɔwbe'tjɛn?d]

die Verspätung	**forsinkelse** -n u [fʌ'seŋ?gəlsə]
pünktlich	**præcis** [prɛ'si?s]
umsteigen	at **omstige** [ʌmsdi:ə]
schwarzfahren	at **køre uden billet** [kø:ʌ uðən bi'lɛd]
das Schienennetz	**skinnenet** -tet n [sgenənɛd]
Eine einfache Fahrt nach …, bitte.	**En enkelt billet til,… tak.** [e?n ɛŋ?gəld bilɛd tel '… tag]
hin und zurück	**frem og tilbage** [fram? ɒw te bæ:jə]
Ist dieser Platz noch frei?	**Er denne plads ledig?** [ær dɛnə plas le:ði]

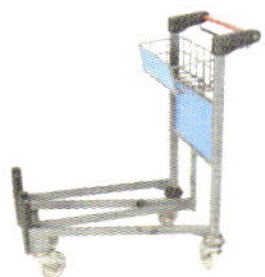

der Kofferkuli
trolley -en u
[trʌli]

DAS FLUGZEUG – FLYET

das Verkehrsflugzeug
passagerfly -et n
[pasaˈɕeˀɐflyˀ]

das Fenster
vindue -t n
[vendu]

der Rumpf
bug -en u
[buˀ]

der Bug
næse -n u
[nɛ:sə]

das Heck
hæk -ken u
[hɛg]

die Tragfläche
bæreflade -n u
[bɛ:ʌflæ:ðə]

die Flugzeugtür
flymaskinedør -en u
[flymasgi:nədœˀɐ]

das Seitenleitwerk
sideror -et n
[si:ðəroˀɐ]

der Frachtraum
fragtrum -met n
[fragdrɔmˀ]

das Fahrwerk
landingsstel -let n
[laneŋsdɛlˀ]

das Cockpit
cockpit -tet n
[kʌgpid]

das Höhenleitwerk
haleplan -et n
[hæ:ləplæˀn]

das Querruder
tværror -et n
[tvɛˀɐroˀɐ]

das Triebwerk
drivværk -et n
[driwvæɐg]

das Bugfahrwerk
næsehjul -et n
[nɛ:səjuˀl]

der Windsack
vindpose -n u
[venpo:sə]

Ihr Flug ist jetzt zum Einsteigen bereit.	**Dit fly er nu klar til at man kan gå ombord.** [did fly ær nu ˈklɑˀ tel ʌ man kan gɔˀ ʌmboˀɐ]
die Fluggesellschaft	**flyselskab** -et n [flysɛlsgæˀb]
der Flugsicherungsdienst	**flysikkerhedsservice** -n u [flysegʌheðsœ:vis]
der Pilot	**pilot** -en u [piˈloˀd]
die Pilotin	**pilot** -en u [piˈloˀd]
die erste Klasse	den **første klasse** u [fœɐsdə klasə]
die Businessklasse	**businessclass** -en u [besnəsklɑ:s]
die Economyklasse	**økonomiklasse** -n u [økonoˈmiklasə]

DAS FLUGZEUG – FLYET

Im Flugzeug – I flyet

die Sicherheitsanweisung
sikkerhedsanvisning -en u
[segʌheðsanviˀsneŋ]

die Flugbegleiterin
stewardesse -n u
[sdjuɑˈdɛsə]

der Sitzplatz
siddeplads -en u
[seðəplas]

das Gepäckfach
bagagerum -met n
[baˈgæ:ɕərɔmˀ]

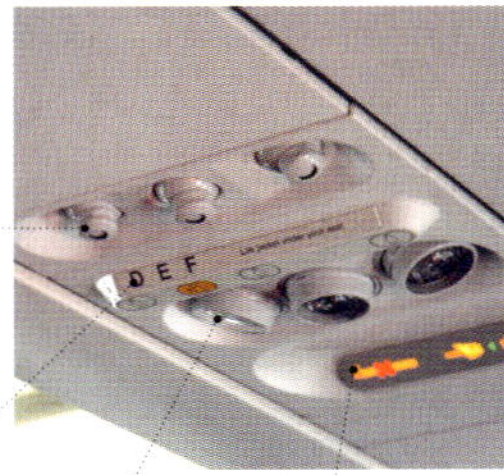

die Luftdüse
luftventil -en u
[lɔfdvɛnˈtiˀl]

die Sitznummer
pladsnummer -et n
[plasnɔmˀʌ]

der Nichtraucherflug
ikke-ryger fly -et n
[egəry:ʌfly]

die Leselampe
læselampe -n u
[lɛ:səlambə]

das Handgepäck
håndbagage -n u
[hʌnbagæ:ɕə]

der Gang
gang -en u
[gɑŋˀ]

der Notausgang
nødudgang -en u
[nœðuðgɑŋˀ]

der Sitzabstand
siddeafstand -en u
[seðəɑwsdanˀ]

die Sitzreihe	**sæderække** -n u [sɛ:ðəragə]
der Sicherheitsgurt	**sikkerhedssele** -n u [segʌheðsse:lə]
sich anschnallen	**at spænde fast** [sbɛnə ˈfasd]
die Start- und Landebahn	**start- og landingsbane** -n u [sdɑˀd ɒw laneŋbæ:nə]
fliegen	**at flyve** [fly:və]
starten	**at starte** [sdɑ:də]
landen	**at lande** [lanə]
die Turbulenzen	**turbulenser** -ne pl [tuɐ̯buˈlɛnˀsʌ]
die Notlandung	**nødlanding** -en u [nøðlaneŋ]
die Sauerstoffmaske	**iltmaske** -n u [ildmasgə]

der Bildschirm für das Bordprogramm
inflight-skærm -en u
[enflaitsgæɐ̯ˀm]

DAS FLUGZEUG – FLYET

Am Flughafen – I lufthavnen

der Check-in-Automat
check-in-automat -en u
[tjɛgˈenɑwtomæˀd]

der Check-in-Schalter
check-in-luge -n u
[tjɛgˈenlu:ə]

die Bordkarte
boardingpas -set n
[bɒ:deŋspas]

der Reisepass
rejsepas -set n
[rɑjsəspas]

die Ankunft
ankomst -en u
[ankʌmˀsd]

der Abflug
afgang -en u
[ɑwgɑŋˀ]

das Terminal
terminal -en u
[tæɐ̯miˈnæˀl]

der Zoll
told -en u
[tʌlˀ]

die Sicherheits-kontrolle
sikkerhedskontrol -len u
[segʌheðskɔntrʌlˀ]

die Ticketkontrolle
billetkontrol -len u
[biˈlɛdkɔntrʌlˀ]

der Duty-free-Laden
den **toldfrie forretning** u
[tʌlfriə fʌˈradneŋ]

die Fluggasttreppe
flypassagertrappe -n u
[flygpasaçeˀɐ̯trɑbə]

der Flugsteig
port -en u
[poɐ̯ˀd]

die Fluggastbrücke
flypassagerbro -en u
[flypasaçeˀɐ̯ˈbroˀ]

der Kontrollturm
kontroltårn -et n
[kɔntrʌlˀtɒˀn]

der Fluglotse
flyveleder -en u
[flyvəflyvə]

DAS FLUGZEUG – FLYET

Am Flughafen – I lufthavnen

① *die Anzeigetafel*
informationsskærm -en u
[enfɒmaˈɕoˀnsgæɐ̯ˀm]

② *das Reiseziel*
rejsedestination -en u
[rɑjsədesdinaɕoˀn]

der Langstreckenflug
lang-distance fly -et n
[laŋdiˈsdaŋsəfly]

der Auslandsflug
udenrigsflyvning -en u
[uðənrisflywneŋ]

der Inlandsflug
indenrigsflyvning -en u
[enənrisflywneŋ]

der Rollkoffer
kuffert med hjul -en u
[kɔfʌd meðˀ juˀl]

das Übergepäck
for meget bagage
[foˀɐ̯ mɑˀɑð baˈgæːɕə]

das Gepäckband
bagagebånd -et n
[baˈgæːɕəbʌnˀ]

der Fahrsteig
perron -en u
[paˈrʌŋ]

die Zwischenlandung	**mellemlanding** -en u [mɛləmlaneŋ]
einen Flug buchen	at **bestille et fly** [beˈsdelˀə ed fly]
der/das Online-Check-in	**online-check-in** -en u [ʌnlɑjntjɛgˈen]
die Buchungsnummer	**bookingnummer** -et n [bukeŋnɔmˀʌ]
das Visum	**visum** -met n [viːsɔm]
die Gepäckkontrolle	**bagagekontrol** -len u [baˈgæːɕəkɔntrʌlˀ]
der Gepäckabschnitt	**bagageafsnit** -tet n [baˈgæːɕəɑwsnid]
der Währungsumtausch	**deviseomveksling** -en u [deˈviːsəʌmvɛgsleŋ]

der Rucksack
rygsæk -ken u
[rœgsɛg]

DAS SCHIFF – SKIBET

das Kreuzfahrtschiff
krydstogtskib -et n
[krystʌgdsgiˀb]

die Funkantenne
antenne -n u
[anˈtɛnə]

das Deck
dæk -ket n
[dɛg]

die Kabine
kabine -n u
[kaˈbi:nə]

der Schornstein
skorsten -en u
[sgɒ:sdeˀn]

die Radarantenne
radarantenne -n u
[rɑ:dɑanˈtɛnə]

die Backbordseite
bagbordsside -n u
[bɑwˌboɐ̯si:ðə]

der Rumpf
bug -en u
[buˀ]

das Bullauge
koøje -t n
[koʌjə]

die Steuerbordseite
styrbordsside -n u
[sdyɐ̯boɐ̯si:ðə]

der Bug
næse -n u
[nɛ:sə]

das Rettungsboot
redningsbåd -en u
[rɛðneŋsbɔˀð]

der Bugwulst
bulb -en u
[bʌlb]

das Segelboot
sejlbåd -en u
[sɑjlbɔˀð]

die Motorjacht
motoryacht -en u
[mo:tʌjɑgd]

das Motorboot
motorbåd -en u
[mo:tʌbɔˀð]

der Katamaran
katamaran -en u
[katamɑˈrɑˀn]

DAS SCHIFF – SKIBET

Der Hafen – Havnen

der Containerhafen
containerhavn -en u
[kʌnˈtɛjnʌhɑwˀn]

das Containerlager
containerlager -et n
[kʌnˈtɛjnʌlæˀjʌ]

die Fracht
fragt -en u
[frɑgd]

der Kai
kaj -en u
[kɑjˀ]

der Kran
kran -en u
[krɑˀn]

das Containerschiff
containerskib -et n
[kʌnˈtɛjnʌsgiˀb]

der Leuchtturm
fyrtårn -et n
[fyɐ̯tɒˀn]

die Vertäuung
fortovning -en u
[fɒ:tɒwneŋ]

der Poller
pullert -en u
[pulˀʌd]

die Boje
bøje -n u
[bʌjə]

den Anker werfen/lichten	at **kaste/lette anker** [kasdə/lɛdə ˈɑŋgʌ]
die Küstenwache	**kystvagt** -en u [køsdvɑgd]
anlegen	at **lægge til** [lɛgə tel]
auslaufen	at **udløbe** [uðlø:bə]
an Bord gehen	at **gå om bord** [gɔˀ ʌmˀ boˀɐ̯]
von Bord gehen	at **gå fra borde** [gɔˀ frɑˀ boˀɐ̯də]
der Landungssteg	**landingsbane** -n u [laneŋsbæ:nə]
das U-Boot	**U-båd** -en u [ubɔˀð]

die Fähre
færge -n u
[fæɐ̯wə]

IN DER STADT

I BYEN

DIE INNENSTADT – DEN INDRE BY

die Vorstadt
forstad -en u
[foɐ̯sdað]

die Brücke
bro -en u
[broˀ]

der Fluss
flod -en u
[floˀð]

die Straße
gade -n u
[gæ:ðə]

das Geschäftsviertel
forretningsområde -t n
[fʌˈradneŋsʌmrɔ:ðə]

der Fernsehturm
fjernsynstårn -et n
[fjæɐ̯nsynstɒˀn]

der Wohnblock
boligblok -ken u
[bo:liblʌg]

der Dom
domkirke -n u
[doˀmkiɐ̯gə]

der Gehweg
gågade -n u
[gɔˀgæ:ðə]

die Altstadt
gammel bydel -en u
[gɑməl bydeˀl]

der Turm
tårn -et n
[tɒˀn]

die Straßenbeleuchtung
gadebelysning -en u
[gæ:ðəbelyˀsneŋ]

die Seitenstraße
sidegade -n u
[si:ðəgæ:ðə]

der Boulevard
boulevard -en u
[buləˈvɑˀd]

die Treppe
trappe -n u
[trɑbə]

die Gasse
gyde -n u
[gy:ðə]

DIE INNENSTADT – DEN INDRE BY

der Park
park -en u
[pɑ:g]

der Kanal
kanal -en u
[kaˈnæˀl]

das Ausgehviertel
gå i byen-sted -et n
[gɔˀ ˈi ˈbyənsdeð]

der Platz
plads -en u
[plas]

das Einkaufsviertel
indkøbsområde -t n
[enkøˀbsʌmrɔ:ðə]

das Industriegebiet
industriområde -t n
[enduˈsdriʌmrɔ:ðə]

das Wohngebiet
boligområde -t n
[bo:liʌmrɔ:ðə]

das Rathaus
rådhus -et n
[rʌðhuˀs]

die Universität
universitet -et n
[univæɐ̯siˈteˀd]

die Schule
skole -n u
[sgo:lə]

die Post
post -en u
[pʌsd]

die Feuerwache
brandvagt -en u
[brɑnvɑgd]

die Polizeiwache
politivagt -en u
[poliˈtivɑgd]

das Krankenhaus
sygehus -et n
[sy:əhuˀs]

die Bibliothek
bibliotek -et n
[biblioˈteˀg]

das Gerichtsgebäude
retsbygning -en u
[radsbygneŋ]

DIE INNENSTADT – DEN INDRE BY

Gebäude in der Innenstadt – Bygning i det indre af byen

der Wolkenkratzer
skyskraber -en u
[sgysgrɑːbʌ]

die Burg
borg -en u
[bɒˀw]

das Schloss
slot -tet n
[slʌd]

die Kirche
kirke -en u
[kiɡ̊ə]

die Moschee
moské -en u
[moˈsgeˀ]

die Synagoge
synagoge -n u
[synaˈgoːə]

der Tempel
tempel templet n
[tɛmˀbəl]

die Ruine
ruin -en u
[ruˈiˀn]

das Bürogebäude
kontorbygning -en u
[kɔnˈtoˀɡ̊bygneŋ]

das Theater
teater teatret n
[teˈæˀdʌ]

das Kino
biograf -en u
[bioˈgrɑˀf]

die Fabrik
fabrik -ken u
[fɑˈbrɛg]

die Botschaft
ambassade -n u
[ɑmbaˈsæːðə]

das Opernhaus
operahus -et n
[oˀbərɑhuˀs]

das Museum
museum museet n
[muˈsɛːɔm]

die Kunsthalle
kunsthal -len u
[kɔnsdhalˀ]

DIE INNENSTADT – DEN INDRE BY

Auf der Straße – På vejen

die Straßenlaterne
vejlygte -n u
[vɑjløgdə]

die Fußgängerampel
fodgængersignalanlæg -get n
[foðgɛŋʌsiˈnæˀlanlɛˀg]

die Ampel
lyskurv -en u
[lyskuɐ̯ˀw]

das Denkmal
mindesmærke -t n
[menəsmæɐ̯gə]

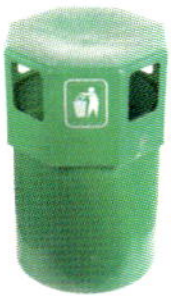

der Abfalleimer
skraldespand -en u
[sgrɑləsbanˀ]

der Kanaldeckel
kanallåg -et n
[kaˈnæˀllɔˀw]

der Hydrant
brandhane -n u
[branhæːnə]

der Friedhof
kirkegård -en u
[kiɐ̯gəgɒˀ]

die Bushaltestelle
busstop -pet n
[bussdʌb]

der Kiosk
kiosk -en u
[kjʌsg]

die Tiefgarage
den underjordiske garage u
[ɔnˀʌjoɐ̯ˀdisgə gɑˈrɑːɕə]

die Fußgängerzone
fodgængerområde -t n
[foðˌgɛŋʌʌmrɔːðə]

Entschuldigen Sie, wie komme ich nach ...?	**Undskyld, hvordan kommer jeg til ...?** [ɔnsgylˀ vɒdan kʌmʌ jɑj tel ˈ...]
Könnten Sie mir bitte sagen, wo ... ist?	**Kan du sige mig, hvor ... er?** [kan du siː mɑj vɒˀ ˈ... ær]
Könnten Sie mir das bitte auf der Karte zeigen?	**Kan du vise mig det på kortet?** [kan du viːsə mɑj de pɔˀ ˈkɒːdəd]
an der Ecke	**på hjørnet** [pɔˀ jœɐ̯nəd]
rechts/links abbiegen	at **gå til højre/venstre** [gɔˀ tel hʌjrʌ/vɛnsdrʌ]
auf der rechten/linken Seite	**på højre/venstre hånd** [pɔˀ hʌjrʌ/vɛnsdrʌ hʌnˀ]
(schräg) gegenüber	**(skråt) overfor** [(sgrʌd) ɒwˀʌˈfʌ]
in der Nähe (von)	**i nærheden (af)** [i nɛɐ̯heðˀən (æˀ)]

DIE INNENSTADT – DEN INDRE BY

Das Hotel – Hotellet

die Rezeption
reception -en u
[rɛsəbˈɕoˀn]

die Empfangsdame
receptionsdame -n u
[rɛsəbˈɕoˀnsdæ:mə]

die Schlüsselkarte
nøglekort -et n
[nʌjləkɒ:d]

die Klingel
dørklokke -n u
[dœˀɐ̯klʌgə]

die Lobby
foyer -en u
[fwɑˈje]

die Bar
bar -en u
[bɑˀ]

das Restaurant
restaurant -en u
[rɛsdoˈrɑŋ]

die Hotelanlage
hotelbygning -en u
[hoˈtɛlˀbygneŋ]

das Doppelzimmer
dobbeltværelse -t n
[dʌbəldvæɐ̯ʌlsə]

das Zweibettzimmer
dobbeltværelse med to senge -t n
[dʌbəldvæɐ̯ʌlsə meðˀ toˀ sɛŋə]

das Einzelzimmer
enkeltværelse -t n
[ɛŋˀgəldvæɐ̯ʌlsə]

der Fitnessraum
fitnessrum -met n
[fidnɛsrɔmˀ]

der Pool
swimmingpool -en u
[swemeŋpu:l]

Ich habe ein Zimmer unter dem Namen ... gebucht.	**Jeg har bestilt et værelse med navnet ...** [jɑj har beˈsdeld ed væɐ̯ʌlsə meðˀ nɑwnəd ˈ...]
Was kostet das Zimmer, bitte?	**Hvad koster værelset?** [vað kʌsdʌ væɐ̯ʌlsəð]
Ich hätte gerne ein Doppelzimmer für eine Nacht.	**Jeg vil gerne have et dobbeltværelse for en nat.** [jɑj vil gæɐ̯nə hæ:və ed dʌbəldvæɐ̯ʌlsə foˀɐ̯ en nad]
Haben Sie ein Zimmer frei?	**Er der nogen ledige værelser?** [ær dɛˀɐ̯ noən le:ðiə væɐ̯ʌlsʌ]

DIE INNENSTADT – DEN INDRE BY

Das Hotel – Hotellet

der/die Concierge
concierge -n u
[kɔˈsjɛʁʒ]

der Kofferwagen
kuffertvogn -en u
[kɔfʌdvɒwˀn]

der Türanhänger „Bitte nicht stören“
dørskilt ”Vil ikke forstyrres” -et n
[dœɐ̯sgelˀd vel egə fʌˈsdyɐ̯ˀəs]

die Gepäckablage
bagageholder -en u
[baˈgæːɕəhʌlʌ]

der Zimmerservice
roomservice -n u
[ɹuːmsœːvis]

das Zimmermädchen
stuepige -n u
[sduːəpiːə]

die Suite
suite -n u
[svidə]

die Toilettenartikel
toiletartikler -ne pl
[toaˈlɛdɑtiglʌ]

die Minibar
minibar -en u
[minibɑˀ]

die Zimmernummer
værelsesnummer -et n
[væɐ̯ʌlsəsnɔmˀʌ]

das Frühstücksbuffet
morgenmadsbuffet -en u
[mɒːˀɒnmaðsbyˈfe]

das Drei-/Vier-Sterne-Hotel	**tre-/firstjernet hotel** -let n [tʁɛ/fiːʌˈsdjæɐ̯nəd hotɛlˀ]
das Familienzimmer	**familierum** -met n [faˈmilˀjərɔmˀ]
ein-/auschecken	at **tjekke ind og ud** [tjɛgə en ɒw uðˀ]
die Halbpension	**halvpension** -en u [halpɑŋɕoˀn]
die Vollpension	**helpension** -en u [heːlpɑŋɕoˀn]
das Zimmer mit Frühstück	**værelse med morgenmad** -en u [væɐ̯ʌlsə meðˀ mɒːˀɒnmað]
das Zustellbett	**ekstraseng** -en u [ɛgsdʁasɛŋ]
der Weckanruf	**vækkeopkald** -et n [vɛgəʌbkalˀ]

der Tresor
pengeskab -et n
[pɛŋəsgæˀb]

DIE INNENSTADT – DEN INDRE BY

Die Bank – Bank

das Chipkartenterminal
chipkortlæser -en u
[tjibkɒ:dlɛ:sʌ]

der Schalter
kontakt -en u
[kɔn'tɑgd]

die Kassiererin
kassedame -en u
[kasədæ:mə]

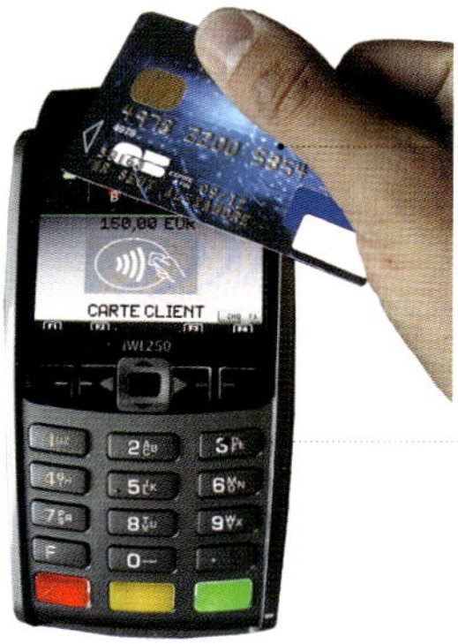

die EC-Karte
EC-kort -et n
[e:se:kɒ:d]

das Tastenfeld
tastatur -et n
[tasda'tuɐ̯ˀ]

das Onlinebanking
onlinebanking -en u
[ʌnlɑjn bɛŋgiŋ]

der Geldautomat
pengeautomat -en u
[pɛŋəɑwto'mæˀd]

Geld abheben
at **hæve penge**
[hæ:və pɛŋə]

Geld einzahlen
at **indsætte penge**
[ensɛdə pɛŋə]

einen Scheck ausstellen
at **udstede en check**
[uðsdɛˀðə en ɕɛg]

die Kontoüberziehung	**kontoovertræk** -ket n [kʌntoɒwʌtrag]
das Girokonto	**girokonto** -en u [ɕi:rokʌnto]
das Sparkonto	**opsparingskonto** -en u [ʌbsbɑˀeŋskʌnto]
die PIN-Nummer	**PIN-kode** -n u [penko:ðə]
der Zinssatz	**rentesats** -en u [randəsads]
das Darlehen	**lån** -et n [lɔˀn]
die Hypothek	**pant** -en u [panˀd]
die Kontonummer	**kontonummer** -ret n [kʌntonɔmˀʌ]

DIE INNENSTADT – DEN INDRE BY

Die Bank – Bank

der Geldschein
pengeseddel -sedlen u
[pɛŋəsɛðˀəl]

die Münze
mønt -en u
[mønd]

die Währung
møntfod -en u
[møndfoˀð]

das Wertpapier
værdipapir -et n
[væɐ̯ˈdipapiɐ̯ˀ]

der Wechselkurs
vekselkurs -en u
[vɛgsəlkuɐ̯ˀs]

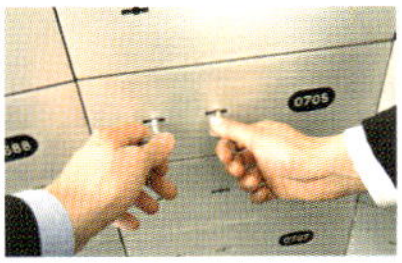

das Bankschließfach
bankboks -en u
[bɑŋgbʌgs]

der Tresor
pengeskab -et n
[pɛr̥əsgæˀb]

die Kreditkarte
kreditkort -et u
[krɛˈdidkɒːd]

die Börse
børs -en u
[bøɐ̯ˀs]

der Börsenkurs
børskurs -en u
[bøɐ̯ˀskuɐ̯ˀs]

der Finanzberater
den **økonomiske rådgiver** u
[økonoˀmisgə ˈrʌðgiˀwʌ]

die Rechnung
faktura -en u
[fɑgˈtuːrɑ]

Könnten Sie mir das bitte wechseln?	**Kan du veksle denne for mig?** [kan du vɛgslə dɛnə foˀɐ̯ mɑj]
Wie ist der aktuelle Wechselkurs?	**Hvad er den aktuelle vekselkurs?** [vað ær dən ɑgtuˈɛlˀə vɛgsəlkuɐ̯ˀs]
Ich möchte gerne ein Konto eröffnen.	**Jeg vil gerne åbne en konto.** [jɑj vel gæɐ̯nə ɔːbnə en ˈkʌnto]
der Betrag	**beløb** -et n [beˈløˀb]
der Reisescheck	**rejsecheck** -en u [rɑjsəɕɛg]
das Eigenkapital	**egenkapital** -en u [ɑjənkabitæˀl]
die Provision	**kommission** -en u [komiˈɕoˀn]
die Wechselstube	**vekselkontor** -et n [vɛgsəlkɔnˈtoˀɐ̯]

der Überweisungs-schein
overførselsseddel -sedlen u
[ɒwʌføɐ̯ˀsəlsɛðˀəl]

EINKAUFEN – KØBE IND

Läden und Geschäfte – Butikker og forretninger

der Markt
marked -et n
[mɑ:gəð]

der Marktstand
bod -en u
[boʔð]

das Schaufenster
udstillingsvindue -t n
[uðsdelʔeŋvendu]

die Tierhandlung
dyrehandel -en u
[dy:ʌhanʔəl]

der Gemüseladen
grønthandler -en u
[grœnʔdhanlʌ]

die Metzgerei
slagteriforretning -et n
[slɑgdʌˈriʔfʌradneŋ]

die Bäckerei
bageri -en u
[bæjʌˈriʔ]

die Konditorei
konditori -et n
[kʌndidʌˈriʔ]

der Supermarkt
supermarked -et n
[suʔbʌmɑ:gəð]

das Fischgeschäft
fiskehandler -en u
[fesgəhanlʌ]

die Weinhandlung
vinhandel -en u
[vi:nhanʔəl]

der Blumenladen
blomsterbutik -ken u
[blʌmʔsdʌbuˈtig]

das Lebensmittel-geschäft
fødevarebutik -ken u
[fø:ðəvɑ:ʔɑbuˈtig]

der Bioladen
øko-shop -pen u
[økoɕʌb]

das Schreibwaren-geschäft
papirhandel -en u
[paˈpiɐ̯ʔhanʔəl]

der Tante-Emma-Laden
Tante-Emma-butik -ken u
[tandə ˈɛma butig]

EINKAUFEN – KØBE IND

Läden und Geschäfte – Butikker og forretninger

der Buchladen
boghandel -en u
[bɔwhanˀəl]

die Drogerie
materialist -en u
[mɑtriaˈlisd]

die Boutique
boutique -n u
[buˈtiɡ]

der Antiquitätenladen
antikvitetshandler -en u
[antigviˈteˀdshanlʌ]

der Spielzeugladen
legetøjsbutik -ken u
[lɑjətʌjsbuˈtig]

das Juweliergeschäft
smykkebutik -en u
[smøgəbuˈtig]

das Möbelgeschäft
møbelforretning -en u
[møˀbəlfʌˈradneŋ]

der Elektrofachmarkt
elektronikmarked -et n
[elɛgtroˈnigmɑ:gəð]

das Schuhgeschäft
skoforretning -en u
[sgofʌˈradneŋ]

der Friseursalon
frisørsalon -en u
[friˈsøˀɡsalʌŋ]

die Schneiderei
skrædder -en u
[sgraðʌ]

die Parfümerie
parfumeri -et n
[pɑfy:mʌˈriˀ]

der Baumarkt
byggemarked -et n
[bygəmɑ:gəð]

der Geschenkeladen
gavebutik -ken u
[gæ:vəbuˈtig]

die Apotheke
apotek -et n
[ɑbɔˈteˀg]

der Optiker
optiker -en u
[ʌbtigʌ]

EINKAUFEN – KØBE IND

Das Einkaufszentrum – Indkøbscentret

der Lichthof
lysgård -en u
[lysgɒʔ]

die zweite Etage
den **anden sal** u
[anən sæʔl]

die erste Etage
den **første sal** u
[fœɐ̯sdə sæʔl]

das Geschäft
butik -ken u
[buˈtig]

die Rolltreppe
rulletrappe -n u
[rulətrɑbə]

das Erdgeschoss
stueetage -n u
[sdu:əeˈtæʔɕə]

die Verkäuferin
butiksassistent -en u
[buˈtigasisdɛnʔd]

der Food Court
food court -en u
[fu:d kɒ:d]

die Umkleidekabine
omklædningsrum -met n
[ʌmklɛðʔneŋsrɔmʔ]

der Parkplatz
parkeringsplads -en u
[pɑˈkeʔɐ̯eŋsplas]

der Wickelraum
puslerum -met n
[pusləɾɔmʔ]

der Kundendienst	**kundeservice** -n u [kɔnəsœ:vis]
Lageplan	**oversigtsplan** -en u [ɒwʌsegdsplæʔn]
Sicherheitsdienst	**sikkerhedstjeneste** -n u [segʌheðstjɛ:nəsdə]
Könnten Sie mir bitte … zeigen?	**Kan du vise mig ….?** [kan du vi:sə mɑj ˈ…]
Wie viel kostet es?	**Hvad meget er det?** [vað mɑˈɑð ær de]
Kann ich das bitte umtauschen?	**Kan jeg bytte?** [kan jɑj bydə]
Könnten Sie das bitte als Geschenk einpacken?	**Vil du pakke den ind som gave, tak?** [vel du pɑgə dən enʔ sʌm gæ:və tag]
der Ausverkauf	**udsalg** -et n [uðsalʔ]

EINKAUFEN – KØBE IND

Das Kaufhaus – Stormagasinet

die Schaufensterpuppe
mannequindukke -n u
[manəˈkɛŋdɔgə]

die Einkaufstüte
indkøbspose -n u
[enkøbspoːsə]

die Taschenabteilung
taskeafdeling -en u
[tasgəɑwdeˀleŋ]

der Imbissbereich
snackområde -t n
[snagʌmrɔːðə]

die Sportabteilung
sportafdeling -en u
[sbɒːdɑwdeˀleŋ]

die Kurzwaren
syartikler -ne pl
[syˀatiglʌ]

die Unterwäsche
undertøj -et n
[ɔnˀʌtʌj]

die Kosmetikabteilung
kosmetikafdeling -en u
[kʌsməˈtigɑwdeˀleŋ]

die Herrenabteilung
herreafdeling -en u
[hæɐ̯ʌɑwdeˀleŋ]

die Damenabteilung
dameafdeling -en u
[dæːməɑwdeˀleŋ]

die Kinderabteilung
børneafdeling -en u
[bœɐ̯nəɑwdeˀleŋ]

die Schuhabteilung
skoafdeling -en u
[sgoˀɑwdeˀleŋ]

die Lebensmittel-abteilung
levnedsmiddelafdeling -en u [lɛwnəðsmiðˀəl-ɑwdeˀleŋ]

die Multimedia-Abteilung
multimedie-afdeling -en u
[multimeˀdjəɑwdeˀleŋ]

die Heimtextilien-abteilung
hjemmetekstilafdeling -en u
[jɛmətɛɐ̯stiˀlɑwdeˀleŋ]

die Schreibwaren-abteilung
skrivevareafdeling -en u
[sgriːvəvɑːˀɑˀɑwdeˀleŋ]

EINKAUFEN – KØBE IND

Der Supermarkt – Supermarkedet

der Kassierer
kasserer -en u
[kaˈseˀʌ]

die Kundin
kunde -n u
[kɔnə]

die Ware
vare -n u
[vɑːˀɑ]

das Warentransport-band
varetransportbånd -et n
[vɑːˀɑtransˈpɒːdbʌnˀ]

das Warenregal
varehylde -n u
[vɑːˀɑhylə]

der Einkaufswagen
indkøbsvogn -en u
[enkøbsvɒwˀn]

die Kasse
kasse -n u
[kasə]

der Scanner
scanner -en u
[sganʌ]

die Käsetheke
osteskranke -n u
[ɔsdəsgrɑŋgə]

die Fleischtheke
kødskranke -n u
[køðsgrɑŋgə]

die Einkaufsliste
indkøbsliste -n u
[enkøbslesdə]

der Gang
gang -en u
[gɑŋˀ]

der Einkaufskorb
indkøbskurv -en u
[enkøbskuɐ̯ˀw]

1 865342 690003

der Strichcode
stregkode -n u
[sdrɑjkoːðə]

das Sonderangebot
særtilbud -det n
[sɛɐ̯telbuð]

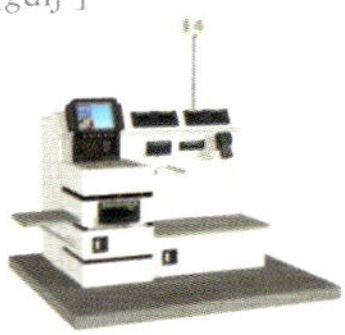

die Selbstbedienungs-kasse
selvbetjeningskasse -n u
[sɛlvbetjɛˀneŋskasə]

EINKAUFEN – KØBE IND

Der Supermarkt – Supermarkedet

das Kühlregal
kølehylde -n u
[kø:ləhylə]

die Milchprodukte
mælkeprodukter -ne pl
[mɛlgəprodɔgdʌ]

die Tiefkühlkost
de frosne fødevarer pl
[frɔsnə 'fø:ðəvɑ:ˀʌ]

das Obst und Gemüse
frugt og grøntsager
[frɔgd ɒw grœnsæˀjʌ]

das Fleisch und Geflügel
kød og fjerkræ
[køð ɒw 'fjeɐ̯krɛˀ]

die Konserven
konserves -en u
[kɔn'sæɐ̯vəs]

die Feinkost
delikatessevarer -ne pl
[delika'tɛsəvɑ:ˀʌ]

der Kassenzettel
kassebon -en u
[kasəbʌŋ]

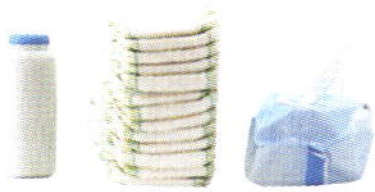

die Babyartikel
babyartikler -ne pl
[bɛjbiɑtiglʌ]

die Frühstücksflocken
morgenmadsprodukt -et n
[mɒ:ˀɒnmaðsprodɔgd]

die Backwaren
bagværk -et n
[bɑwvæɐ̯g]

die Fischtheke
fiskeskranke -n u
[fesgəsgrɑŋgə]

die Getränke	**drikkevarer** -varene pl [drɛgəvɑ:ˀʌ]
die Süßigkeiten	**slik** -ket n [sleg]
das Tierfutter	**dyrefoder** -et n [dy:ʌfoðˀʌ]
die Bioprodukte	det **økologiske produkt** n [økoloˀisgə pro'dɔgd]
bezahlen	at **betale** [be'tæˀlə]
das Kleingeld	**småpenge** -ne pl [smʌpɛŋə]
der Preis	**pris** -en u [priˀs]
das Preisschild	**prisskilt** -et n [pri:ssgelˀd]

die Reinigungsmittel
rengøringsmiddel -et n
[rɛ:ngœˀɐ̯eŋmiðˀəl]

EINKAUFEN – KØBE IND

Der Kiosk – Kiosken

die Zeitung
avis -en u
[aˈviˀs]

die Zeitschrift
tidsskrift -et n
[tiðssgrɛfd]

das Notizbuch
notesbog -en u
[no:dəsbɔˀw]

der/das Comic
tegneserie -n u
[tɑjnəseɐ̯ˀjə]

das Zeitschriftenregal
avishylde -n u
[aˈviˀshylə]

die Grußkarte
korthilsen -en u
[kɒ:dhilsən]

der Lottoschein
lottokupon -en u
[lʌtokuˈpʌŋ]

das Buch
bog -en u
[bɔˀw]

der/das Kaugummi
tyggegummi -et n
[tygəgɔmi]

der/das Pfefferminz-bonbon
pebermyntebolsjer -t n
[pewʌˈmøndəbʌlˀɕə]

der Schokoriegel
chokobar -en u
[ɕogobaˀ]

der Tabak
tobak -ken u
[toˈbɑg]

die Zigarette
cigaret -ten u
[sigəˈrad]

die Pfeife
pibe -n u
[pi:bə]

das Feuerzeug
lighter -en u
[lɑjdʌ]

die Zigarre
cigar -en u
[siˈgɑˀ]

CAFÉS UND BARS – CAFÉER OG BARER

das Straßencafé
gadecafé -en u
[gæ:ðəkaˈfeˀ]

die Sonnenterrasse
solterrasse -n u
[so:ltaˈrɑsə]

die Theke
skranke -n u
[sgrɑŋgə]

die Kaffeemaschine
kaffemaskine -n u
[kɑfəmasgi:nə]

das Tablett
bakke -n u
[bɑgə]

der Zapfhahn
hane -n u
[hæ:nə]

der Barkeeper
bartender -en u
[baˀtɛndʌ]

der Barista
barista -en u
[baˈrisda]

der Barhocker
barstol -en u
[baˀsdoˀl]

der Korkenzieher
proptrækker -en u
[prʌbtragʌ]

der Cocktailshaker
cocktailshaker -en u
[kʌgtɛ̯lɕɛjgʌ]

der Weinkühler
vinkøler -en u
[vi:nkø:lʌ]

etwas auf Rechnung setzen	at **skrive noget på regning** [sgri:və nɔ:əð pɔˀ ˈrɑjneŋ]
die Rechnung übernehmen	at **overtage regningen** [ɒwʌtæˀ rɑjn̩eŋən]
sich auf einen Kaffee treffen	at **mødes til en kop kaffe** [mø:ðə tel eˀn kʌb ˈkɔfə]
Wo sind bitte die Toiletten?	**Undskyld, hvor er toiletterne?** [ˈɔnsgylˀ vɒˀ ær toalɛdʌnə]
Ich hätte gern ...	**Jeg vil gerne have...** [jɑj vel gæɐ̯nə hæ:və ˈ...]
Bitte ein Glas ...	**Et glas, tak...** [ed glas tag]
Bitte eine Tasse ...	**En kop..., tak** [eˀn kʌb ... tag]
Das Gleiche noch einmal.	**Det samme igen.** [de sɑmə iˈgɛn]

der Aschenbecher
askebæger -et n
[asgəbɛ:jʌ]

SEHENSWÜRDIGKEITEN – SEVÆRDIGHEDER

der Stadtplan
byplan -en u
[byplæˀn]

die Touristen-information
turistinformation -en u
[tuˈrisdenfɒmaçoˀn]

der Reiseführer
rejsefører -en u
[rɑjsəføːʌ]

das Souvenir
souvenir -en u
[uvəˈniːɐ̯]

die Stadtbesichtigung
bybesigtigelse -n u
[bybesegdiˀəlsə]

die Stadtrundfahrt
byrundtur -en u
[byrɔntuɐ̯ˀ]

die Flussfahrt
flodtur -en u
[floðtuɐ̯ˀ]

das Aquarium
akvarium akvariet n
[aˈkvɑˀjɔm]

die Aussichtsplattform
udsigtsplatform -en u
[uðsegdspladfɒˀm]

die Ausstellung
udstilling -en u
[uðsdeleŋ]

der Straßenmusiker
gademusikant -en u
[gæːðəmusikanˀd]

der Straßenkünstler
gadeartist -en u
[gæːðəɑtisd]

die Warteschlange
kø -en u
[køˀ]

der Fremdenführer	**turistguide** -n u [tuˈrisdgɑjd]
die Fremdenführerin	**turistguide** -n u [tuˈrisdgɑjd]
der Ausflug	**udflugt** -en u [uðflɔgd]
die Öffnungszeiten	**åbningstider** -ne pl [ɔːbneŋstiːðʌ]
geöffnet	**åben** [ɔːbən]
geschlossen	**lukket** [lɔgəð]
das Eintrittsgeld	**entrébetaling** -en u [ɑŋˈtrebetæˀleŋ]
die Ermäßigung	**rabat** -ten u [rɑˈbad]

DIE ARCHITEKTUR – ARKITEKTUREN

klassizistisch
klassicistisk
[klasiˈsisdisg]

gotisch
gotisk
[goˀtisg]

barock
barok
[bɑˈrʌg]

romanisch
romansk
[roˈmæˀnsg]

die Renaissance
renaissance -n u
[rɛnəˈsaŋsə]

der/das Art déco
art déco -en u
[ɑ:deˈko]

der Jugendstil
jugendstil -en u
[ju:gəndsdiˀl]

das Rokoko
rokoko -en u
[roˈkʌgo]

das Bauhaus
bauhaus -et n
[bɑwhaws]

die Säule
søjle -n u
[sʌjlə]

der Bogen
bue -n u
[bu:ə]

die Kuppel
kuppel kuplen u
[kubəl]

die Fassade	**facade** -n u	[faˈsæ:ðə]
der Flügel	**fløj** -en u	[flʌjˀ]
das Gewölbe	**hvælving** -en u	[vɛlveŋ]
das Grabmal	**grav** -en u	[grɑˀw]
der Innenhof	den **indre gård** u	[endrʌ gɒˀ]
die Stadtmauer	**bymur** -en u	[bymuɐ̯ˀ]
die Katakomben	**katakomber** -ne pl	[kataˈkɔmbʌ]
die Gedenkstätte	**mindesmærke** -t n	[menəsmæɐ̯gə]

das Wahrzeichen
vartegn -et n
[vɑ:tajˀn]

PARK UND SPIELPLATZ – PARK OG LEGEPLADS

der Kurpark
kurpark -en u
[kuɐ̯pɑ:g]

① *der Pavillon*
pavillon -en u
[pavilˈjʌŋ]

② *der Fußweg*
gangsti -en u
[gɑŋsdiˀ]

③ *die Liegewiese*
liggeplæne -n u
[legəplɛ:nə]

die Gartenanlage
haveanlæg -get n
[hæ:vəanlɛˀg]

④ *der Brunnen*
brønd -en u
[brœnˀ]

⑤ *die Parkbank*
parkbænk -en u
[pɑ:gbɛŋˀg]

der botanische Garten
den **botaniske have** u
[boˈtæˀnisgə hæ:və]

der Schlosspark
slotspark -en u
[slʌdspɑ:g]

der Landschaftspark
landskabspark -en u
[lansgæˀbpɑ:g]

der See
sø -en u
[søˀ]

der Nationalpark
nationalpark -en u
[naɕoˈnæˀlpɑ:g]

der Bergpark
bjergpark -en u
[bjæɐ̯wpɑ:g]

der Zoo
den **zoologiske have** u
[sooˈloˀisgə hæ:və]

der Wildpark
vildtpark -en u
[vilˀdpɑ:g]

PARK UND SPIELPLATZ – PARK OG LEGEPLADS

der Spielplatz
legeplads -en u
[lɑjəplas]

① *das Klettergerüst*
klatrestativ -et n
[kladrʌsdatiwˀ]

② *die Rutsche*
rutsjebane -n u
[rudɕəbæ:nə]

③ *die Schaukel*
gynge -n u
[gøŋə]

④ *die Wippe*
vippe -n u
[vebə]

der Sandkasten
sandkasse -n u
[sankasə]

das Hangelgerüst
hængestativ -et n
[hɛŋəsdatiwˀ]

der Irrgarten
labyrint -en u
[labyˈrɛnˀd]

der Vergnügungspark
forlystelsespark -en u
[fʌˈløsdəlsəspɑ:g]

der Grillplatz
grillplads -en u
[grilplas]

das Picknick
picnic -en u
[pignig]

spazieren gehen
at **gå tur**
[gɔˀ tuɐ̯ˀ]

das Slacklining
slacklining -en u
[slɛklajneŋ]

joggen
at **jogge**
[jʌgə]

das Planschbecken
soppebassin -et n
[sʌbəbasɛŋ]

BILDUNG UND BERUF

UDDANNELSE OG ARBEJDE

DIE SCHULE – SKOLEN

der Kindergarten
børnehave -n u
[bœɐ̯nəhæ:və]

die Vorschule
forskole -n u
[foɐ̯sgo:lə]

die Grundschule
grundskole -n u
[grɔnsgo:lə]

die weiterführende Schule
skole for viderekommende -n u [sgo:lə foˀɐ̯ ˈviðʌˀʌkʌmənə]

das Gymnasium
gymnasium
gymnasiet n
[gymˈnæˀɕɔm]

die Klasse
klasse -n u
[klasə]

die Prüfung
eksamen -en u
[ɛgˈsæ:mən]

die Aula
aula -en u
[ɑwla]

der Computerraum
computerrum -met n
[kʌmˈpju:dʌrɔmˀ]

die Schulleiterin
skoleleder -en u
[sgo:ləle:ðʌ]

die Lehrerin
lærer -en u
[lɛ:ʌ]

der Sportplatz
sportsplads -en u
[sbɒ:dsplas]

die Schuluniform
skoleuniform -en u
[sgo:ləunifɒˀm]

der Aufsatz	**stil** -en u [sdiˀl]
die Klassenarbeit	**klassearbejde** -t n [klasəɑ:bɑjˀdə]
die Note	**karakter** -en u [kɑˀɑgˈteˀɐ̯]
seinen/ihren Abschluss machen	**at få sin eksamen** [fɔˀ siˀn ɛgˈsæ:mən]
der mittlere Schulabschluss	**mellemskoleeksamen** -en u [mɛləmsgo:ləɛgsæ:mən]
die Privatschule	**privatskole** -n u [priˈvæˀdsgo:lə]
das Abitur	**studentereksamen** -en u [sduˈdɛnˀdʌɛgsæ:mən]
das Internat	**kostskole** -n u [kʌsdsgo:lə]

DIE SCHULE – SKOLEN

Das Klassenzimmer – Spisestuen

das Lehrerpult
kateder -et n
[kaˈteˀdʌ]

die Tafel
tavle -n u
[tɑwlə]

der Schüler
elev -en u
[eˈleˀw]

die Schülerin
elev -en u
[eˈleˀw]

der Winkelmesser
vinkelmåler -en u
[veŋˀgəlmɔːlʌ]

der Bleistift
blyant -en u
[blyːanˀd]

das Schulheft
skolehæfte -t n
[sgoːləhɛfdə]

das Federmäppchen
den **lille fjedermappe** u
[lilə fjeðˀʌmɑbə]

das Zeichendreieck
tegne-trekant -en u
[tɑjnətrɛˌkanˀd]

das Lineal
lineal -en u
[lineˈæˀl]

die Schultasche	**skoletaske** -n u [sgoːlətasgə]
das Wörterbuch	**ordbog** -en u [oɐ̯bɔˀw]
die Nachhilfe	**støtteundervisning** -en u [sdødæɐnʌviˀsneŋ]
die Kreide	**kridt** -et n [krid]
das Schulbuch	**skolebog** -en u [sgoːləbɔˀw]
der Füller	**fyldepen** -nen u [fyləpɛnˀ]
die Tintenpatrone	**blækpatron** -en u [blɛgpaˈtroˀn]
der Marker	**markør** -en u [mɑˈkøˀɐ̯]

der Taschenrechner
lommeregner -en u
[lʌmərɑjnʌ]

DIE SCHULE – SKOLEN

Die Schulfächer – Skolefagene

die Biologie
biologi -en u
[bioloˈgiˀ]

die Mathematik
matematik -ken u
[madəmaˈtig]

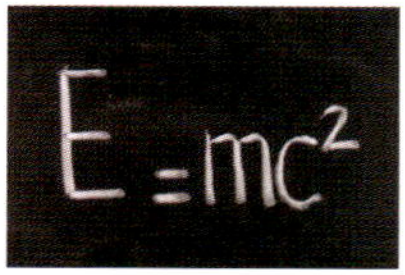

die Physik
fysik -ken u
[fyˈsig]

die Chemie
kemi -en u
[keˈmiˀ]

der Religionsunterricht
religionsundervisning -en u
[rɛliˈgjoˀnsɔnʌviˀsneŋ]

der Ethikunterricht
etik-undervisning -en u
[eˈtigɔnʌviˀsneŋ]

die Kunst
kunst -en u
[kɔnˀsd]

die Erdkunde
geografi -en u
[geograˈfiˀ]

die Fremdsprachen
fremmedsprog -et n
[framədsbrɔˀw]

die Geschichte
historie -n u
[hiˈsdoɐ̯ˀiə]

der Sport
sport -en u
[sbɒ:d]

die Musik
musik -en u
[muˈsig]

das Drama
drama -et n
[drɑ:ma]

die Informatik
informatik -ken u
[enfɒmaˈtig]

der Werkunterricht
værkstedsundervisning -en u
[væɐ̯gsdɛðsɔnʌviˀsneŋ]

die Gemeinschaftskunde
samfundsfag -et n
[sɑmfɔnsfæˀj]

DIE SCHULE – SKOLEN

Die Schulfächer – Skolefagene

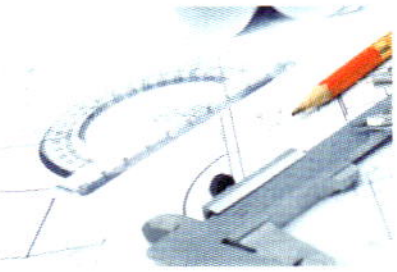

das Technische Zeichnen
det tekniske tegn n
[tɛgnisgə tɑjˀn]

die Hauswirtschaft
hjemkundskab -en u
[jɛmkɔnsgæˀb]

schreiben
at **skrive**
[sgriːvə]

rechnen
at **regne**
[rɑjnə]

buchstabieren
at **stave**
[sdæːvə]

lesen
at **læse**
[lɛːsə]

sich melden
at **række hånden op**
[ragə hʌnən ʌb]

die Klassenfahrt
klasseudflugt -en u
[klasəuðflɔgd]

der Stundenplan
skoleskema -et n
[sgoːləsgeːma]

der Abschlussball
skolebal -let n
[sgoːləbalˀ]

die Hausaufgabe
hjemmeopgave -n u
[jɛməʌbgæːvə]

das Sportfest
sportsfest -en u
[sbɒːdsfɛsd]

zeichnen	at **tegne** [tɑjnə]
zählen	at **tælle** [tɛlə]
die Übung	**øvelse** -n u [øːvəlsə]
der Elternabend	**forældreaften** -en u [fʌˈɛlˀdrʌɑfdən]
das Zeugnis	**diplom** -et n [diˈploˀm]
der Schüleraustausch	**elevudveksling** -en u [eˈleˀwuðvɛgslɛŋ]
der Lehrplan	**studieplan** -en u [sduˀdjəplæˀn]
das Schulfach	**skolefag** -et n [sgoːləfæˀj]

die Ferien
ferie -n u
[feɐ̯ˀiə]

DIE SCHULE – SKOLEN

Im Labor – På laboratoriet

der Versuch
forsøg -et n
[fʌˈsøˀj]

die Schutzbrille
sikkerhedsbriller -ne pl
[segʌheðsbrɛlʌ]

der Kittel
kittel kitlen u
[kidəl]

das Reagenzglas
reagensglas -set n
[rɛaˈgɛnˀsglas]

der Chemikalienhandschuh
kemikaliehandske -n u
[kemiˈkæˀljəhansgə]

die Laborausrüstung
laboratorieudstyr -et n
[lɑborɑˈtoɐ̯ˀjəuðsdyɐ̯ˀ]

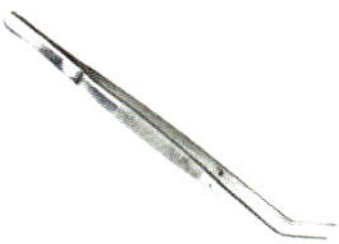

die Pinzette
pincet -ten u
[penˈsɛd]

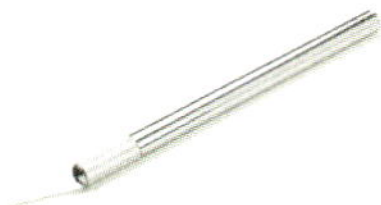

das Skalpell
skalpel -len u
[sgalˈpɛlˀ]

die Lupe
lup -pen u
[lub]

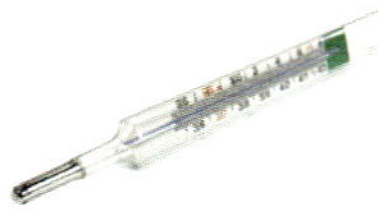

das Thermometer
termometer -et n
[tæɐ̯moˈmeˀdʌ]

die Laborwaage
laboratorievægt -en u
[lɑborɑˈtoɐ̯ˀjəvɛˀg]

die Stoppuhr
stopur -et n
[sdʌbuɐ̯ˀ]

der Magnet
magnet -en u
[mɑwˈneˀd]

die Batterie
batteri -et n
[badʌˈriˀ]

DIE SCHULE – SKOLEN

Im Labor – På laboratoriet

das Mikroskop
mikroskop -et n
[mikroˈsgoʔb]

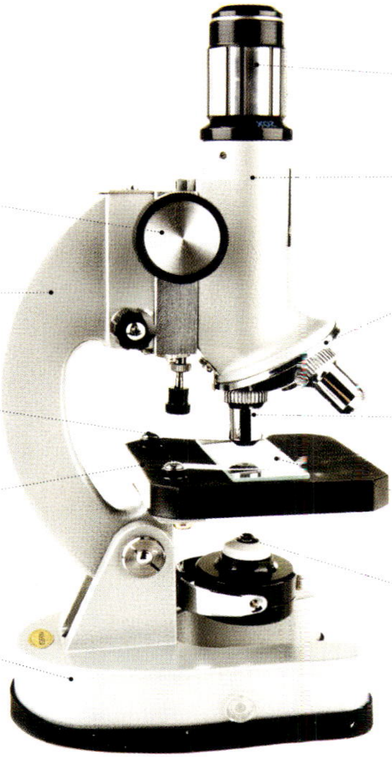

das Okular
okular -et n
[okuˈlɑʔ]

der Tubus
tubus -sen u
[tu:bus]

das Einstellrad
indstillingshjul -et n
[ensdelʔeŋsjuʔl]

der Objektivrevolver
objektivrevolver -en u
[ʌbjəgˈtiwʔrɛvʌlʔvʌ]

das Stativ
stativ -et n
[sdaˈtiwʔ]

die Objektklemme
objektklemme -n u
[ʌbjɛgdklɛmə]

das Objektiv
objektiv -et n
[ʌbjəgˈtiwʔ]

der Objekttisch
objektbord -et n
[ʌbjɛgdboʔɐ̯]

der Objektträger
objektglas -set n
[ʌbjɛgdglas]

der Fuß
fod -en u
[foʔð]

die Lampe
lampe -n u
[lɑmbə]

die Pipette
pipette -n u
[piˈpɛdə]

die Petrischale
petriskål -en u
[pe:trisgɔʔl]

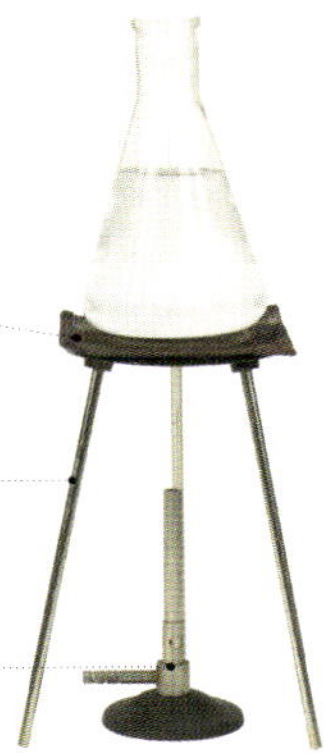

das Drahtnetz
trådnet -tet n
[trɔʔðnɛd]

der Dreifuß
trefod -en u
[trɛfoʔð]

der Bunsenbrenner
bunsenbrænder -en u
[bɔnʔsənbranʌ]

DIE SCHULE – SKOLEN

In der Pause – Under pausen

die Mittagspause
frokostpause -n u
[frɔgʌsdpɑwsə]

das Tablett
bakke -n u
[bɑgə]

die Butterbrotdose
madkasse -n u
[maðkasə]

das Pausenbrot
mellemmad til pausen -en u
[mɛləmað tel pɑwsən]

die Schulglocke
skoleklokke -n u
[sgo:ləklʌgə]

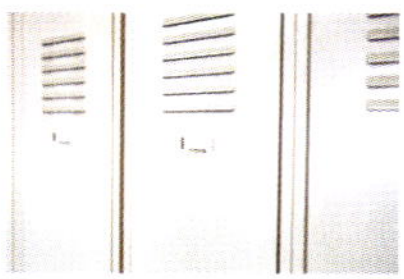

der Spind
skab -et n
[sgæˀb]

die Pause
pause -n u
[pɑwsə]

der Schulhof
skolegård -en u
[sgo:ləgɒˀ]

Himmel und Hölle spielen
at **lege hinkerude**
[lɑjə heŋgəru:ðə]

der Speisesaal
spisesal -en u
[sbi:səsæˀl]

das Lunchpaket
madpakke -n u
[maðpɑgə]

die Essensausgabe
madudskænkning -en u
[maðuðsgɛŋˀgneŋ]

DIE SCHULE – SKOLEN

Die Sporthalle – Sportshallen

der Volleyball
volleyball -en u
[vʌlibɒːl]

der Basketball
basketball -en u
[bɑːsgədbɒːl]

der Handball
håndbold -en u
[hʌnbʌlˀd]

der Fußball
fodbold -en u
[foðbʌlˀd]

der Baseball
baseball -en u
[bɛjsbɒːl]

der Federball
badminton -en u
[badmentʌn]

der Tennisball
tennis -sen u
[tɛnis]

der Football
football -en u
[fudbɒːl]

der Puck
puck -en u
[pug]

der Basketballkorb
basketballkurv -en u
[bɑːsgədbɒːlkuɐ̯ˀw]

die Sprossenwand
ribbevæg -gen u
[ribəvɛˀg]

das Korbbrett
bagplade -n u
[bɑwplæːðə]

die Strickleiter
rebstige -n u
[rɛːbsdiːə]

das Trampolin
trampolin -en u
[trɑmboˈliˀn]

die Ringe
ringe -ne pl
[rɛŋə]

das Springseil
sjippetov -et n
[ɕibətɒw]

DIE UNIVERSITÄT – UNIVERSITETET

der Campus
campus -sen u
[kɑmpus]

der Hörsaal
auditorium auditoriet n
[ɑwdiˈtoˀɐ̯iɔm]

die Politikwissenschaft
politikvidenskab -en u
[poliˈtigviðənsgæˀb]

die Kunstgeschichte
kunsthistorie -n u
[kɔnˀsdhiˈsdoɐ̯ˀiə]

die Rechtswissenschaft
retsvidenskab -en u
[radsviðənsgæˀb]

die Betriebswirtschaftslehre
virksomhedslære -n u
[viɐ̯gsʌmˌheðslɛːʌ]

die Geisteswissenschaften
litteratur -en u
[lidərɑˈtuɐ̯ˀ]

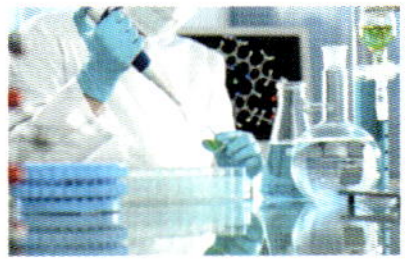

die Naturwissenschaften
naturvidenskab -en u
[naˈtuɐ̯ˀviðənsgæˀb]

das Ingenieurwesen
ingeniørvæsen -et n
[enɕənˈjøˀɐ̯vɛˀsən]

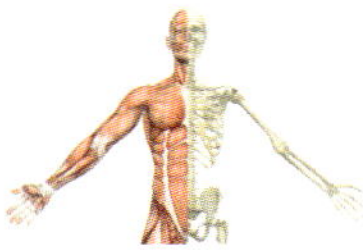

die Medizin
medicin -en u
[mediˈsiˀn]

die Pädagogik
pædagogik -ken u
[pɛdagoˈgig]

der Professor
professor -en u
[proˈfɛsʌ]

die Dozentin
lærerinde -en u
[lɛʌˈenə]

das Diplom	**diplom** -et n [diˈploˀm]
der Bachelor	**bachelor** -en u [badɕəlʌ]
der Master	**master** -en u [mɑːsdʌ]
die Dissertation	**afhandling** -en u [ɑwhanˀleŋ]
die Promotion	**promotion** -en u [promoˈɕoˀn]
die Habilitation	**undervisningskompetence** -n u [ɔnʌˈviːsneŋskɔmbətɑŋsə]
die Forschung	**forskning** -en u [fɒːsgneŋ]
das Forschungsinstitut	**forskningsinstitut** -tet n [fɒːsgneŋsensdiˈtud]

DIE UNIVERSITÄT – UNIVERSITETET

ein Referat halten
at **lave oplæg**
[læːvə ʌblɛˀg]

das Seminar
seminar -et n
[semiˈnɑˀ]

die Vorlesung
forelæsning -en u
[fɒːˀɒlɛˀsneŋ]

die Klausur
den **skriftlige prøve** u
[sgrɛfdliə prœːwə]

der Lesesaal
læsesal -en u
[lɛːsəsæˀl]

die Ausleihe
udlån -et n
[uðlɔˀn]

das Bücherregal
bogreol -en u
[bɔˀwrɛˈɔˀl]

die mündliche Prüfung
den **mundtlige eksamen** u
[mɔndliə ɛgˈsæːmən]

sein Studium abschließen
at **afslutte studiet**
[ɑwsludə sduˀdjəd]

das Studentenwohnheim
kollegium kollegiet n
[koˈleˀgjɔm]

die Mensa
kantine -n u
[kanˈtiːnə]

die Bibliothek
bibliotek -et n
[biblioˈteˀg]

der Student
student -en u
[sduˈdɛnˀd]

der Bibliothekar	**bibliotekar** -en u [bibliotəˈkɑˀ]
die Bibliothekarin	**bibliotekar** -en u [bibliotəˈkɑˀ]
der Bibliotheksausweis	**lånekort til bibliotek** -et n [lɔˀnəkɒːd tel biblioˈteˀg]
ausleihen	at **udlåne** [uðlɔˀnə]
verlängern	at **forlænge** [fʌˈlɛŋˀə]
vorbestellen	at **bestille** [beˈsdelˀə]
das Rückgabedatum	**afleveringsdato** -en u [ɒwleveˀʁeŋdæːto]
das Periodikum	**periodikum** -met n [pæʁiˈoˀdikɔm]

DIE UNIVERSITÄT – UNIVERSITETET

die Lerngruppe
studiegruppe -n u
[sduˀdjəgrubə]

lernen
at **lære**
[lɛːʌ]

das Praxissemester
semester i praktik -et n
[seˈmɛsdʌ i prɑgˈtig]

das Praktikum
praktik -en u
[prɑgˈtig]

das Volontariat
volontørtjeneste -n u
[volʌnˈtøˀɐ̯tjɛːnəsdə]

das freie Jahr
sabbatår -et n
[sabadɒˀ]

jobben
at **jobbe**
[djʌbə]

das schwarze Brett
opslagstavle -n u
[ʌbslæˀjstɑwlə]

die Ausbildung
uddannelse -n u
[uðdanˀəlsə]

die Berufsfachschule
fagskole med heltidsundervisning -n u
[fɑwsgoːlə meðˀ ˈheːltiðsɔnʌviˀsneŋ]

die Kunsthochschule
kunsthøjskole -n u
[kɔnsdhʌjˀsgoːlə]

die Musikhochschule
musikhøjskole -n u
[muˈsighʌjˀsgoːlə]

die Akademie für darstellende Künste
kunstakademi -et n
[kɔnsdakadəˈmiˀ]

der Studentenausweis	**studenterbevis** -et n [sduˈdɛndʌbeviˀs]
der Kurs	**kurs** -en u [kuɐ̯ˀs]
das Semester	**semester** -et n [seˈmɛsdʌ]
die Semesterferien	**semesterferie** -n u [seˈmɛsdʌfeɐ̯ˀiə]
der Fachbereich	**fagområde** -t n [fɑwʌmrɔːðə]
die Hausarbeit	**stil** -en u [sdiˀl]
der Hochschulabschluss	**kandidateksamen** -en u [kandiˈdæˀdɛgsæːmən]
das Stipendium	**stipendium** stipendiet n [sdiˈpɛnˀdjɔm]

DIE ARBEITSWELT – ARBEJDSVERDEN

Die Bewerbung – Ansøgningen

das Bewerbungsgespräch
jobsamtale -n u
[djʌbsɑmtæ:lə]

die Personalreferentin
personalefuldmægtig -en u
[pæɐ̯sonæ:ləfulmɛgdi]

der Lebenslauf
CV -et n
[seˀˈveˀ]

die Bewerbungsunterlagen
ansøgningsbilag -et n
[ansøjˀneŋsbilæˀj]

die Bewerberin
ansøger -en u
[ansøˀjʌ]

die Stellenanzeige
stillingsannonce -n u
[sdeleŋsanʌŋsə]

die Zeitarbeit
deltidsarbejde -t n
[deltiðsɑ:bɑjˀdə]

die Festanstellung
fastansættelse -n u
[fasdanˀsɛdəlsə]

die Karriere
karriere -n u
[kɑiˈɛ:ʌ]

sich um eine Stelle bewerben	at **søge en stilling** [sø:jə eˀn sdeleŋ]
die Arbeitsbedingungen	**arbejdsforhold** -et n [ɑ:bɑjˀdsfɒ:hʌlˀ]
die Schichtarbeit	**skifteholdsarbejde** -t n [sgifdəhʌlsɑ:bɑjˀdə]
die Teilzeit	**deltid** -en u [de:ltiðˀ]
die Vollzeit	**fuldtid** -en u [fultiðˀ]
die Qualifikation	**kvalifikation** -en u [kvalifigaˈɕoˀn]
die Berufserfahrung	**erhvervserfaring** -en u [æɐ̯ˈvæɐ̯ˀwsæɐ̯ˈfɑ:ˀeŋ]

jemanden einstellen
at **indstille**
[ensdelˀə]

DIE ARBEITSWELT – ARBEJDSVERDEN

Berufe – Jobs

der Arzt
læge -n u
[lɛːjə]

der Chirurg
kirurg -en u
[kiˈruɐ̯ˀw]

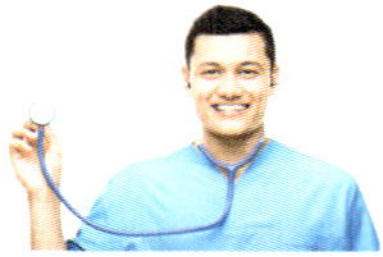

der Krankenpfleger
sygeplejerske -n u
[syːəplɑjˀʌsgə]

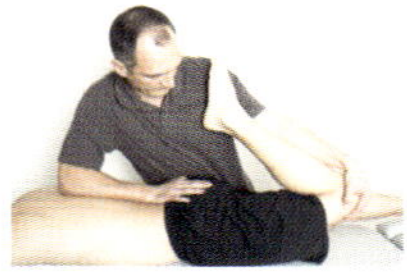

der Physiotherapeut
fysioterapeut -en u
[fyçoteɑˈpœwˀd]

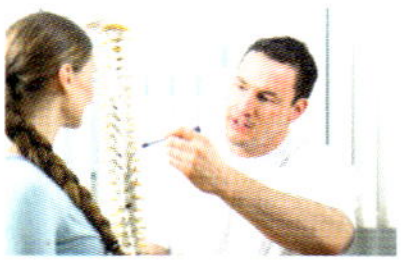

der Orthopäde
ortopæd -en u
[ɒtoˈpɛˀð]

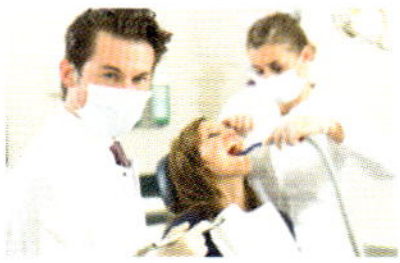

der Zahnarzt
tandlæge -n u
[tanlɛːjə]

die Psychologin
psykolog -en u
[sygoˈloˀ]

die Apothekerin
apoteker -en u
[ɑboˈteˀgʌ]

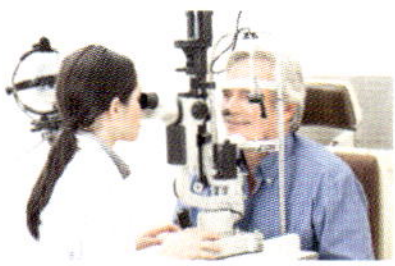

die Optikerin
optiker -en u
[ʌbtigʌ]

der Tierarzt
dyrlæge -n u
[dyɐ̯ˀlɛːjə]

die Empfangsdame
receptionist -en u
[rɛsəbˈçoˀnisd]

der Rechtsanwalt
sagfører -en u
[sɑwføːʌ]

die Richterin
dommer -en u
[dʌmʌ]

der Wirtschaftsprüfer
revisor -en u
[rɛˈviːsʌ]

die Unternehmens-beraterin
virksomhedsrådgiver -en u
[viɐ̯gsʌmheðˀsrʌðgiˀwʌ]

der Informatiker
informatiker -en u
[enfɒˈmatigʌ]

DIE ARBEITSWELT – ARBEJDSVERDEN

Berufe – Jobs

der Architekt
arkitekt -en u
[ɑgiˈtɛgd]

die Ingenieurin
ingeniør -en u
[ençənˈjøˀɐ̯]

der Schreiner
tømrer -en u
[tœmrʌ]

der Elektriker
elektriker -en u
[eˈlɛgtrigʌ]

der Klempner
blikkenslager -en u
[blegənslæˀjʌ]

der Dachdecker
tagdækker -en u
[tɑwdɛgʌ]

der Maler
maler -en u
[mæ:lʌ]

der Müllmann
skraldemand -en u
[sgrɑləmanˀ]

die Kfz-Mechanikerin
mekaniker -en u
[meˈkæˀnigʌ]

der Landwirt
landmand -en u
[lanmanˀ]

die Soldatin
soldat -en u
[solˈdæˀd]

die Briefträgerin
postbud -en u
[pʌsdbuð]

der Bauarbeiter
bygningsarbejder -en u
[bygneŋsɑ:bɑjˀdə]

der Gebäudereiniger
bygningsrengørings-personale -n u
[bygneŋsrɛ:ngœˀɐ̯eŋs-pæɐ̯soˈnæ:lə]

der Landschafts-gärtner
landskabsgartner -en u
[lansgæˀbsgɑ:dnʌ]

der Fischer
fisker -en u
[fesgʌ]

DIE ARBEITSWELT – ARBEJDSVERDEN

Berufe – Jobs

der Pilot
pilot -en u
[piˈloˀd]

die Flugbegleiterin
stewardesse -n u
[sdjuɑˈdɛsə]

der Koch
kok -en u
[kʌg]

der Kellner
tjener -en u
[tjɛːnʌ]

der Bäcker
bager -en u
[bæːjʌ]

die Metzgerin
slagter -en u
[slɑgdʌ]

der Verkäufer
sælger -en u
[sɛljʌ]

die Friseurin
frisør -en u
[friˈsøˀɐ̯]

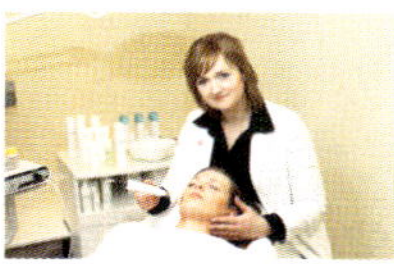

die Kosmetikerin
kosmetolog -en u
[kʌsmetoˈloˀ]

der Gärtner
gartner -en u
[gɑːdnʌ]

die Immobilien-maklerin
mægler -en u
[mɛjlʌ]

die Bürokauffrau
kontorassistent -en u
[kɔnˈtoɐ̯asisdɛnˀd]

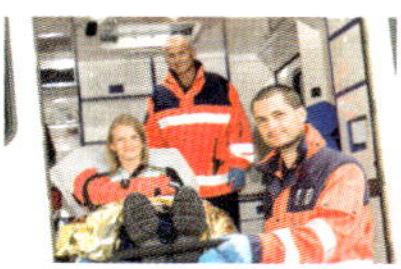

der Sanitäter
paramediciner -en u
[pɑːˀɑmediˈsiˀnʌ]

der Busfahrer
buschauffør -en u
[busçoˈføˀɐ̯]

der Taxifahrer
taxichauffør -en u
[tɑgsiçoˈføˀɐ̯]

der Paketzusteller
pakkeomdeler -en u
[pɑgəʌmdeːlʌ]

DIE ARBEITSWELT – ARBEJDSVERDEN

Berufe – Jobs

die Journalistin
journalist -en u
[ɕoɐ̯naˈlisd]

der Wissenschaftler
videnskabsmand -en u
[viðənsgæˀbsmanˀ]

die Grafikerin
grafiker -en u
[graˈfigʌ]

der Profisportler
den **professionelle sportsmand** u
[profɛɕonɛlə sbɒːdsmanˀ]

die Moderatorin
studievært -en u
[sduˀdjəvæɐ̯d]

die Schauspielerin
skuespillerinde -n u
[sguːəsbelʌˈenə]

die Sängerin
sanger -en u
[sɑŋʌ]

der Tänzer
danser -en u
[dansʌ]

die Kunstmalerin
kunstmaler -en u
[kɔnsdmæːlʌ]

der Fotograf
fotograf -en u
[fodoˈgraˀf]

die Musikerin
musiker -en u
[muˀsigʌ]

die Schneiderin
skrædder -en u
[sgraðʌ]

der Bildhauer
billedhugger -en u
[beləðhɔgʌ]

die Bankkauffrau
bankassistent -en u
[baŋgasiˈsdɛnˀd]

der Bibliothekar
bibliotekar -en u
[biblioteˈkaˀ]

der Lehrer
lærer -en u
[lɛːʌ]

DIE ARBEITSWELT – ARBEJDSVERDEN

Das Organigramm – Organigrammet

das Sekretariat
sekretariat -et n
[segrətɑiˈæˀd]

der kaufmännische Bereich
det **kommercielle område** n
[kʌmæɐ̯ɕɛlə ˈʌmrɔːðə]

die kaufmännische Leitung
den **kommercielle ledelse** u
[kʌmæɐ̯ɕɛlə ˈleːðəlsə]

die IT-Leitung
IT-ledelse -n u
[iˀˈteˀˈleːðəlsə]

die Buchhaltung
bogholderi -et n [bɔwhʌlʌˈriˀ]

das Controlling
controlling -en u [kʌnˈtɹɔwleŋ]

das sekundäre Geschäftsfeld
det **sekundære forretningsområde** n
[sekɔndɛˀɐ̯ə fʌradneŋsʌmrɔːðə]

die Geschäftsführung
forretningsledelse -n u
[fʌˈradneŋsleːðəlsə]

das primäre Geschäftsfeld
det **primære forretningsområde** n
[priˈmɛˀɐ̯ə fʌradneŋsʌmrɔːðə]

die Geschäftsführung
forretningsledelse -n u
[fʌˈradneŋsleːðəlsə]

das Team
hold -et n [hʌlˀ]

die Teamleitung
holdledelse -n u
[hʌlleːðəlsə]

der Angestellte
ansat -en u [ansad]

die Zweigstelle
afdeling -en u
[ɑwdeˀleŋ]

der Manager
manager -en u
[manidjʌ]

die Aktiengesellschaft (AG)	**aktieselskab (A/S)** -et n [ɑgɕəsɛlsgæˀb (ˈæˀˈɛs)]
der Aktionär/die Aktionärin	**aktionær** -en u [ɑgɕoˈnɛˀɐ̯]/**aktionær** -en u [ɑgɕoˈnɛˀɐ̯]
die Gesellschaft mit beschränkter Haftung (GmbH)	**selskab med begrænset ansvar (GmbH)** -et n [sɛlsgæˀb meðˀ begranˀsəð ˈansvɑˀ (geˀɛmbeˀhɔˀ)]
die GmbH & Co. KG	**selskab med begrænset ansvar & Co. KG** -et n [sɛlsgæˀb meðˀ begranˀsəð ˈansvɑˀ ɒw ko kɔˀgeˀ]
die Kommanditgesellschaft (KG)	**kommanditselskab (KG)** -et n [komanˈdidsɛlsgæˀb (kɔˀgeˀ)]
die offene Handelsgesellschaft (OHG)	det **åbne handelsselskab** n [ɔːbnə hanˀəlsɛlsgæˀb]
der Konzern	**koncern** -en u [kʌnˈsæɐ̯ˀn]

der Vorstand
bestyrelse -n u
[beˈsdyˀʌlsə]

der Gesellschafter
aktionær -en u
[agɕoˈnɛˀɐ̯]

die Geschäftsführung
forretningsledelse -n u
[fʌˈradneŋsle:ðəlsə]

die stellvertretende Geschäftsführung
stedfortræder for leder -en u
[sdɛðfʌtrɛˀðʌ foˀɐ̯ ˈle:ðʌ]

der Prokurist
prokurist -en u
[proguˈrisd]

die Personalabteilung
personaleafdeling -en u
[pæɐ̯soˈnæ:ləawdeˀleŋ]

die Personalleitung
personaleledelse -n u
[pæɐ̯soˈnæ:ləle:ðəlsə]

die Rechtsabteilung
juridisk afdeling -en u
[juriðˀisg ˈawdeˀleŋ]

die Marketingabteilung
marketingsafdeling -en u
[ma:gəteŋsawdeˀleŋ]

die Marketingleitung
marketingsledelse -n u
[ma:gəteŋsle:ðəlsə]

die PR-Abteilung
PR-afdeling -en u
[peˀˈæɐ̯ awdeˀleŋ]

der Vertrieb
salg -et n
[salˀ]

die Vertriebsleitung
salgsledelse -n u
[salˀsle ðəlsə]

das Key-Account-Management
Key Account management -et n
[kiː əkaʊnd manədɕmənd]

der Außendienst
den **eksterne tjeneste** u
[egstæɐ̯nə tjɛ:nəsdə]

der Innendienst
den **interne tjeneste** u
[enˈtæɐ̯nə tjɛ:nəsdə]

der Kundendienst
kundeservice -n u
[kɔnəsœ:vis]

die Kundenakquise
kundeerhvervelse -n u
[kɔnəæɐ̯væɐ̯ˀvəlsə]

die Produktion
produktion -en u
[prodogˈɕoˀn]

die Produktionsleitung
produktionsledelse -n u
[prodogˈɕoˀnsle:ðəlsə]

der Betriebsrat
tillidsmand -en u
[teliðsmanˀ]

DAS BÜRO – KONTORET

Büromöbel – Kontormøbler

der Arbeitsplatz
arbejdsplads -en u
[ɑ:bɑjdsplas]

die Ablage
brevbakke -n u
[brɛwbɑgə]

die Schublade
skuffe -n u
[sgɔfə]

die Büromöbel
kontormøbler -møblene pl
[kɔnˈtoˀɐ̯møˀblʌ]

der Schreibtisch
skrivebord -et n
[sgri:vəboˀɐ̯]

die Schreibunterlage
skriveunderlag -et n
[sgri:vəɔnˀʌlæˀj]

der Bürostuhl
kontorstol -en u
[kɔnˈtoˀɐ̯sdoˀl]

der Safe
sikkerhedsskab -et n
[segʌheðsgæˀb]

der Aktenschrank
dokumentskab -et n
[doguˈmɛnˀdsgæˀb]

der Wasserspender
vanddispenser -en u
[vandispɛnsʌ]

die Schreibtischlampe
skrivebordslampe -n u
[sgri:vəboˀɐ̯slɑmbə]

die Pinnwand
opslagstavle -n u
[ʌbslæˀjstɑwlə]

der Papierkorb
papirkurv -en u
[paˈpiɐ̯ˀkuɐ̯ˀw]

der Terminkalender	**aftalekalender** -en u [ɑwtæ:ləkaˈlɛnˀʌ]
die Akte	**dokument** -et n [doguˈmɛnˀd]
der Aktenvernichter	**makuleringsmaskine** -n u [makuˈleˀɐ̯eŋsmasgi:nə]
das Postfach	**postboks** -en u [pʌsdbʌgs]
der Termin	**aftale** -n u [ɑwtæ:lə]
die Hauspost	den **interne post** u [entæɐ̯nə pʌsd]
die Ablage für Eingänge	**brevbakke til indgående post** -n u [brɛwbɑgə tel ˈengɔənə pʌsd]
die Teeküche	**tekøkken** -et n [tekøgən]

DAS BÜRO – KONTORET

Der Bürobedarf – Kontorbehov

die Schere
saks -en u
[sags]

der Textmarker
tekstmarkør -en u
[tɛgsdmɑˈkøˀɐ̯]

der Stifthalter
penneholder -en u
[pɛnəhʌlʌ]

das Notizbuch
notesbog -en u
[no:dəsbɔˀw]

die Haftnotiz
selvklæbende noter -ne pl
[sɛlvklɛ:bənə no:dʌ]

der Bleistift
blyant -en u
[bly:anˀd]

der Haftstreifen
indexfaner -ne pl
[endɛgsfæ:nʌ]

der Bleistiftspitzer
blyantspidser -en u
[bly:anˀdsbesʌ]

der Radiergummi
viskelæder -et n
[vesgəlɛðˀʌ]

der Kugelschreiber
kuglepen -nen u
[ku:ləpɛnˀ]

die Büroklammer
klips -en u
[kleps]

die Reißzwecke
tegnestift -et n
[tɑjnəsdefd]

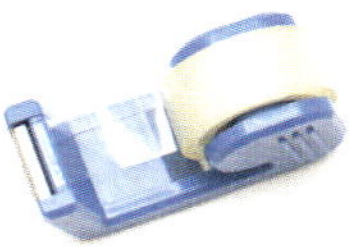

der Tesafilm®
tape -n u
[tɛjb]

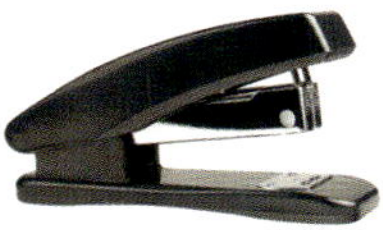

der Tacker
hæftemaskine -n u
[hɛfdəmasgi:nə]

der Locher
hullemaskine -n u
[hɔləmasgi:nə]

das Hängeregister
hængemappe -n u
[hɛŋəmɑbə]

der Briefumschlag
kuvert -en u
[kuˈvæɐ̯d]

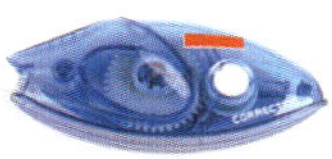

das Tipp-Ex®
Tipp-Ex®
[tibegs]

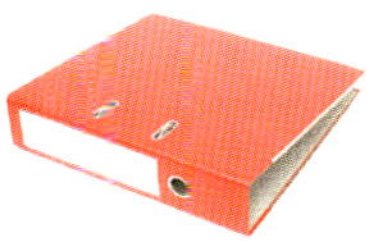

der Ordner
brevordner -en u
[brɛwɔ:dnʌ]

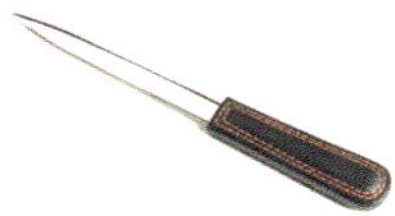

der Brieföffner
brevåbner -en u
[brɛwɔ:bnʌ]

DAS BÜRO – KONTORET

Der Besprechungsraum – Mødelokalet

die Sitzung
møde -t n
[mø:ðə]

der Teamleiter
holdleder -en u
[hʌle:ðʌ]

die Tagesordnung
dagsorden -en u
[dɑwsɒˀdən]

protokollieren
at føre til protokol
[fø:ʌ tel prodoˈkʌlˀ]

der Besprechungstisch
mødebord -et n
[mø:ðəboˀɐ̯]

der Teilnehmer
deltager -en u
[deltæˀjʌ]

die Präsentation
præsentation -en u
[prɛsəntaˈɕoˀn]

der Beamer
beamer -en u
[bi:mʌ]

das Balkendiagramm
søjlediagram -met n
[sʌjlədiagrɑmˀ]

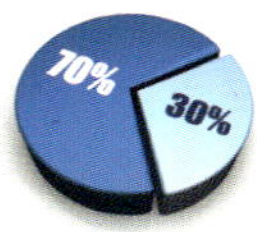

das Tortendiagramm
lagkagediagram -met n
[lɑwkæ:jədiagrɑmˀ]

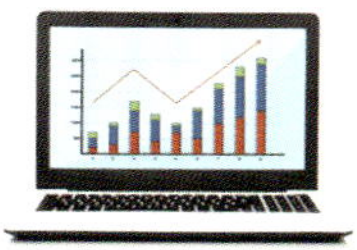

die Folie
folie -n u
[foˀljə]

organisieren	**at organisere** [ɒganiˈseˀʌ]
die Besprechung	**drøftelse** -n u [drœfdəlsə]
der Bericht	**rapport** -en u [rɑˈpɒ:d]
das Protokoll	**protokol** -len u [prodoˈkʌlˀ]
der Vertrag	**kontrakt** -en u [kɔnˈtrɑgd]
der Geschäftsmann	**forretningsmand** -en u [fʌˈradneŋsmanˀ]
die Geschäftsfrau	**forretningskvinde** -n u [fʌˈradneŋskvenə]
die Geschäftsreise	**forretningsrejse** -n u [fʌˈradneŋsrɑjsə]

DAS BÜRO – KONTORET

Der Büroalltag – Kontorhverdagen

der Arbeitgeber
arbejdsgiver -en u
[ɑ:bɑjdsgi:vʌ]

① *die Assistentin*
assistent -en u
[asiˈsdɛnˀd]

② *der Kollege*
kollega -en u
[koˈle:ga]

③ *der Arbeitnehmer*
arbejdstager -en u
[ɑ:bɑjdstæ:jʌ]

④ *die Kollegin*
kollega -en u
[koˈle:ga]

⑤ *die Managerin*
manager -en u
[manidjʌ]

⑥ *der Chef*
chef -en u
[ɕɛˀf]

die Visitenkarte
visitkort -et n
[viˈsidkɒ:d]

entlassen werden
at **blive afskediget**
[bli:ə ˈɑwsgeˀðiəd]

das Personal
personale -t n
[pæɐ̯sɔˈnæ:lə]

die Elternzeit
forældretid -en u
[fʌˈɛlˀdrʌtiðˀ]

die Vertretung	**stedfortræder** -en u [sdɛðfʌtrɛˀðʌ]
der Jahresurlaub	den **årlige ferie** u [ɒ:liə feɐ̯ˀiə]
das Gehalt	**løn** -nen u [lœnˀ]
die Beförderung	**transport** -en u [transˈpɒ:d]
jemandem kündigen	at **opsige** [ʌbsiˀə]
seine Stelle kündigen	at **sige sin stilling op** [si: sin sdeleŋ ˈʌb]
verdienen	at **tjene** [tjɛˀnə]
in Rente gehen	at **gå på pension** [gɔˀ pɔˀ paŋˈɕɔˀn]

der Mutterschafts-urlaub
barselsorlov -en u
[bɑ:səlsɒ:lɒw]

KOMMUNI-KATION

KOMMUNI-KATION

DER COMPUTER – COMPUTEREN

Der Desktop-Computer – Desktop-computeren

der Desktop-Computer
desktop-computer -en u
[dɛsgtʌb kʌmˈpju:dʌ]

der Ein/Aus-Schalter
On-Off-kontakt -en u
[ʌnˈʌfkɔntagd]

die USB-Schnittstelle
USB-port -en u
[uɛsˈbeˀpoɐ̯ˀd]

das CD/DVD-Laufwerk
CD/DVD-drev -et n
[seˈdeˀ/deveˈdeˀdrɛw]

das Computergehäuse
computerkabinet -tet n
[kʌmˈpju:dʌkabinɛd]

die Tastatur
tastatur -et n
[tasdaˈtuɐ̯ˀ]

der Bildschirm
skærm -en u
[sgæɐ̯ˀm]

die Maus
mus -en u
[muˀs]

das Scrollrad
scrollhjul -et n
[sgrʌljuˀl]

die Tastatur
tastatur -et n
[tasdaˈtuɐ̯ˀ]

die Escapetaste
escapetast -en u
[ɛsgɛjbtasd]

die Tabulatortaste
tabulatortast -en u
[tabuˈlæ:tʌtasd]

die Feststelltaste
caps lock -et n
[kabslʌg]

die Rücklöschtaste
backspacetast -en u
[bɛgsbɛjstasd]

die Eingabetaste
enter tast -en u
[ɛntʌ tasd]

die Umschalttaste
shift -en u
[ɕifd]

die Steuerungstaste
kontroltast -en u
[kɔnˈtrʌlˀtasd]

die Leertaste
mellemrumstast -en u
[mɛləmrɔmstasd]

DER COMPUTER – COMPUTEREN

Hardware und Zubehör – Hardware og tilbehør

der Lautsprecher
højttaler -en u
[hʌjtæ:lʌ]

der/das Laptop
bærbar computer u
[bɛɐ̯bɑˀ kʌmˈpju:dʌ]

das Stromkabel
strømkabel -kablet n
[sdrœmkæˀb̥əl]

die Laptoptasche
taske til bærbar computer -n u [tasgə tel bɛɐ̯bɑˀ kʌmˈpju:dʌ]

der Prozessor
processor -en u
[proˈsɛsʌ]

die (externe) Festplatte
(ekstern) harddisk -en u
[(ɛgstæɐ̯n) hɑ:ddesg]

der Arbeitsspeicher
RAM-lager -et n
[rɑmˀlæˀjʌ]

die Webcam
webcam -et n
[wɛbkæ:m]

die CD-ROM
CD-rom -en u
[seˈdeˀ rʌmˀ]

der USB-Stick
USB-stik -ket n
[uɛsˈbeˀ sdeg]

der Scanner
scanner -en u
[sganʌ]

der Tintenstrahldrucker
blækstråleprinter -en u
[blɛgsdrɔ:ləprɛndʌ]

der Laserdrucker
laserprinter -en u
[lɛjsʌprɛndʌ]

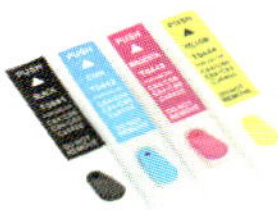

die Tintenpatrone
blækpatron -en u
[blɛgpaˈtroˀn]

die Tonerkartusche
tonerpatron -en u
[to:nʌpaˈtroˀn]

das Mauspad
musemåtte -n u
[mu:səmʌdə]

DER COMPUTER – COMPUTEREN

Am Computer arbeiten – Arbejde på computer

tippen
at **maskinskrive**
[maˈsgiːnsgriːvə]

klicken
at **klikke**
[klegə]

scrollen
at **rulle**
[rulə]

ausschneiden
at **udskære**
[uðsgɛˀʌ]

kopieren
at **kopiere**
[koˈpjeˀʌ]

einfügen
at **sætte ind**
[sɛdə ˈenˀ]

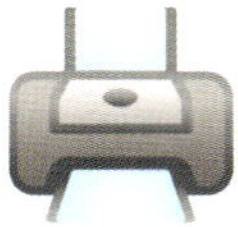

eine Datei ausdrucken
at **udprinte en fil**
[uðprɛnˀdə en ˈfiˀl]

speichern
at **gemme**
[gɛmə]

eine Datei öffnen
at **åbne en fil**
[ɔːbnə en ˈfiˀl]

löschen
at **slette**
[slɛdə]

der Ordner
mappe -n u
[mɑbə]

der Papierkorb
papirkurv -en u
[paˈpiɐ̯ˀkuɐ̯ˀw]

suchen
at **søge**
[søːjə]

eingeben	at **indlæse** [enlɛˀsə]
eine Datei verschieben	at **flytte en fil** [flødə eˀn fiˀl]
eine Sicherungskopie erstellen	at **oprette en sikkerhedskopi** [ʌbradə eˀn ˈsegʌheðskopiˀ]
markieren	at **markere** [mɑˈkeˀʌ]
sich einloggen	at **logge ind** [lʌgə enˀ]
sich ausloggen	at **logge ud** [lʌgə uðˀ]
der Neustart	**genstart** -en u [gɛnsdɑˀd]
(die) Bytes	**bytes** pl [bɑjds]

DER COMPUTER – COMPUTEREN

Am Computer arbeiten – Arbejde på computer

rückgängig machen
at **fortryde**
[fʌˈtryˀðə]

wiederherstellen
at **gendanne**
[gɛndanˀə]

die Einstellungen
indstillinger -ne pl
[ensdelˀeŋʌ]

die Schriftart
skrifttype -n u
[sgrɛfdty:bə]

die Fehlermeldung
fejlmeddelelse -n u
[fɑjlmɛðdeˀləlsə]

der Mauszeiger
musemarkør -en u
[mu:səmɑˈkøˀɐ̯]

die Sanduhr
timeglas -set n
[ti:məg as]

der Lautstärkeregler
lydstyrkeregulator -en u
[lyðsdyɐ̯gərɛguˈlæ:tʌ]

ein Fenster minimieren
at **minimere et vindue**
[miniˈmeˀʌ ed vendu]

eine CD/DVD auswerfen
at **udkaste en CD/DVD**
[uðkasdə eˀn seˈdeˀ/ deveˈdeˀ]

der Rechner hochfahren
at **starte computeren**
[sdɑ:də kʌm pju:dʌən]

den Rechner herunterfahren
at **lukke computeren**
[lɔgə kʌmˈpju:dʌən]

die Datei	**fil** -en u [fiˀl]
das Programm	**program** -met n [proˈgramˀ]
der Scrollbalken	**scrollbjælke** -n u [sgrʌlbjɛlgə]
ein Programm installieren	at **installere et program** [ensdaˈleˀʌ ed proˈgramˀ]
ein Programm deinstallieren	at **afinstallere et program** [ɑwensdaˈleˀʌ ed proˈgramˀ]
das Betriebssystem	**styresystem** -et n [sdy:ʌsyˈsdeˀm]
die Taskleiste	**opgaveliste** -n u [ʌbgæ:vəlesdə]
der Fortschrittsbalken	**fremskridtsbjælke** -n u [framsgridsbjɛlgə]

das Fenster
vindue -t n
[vendu]

DER COMPUTER – COMPUTEREN

Das Internet – Internettet

das WLAN
wi-fi -en u
[wɑjfɑj]

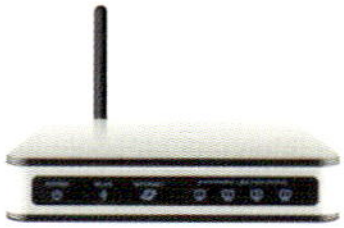

der Router
router -en u
[ɹu:tʌ]

das LAN-Kabel
LAN-kabel -kablet n
[læˀnkæˀbəl]

der Browser
browser -en u
[bɹɑwsʌ]

das Lesezeichen
bogmærke -t n
[bɔwmæɐ̯gə]

der Download
download -et n
[dɑwnlɔwd]

die Nachricht
meddelelse -n u
[mɛðdeˀləlsə]

die Social Media
sociale medier pl
[soˈɕæˀlə meˀdjʌ]

der Online-Einkauf
onlinekøb -et n
[ʌnlɑjnkøˀb]

die Verschlüsselung
kryptering -en u
[krybˈteˀreŋ]

die E-Mail-Adresse
e-mailadresse -n u
[i:mɛjladrasə]

der Anhang
vedhæftning -en u
[veðhɛfdneŋ]

eine Mail weiterleiten
at **videresende en mail**
[viðʌˀʌsɛnə eˀn mɛjl]

senden	at **sende** [sɛnə]
empfangen	at **modtage** [moðtæˀ]
das Benutzerkonto	**brugerkonto** -en u [bru:ʌkʌnto]
der Posteingang	**indgang** -en u [engɑŋˀ]
der Postausgang	**udgang** -en u [uðgɑŋˀ]
die Abwesenheitsnotiz	**ikke til stede-svar** -et n [egə tel sdɛ:ðə svɑˀ]
die Spammail	**spammail** -en u [sbæ:mmɛjl]
im Internet surfen	at **surfe på internettet** [sœ:fə pɔˀ entʌnɛdəd]

DER COMPUTER – COMPUTEREN

Mobile Endgeräte – Mobile terminaler

der Tablet-Computer
tablet -ten u
[tablɛd]

der E-Book-Reader
E-boglæser -en u
[eˀbɔˀwlɛːsʌ]

der MP3-Player
MP3-afspiller -en u
[ɛmˈpeːˀ treˀ ɑwsbelˀʌ]

das Bluetooth®-Headset
Bluetooth®-headset -tet n [bluːtuːθhɛdsɛd]

die App
app -en u
[ab]

die SIM-Karte
SIM-kort -et n
[simkɒːd]

die Handytasche
taske til mobiltelefon -n u [tasgə tel moˈbiˀltelǝfoˀn]

das Handy
mobiltelefon -en u
[moˈbiˀlteləfoˀn]

der Surfstick
surfstik -ket n
[sœːfsdeg]

wischen
at **swipe**
[swɑjbə]

die SMS
SMS -en u
[ɛsɛm ɛs]

das Smartphone
smartphone -n u
[smɑːdfɔwn]

der Touchscreen
berøringsskærm -en u
[beˈrœˀɐ̯eŋssgæɐ̯ˀm]

der Datenspeicher	**harddisk** -en u [hɑːddesg]
die Software	**software** -n u [sʌfdwɛːɐ̯]
das Funkloch	**område uden dækning** -t n [ʌmrɔːðə uðən degneŋ]
die Flatrate	**den faste pris** u [fasdə priˀs]
die Prepaidkarte	**det forudbetalte kort** n [fɒuðbeˈtæˀldə kɔːd]
das Guthaben	**tilgodehavende** -t n [teˈgoːðəhæˀvənə]
der Klingelton	**ringetone** -n u [rɛŋətoːnə]
der Akku	**batteri** -et n [badʌˈriˀ]

DAS TELEFON – TELEFONEN

das Display
display -et n
[dis'plɛj]

das Telefonbuch
telefonbog -en u
[telə'fo:nbɔˀw]

der Anrufbeantworter
telefonsvarer -en u
[telə'fo:nsvɑ:ˀɑ]

das Tastenfeld
tastatur -et n
[tasda'tuɐ̯ˀ]

der Telefonhörer
telefonrør -et n
[telə'foˀnrœˀɐ̯]

das Kabel
kabel kablet n
[kæˀbəl]

das schnurlose Telefon
trådløs telefon -en u
[trɔðløˀs telə'foˀn]

der Hörer
telefonrør -et n
[telə'foˀnrœˀɐ̯]

abheben
at **tage telefonen**
[tæˀ telə'fo:nən]

auflegen
at **lægge røret på**
[lɛgə rœɐ̯əd pɔˀ]

die Basisstation
holder -en u
[hʌlʌ]

der Kopfhörer
hovedtelefon -en u
[ho:əðtelə'foˀn]

das Mikrofon
mikrofon -en u
[mikro'foˀn]

das Faxgerät
faxmaskine -n u
[fɑgsmasgi:nə]

jemanden anrufen	at **ringe til nogen** [rɛŋə tel noən]
wählen	at **taste nummeret** [tasdə nɔmˀʌə]
klingeln	at **ringe på** [rɛŋə]
Ich möchte bitte ... sprechen.	**Jeg vil gerne tale med ...** [jɑj vel gæɐ̯nə tæ:lə meðˀ '...]
Entschuldigung, ich habe mich verwählt.	**Undskyld, jeg har fået forkert nummer.** ['ɔnsgylˀ jɑj hɑˀ fɔ:əð fʌkeɐ̯ˀd nɔmˀʌ]
Ich stelle Sie durch.	**Jeg stiller dig om.** [jɑj sdelʌ dɑj ʌm]
Bitte hinterlassen Sie eine Nachricht nach dem Signalton.	**Læg venligst en besked efter tonen.** [lɛg vɛnlist eˀn be'sgeðˀ ɛfdʌ to:nən]
Können Sie mich bitte zurückrufen?	**Kan du ringe tilbage til mig, tak?** [kan du rɛŋə te'bæ:jə tel mɑj tag]

DIE MEDIEN – MEDIER

Das Fernsehen – Fjernsynet

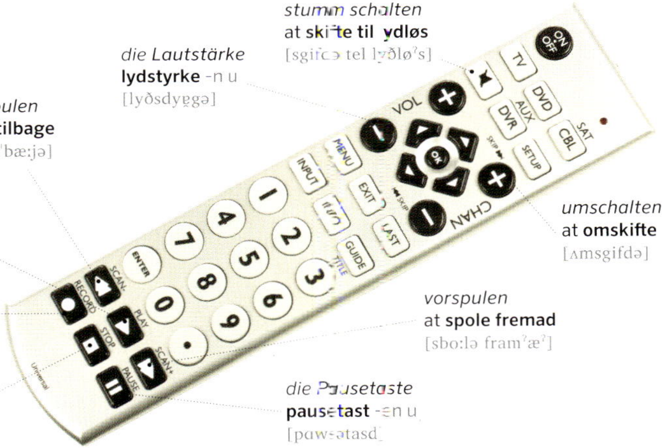

die Fernbedienung
fjernbetjening -en u
[fjæɐ̯nbeˈtjɛˀneŋ]

stumm schalten
at **skifte til lydløs**
[sgifdə tel ˈlyðløˀs]

die Lautstärke
lydstyrke -n u
[lyðsdyɐ̯gə]

zurückspulen
at **spole tilbage**
[sbo:lə teˈbæ:jə]

abspielen
at **afspille**
[ɑwsbelˀə]

umschalten
at **omskifte**
[ʌmsgifdə]

aufnehmen
at **optage**
[ʌbtæˀ]

vorspulen
at **spole fremad**
[sbo:lə framˀæˀ]

die Stopptaste
stoptast -en u
[sdʌbtasd]

die Pausetaste
pausetast -en u
[pɑwsətasd]

der DVD-Player
DVD-afspiller -en u
[deveˈdeˀ ɑwsbelˀʌ]

das Videospiel
videospil -let n
[viˀdjosbel]

der Fernseher
fjernsyn -et n
[fjæɐ̯nsyˀn]

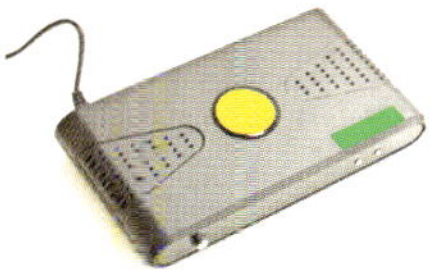

der Digitalempfänger
digitalmodtager -en u
[digiˈtæˀlmoðtæˀjʌ]

die DVD
DVD -en u
[deveˈdeˀ]

das Kabelfernsehen	**kabel-tv** -et n [kæˀbəlteˀveˀ]
das Free-TV	**free-tv** -et n [fɹi: ti:wi:]
das Bezahlfernsehen	**betalings-tv** -et n [beˈtæˀleŋsteˀveˀ]
fernsehen	at **se fjernsyn** [seˀ fjæɐ̯nsyˀn]
die Fernsehserie	**fjernsynsserie** -n u [fjæɐ̯nsyˀnsseɐ̯ˀjə]
zappen	at **zappe** [sɑbə]
die Folge	**afsnit** -tet n [ɑwsnid]
der Raumklang	**rumlyd** -en u [rɔmlyðˀ]

die Satellitenschüssel
parabol -en u
[paˀɑˈboˀl]

DIE MEDIEN – MEDIER

Das Fernsehen – Fjernsynet

das Set
set -tet n
[sɛd]

der Teleprompter®
teleprompter -en u
[teːləprʌmdʌ]

die Nachrichten-sprecherin
nyhedsoplæser -en u
[nyheːðsʌblɛˀsʌ]

die Nachrichten
nyheder -ne pl
[nyheːðər]

das Interview
interview -et n
[entʌˈvju]

der Interviewpartner
interviewpartner -en u
[entʌˈvjupɑːdnʌ]

die Reporterin
reporter -en u
[rɛˈpɒːdʌ]

das Mikrofon
mikrofon -en u
[mikroˈfoˀn]

die Szene
scene -n u
[seːnə]

der Schauspieler
skuespiller -en u
[sguːəsbelʌ]

die Klappe
klaptræ -et n
[klɑbtrɛˀ]

die Livesendung
den **direkte udsendelse** u
[diˈragdə uðsɛnˀəlsə]

das Publikum
publikum -met n
[publikɔm]

der Dokumentarfilm	**dokumentarfilm** -en u [dogumɛnˈtɑˀfilˀm]
die Talkshow	**talkshow** -et n [tɒːgɕɔw]
die Reportage	**reportage** -n u [rɛpɒˈtæːɕə]
die Quizshow	**quiz show** -et n [kvisɕɔw]
der Moderator	**studievært** -en u [sduˀdjəvæɡ̊d]
die Moderatorin	**studievært** -en u [sduˀdjəvæɡ̊d]
der Teilnehmer	**deltager** -en u [deltæˀjʌ]
die Teilnehmerin	**deltager** -en u [deltæˀjʌ]

DIE MEDIEN – MEDIER

Das Radio – Radioen

der DJ
DJ -en u
[di:djɛj]

die Tonaufnahme
lydoptagelse -n u
[lyðʌbtæˀjəlsə]

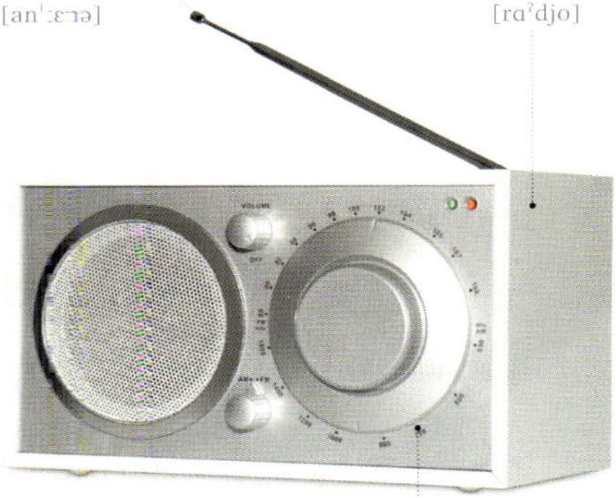

die Antenne
antenne -n u
[anˈtɛnə]

das Radio
radio -en u
[rɑˀdjo]

die Frequenz
frekvens -en u
[frɛˈkvɛnˀs]

der Radiosender
radiostation -en u
[rɑˀdjosdaˈɕoˀn]

der Wetterbericht
vejroversigt -en u
[vɛɐ̯ɒwʌsegd]

die Verkehrsnachrichten
trafiknyheder -ne pl
[trɑˈfignyhe:ðər]

die Hitparade
hitparade -n u
[hidpaˈrɑ:ðə]

das Hörspiel
hørespil -let n
[hø:ʌsbel]

die Liveaufzeichnung
den **direkte optagelse** u
[diˈragdə ʌbtæˀjəlsə]

die Sendung	**udsendelse** -n u [uðsɛnˀəlsə]
der Berichterstatter	**reporter** -en u [rɛˈpɒ:dʌ]
die Berichterstatterin	**reporter** -en u [rɛˈpɒ:dʌ]
die Erkennungsmelodie	**kendingsmelodi** -en u [kɛneŋmeloˈdiˀ]
der Werbespot	**reklamespot** -ten u [rɛˈklæ:məsbʌd]
senden	at **sende** [sɛnə]
die Langwelle	**langbølge** -n u [lɑŋbøljə]
die Kurzwelle	**kortbølge** -n u [kɒ:dbøljə]

DIE MEDIEN – MEDIER

Die Printmedien – Tryksager

die Zeitung
avis -en u
[aˈviˀs]

das Tabloidformat
tabloidformat -et n
[tabloˈiðˀfʌˈmæˀd]

das Bild
billede -t n
[beləðə]

der Artikel
artikel artiklen u
[ɑˈtigəl]

die Titelseite
forside -n u
[foˀɐ̯siːðə]

die Schlagzeile
overskrift -en u
[ɒwʌsgrɛfd]

der Vorspann
indledning -en u
[enleðˀneŋ]

die Zeitungsspalte
avisspalte -n u
[aˈviˀssbaldə]

die großformatige Zeitung
avis i stort format -en u
[aˈviˀs i sdoˀɐ̯d fʌˈmæˀd]

der Stellenmarkt
jobmarked -et n
[djʌbmɑːgəð]

der Werbeprospekt
reklamebrochure -n u
[rɛˈklæːməbroˈɕyːʌ]

die Anzeige
annonce -n u
[aˈnʌŋsə]

das Abonnement
abonnement -et n
[ɑbɔnəˈmɑŋ]

der Leitartikel	**leder** -en u	[leːðʌ]
die Todesanzeige	**dødsannonce** -n u	[døðsaˈnʌŋsə]
die Qualitätszeitung	**kvalitetsavis** -en u	[kvaliˈteˀdsaˈviˀs]
die Boulevardzeitung	**kulørt blad** -et n	[ku løɐ̯ˀd blað]
die Wochenzeitung	**ugeblad** -et n	[uːəblað]
die Tageszeitung	**dagsavis** -en u	[dɑwsaˈviˀs]
die Kolumne	**klumme** -n u	[klɔmə]
die Beilage	**tilbehør** -et n	[telbehøˀɐ̯]

DIE MEDIEN – MEDIER

Die Printmedien – Tryksager

das gebundene Buch
den **indbundne bog** u
[enbɔnˀə bɔˀw]

der Einband
indbinding -en u
[enbenˀeŋ]

der Buchdeckel
bogforside -n u
[bɔwfoˀɐsi:ðə]

der Buchrücken
bogryg -gen u
[bɔwrœg]

der Schutzumschlag
smudsomslag -et n
[smusʌmslæˀj]

das Taschenbuch
lommebog -et n
[lʌməbɔˀw]

die Seite
side -n u
[si:ðə]

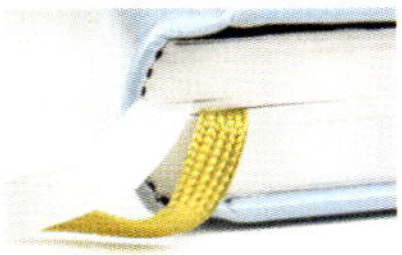

das Lesebändchen
læsebånd -et n
[lɛ:səbʌnˀ]

in einem Buch blättern
at **bladre i en bog** -et n
[blaðrʌ i eˀn bɔˀw]

das Sachbuch
fagbog -et n
[fɑwbɔˀw]

der Roman
roman -en u
[roˈmæˀn]

die Seitenzahl	**sidetal** -let n [si:ðətal]
der Index	**indeks** -et n [endɛgs]
eine Seite überfliegen	at **skimme en side** [sgemə en si:ðə]
das Kinderbuch	**børnebog** -et n [bœɐ̯nəbɔˀw]
die Erzählliteratur	**fiktion** -en u [figˈɕoˀn]
die Sachliteratur	**faglitteratur** -en u [fɑwlidərɑˈtuɐ̯ˀ]
das Inhaltsverzeichnis	**indholdsfortegnelse** -n u [enhʌlˀsfʌtɑjˀnəlsə]
das Kapitel	**kapitel** kapitlet n [kaˈpidəl]

der Bildband
billedværk -et n
[beləðvæɐ̯g]

DIE POST – POSTEN

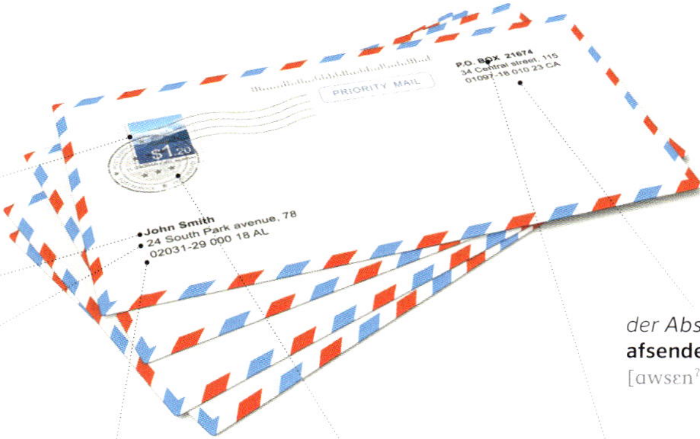

der Briefumschlag
kuvert -en u
[kuˈvæɐ̯d]

die Briefmarke
frimærke -t n
[frimæɐ̯gə]

der Empfänger
modtager -en u
[moðtæˀjʌ]

die Adresse
adresse -n u
[aˈdrasə]

der Absender
afsender -en u
[awsɛnˀʌ]

die Postleitzahl
postnummer -et n
[pʌsdnɔmˀʌ]

der Poststempel
poststempel -stemplet n
[pʌsdsdɛmˀbəl]

das Postfach
postboks -en u
[pʌsdbʌgs]

die Postkarte
postkort -et n
[pʌsdkɒːd]

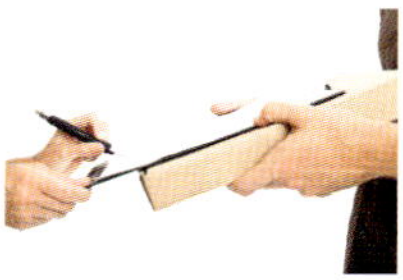

die Empfangsbestätigung unterschreiben
at **underskrive modtagelsesbekræftelse**
[ɔnˀʌsgriˀvə ˈmoðtæˀjəlsəbekrafdəlsə]

der Briefkasten
postkasse -n u
[pʌsdkasə]

einen Brief einwerfen
at **indkaste et brev**
[enkasdə eˀn brɛwˀ]

das Paket
pakke -n u
[pɑgə]

der Brief	**brev** -et n [brɛwˀ]
der Eilbrief	**ekspresbrev** -et n [ɛgsˈprasbrɛwˀ]
portofrei	**uden porto** [uðən pɒːto]
einen Brief erhalten	at **modtage et brev** [moðtæˀ ed brɛwˀ]
einen Brief beantworten	at **besvare et brev** [beˈsvɑˀɑ ed brɛwˀ]
jemandem einen Brief schicken	at **sende nogen et brev** [sɛnə noən ed brɛwˀ]
das Einschreiben	det **anbefalede brev** n [anbefæˀləðə brɛwˀ]
die Schneckenpost	**sneglepost** -en u [snɑjləpʌsd]

DIE POST – POSTEN

das Klebeband
klæbebånd -et n
[klɛːbəbʌnˀ]

die Styroporflocken
pakkechips -ene pl
[pɑgətjibs]

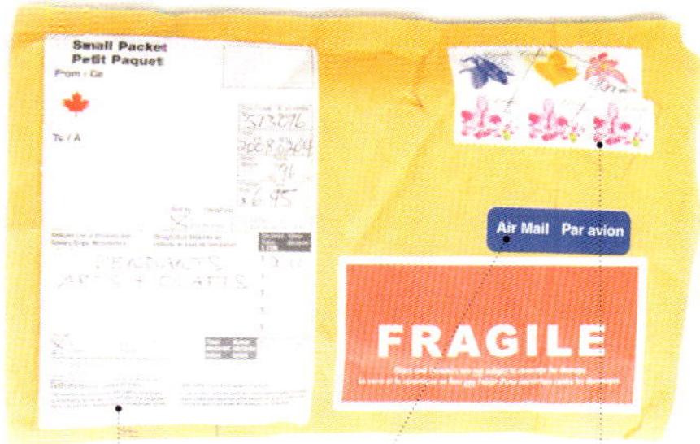

das Päckchen
den **lille pakke** u
[lilə pɑgə]

per Luftpost
pr. luftpost
[pæɐ̯ lɔfdpʌsd]

das Porto
porto -en u
[pɒːto]

zerbrechlich
skrøbelig
[sgrœːbəli]

vor Nässe schützen
at **beskytte mod fugt**
[beˈsgøðə moˀð fɔgd]

oben
foroven
[fʌˈɒwən]

die Zustellung
levering -en u
[leˈveˀɐ̯eŋ]

liefern	at **levere** [leˈveˀʌ]
die Leerungszeiten	**tømningstider** -tidene pl [tœmneŋstiːðʌ]
versandkostenfrei	**gratis forsendelse** [grɑːdis fʌˈsenˀəlsə]
das Gewicht	**vægt** -en u [vɛˀgt]
die Waage	**vægt** -en u [vɛˀgt]
der Hausbriefkasten	**postkasse** -n u [pʌsdkasə]
Postanweisung	**postanvisning** -en u [pʌsdanviˀsneŋ]
Nicht knicken!	**Må ikke bøjes!** [mɔˀ egə bʌjəs]

der Kurierdienst
kurerservice -n u
[kuˈrɛˀɐ̯sœːvis]

SPORT UND FITNESS

SPORT OG FITNESS

BALLSPORTARTEN – BOLDSPORTSGRENE

Der Fußball – Fodbolden

das Spielfeld
spillefelt -et n
[sbeləfɛlˀd]

der Mittelkreis
midterkreds -en u
[medʌkrɛˀs]

der Anstoßpunkt
anstødningspunkt -et n
[ansdøðˀneŋspɔŋˀd]

der Strafraum
straffefelt -et n
[sdrɑfəˈfɛlˀd]

der Eckbogen
hjørnevinkel -vinklen n
[jœɐ̯nəveŋˀgəl]

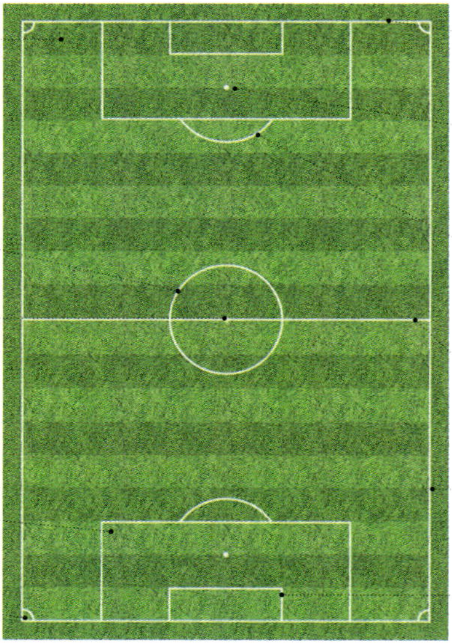

die Torlinie
mållinje -n u
[mɔ:llinjə]

der Elfmeterpunkt
straffesparksplet -ten u
[sdrɑfəsbɑ:gsplɛd]

der Teilkreis am Strafraum
delkreds ved straffe-feltet -en u
[delkrɛˀs veð ˈsdrɑfəfɛlˀdəð]

die Mittellinie
midterlinje -n u
[medʌlinjə]

die Seitenlinie
sidelinje -n u
[si:ðəlinjə]

der Torraum
målfelt -et n
[mɔ:lfɛlˀd]

das Stadion
stadion -et n
[sdæˀdjʌn]

die Zuschauertribüne
tilskuertribune -n u
[telsguˀʌtriˈby:nə]

die Zuschauer
tilskuer -en u
[telsguˀʌ]

der Platzverweis
udvisning -en u
[uðviˀsneŋ]

die rote Karte
det røde kort n
[rœðə kɒ:d]

der Schiedsrichter
dommer -en u
[dʌmʌ]

BALLSPORTARTEN – BOLDSPORTSGRENE

Der Fußball – Fodbolden

die Mannschaftsaufstellung
mandskabsopstilling -en u
[mansgæˀbsʌbsdelˀeŋ]

der Mittelstürmer
center forward -en u
[sɛnˀdʌ fɒ:vɑd]

der Libero
libero -en u
[liˀbəro]

der Innenverteidiger
central forsvarsspiller -en u
[sɛnˈtrɑˀl fɒ:svɑssbelʌ]

der Torwart
målmand -en u
[mɔ:lmanˀ]

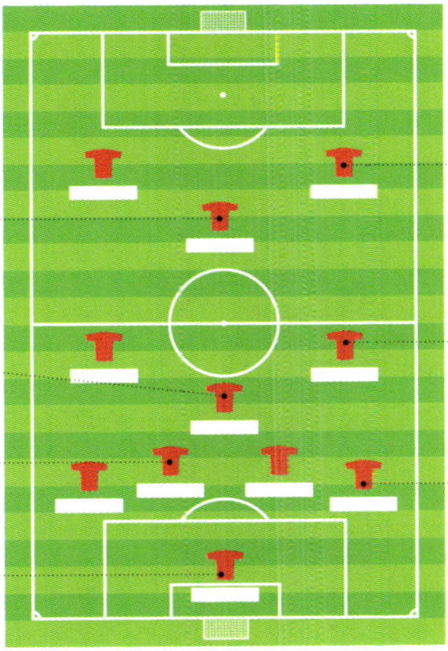

der Außenstürmer
ydervinge -n u
[y:ðʌveŋə]

der Mittelfeldspieler
midtbanespiller -en u
[medbæ:nəsbelʌ]

der Außenverteidiger
forsvarsspiller (wingback) -en u
[fɒ:svɑssbelʌ (veŋbɑg)]

angreifen
at **angribe**
[angriˀbə]

der Eckstoß
hjørnespark -et n
[jœɐ̯nəsbɑ:g]

der Freistoß
frispark -et n
[frisbɑ:g]

der Einwurf
indkastning -en u
[enkasdneŋ]

die Liga	**liga** -en u [li:ga]
die erste Liga	den **første liga** u [fœɐ̯sdə li:ga]
die Meisterschaft	**mesterskab** -et n [mɛsdʌsgæˀb]
der Pokal	**pokal** -en u [poˈkæˀl]
die gelbe Karte	det **gule kort** n [guˀlə kɒ:d]
einen Spieler sperren	at **spærre en spiller** [sbæɐ̯ʌ en sbelʌ]
das Foul	**forseelse** -n u [fʌˈseˀəlsə]
die Verteidigung	**forsvar** -et n [fɒ:svɑˀ]

das Tor
mål -et n
[mɔˀl]

BALLSPORTARTEN – BOLDSPORTSGRENE

Der Fußball – Fodbolden

der Fußball
fodbold -en u
[foðbʌlˀd]

der Fußballschuh
fodboldstøvle -n u
[foðbʌlˀdsdœwlə]

der Stollen
knop -pen u
[knɔb]

das Trikot
spillerdragt -en u
[sbelʌdrɑgd]

die Hose
bukser -ne pl
[bɔgsʌ]

der Schienbeinschoner
skinnebensbeskytter -en u
[skinnebensbeˈsgødʌ]

der Stutzen
fodboldstrømper -ne pl
[foðbʌlˀdsdrœmbʌ]

den Ball halten
at **holde bolden**
[hʌlə bʌldən]

das Tornetz
målnet -tet n
[mɔːlnɛd]

der Torpfosten
målstolpe -n u
[mɔːlsdʌlbə]

der Torwarthandschuh
målmandshandske -n u
[mɔːlmanshansgə]

schießen
at **skyde**
[sgyːðə]

die Querlatte	**overligger** -en u [ɒwʌlegʌ]
die Halbzeit	**halvleg** -en u [halɑjˀ]
das Unentschieden	**uafgjort** [uɑwgjoɐ̯ˀd]
die Verlängerung	den **forlængede spilletid** n [fʌˈlɛŋˀədə sbelətiðˀ]
der Elfmeter	**straffespark** -et n [sdrɑfəsbɑːg]
das Abseits	**offside** -n u [ʌfˈsɑjd]
köpfen	at **hovednik** [hoːəðneg]
kicken	at **sparke** [sbɑːgə]

BALLSPORTARTEN – BOLDSPORTSGRENE

Der Handball – Håndbolden

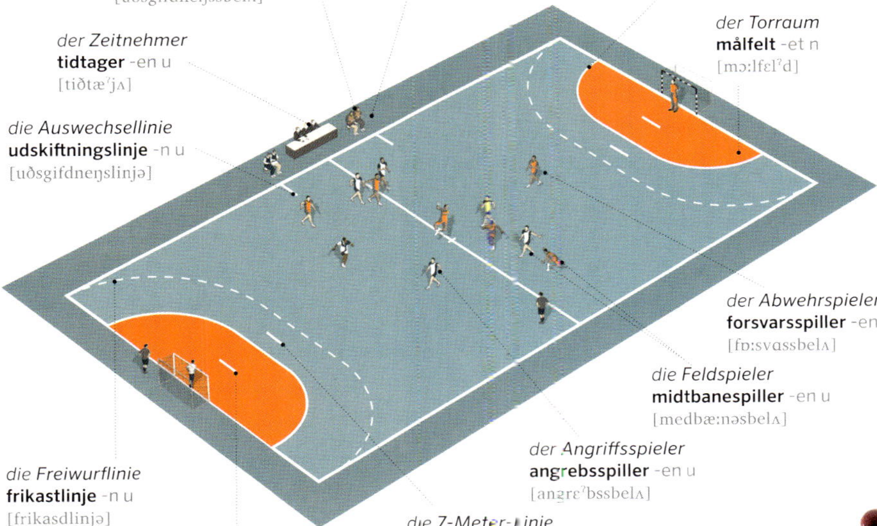

die Auswechselbank
udskiftningsbænk -en u
[uðsgifdneŋsbæŋ'ɡ̊]

die Torraumlinie
målfeltlinje -n u
[mɔːlfɛlˀdlinjə]

der Ersatzspieler
udskiftningsspiller -en u
[uðsgifdneŋssbelʌ]

der Torraum
målfelt -et n
[mɔːlfɛlˀd]

der Zeitnehmer
tidtager -en u
[tiðtæˀjʌ]

die Auswechsellinie
udskiftningslinje -n u
[uðsgifdneŋslinjə]

der Abwehrspieler
forsvarsspiller -en u
[fɒːsvɑssbelʌ]

die Feldspieler
midtbanespiller -en u
[medbæːnəsbelʌ]

der Angriffsspieler
angrebsspiller -en u
[angrɛˀbssbelʌ]

die Freiwurflinie
frikastlinje -n u
[frikasdlinjə]

die 7-Meter-Linie
7-meterlinje -n u
[linjə]

die Torwartgrenzlinie
målmandslinje -n u
[mɔːlmanˀslinjə]

der Sprungwurf
hopskud -det n
[hʌbsguð]

der linke Flügel	**venstre vinge** -n u [vɛnsdrʌ veŋə]
der rechte Flügel	**højre vinge** -n u [hʌjrʌ veŋə]
der Schlagwurf	**langskud** -det n [lɑŋsguð]
die Zeitstrafe	**tidsstraf** -fen u [tiðssdɑf]
die Disqualifikation	**diskvalifikation** -n u [diskvalifigaçoˀn]
die Auszeit	**timeout** -en u [tɑjmˈɑwd]
die Verwarnung	**advarsel** advarslen u [aðvɑːsəl]
der Siebenmeter	**straffeskud** -det n [sdrɑfəsguð]

BALLSPORTARTEN – BOLDSPORTSGRENE

Der Volleyball – Volleybolden

die Angriffszone
angrebszone -et n
[angrɛˀbsso:nə]

der Außenangreifer
angriber -en u
[angriˀbʌ]

der Mittelangreifer
den **midterste angriber** u [medʌsdə angriˀbʌ]

die Verteidigungszone
forsvarszone -et n
[fɒ:svɑsso:nə]

die Netzkante
netkant -en u
[nɛdkanˀd]

das Netz
net -tet n
[nɛd]

die Angriffslinie
angrebslinje -n u
[angrɛˀbslinjə]

der Freiraum
frizone -et n
[friso:nə]

der Libero
libero -en u
[liˀbəro]

die Grundlinie
basislinje -n u
[bæ:sislinjə]

der Abwehrspieler
forsvarsspiller -en u
[fɒ:svɑssbelʌ]

die Seitenlinie
sidelinje -n u
[si:ðəlinjə]

der Linienrichter
linjedommer -en u
[linjədʌmʌ]

die Reservebank
reservebænk -en u
[rɛˈsæɐ̯vəbɛŋˀg]

der Beachvolleyball
beachvolleybold -en u
[bi:dɕvʌlibʌlˀd]

schmettern
at **smashe**
[smaɕə]

blocken
at **blokere**
[bloˈkeˀʌ]

der Aufschlag
serv -en u
[sæɐ̯ˀv]

baggern
baggerslag -et n
[bɑgʌslæˀj]

pritschen
fingerslagskast -et n
[fɛŋˀʌslɑwskasd]

die Hechtabwehr
flyveslag -et n
[fly:vəslæˀj]

BALLSPORTARTEN – BOLDSPORTSGRENE

Der Basketball – Basketballen

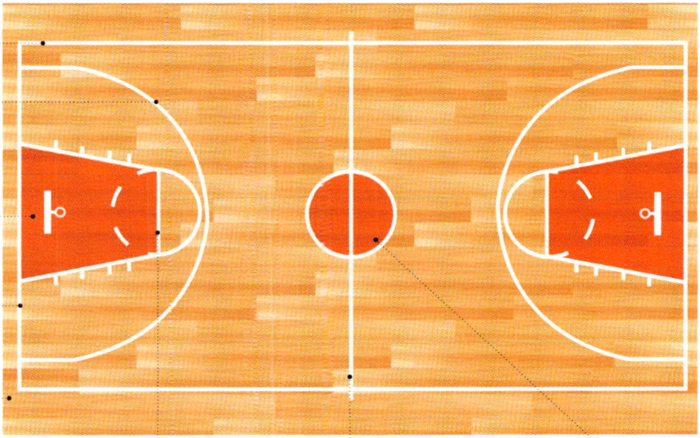

die Seitenlinie
sidelinje -n u
[si:ðəlinjə]

die Drei-Punkte-Linie
tre-punkts-linje -n u
[trɛpɔŋˀdslinjə]

die begrenzte Zone
det **begrænsede zone** n
[beˈgranˀsəðə so:nə]

die Grundlinie
basislinje -n u
[bæ:sislinjə]

im Aus sein
at **være i off**
[vɛ:ʌ iˀ ɒ:f]

die Freiwurflinie
frikastlinje -n u
[frikasdlinjə]

die Mittellinie
midterlinje -n u
[medʌlinjə]

der Mittelkreis
midterkreds -en u
[medʌkrɛˀs]

der Dunk
dunk -et n
[dɔŋˀg]

das Korbbrett
bagplade -n u
[bɑwplæ:ðə]

der Korbring
kurvering -en u
[kɹɐ̯ˈwerɛŋˀ]

das Netz
net -tet n
[nɛd]

der Korb
kurv -en u
[kuɐ̯ˀw]

der Korbleger	**kurvelægger** -en u [kuɐ̯wəlɛgə]
das Doppeldribbling	**dobbelt dribling** -en u [dʌbəld dribleŋ]
der Rebound	**rebound** -en u [ɹibɑʊnd]
der Sprungball	**springbold** -en u [sbrɛŋbʌlˀd]
fangen	at **fange** [fɑŋə]
werfen	at **kaste** [kasdə]
zielen	at **sigte** [segdə]
decken	at **dække op** [dɛgə ʌb]

WEITERE BALLSPORTARTEN – YDERLIGERE BOLDSPORTSGRENE

das Hockey
hockey -en u
[hʌgi]

das Eishockey
ishockey -en u
[ishʌgi]

der Hockeyschläger
hockeystav -en u
[hʌgisdæˀw]

der Puck
puck -en u
[pug]

der Softball
softball -en u
[sʌfdbɒ:l]

der Baseball
baseball -en u
[bɛjsbɒ:l]

der Baseballschläger
baseballbat -tet n
[bɛjsbɒ:lbad]

der Baseballhandschuh
baseballhandske -n u
[bɛjsbɒ:lhansgə]

der American Football
amerikansk fodbold -en u
[ɑmɑiˈkansgˈfoðbʌlˀd]

das Rugby
rugby -en u
[ɹʌgbi]

das Kricket
kricket -en u
[krɛgəd]

das Schlagholz
boldbræt -tet n
[bʌlˀdbrad]

die Trillerpfeife
trillefløjte -n u
[triləflʌjdə]

die Mannschaft	**hold** -et n [hʌlˀ]
der Sieger	**sejr** -en u [sɑjˀʌ]
der Verlierer	**taber** -en u [tæ:bʌ]
der Weltmeister	**verdensmester** -en u [væɡdənsmɛsdʌ]
das Turnier	**turnering** -en u [tuɡˈneˀɡeŋ]
der Spielstand	**scoring** -en u [sgo:ɡeŋ]
der Trainer	**træner** -en u [trɛ:nʌ]
die Trainerin	**træner** -en u [trɛ:nʌ]
die Anzeigetafel	**resultattavle** -n u [rɛsulˈtæˀdtɑwlə]

BALLSPORTARTEN MIT SCHLÄGERN – BOLDSPORTSGRENE MED KETSJERE – *Das Badminton* – Badmintonen

der Badmintonplatz
badmintonbane -n u
[badmentʌnbæ:nə]

das linke Aufschlagfeld
det **venstre servefelt** n
[vɛnsdrʌ sœ:vəfɛlˀd]

das rechte Aufschlagfeld
det **højre servefelt** n
[hʌjrʌ sœ:vəfɛlˀd]

die hintere Aufschlaglinie Einzel
det **bageste single-servelinje** u
[bæˀjəsdə seŋgəlsœ:vəlinjə]

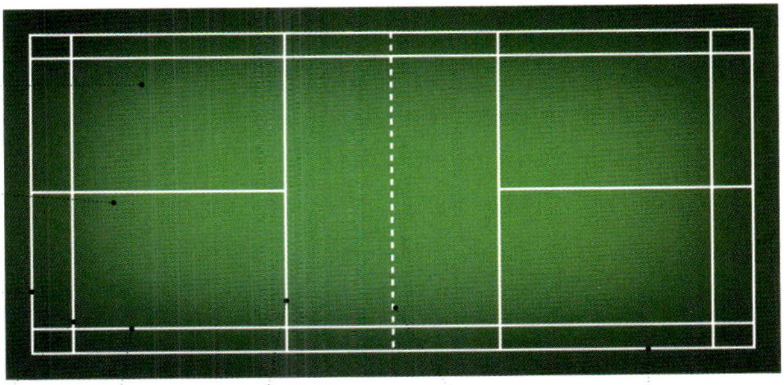

die hintere Aufschlaglinie Doppel
det **bageste double-servelinje** u
[bæˀjəsdə dʌbəlsœ:vəlinjə]

die Seitenlinie Einzel
sidelinje, single -n u
[si:ðəlinjə seŋgəl]

die vordere Aufschlaglinie
servelinje -n u
[sœ:vəlinjə]

die Mittellinie
midterlinje -n u
[medʌlinjə]

die Seitenlinie Doppel
sidelinje, double -n u
[si:ðəlinjə dʌbəl]

das Squash
squash -en u
[sgwʌɕ]

der Racquetball
racquetball -en u
[rakedbɒ:l]

der Badmintonschläger
badmintonketsjer -en u
[badmentʌnkɛdɕʌ]

der Rahmen
ramme -n u
[ramə]

die Bespannung
opstrengning -en u
[ʌbsdraŋˀneŋ]

der Griff
greb -et n
[grɛˀb]

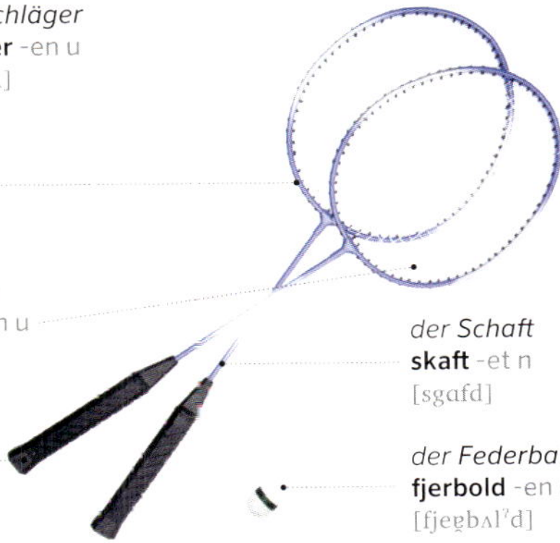

der Schaft
skaft -et n
[sgafd]

der Federball
fjerbold -en u
[fjeɐbʌlˀd]

BALLSPORTARTEN MIT SCHLÄGERN – BOLDSPORTSGRENE MED KETSJERE – *Das Tennis* – Tennissen

der Balljunge
bolddreng -en u
[bʌlˀddraŋˀ]

die Grundlinie
basislinje -n u
[bæ:sislinjə]

die Aufschlaglinie
servelinje -n u
[sœ:vəlinjə]

das Halbfeld
banehalvdel -en u
[bæ:nəhaldeˀl]

die Seitenlinie für das Einzelspiel
sidelinje i single-kamp -n u
[si:ðəlinjə i seŋgəlkamˀb]

die Seitenlinie für das Doppelspiel
sidelinje i double-kamp -n u
[si:ðəlinjə i dʌbəlkamˀb]

die Aufschlagmittellinie
midterlinje i servefelt -n u
[medʌlinjə i sæɐ̯vəfɛlˀd]

das Netz
net -tet n
[nɛd]

der Tennisball
tennisbold -en u
[tɛnisbʌlˀd]

der Tennisschläger
tennisketsjer -en u
[tɛniskɛdɕʌ]

die Vorhand
forhånd -en u
[fɒ:hʌnˀ]

die Rückhand	**baghånd** -en u [bɑwhʌnˀ]
das Einzel	**single** -n u [seŋgəl]
das Doppel	**double** -n u [dʌbəl]
der/das Tiebreak	**tiebreak** -en u [tɑjbɹɛjg]
der Einstand	**lige** -n u [li:ə]
der Fehler	**fejl** -en u [fɑjˀl]
das Ass	**es** -set n [ɛs]
der Satz	**sæt** -tet n [sɛd]
der Schiedsrichter	**dommer** -en u [dʌmʌ]
die Schiedsrichterin	**dommer** -en u [dʌmʌ]
der Linienrichter	**linjedommer** -en u [linjədʌmʌ]
die Linienrichterin	**linjedommer** -en u [linjədʌmʌ]

BALLSPORTARTEN MIT SCHLÄGERN – BOLDSPORTSGRENE MED KETSJERE – *Das Tischtennis* – Bordtennissen

der Tischtennistisch
bordtennisbord -et n
[boɐ̯tɛnisboˀɐ̯]

die Netzoberkante
netoverkant -en u
[nɛdɒwʌkanˀd]

der Netzhalter
netholder -en u
[nɛdhʌlə]

die Seitenlinie
sidelinje -n u
[si:ðəlinjə]

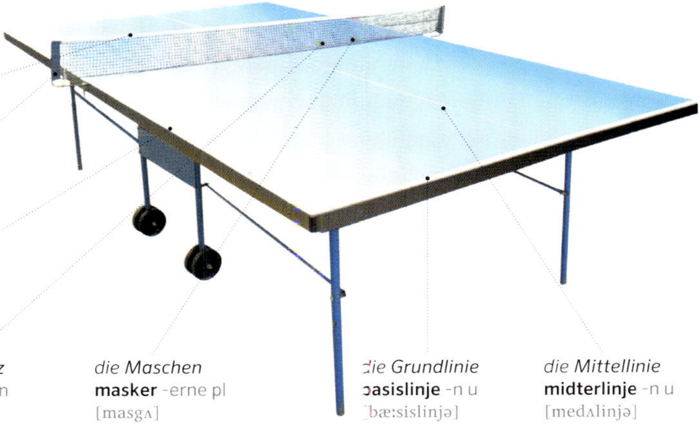

das Netz
net -tet n
[nɛd]

die Maschen
masker -erne pl
[masgʌ]

die Grundlinie
basislinje -n u
[bæ:sislinjə]

die Mittellinie
midterlinje -n u
[medʌlinjə]

der Tischtennisschläger
bordtennisbat -tet n
[boɐ̯tɛnisbad]

die Schlagfläche
spiloverflade -n u
[sbelɒwʌflæ:ðə]

der Belag
belægning -en u
[beˈlɛgneŋ]

der Tischtennisball
bordtennisbold -en u
[boɐ̯tɛnisbʌlˀd]

der Griff
greb -et n
[grɛˀb]

der Penholdergriff
penholder -en u
[pɛnhʌlʌ]

der Shakehandgriff
shakehand -en u
[ɕɛjghæ:nd]

DAS GOLF – GOLFEN

der Golfplatz
golfbane -n u
[gʌlfbæ:nə]

das Wasserhindernis
vandhazard -en u
[vanhasɑˀ]

der Bunker
bunker -en u
[bɔŋgʌ]

das Fairway
fairway -en u
[fɛɐ̯wɛj]

das Rough
rough -en u
[ɹʌf]

der Abschlag
udslag -et n
[uðslæˀj]

die Haltung
holder -en u
[hʌlʌ]

einlochen
at **putte i hul**
[pudə i hɔl]

die Fahne
fane -n u
[fæ:nə]

das Tee
tee -en u
[ti:]

der Golfball
golfbold -en u
[gʌlˀfbʌlˀd]

das Loch
hul -let n
[hɔl]

das Grün
green -en u
[gɹi:n]

DAS GOLF – GOLFEN

die Golfschläger
golfkølle -n u
[gʌlfkølə]

das Holz
træ -et n
[trɛːˀ]

das Eisen
jern -et n
[jæɐ̯ˀn]

der Wedge
wedge -n u
[wɛdʒ]

der Putter
putter -en u
[pudʌ]

die Golftasche
golftaske -n u
[gʌlftasgə]

driven
at **drive**
[dɹɑːjvə]

der Golfspieler
golfspiller -en u
[gʌlfsbelʌ]

der Caddie
caddie -n u
[kadi]

der Golftrolley
golftrolley -en u
[gʌlftrʌli]

der Durchschwung
sving -et n
[svɛŋˀ]

schwingen	at **slå** [slɔˀ]
chippen	at **chippe** [tjibə]
den Ball vom Abschlag spielen	at **spille bolden fra udslaget** [sbelə bʌldən frɑˀ uðslæˀjəð]
das Par	**par** -et n [pɑ]
das Birdie	**birdie** -n u [bœːdi]
das Bogey	**bogey** -en u [bɔwgi]
das Handicap	**handicap** -pet n [handikɑb]
das Hole-in-one	**hole-in-one** -t n [hɔwlenˈwʌn]

das Golfcart
golfcart -en u
[gʌlfkɑˀd]

DIE LEICHTATHLETIK – LETATLETIKKEN

die Sprunggrube
springgrav -en u
[sbrɛŋgraˀw]

der Weit- und Dreisprung
længde- og trespring -et n
[lɛŋˀdə ɒw ˈtrɛsbrɛŋˀ]

die Anlaufbahn
tilløbsbane -n u
[teløˀbsbæ:nə]

das Schutznetz
beskyttelsesnet -tet n
[beˈsgødəlsəsnɛd]

die Bahn
bane -n u
[bæ:nə]

die Aschenbahn
slaggebane -n u
[slagəbæ:nə]

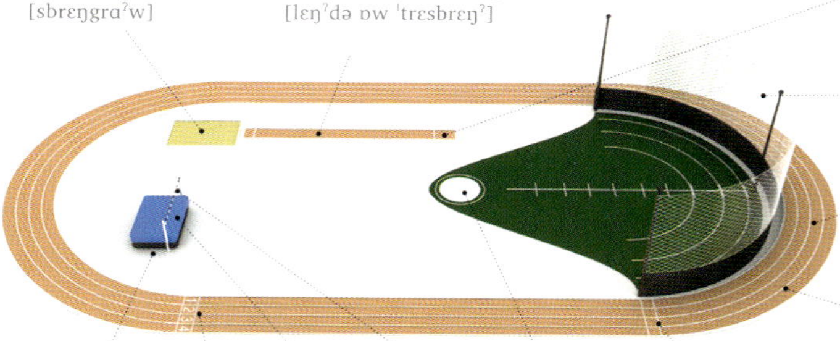

der Hochsprung
højdespring -et n
[hʌjˀdəsbrɛŋˀ]

die Latte
lægte -n u
[lɛgdə]

die Ziellinie
mållinje -n u
[mɔ:llinjə]

der Diskus- und Hammerwurf
diskos- og hammerkast -et n
[disgʌs ɒw hamʌkasd]

die Startlinie
startlinje -n u
[sda:dlinjə]

die Matte
måtte -n u
[mʌdə]

der Wurfkreis
kastekreds -en u
[kasdəkrɛˀs]

der Sprint
sprint -et n
[sbrɛnˀd]

der Startblock
startklods -en u
[sda:dklʌs]

der Hürdenlauf
hækkeløb -et n
[hɛgəløˀb]

die Hürde
hæk -ken u
[hɛg]

der Stabhochsprung
stangspring -et n
[sdaŋsbrɛŋˀ]

der Staffellauf	**stafetløb** -et n [sdaˈfɛdløˀb]
der Stab	**stab** -en u [sdæˀb]
einen Rekord brechen	**at slå en rekord** [slɔˀ en rɛˈkɒ:d]
der Marathon	**maraton** -et n [maˀɑtʌn]
der Speerwurf	**spydkast** -et n [sbyðkasd]
die persönliche Bestleistung	den **personlige rekord** u [pæɐ̯soˀnliə rɛˈkɒ:d]
die Stoppuhr	**stopur** -et n [sdʌbuɐ̯ˀ]
die Startpistole	**startpistol** -en u [sda:dpiˈsdoˀl]

DAS TURNEN – GYMNASTIKKEN

der Sprungtisch
springbord -et n
[sbrɛŋˀboˀɐ̯]

der Handstand
håndstand -en u
[hʌnsdanˀ]

der/das Spagat
spagat -en u
[sbaˈgæˀd]

das Reck
reck -en u
[rag]

der Barren
barre -n u
[bɑːˀɑ]

das Pauschenpferd
hest -en u
[hɛsd]

die Ringe
ringe -ne pl
[rɛŋə]

der Schwebebalken
bom -men u
[bɔmˀ]

das Bodenturnen
øvelser på gulv
øvelsene pl
[øːvəlsʌ pɔˀ gɔl]

der Stufenbarren
den **forskudte barre** u
[fʌsgyˀðə bɑːˀɑ]

der Turnanzug
idrætstøj -et n
[idradsˌtʌj]

die Turnhalle
idrætshal -len u
[idradshalˀ]

die Turnerin
gymnast -en u
[gymˈnasd]

die Magnesia
magnesium -met n
[mawˈneˀɕɔm]

das Gold	**guld** -et n [gul]
das Silber	**sølv** -et n [søl]
die Bronze	**bronze** -n u [brʌŋsə]
die Medaille	**medalje** -n u [meˈdaljə]
der Wettkampf	**konkurrencekamp** -en u [kʌŋgoˈraŋsəkamˀb]
der Salto	**salto** -en u [salto]
der Aufgang	**opgang** -en u [ʌbgaŋˀ]
der Abgang	**afgang** -en u [awgaŋˀ]

DER WASSERSPORT – VANDSPORTEN

Das Schwimmen – Svømningen

das Wettkampfbecken
konkurrencebassin -et n
[kʌŋgoˈrɑŋsəbasɛŋ]

① *der Wendehinweis für Rückenschwimmer*
vendesignal for rygsvømmere -et n
[vɛnəsiˈnæˀl foˀɐ̯ rœgsvœmʌə]

② *die Bahn*
bane -n u
[bæ:nə]

③ *das Ziel*
mål -et n
[mɔˀl]

④ *die Linie*
linje -n u
[linjə]

⑤ *das Wasser*
vand -et n
[vanˀ]

⑥ *der Startblock*
startklods -en u
[sdɑ:dklʌs]

⑦ *die Schwimmleine*
svømmeline -n u
[svœməli:nə]

die Wende
vending -en u
[vɛneŋ]

der Armzug
armtag -et n
[ɑ:mtæˀj]

das Rückenschwimmen
rygsvømning -en u
[rœgsvœmneŋ]

das Brustschwimmen
brystsvømning -en u
[brœsdsvœmneŋ]

kraulen
at crawle
[krɒ:lə]

das Schmetterlings-schwimmen
butterfly -en u
[bʌdʌflɑj]

der Startsprung
startspring -et n
[sdɑ:dsbrɛŋˀ]

der Fehlstart
tyvstart -en u
[tywsdɑˀd]

DER WASSERSPORT – VANDSPORTEN

Das Schwimmen – Svømningen

der Wasserball
vandpolo -en u
[vanpo:lo]

springen
at **springe**
[sbrɛŋə]

das Kunstspringen
udspring -et n
[uðsbrɛŋˀ]

das Synchronschwimmen
synkronsvømning -en u
[synˈkroˀnsvœmneŋ]

der Schwimmflügel
badevinger -ne pl
[bæ:ðəveŋʌ]

der Schwimmring
badering -en u
[bæ:ðəreŋ:]

das Schwimmerbecken
svømmebassin -et n
[svœmʌbasɛŋ]

das Nichtschwimmer-becken
ikke-svømmebassin -et n
[egə svœmʌbasɛŋ]

die Schwimmweste
badevest -en u
[bæ:ðəvɛsd]

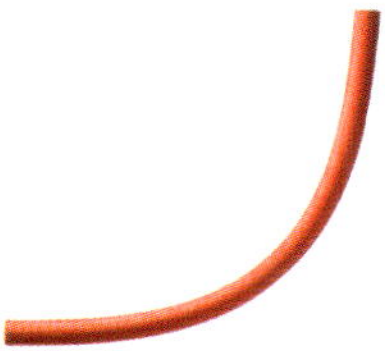

die Schwimmnudel
svømmenoodle -n u
[svœmʌnu:dl]

die Schwimmerin
svømmer -en u
[svœmʌ]

die Badekappe
badehætte -n u
[bæ:ðəhɛdə]

der Schwimmanzug
svømmedragt -en u
[svœmədragd]

die Schwimmbrille
svømmebriller -ne pl
[svœməbrɛlʌ]

schwimmen	at **svømme** [svœmə]
das Sprungbrett	**vippe** -n u [vebə]
der Sprungturm	**udspringstårn** -et n [uðsbrɛŋstɒˀn]
das Schwimmbrett	**svømmeplade** -n u [svœməplæ:ðə]
plantschen	at **plaske** [plasgə]
der Bademeister	**bademester** -en u [bæ:ðəmɛsdʌ]
die Bademeisterin	**bademester** -en u [bæ:ðəmɛsdʌ]
der Wasserpark	**badeland** -et n [bæ:ðəlanˀ]

DER WASSERSPORT – VANDSPORTEN

Das Segeln – Seglingen

der Mast
mast -en u
[masd]

die Takelage
rigning -en u
[rɛgneŋ]

das Großsegel
det **store sejl** n
[sdoˀɡ̊ə sɑjˀl]

die Fock
forsejl -et n
[fɒ:sɑjˀl]

der Bug
næse -n u
[nɛ:sə]

der Rumpf
bug -en u
[buˀ]

das Heck
hæk -ken u
[hɛg]

der Rettungsring
redningsring -en u
[rɛðneŋrɛŋˀ]

die Leuchtrakete
nødlysraket -ten u
[nøðlysrɑˈkɛd]

der Segler
sejler -en u
[sɑjlʌ]

der Baum
bom -men u
[bɔmˀ]

das Cockpit
cockpit -tet n
[kʌgpid]

die Pinne
rorpind -en u
[roˀɐ̯penˀ]

der Seegang	**søgang** -en u [søgɑŋˀ]
der Wind	**vind** -en u [venˀ]
die Meeresströmung	**havstrøm** -men u [hawsdrœm]
der Anker	**anker** -et n [ɑŋgʌ]
die Crew	**besætning** -en u [beˈsɛdneŋ]
das Ruder	**haleror** -et n [hæ:ləroˀɐ̯]
kentern	at **kæntre** [kɛndrʌ]
kreuzen	at **krydse** [krysə]
der Jachthafen	**yachthavn** -en u [jɑgdhawˀn]
das Rettungsboot	**redningsbåd** -en u [rɛðneŋsbɔˀð]
der Katamaran	**katamaran** -en u [katamɑˈrɑˀn]

DER WASSERSPORT – VANDSPORTEN

Das Tauchen – Dykningen

der Tauchanzug
dykkerdragt -en u
[døgʌdrɑgd]

die Druckluftflasche
trykluftflaske -n u
[trœglɔfdflasgə]

der Lungenautomat
lungeautomat -en u
[lɔŋəɑwtoˈmæˀd]

die Taschenlampe
lommelygte -n u
[lʌməløgdə]

der Tiefenmesser
dybdemåler -en u
[dybdəmɔ:lə]

die Schwimmflosse
svømmefinner -ne pl
[svœməfenʌ]

der Tauchstiefel
dykkerstøvler -ne pl
[døgʌsdœwlʌ]

der Schnorchel
snorkel -en u
[snɒ:gəl]

die Tauchmaske
dykkermaske -n u
[døgʌmasgə]

das Finimeter
manometer -et n
[manoˈmeˀdʌ]

der/das Kajak
kajak -ken u
[kaˈjɑg]

das Doppelpaddel
det **dobbelte roblad** n
[dʌbəldə roˀblað]

der Kanadier
canadier -en u
[kaˈnæˀdjʌ]

das Stechpaddel
padleåre -n u
[paðləɒ:ˀɒ]

der Sitz
sæde -t n
[sɛ:ðə]

der Vordersteven
forstavn -en u
[fɒ:sdɑwˀn]

das Heck
hæk -ken u
[hɛg]

der Bug
næse -n u
[nɛ:sə]

der Bootsrumpf
skibsbug -en u
[sgibsbuˀ]

der Achtersteven
agterstavn -en u
[ɑgdʌsdɑwˀn]

DER WASSERSPORT – VANDSPORTEN

Das Surfen – Surfingen

surfen
at surfe
[sœ:fə]

das Surfbrett
surfbræt -tet n
[sœ:fbrad]

der Surfer
surfer -en u
[sœ:fʌ]

die Welle
bølge -n u
[bøljə]

das Windsurfen
windsurfing -en u
[wensœ:fəŋ]

das Schothorn
skødbarm -en u
[sgøðbaˀm]

der Mast
mast -en u
[masd]

das Segel
sejl -et n
[sɑjˀl]

der Windsurfer
windsurfer -en u
[wensœ:fʌ]

das Paddelbrett
padlebræt -tet n
[paðləbrad]

das Kitesurfen
kitesurfing -en u
[kɑjdsœ:feŋ]

das Bodyboarden
bodyboarding -en u
[bʌdibɒ:deŋ]

das Wakeboarden
wakeboarding -en u
[wɛjgbɒ:deŋ]

der Jetski®
Jetski® -en u
[djɛdsgiˀ]

das Wasserski
vandski -en u
[vansgiˀ]

das Rudern
roning -en u
[roˀneŋ]

das Rafting
rafting -en u
[ɹafdeŋ]

DER KAMPFSPORT – KAMPSPORTEN

das Karate
karate -n u
[kɑˈrɑːdə]

das Aikido
aikido
[ɑjˀkido]

das Kendo
kendo
[kɛndo]

das Taekwondo
taekwondo
[tɑjˈkwʌndo]

der schwarze Gürtel
det **sorte bælte** n
[sɒːdə bɛldə]

das Judo
judo
[juːdo]

das Kung-Fu
kungfu
[kuŋˈfu]

das Kickboxen
kickboxing -en u
[kigbʌgseŋ]

das Ringen
brydning -en u
[bryðneŋ]

das Boxen
boksning -en u
[bʌgsneŋ]

der Sandsack
sandsæk -ken u
[sansɛg]

der Boxball
boksebold -en u
[bʌgsəbʌlˀd]

der Kopfschutz
hovedbeskyttelse -n u
[hoːəðbeˈsgødəlsə]

der Boxhandschuh
boksehandske -n u
[bʌgsəhansgə]

der Mundschutz	**tandbeskytter** -en u [tanbesgødʌ]
das Sparring	**sparring** -en u [sbɑːeŋ]
der Knock-out	**knockout** -en u [nʌgˈawd]
die Selbstverteidigung	**selvforsvar** -et n [sɛlˀvfɒːsvɑˀ]
das Tai-Chi	**tai-chi** -en u [tɑjˈtji]
das Jiu-Jitsu	**jiu-jitsu** -en u [jiuˈjidsu]
die Capoeira	**capoeira** -en u [kɑbuɛjra]
das Wing Chun	**wing chun** -en u [veŋ tjun]

DER REITSPORT – RIDNINGEN

der Reithelm
ridehjelm -en u
[riːðəjɛlˀm]

die Reiterin
rytterske -n u
[rydʌsgeˀ]

der Sattel
saddel -en u
[saðəl]

die Reithose
ridebukser -buksene pl
[riːðəbɔgsʌ]

die Mähne
manke -n u
[maŋgə]

das Pferd
hest -en u
[hɛsd]

der Stirnriemen
panderem -men u
[panəramˀ]

das Zaumzeug
hovedtøj -et n
[hoːəðtʌj]

der Nasenriemen
næserem -men u
[nɛːsəramˀ]

die Kandare
bid -den u
[biðˀ]

der Zügel
tøjle -n u
[tʌjlə]

der Steigbügel
stigbøjle -n u
[sdibʌjlə]

der Sattelgurt
saddelrem -men u
[saðəlramˀ]

der Huf
hov -en u
[hɒwˀ]

der Sprung
spring -et n
[sbrɛŋˀ]

der Hinterzwiesel
bagsvidsel -en u
[bɑwvisəl]

der Reitstiefel
ridestøvle -n u
[riːðəsdœwlə]

der Vorderzwiesel
forsvidsel -en u
[foˀɐvisəl]

DER REITSPORT – RIDNINGEN

das Pferderennen
hesteløb -et n
[hɛsdəløˀb]

das Rennpferd
væddeløbshest -en u
[vɛðəløˀbshɛsd]

der Jockey
jockey -en u
[dʒʌgi]

das Dressurreiten
dressurridning -en u
[drɛˈsuɐ̯ˀriðneŋ]

der Ausritt
ridetur -en u
[riːðətuɐ̯ˀ]

der Trabrennsport
travløbssport -en u
[trɑwløˀbsbɒːd]

das Jagdrennen
jagtløb -et n
[jɑgdløˀb]

ohne Sattel reiten
at **ride uden saddel**
[riːðə uðən saðəl]

der Stall
stald -en u
[sdalˀ]

der/das Rodeo
rodeo -en u
[roˈdeːo]

das Polo
polo -en u
[poːlo]

das Springreiten
springridning -en u
[sbrɛŋriðneŋ]

das Hufeisen	**hovjern** -et n [hɒwjæɐ̯ˀn]
die Reitgerte	**ridepisk** -en u [riːðəpisg]
die Koppel	**fold** -en u [fʌlˀ]
der Kanter	**kanter** -en u [kanˀdʌ]
der Galopp	**galop** -pen u [gaˈlʌb]
der Schritt	**skridt** -et n [sgrid]
das Trabrennen	**trav** -et n [trɑw]
das Flachrennen	**fladløb** -et n [flaðløˀb]

der Pferdepfleger
hesteplejer -en u
[hɛsdəplɑjʌ]

DAS ANGELN – FISKE

der Angler
fisker -en u
[fesgʌ]

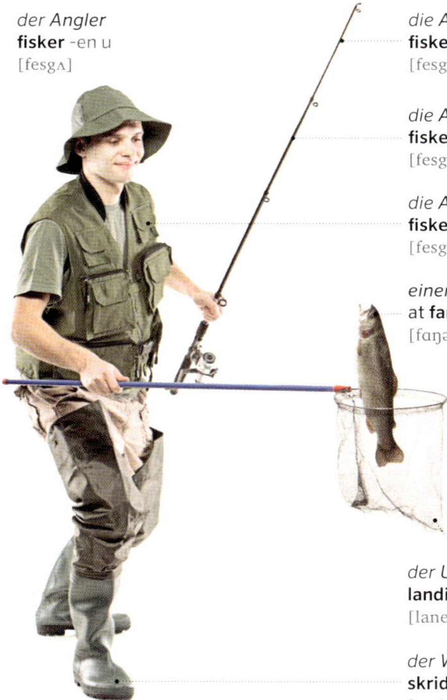

die Angel
fiskestang -en u
[fesgəsdɑŋˀ]

die Angelrute
fiskestang -en u
[fesgəsdɑŋˀ]

die Anglerweste
fiskevest -en u
[fesgəvɛsd]

einen Fisch fangen
at **fange en fisk**
[fɑŋə en fesg]

der Unterfangkescher
landingsnet -tet n
[laneŋsnɛd]

der Watstiefel
skridtstøvle -n u
[sgridsdœwlə]

die Angelausrüstung
fiskeudstyr -et n
[fesgəuðsdyɐ̯ˀ]

die Angelschnur
fiskesnøre -n u
[fesgəsnœ:ʌ]

die Kunstfliege
kunstflue -n u
[kɔnsdflu:ə]

die Pose
stilling -en u
[sdeleŋ]

die Spule
spole -n u
[sbo:lə]

die Angelrolle
spinnehjul til fiskestang -et n
[sbenəjuˀl tel fesgəsdɑŋˀ]

die Kurbel
krank -en u
[krɑŋˀg]

der Angelhaken
fiskekrog -en u
[fesgəkrɔˀw]

die Öse
øje -t u
[ʌjə]

der Widerhaken
modhage -n u
[moˀðhæ:jə]

DAS ANGELN – FISKE

das Brandungsangeln
kystfiskeri -et n
[køsdfesgʌˈriˀ]

mit dem Netz fangen
at **fange med net**
[faŋə meðˀ nɛd]

das Hochseeangeln
havfiskeri -et n
[hawˀfesgʌˈriˀ]

das Süßwasserangeln
ferskvandsfiskeri -et n
[fæɐ̯sgvansfesgʌˈriˀ]

das Speerfischen
undervandsjagt -en u
[ɔnʌvansjagd]

einholen
at **trække i land**
[tragə i lanˀ]

das Fliegenfischen
fluefiskeri -et n
[fluːəfesgʌˈriˀ]

fangen
at **fange**
[faŋə]

freilassen
at **slippe fri**
[slebə friˀ]

der Köder
madding -en u
[maðeŋ]

der Fang
fangst -en u
[faŋˀsd]

die Hummerfalle
hummerfælde -n u
[hɔmˀʌfɛlə]

der Angelschein	**fisketegn** -et n [fesgətajˀn]
anbeißen	at **bide på** [biːðə ˈpɔˀ]
der Fischkorb	**fiskekurv** -en u [fesgəkuɐ̯ˀw]
der Erdspeer	**jordspyd** -det n [joɐ̯sbyð]
der Wobbler	**wobler** -en u [vʌblʌ]
die Harpune	**harpun** -en u [haˈpuˀn]
die Angel auswerfen	at **kaste snøren ud** [kasdə snœːʌn uðˀ]
einen Fisch einholen	at **trække en fisk i land** [tragə eˀn fesg i lanˀ]

der Spinnerkasten
spinderkasse -n u
[sbenʌkasə]

DER WINTERSPORT – VINTERSPORTEN

der Sturzhelm
styrthjelm -en u
[sdyɐ̯djɛlˀm]

der Pulverschnee
puddersne -en u
[puðˀʌsneˀ]

der Stockteller
trinse -n u
[trinsə]

der Skistock
skistav -en u
[sgisdæˀw]

die Seilbahn
skilift -en u
[sgilifd]

die Spitze
spids -en u
[sbes]

der Ski
ski -en u
[sgiˀ]

der Skistiefel
skistøvle -n u
[sgisdœwlə]

der Skianzug
skidragt -en u
[sgidrɑgd]

die Skipiste
løjpe -n u
[lʌjbə]

die Kante
kant -en u
[kanˀd]

der Skiläufer
skiløber -en u
[sgiløːbʌ]

der Slalom
slalom -men u
[slæːləm]

der Abfahrtslauf
styrtløb -et n
[sdyɐ̯dløˀb]

das Skispringen
skihop -pet n
[sgihʌb]

abseits der Piste
uden for pisten
[uðən foˀɐ̯ pisdn]

der Skihang
skiskråning -en u
[sgisgrɔˀneŋ]

das Biathlon
biatlon -en u
[biˈadlʌn]

der Langlauf
langrend -et n
[lɑŋranˀ]

die Langlaufloipe
langrendsløjpe -n u
[lɑŋranslʌjbə]

DER WINTERSPORT – VINTERSPORTEN

die Skibrille
skibrille -n u
[sgibrɛlə]

der Snowboardfahrer
snowboardløber -en u
[snɔwbɒ:dlø:bʌ]

das Snowboard
snowboard -et n
[snɔwbɒ:d]

die Bindung
binding -en u
[beneŋ]

die Halfpipe
halfpipe -n u
[hafpajb]

das Rail
rail -en u
[ɹɛjl]

Schlitten fahren
at **køre på slæde**
[kø:ʌ pɔˀ slɛ:ðə]

das Rennrodeln
kælkning -en u
[kɛlgneŋ]

der Bobsport
bobslæde -n u
[bʌbslɛ:ðə]

das Curling
curling -en u
[kœ:leŋ]

Schlittschuh laufen
at **løbe på skøjter**
[lø:bə pɔˀ sgʌjdʌ]

der Eisschnelllauf
hurtigløb på skøjter -et n
[hoɡdiløˀb pɔˀ sgʌjdʌ]

das Skifahren	at **stå på ski** [stɔˀ pɔˀ sgi]
das Snowboarding	**snowboarding** -en u [snɔwbɒ:deŋ]
der Winter-Fünfkampf	**vinter-femkamp** -en u [venˀdʌ fɛmkamˀb]
der Freistil	**fristil** -en u [frisdiˀl]
das Schneeschuhwandern	**sneskovandring** -en u [snesgoˀvandrɛŋ]
das Hundeschlittenfahren	at **køre hundeslæde** [kø:ʌ hunəslɛ:ðə]
das Après-Ski	**afterskiing** -en u [ɑ:fdʌsgi:eŋ]
die Skihütte	**skihytte** -n u [sgihydə]

der Eiskunstlauf
kunstskøjteløb -en u
[kɔnˀsdsgʌjdəøˀb]

SONSTIGE SPORTARTEN – ANDRE SPORTARTER

das Klettern
klatring -en u
[kladreŋ]

das Wandern
vandring -en u
[vɑndreŋ]

der Radsport
cykelsport -en u
[sygəlsbɒ:d]

das Mountainbiken
mountainbike -n u
[mɑwntənbɑjg]

das Abseilen
rappelling -en u
[rɑˈpɛleŋ]

das Bungeespringen
bungeejumping -en u
[bʌŋgidjʌmbeŋ]

das Drachenfliegen
drageflyvning -en u
[drɑ:wəflywneŋ]

das Fallschirmspringen
faldskærmsudspring -et n
[falsgæɐ̯ˀmuðsbrɛŋˀ]

das Rallyefahren
rallysport -en u
[rɑlisbɒ:d]

die Formel 1®
Formel 1®
[fɒˀməl ed]

das Motocross
motocross -et n
[motoˈkrʌs]

das Motorradrennen
motorcykelløb -et n
[mo:tʌsygəlløˀb]

das Skateboardfahren
at **køre skateboard**
[kø:ʌ ˈsgɛjdbɒ:d]

das Longboardfahren
at **køre longboard**
[kø:ʌ ˈlʌŋbɒ:d]

das Inlineskaten
inlineskating -en u
[enlɑjnsgɛjdeŋ]

das Offroadfahren
at **køre offroad**
[kø:ʌ ˈɒ:fɹɔwd]

SONSTIGE SPORTARTEN – ANDRE SPORTARTER

das Fechten
fægtning -en u
[fɛgdneŋ]

das Bowling
bowling -en u
[bɒwleŋ]

das Bogenschießen
bueskydning -en u
[bu:əsgyðneŋ]

die Jagd
jagt -en u
[jagd]

das Darts
dart -en u
[dɑˀd]

das Poolbillard
poolbillard -en u
[pu:lbiliɑˀd]

das Snooker
snooker -en u
[snu:gʌ]

das Lacrosse
lacrosse -n u
[laˈkʁʌs]

die rhythmische Sportgymnastik
den **rytmiske sportsgymnastik** u
[rydmisgə sbɒ:dsgymnaˈsdig]

das Frisbee®
frisbee® -en u
[fʁisbi:]

das Triathlon
triatlon -en u
[tʁiˈadlʌn]

der Australian Football
den **australske fodbold** u
[ɑwˈsdrɑˀlsgə foðbʌlˀd]

die/das Boule
boule -en u
[bu:l]

das Ballett
ballet -ten u
[baˈlɛd]

das Krocket
kroket -en u
[kʁʌgəd]

der/das Parkour
parkour -en u
[pɑˈku:ɐ̯]

DIE FITNESS – FITNESS

das Fitnessstudio
fitnessstudio -et n
[fidnɛssduˀdjo]

die Langhantel
vægtstang -en u
[vɛgdsdɑŋˀ]

die Gewichtsscheibe
vægtskive -n u
[vɛgdsgi:və]

die Bank
bænk -en u
[bɛŋˀg]

das Krafttraining
styrketræning -en u
[sdyɐ̯gətrɛ:neŋ]

die Bizepsübung
bicepsøvelse -n u
[bisɛbsø:vəlsə]

die Kurzhantel
håndvægt -en u
[hʌnvɛgd]

das Bankdrücken
bænkpres -set n
[bɛŋˀgpras]

trainieren
at **træne**
[trɛ:nə]

das Ergometer
ergometercykel -cyklen u
[æɐ̯goˈmeˀdʌsygəl]

der Crosstrainer
crosstrainer -en u
[kɹʌstɹejnʌ]

der Fitnessball
fitnessbold -en u
[fidnɛsbʌlˀd]

die Matte
måtte -n u
[mʌdə]

das Laufband
løbebånd -et n
[lø:bəbʌnˀ]

das Rudergerät
romaskine -n u
[roˀmasgi:nə]

DIE FITNESS – FITNESS

der Ausfallschritt
lunge -n u
[lɔŋə]

die Rumpfbeuge
foroverbøjning -en u
[fɒːˈɒwˀʌbʌjneŋ]

der Liegestütz
armbøjning -en u
[ɑːmbʌjneŋ]

der Sit-up
situp -pen u
[sedˈʌb]

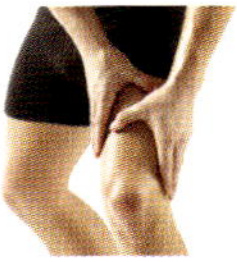

der Muskelkater
de ømme muskler pl
[œmə musglʌ]

der Klimmzug
armhævning -en u
[ɑːmhɛːwneŋ]

die Kniebeuge
knæbøjning -en u
[knɛːbʌjneŋ]

das Pilates
pilates
[piˈlaːdəs]

das Spinning®
spinning® -en u
[sbeneŋ]

die Pulsuhr
pulsur -et n
[pulˀsuɐ̯ˀ]

das Aerobic
aerobic -en u
[ɛˈɹʌbig]

das Steppbrett
stepbænk -et n
[sdɛbɛŋˀg]

der Turnschuh
gymnastiksko -en u
[gymnasdigˈsgoˀ]

sich aufwärmen	at **varme op** [vɑːmə ˈʌb]
sich abkühlen	at **afkøle sig** [ɑwkøˀlə sɑj]
das Zirkeltraining	**cirkeltræning** -en u [siɐ̯gəltrɛːneŋ]
die Sauna	**sauna** -en u [sɑwna]
die Umkleidekabine	**omklædningsrum** -met n [ʌmkleðˀneŋsrɔmˀ]
die Dehnung	**udstrækning** [uðsdragneŋ]
Kalorien verbrennen	at **forbrænde kalorier** [fʌˈbranˀə kaloɐ̯ˀjʌ]

FREIZEIT

FRITID

DAS THEATER – TEATRET

① *der Balkon*
balkon -en u
[bal'kʌŋ]

② *der zweite Rang*
den **anden etage** u
[anən e'tæʔçə]

③ *die Loge*
loge -n u
[lo:çə]

④ *der erste Rang*
den **første etage** u
[fœɐ̯sdə e'tæʔçə]

⑤ *die Sitzreihe*
sæderække -n u
[sɛ:ðəragə]

⑥
die Kulisse
kulisse -n u
[ku'lisə]

⑦
die Bühne
scene -n u
[se:nə]

⑧
das Foyer
foyer -en u
[fwɑ'je]

⑨
das Parkett
parket -tet n
[pɑ'kɛd]

⑩
der Sitzplatz
siddeplads -en u
[seðəplas]

⑪
der Vorhang
scenetæppe -et n
[se:nətɛbə]

das Varieté
variete -en u
[vɑi'te]

das Freilufttheater
friluftsteater -teatret n
[friləfdste'æʔdʌ]

das Ballett
ballet -ten u
[ba'lɛd]

die Aufführung
opførelse -n u
[ʌbføʔʌlsə]

der Zauberkünstler
tryllekunstner -en u
[tryləkɔnsdnʌ]

der Komiker
komiker -en u
[koʔmigʌ]

die Tragödie
tragedie -n u
[trɑ'geðʔjə]

die Komödie
komedie -n u
[ko'meðʔjə]

DAS THEATER – TEATRET

das Theaterstück
teaterstykke -t n
[teˈæˀdʌsdøgə]

① *das Bühnenbild*
scenografi -en u
[senograˈfiˀ]

② *die Besetzung*
besætning -en u
[beˈsɛdneŋ]

③ *das Theaterkostüm*
teaterkostume -t n
[teˈæˀdʌkoˈsdyːmə]

④ *der Applaus*
applaus -en u [aˈplɑwˀs]

⑤ *das Publikum*
publikum -met n [publikɔm]

die Probe
prøve -n u
[prœːwə]

⑥ *der Schauspieler*
skuespiller -en u
[sguːəsbelʌ]

⑦ *die Schauspielerin*
skuespillerinde -n u
[sguːəsbelʌˈenə]

⑧ *der Regisseur*
regissør -en u
[rɛçiˈsøˀɐ̯]

die Premiere	**premiere** -n u [prɛmˈjɛːʌ]
die Pause	**pause** -n u [pɑwsə]
das Programm	**program** -met n [proˈgramˀ]
die Generalprobe	**generalprøve** -n u [genəˈrɑˀlprœːwə]
der Platzanweiser	**kontrollør** -en u [kʌntroˈløˀɐ̯]
die Platzanweiserin	**kontrollør** -en u [kʌntroˈløˀɐ̯]
die Theaterkasse	**teaterkasse** -n u [teˈæˀdʌkasə]
die Eintrittskarte	**billet** -ten u [biˈlɛd]

die Künstlergarderobe
kunstnergarderobe -n u
[kɔnsdnʌgɑdəˈroːbə]

DIE MUSIK – MUSIKKEN

Das Orchester – Orkestret

das Sinfonieorchester
symfoniorkester -orkestret n
[symfoˈniˀɒˈkɛsdʌ]

der Gong
gongong -en u
[gʌŋˈgʌŋ]

die kleine Trommel
lilletromme -n u
[lilətrɔmə]

die große Trommel
stortromme -n u
[sdoɐ̯trɔmə]

die Pauke
pauke -n u
[pɑwgə]

das Xylophon
xylofon -en u
[syloˈfoˀn]

die Röhrenglocken
rørklokker -ne pl
[rœɐ̯klʌgʌ]

das Dirigentenpult
dirigentpult -en u
[diɡ̯iˈgɛnˀdpulˀd]

der Notenständer
nodestativ -et n
[no:ðəsdaˈtiwˀ]

der Dirigent
dirigent -en u
[diɡ̯iˈgɛnˀd]

der Taktstock
taktstok -ken u
[tɑgdsdʌg]

die Solistin
solist -en u
[soˈlisd]

die Opernsängerin
operasangerinde -n u
[oˀbərɑsaŋʌˈenə]

die Noten
noder -ne pl
[no:ðʌ]

die Ouvertüre	**ouverture** -n u [ovʌˈty:ʌ]
das Quartett	**kvartet** -ten u [kvɑˈtɛd]
die Sonate	**sonate** -n u [soˈnæ:də]
die Tonhöhe	**tonehøjde** -n u [to:nəhʌjˀdə]
ein Instrument stimmen	at **stemme et instrument** [sdɛmə ed ensdruˈmɛnˀd]
der Orchestergraben	**orkestergrav** -en u [ɒˈkɛsdʌgrɑˀw]
der Chor	**kor** -et n [koˀɐ̯]
die Oper	**opera** -en u [oˀbərɑ]

DIE MUSIK – MUSIKKEN

Die Musikinstrumente – Musikinstrumenterne

das Cello
cello -en u
[çɛlo]

der Bogen
bue -n u
[bu:ə]

die Geige
violin -en u
[vioˈliˀn]

die akustische Gitarre
den **akustiske guitar** u
[aˈkusdisgə gitaˀ]

die Harfe
harpe -n u
[hɑ:bə]

die elektrische Gitarre
den **elektriske guitar** u
[eˈlɛgtrisgə gitaˀ]

die Bassgitarre
basguitar -en u
[basgitaˀ]

die Tuba
tuba -en u
[tu:ba]

die Posaune
trombone -n u
[trɔmˈbo:nə]

das Fagott
fagot -ten u
[faˈgʌd]

die Oboe
obo -en u
[oˈboˀ]

das Horn
horn -et n
[hoɐ̯ˀn]

die Trompete
trompet -en u
[trɔmˈpeˀd]

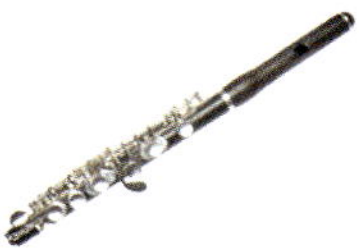

die Pikkoloflöte
piccolofløjte -n u
[pigoloflʌjdə]

das Saxofon
saxofon -en u
[sɑgsoˈfoˀn]

die Klarinette
klarinet -ten u
[klaiˈnɛd]

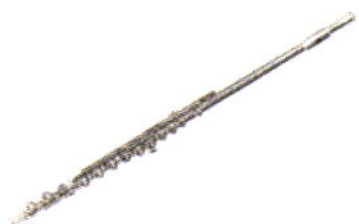

die Querflöte
tværfløjte -n u
[tvɛɐ̯flʌjdə]

DIE MUSIK – MUSIKKEN

Die Musikinstrumente – Musikinstrumenterne

das Tamburin
tamburin -en u
[tambuˈriˀn]

das Becken
bækken -et n
[bɛgən]

die/das Hi-Hat
hi-hat -ten u
[hajhɛd]

das Schlagzeug
trommesæt -tet n
[trɔməsɛd]

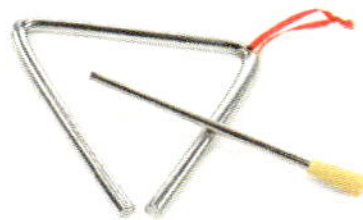

die/der/das Triangel
triangel trianglen u
[triaŋˀəl]

die Rassel
maraca -en u
[maˈraka]

die Bongos
bongotrommer -ne pl
[bʌŋgotrɔmʌ]

die Kesselpauke
pauke -n u
[awgə]

die Kastagnetten
kastagnetter -ne pl
[kasdanˈjɛdʌ]

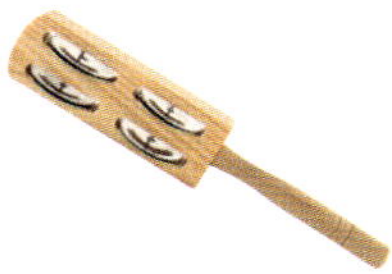

die Schellenrassel
bjælder -ne pl
[bjɛlə]

die Panflöte
panfløjte -n u
[pæˀnflʌjdə]

der Schlagzeugstock
trommestik -ket n
[trɔməsdeg]

die Mundharmonika
mundharmonika -en u
[mɔnhaˈmoˀnika]

der Dudelsack
sækkepibe -n u
[sɛgəpi:bə]

das Akkordeon
akkordeon -et n
[aˈkɒˀdjʌn]

der Flügel
flygel flyglet n
[flyˀəl]

DIE MUSIK – MUSIKKEN

die Notation
notation -en u
[notaˈɕoˀn]

der Violinschlüssel
violinnøgle -n u
[vioˈliˀnnʌjlə]

die Notenlinie
nodelinje -n u
[noːðəlinjə]

der Bassschlüssel
basnøgle -n u
[basnʌjlə]

das Vorzeichen
fortegn -et n
[fɒːtɑjˀn]

die Taktangabe
taktangivelse -n u
[tɑgdangiˀvəlsə]

die Note
node -n u
[noːðə]

das Kreuz
kryds -et n
[krys]

der Taktstrich
taktstreg -en u
[tɑgdsdrɑjˀ]

die klassische Musik
den **klassiske musik** u
[klasisgə muˈsig]

das Heavy Metal
heavy metal n
[hɛviˈmɛtəl]

der Rap
rap -pen u
[ɹab]

der Hip-Hop
hiphop -pen u
[hibhʌb]

der Reggae	**reggae** -n u [ɹɛgɛːj]
die Popmusik	**popmusik** -en u [pʌbmuˈsig]
die Countrymusik	**countrymusik** -en u [kʌntɹimuˈsig]
die Indie-Musik	**indiemusik** -en u [endimuˈsig]
der Blues	**blues** -en u [bluːs]
der/das Techno	**techno** -en u [tɛgno]
der Soul	**soul** -en u [sɔwl]
die Disko	**disko** -en u [disgo]

der Jazz
jazz -en u
[djas]

der Rock
rock -en u
[rʌg]

DIE MUSIK – MUSIKKEN

Das Konzert – Koncerten

das Rockkonzert
rockkoncert -en u
[rʌgkɔnˈsæɐ̯d]

① *der Scheinwerfer*
spotlys -et n
[sbʌdlyˀs]

② *das Mikrofon*
mikrofon -en u
[mikroˈfoˀn]

③ *die Band*
band -et n
[bæ:nd]

④ *der Bassist*
bassist -en u
[baˈsisd]

⑤ *der Verstärker*
forstærker -en u
[fʌˈsdæɐ̯gʌ]

⑥ *der Gitarrist*
guitarist -en u
[gitɑˈrisd]

⑦ *der Schlagzeuger*
trommeslager -en u
[trɔməslæ:jʌ]

⑧ *der Frontmann*
forsanger -en u
[fɒ:sɑŋʌ]

die Konzerthalle
koncertsal -en u
[kɔnˈsæɐ̯dsæˀl]

die Fans
fans -ene pl
[fæ:ns]

das Musikfestival
musikfestival -en u
[muˈsigfɛsdival]

der DJ
DJ -en u
[di:djɛj]

das Mischpult
mixerpult -en u
[megsʌpulˀd]

singen	at **synge** [søŋə]
mitsingen	at **synge med** [søŋə meðˀ]
pfeifen	at **fløjte** [flʌjdə]
die Zugabe	**ekstranummer** -et n [ɛgsdrɑnɔmˀʌ]
das Crowdsurfing	**crowdsurfing** -en u [kɹɑwdsœ:feŋ]
der/das Rave	**rave** -t n [ɹɛjv]
das Lied	**sang** -en u [sɑŋˀ]
der Liedtext	**sangtekst** -en u [sɑŋtɛgsd]

DIE MUSIK – MUSIKKEN

Musik hören – Høre Musik

die Stereoanlage
stereoanlæg -get n
[sdeˀɡ̊eoanlɛˀg]

der MP3-Player
MP3-afspiller -en u
[ɛmˈpeˀˈtrɛˀ ɑwsbelˀʌ]

der CD-Spieler
CD-afspiller -en u
[seˈdeˀ ɑwsbelˀʌ]

der Lautstärkeregler
lydstyrkeregulator -en u
[lyðsdyɡ̊gərɛguˈlæ:tʌ]

die Lautsprecherbox
højttalerboks -en u
[hʌjˌtæ:lʌbʌgs]

die Schallplatte
plade -n u
[plæ:ðə]

der Plattenspieler
pladespiller -en u
[plæ:ðəsbelʌ]

die USB-Schnittstelle
USB-port -en u
[uɛsˈbeˀpoɡ̊ˀd]

das Radio
radio -en u
[rɑˀdjo]

das Gesangstück	**vokalstykke** -t n [voˈkæˀlsdøgə]
die Komposition	**komposition** -en u [kɔmposiˈɕoˀn]
das Instrumentalstück	det **instrumentale stykke** n [ensdrumənˈtæˀlə sdøgə]
akustisch	**akustisk** [aˈkusdisg]
der Refrain	**omkvæd** -et n [ʌmkvɛˀð]
die Melodie	**melodi** -en u [meloˈdiˀ]
der Beat	**beat** -et n [bi:d]
die Kassette	**kassettebånd** -et n [kaˈsɛdəbʌnˀ]

der Kopfhörer
hovedtelefon -en u
[ho:əðteləˈfoˀn]

HOBBYS – HOBBYER

gravieren
at **gravere**
[graˈveˀʌ]

schnitzen
at **snitte**
[snidə]

Briefmarken sammeln
at **samle på frimærker**
[samlə pɔˀ friˌmæɐ̯gʌ]

die Modelleisenbahn
modeljernbane -n u
[moˈdɛlˀjæɐ̯ˀnbæ:nə]

modellieren
at **modellere**
[modəˈleˀʌ]

die Bildhauerei
billedhuggeri -et n
[belədhɔgʌriˀ]

töpfern
at **lave keramik**
[læ:və keaˈmig]

Mosaik legen
at **lægge en mosaik**
[lɛgə en mosaˈig]

der Modellbau
modelbyggeri -et n
[moˈdɛlˀbygʌriˀ]

Schmuck herstellen
at **lave smykker**
[læ:və smøgʌ]

lesen
at **læse**
[lɛ:sə]

kochen
at **lave mad**
[læ:və mað]

gärtnern
at **lave havearbejde**
[læ:və ˈhæ:vəa:bajˀdə]

das Origami	**origami** -en u [oɐ̯iˈgæ:mi]
das Pappmaschee	**papmache** -en u [pabmaˈɕe]
das Scrapbooking	at **lave scrapbog** [læ:və ˈsgrabbɔˀw]
Möbel restaurieren	at **restaurere møbler** [rɛsdawrɛˀʌ møˀblʌ]
im Chor singen	at **synge i kor** [søŋə i ˈkoˀɐ̯]
Filme drehen	at **optage film** [ʌbtæˀ ˈfilˀm]
Vögel beobachten	at **observere fugle** [ʌbsæɐ̯ˈveˀʌ fu:lə]
das kreative Schreiben	den **kreative skrivning** u [krɛatiwə sgriwneŋ]

HOBBYS – HOBBYER

Kunst und Basteln – Kunst og hobbybyggeri

der Buntstift
farveblyant -en u
[fɑːvə blyːanˀd]

die Wasserfarbe
vandfarve -n u
[vanfɑːvə]

der Wachsmalstift
pastelfarve -n u
[pa'sdɛlˀfɑːvə]

die Lackfarbe
lakfarve -n u
[lagfɑːvə]

die Ölkreide
oliekridt -et n
[oljəkrid]

die Kreide
kridt -et n
[krid]

die Ölfarbe
oliefarve -n u
[oljəfɑːvə]

die Acrylfarbe
akrylfarve -n u
[a'kryˀlfɑːvə]

die Pastellkreide
pastelkridt -et n
[pa'sdɛlˀkrid]

der Filzstift
filtpen -nen u
[fildpɛnˀ]

die Tusche
tusch -en u
[tuɕ]

die Zeichenkohle
kulstift -et n
[kɔlsdefd]

die Gouache
gouache -n u
[gu'æːɕ]

der Klebstoff
lim -en u
[liˀm]

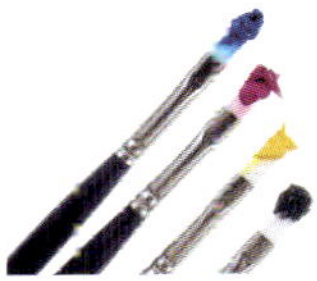

der Pinsel
pensel penslen u
[pɛnˀsəl]

die Palette
farvepalet -ten u
[fɑːvəpa'lɛd]

HOBBYS – HOBBYER

Kunst und Basteln – Kunst og hobbybyggeri

die Aquarellmalerei
akvarelmaleri -et n
[mæ:lʌˈriˀ]

die Ölmalerei
oliemaleri -et n
[oljəmæ:lʌriˀ]

die Collage
collage -en u
[koˈlæ:ɕə]

die Wandmalerei
vægmaleri -et n
[vɛ:gmæ:lʌriˀ]

die Tuschezeichnung
tuschtegning -en u
[tuɕtɑjneŋ]

die abstrakte Malerei
abstrakt maleri -et n
[ɑbˈsdrɑgd mæ:lʌriˀ]

die Landschaftsmalerei
landskabsmaleri -et n
[lansgæˀbsmæ:lʌriˀ]

die Porträtmalerei
portrætmaleri -et n
[pɒˈtradmæ:lʌriˀ]

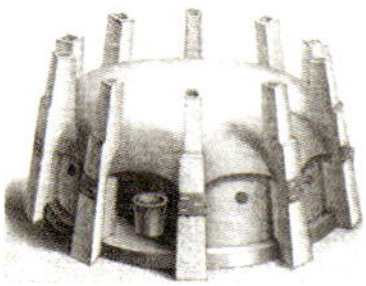

die Bleistiftzeichnung
blyantstegning -en u
[bly:anˀdstɑjneŋ]

das Stillleben
stilleben -et n
[sdelle:bən]

das Graffiti
graffiti -en u
[grɑˈfidi]

der Siebdruck
serigrafi -et n
[seʁigrɑˈfiˀ]

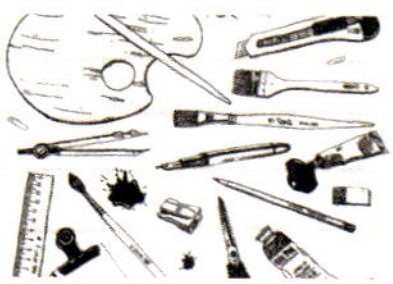

die Skizze
skitse -n u
[sgidsə]

die Aktmalerei
nøgenmaleri -et n
[nʌjənmæ:lʌriˀ]

die Leinwand
lærred -et n
[læʁʌð]

der Karton
karton -en u
[kɑˈtʌŋ]

HOBBYS – HOBBYER

Kunst und Basteln – Kunst og hobbybyggeri

die Farbe
farve -n u
[fɑːvə]

das Schwarz
sort [sɒːd]

das Schwarzbraun
sortbrun [soɐ̯dbruˀn]

das Hellbraun
lysebrun [lyːsəbruˀn]

das Smaragdgrün
smaragdgrøn [smɑˈrɑwˀdgrœnˀ]

das Gelbgrün
gulgrøn [gulgrœnˀ]

das Blau
blå [blɔˀ]

das Violett
violet [vioˈlɛd]

das Blutrot
blodrød [bloðrœðˀ]

das Rosa
rosa [roːsa]

das Gelborange
gulorange [guloˈrɑŋɕə]

das Orange
orange [oˈrɑŋɕə]

das Hellgelb
lysegul [lyːsəgul]

das Grau
grå [grɔˀ]

das Braun
brun [bruˀn]

das Olivgrün
olivengrøn [oˈliˀvəngrœnˀ]

das Grün
grøn [grœnˀ]

das Cyan
cyan [syˈæˀn]

das Dunkelblau
mørkeblå [mœɐ̯gəblɔˀ]

das Lila
lilla [lela]

das Pink
lyserød [lyːsərœðˀ]

das Rot
rød [rœðˀ]

das Ocker
okker [ʌgʌ]

das Gelb
gul [gul]

das Weiß
hvid [viðˀ]

HOBBYS – HOBBYER

Nähen und Stricken – Sy og Strikke

der Kopf
hoved -et n
[ho:əð]

der Fadenhebel
trådhåndtag -et n
[trɔˀðhʌntæˀj]

die Fadenführung
trådføring -en u
[trɔˀðfø:ɐ̯eŋ]

der Garnrollenstift
garnrulleholder -en u
[gɑˀnruləhʌlʌ]

die Nähmaschine
symaskine -n u
[symasgi:nə]

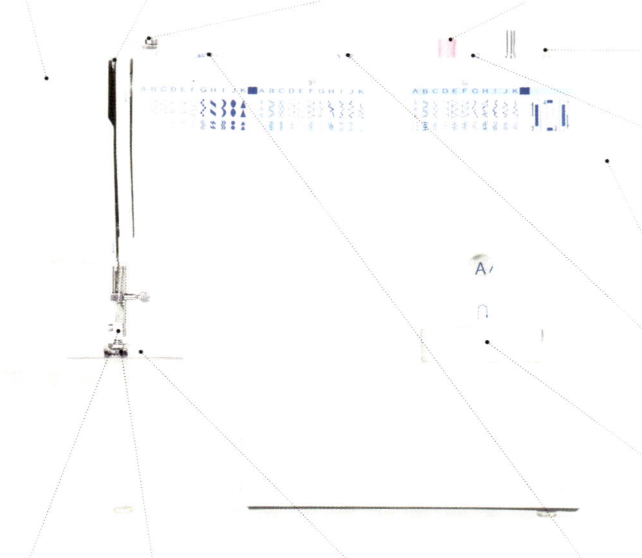

der Spuler
spoler -en u
[sbo:lʌ]

der Stichbreitenwähler
stingbreddevælger -en u
[sdeŋbrɛˀdəvɛljʌ]

das Handrad
håndhjul -et n
[hʌnjuˀl]

der Stichwähler
stingvælger -en u
[sdeŋˀvɛljʌ]

die Rückwärtsnähtaste
tilbagesyningsknap -pen u
[teˈbæ:jəsyˀneŋsknɑb]

die Nadel
nål -en u
[nɔˀl]

der Nähfuß
trykfod -en u
[trœgfoˀð]

die Stichplatte
broderiplade -n u
[brodʌˈriˀplæ:ðə]

der Nähfußdruckregler
sømfodstrykregulator -en u
[sœmfoðsdyɐ̯gərɛguˈlæ:tʌ]

die Overlock
overlock -en u
[ɔwʌlʌg]

das Maßband
målebånd -et n
[mɔ:ləbʌnˀ]

die Spule
spole -n u
[sbo:lə]

das Nähgarn
sytråd -en u
[sytrɔˀð]

HOBBYS – HOBBYER

Nähen und Stricken – Sy og Strikke

die Schneiderpuppe
gine -n u
[giːnə]

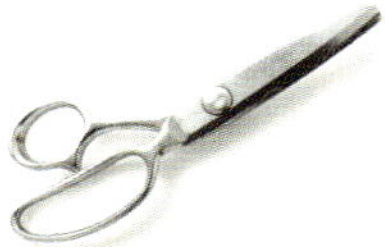

die Schere
saks -en u
[sags]

das Nähkästchen
sytøjskasse -n u
[sytʌjskasə]

das Nadelkissen
nålepude -n u
[nɔːləpuːðə]

das Schnittmuster
snitmønster -et n
[snidmønˀsdʌ]

die Nähnadel
synål -en u
[synɔˀl]

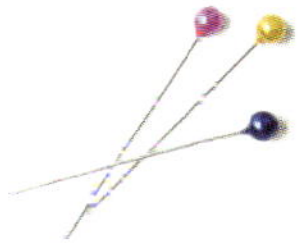

die Stecknadel
knappenål -en u
[knɑbənɔˀl]

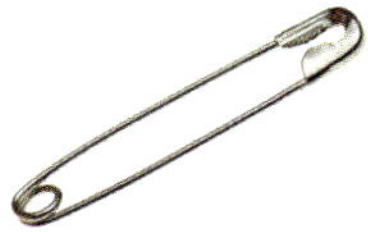

die Sicherheitsnadel
sikkerhedsnål -en u
[segʌheðsnɔˀl]

der Stoff
stof -fet n
[sdʌf]

der Knopf
knap -pen u
[knɑb]

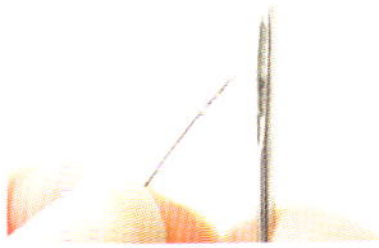

einen Faden einfädeln
at træde
[trɛːðə]

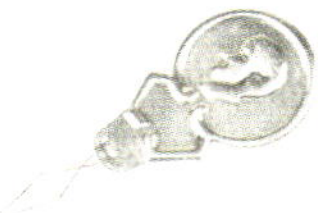

der Einfädler
nåletræder -en u
[nɔˀlətrɛːðʌ]

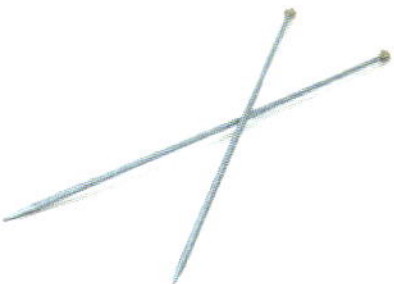

die Stricknadel
strikkenål -en u
[sdrɛgənɔˀl]

die Wolle
uld -en u
[ulˀ]

der Fingerhut
fingerbøl -et n
[feŋʌbøl]

der Nahtauftrenner
sømopsprætter -en u
[sœmʌbsbradʌ]

HOBBYS – HOBBYER

Nähen und Stricken – Sy og Strikke

nähen
at **sy**
[syˀ]

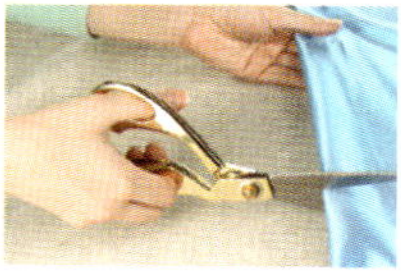

schneiden
at **skære**
[sgɛ:ʌ]

das Patchwork
patchwork -et n
[padɕwœ:g]

häkeln
at **hække**
[hɛglə]

der Kreuzstich
korssting -et n
[kɒ:ssdeŋˀ]

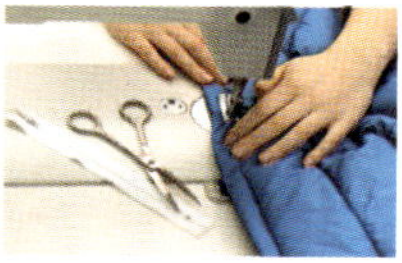

wattieren
at **vattere**
[vaˈteˀʌ]

stricken
at **strikke**
[sdrɛgə]

stopfen
at **stoppe**
[sdʌbə]

weben
at **væve**
[vɛ:və]

Spitze klöppeln
at **kniple blonder**
[kneblə blʌndʌ]

einen Teppich knüpfen
at **knytte et tæppe**
[knydə ed tɛbə]

der Reißverschluss
lynlås -en u
[ly:nlɔˀs]

auftrennen
at **skille**
[sgelə]

sticken	at **brodere** [broˈdeˀʌ]
das Leinen	**hør** -ren u [hœɐ̯]
die Seide	**silke** -en u [selgə]
das Nylon®	**nylon** -en u [nɑjlʌn]
die Baumwolle	**bomuld** -en u [bʌmulˀ]
der Polyester	**polyester** -en u [polyˈɛsdʌ]
der Stich	**sting** -et n [sdeŋˀ]
heften	at **hæfte** [hɛfdə]

HOBBYS – HOBBYER

Das Kino – Biografen

der Kinosaal
biografsal -en u
[bioˈgrɑˀfsæˀl]

① *die Kinoleinwand*
biograflærred -et n
[bioˈgrɑˀflæɐ̯ʌð]

② *die Sitzreihe*
sidderække -n u
[seðəragə]

die Snackbar
snackbar -en u
[snægbɑˀ]

das Getränk
drik -ken u
[dreg]

das Popcorn
popcorn -ene pl
[pʌbkoɐ̯ˀn]

die Kinokasse
billetsalg -et n
[biˈlɛdsalˀ]

die Komödie
komedie -n u
[koˈmeðˀjə]

der Horrorfilm
horrorfilm -en u
[hʌɹʌfilˀm]

der Liebesfilm
kærlighedsfilm -en u
[kæɐ̯liheðsfilˀm]

der Zeichentrickfilm	**tegnefilm** -en u [tɑjnəfilˀm]
der Western	**western** u [vɛsdʌn]
die Voraufführung	**forpremiere** -n u [fɒ:prɛmˈjɛ:ʌ]
das Filmplakat	**filmplakat** -en u [filˀmplaˈkæˀd]
die Premiere	**premiere** -n u [prɛmˈjeˀʌ]
der Thriller	**thriller** -en u [θɹelʌ]
der Sciencefictionfilm	**science fiction-film** -en u [sɑjəns fɛgʃən filˀm]
jugendfrei	**tilladt for børn** [telæˀd foˀɐ̯ ˈbœɐ̯ˀn]

der 3D-Film
3D-film -en u
[trɛˈdefilˀm]

HOBBYS – HOBBYER

Fotografieren – Fotografering

die Programmwählscheibe
programvælgerhjul -et n
[proˈgramˀˈvɛljʌjuˀl]

die Spiegelreflexkamera
spejlrefleksk amera -et n
[sbɑjlrɛflɛgskæˀmərɑ]

der Blitzschuh
kamerablitzholder -en u
[kæˀmərɑblidshʌlʌ]

der (ausklappbare) Blitz
(udklappelig) kamerablitz -en u
[(uðklɑbəli) kæˀmərɑblids]

der/das Zoom
zoom -en u
[su:m]

das Objektiv
objektiv -et n
[ʌbjəgˈtiwˀ]

der Auslöser
udløser -en u
[uðløˀsʌ]

das Kameragehäuse
kamerahus -et n
[kæˀmərɑhuˀs]

der Blendenregler
blændeindstilling -en u
[blɛnəensdelˀeŋ]

das Selbstauslöser-Lichtsignal
selvudløser-lyssignal -et n
[sɛluðlø:sʌ lysiˈnæˀl]

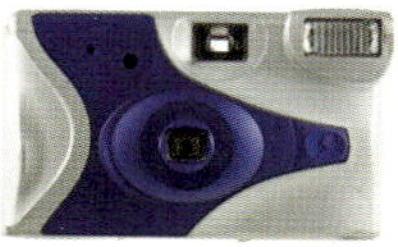

die Einwegkamera
engangskamera -et n
[e:ngɑŋskæˀmərɑ]

die Sofortbildkamera
polaroidkamera -et n
[polɑoˈiðˀkæˀmərɑ]

die Analogkamera
analogkamera -et n
[anaˈloˀkæˀmərɑ]

die Digitalkamera
digitalkamera -et n
[digiˈtæˀlkæˀmərɑ]

das Stativ
stativ -et n
[sdaˈtiwˀ]

der Aufsteckblitz
kamerablitz, der kan sættes på -en u
[kæˀmərɑblids dɛˀɐ̯ kanˀ sɛdəs pɔˀ]

der Filter
filter -et n
[filˀdʌ]

der Objektivdeckel
objektivbeskyttelseslåg -et n
[ʌbjəgtiwˀbeˈsgødəlsəslɔˀw]

HOBBYS – HOBBYER

Fotografieren – Fotografering

der Film
film -en u
[fil'm]

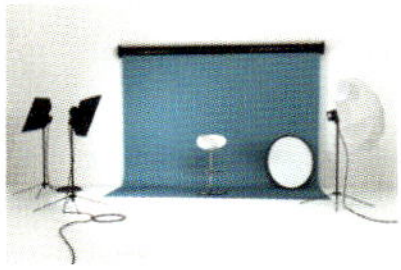

das Fotostudio
fotostudie -n u
[fotosdu'djə]

ein Foto machen
at **tage et billede**
[tæ' ed beləðə]

die Bildbearbeitung
billedbearbejdning -en u
[beləðbeɑˈbɑjˀdneŋ]

die Compact-Flash-Karte
compact-flash-kort -et n
[kʌmpagdflaɕkɒ:d]

sich fotografieren lassen
at **lade sig fotografere**
[la sɑj fodograˈfeˀʌ]

die Kameratasche
kamerataske -n u
[kæˀmərɑtasgə]

die Dunkelkammer
mørkekammer -et n
[mœɐ̯gəkɑmˀʌ]

die Speicherkarte
hukommelseskort -et n
[huˈkʌmˀəlsəskɒ:d]

unscharf
uskarp
[usgɑ:b]

überbelichtet
overeksponeret
[ɒwʌɛgsboˈneˀʌd]

unterbelichtet
undereksponeret
[ɔnˀʌɛgsboˈneˀʌd]

das Hochformat	det **stående format** n [sdɔ:ənə fʌˈmæˀd]
das Querformat	det **liggende format** n [legənə fʌˈmæˀd]
die Vergrößerung	**forstørrelse** -n u [fʌˈsdœɐ̯ˀʌlsə]
der Rote-Augen-Effekt	den **røde øjne-effekt** u [rœðə ˈʌjnə ɛˈfɛgd]
matt	**mat** [mad]
glänzend	**blank** [blɑŋˀg]
das Fotoalbum	**fotoalbum** -met n [fotoalbɔm]
das Negativ	**negativ** -et n [negatiwˀ]

der digitale Bilderrahmen
den **digitale billed-ramme** u
[digiˈtæˀlə bilədrɑmˀ]

HOBBYS – HOBBYER

Spiele – Spil

die Spielkarte
spillekort -et n
[sbeləkɒ:d]

das Karo
ruder -en u
[ru:ðʌ]

das Pik
spar -en u
[sbɑˀ]

das Herz
hjerter -ne pl
[jæɐ̯dʌ]

das Kreuz
klør -en u
[kløˀɐ̯]

das Ass
es -set n
[ɛs]

der Joker
joker -en u
[djɔwgʌ]

der König
konge -n u
[kʌŋə]

die Dame
dame -n u
[dæ:mə]

der Bube
knægt -en u
[knɛgd]

die Karten mischen
at **blande kortene**
[blanə kɒ:dənə]

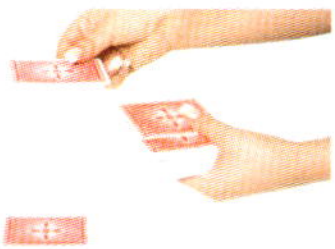

geben
at **give**
[giˀ]

das Blatt
blad -et n
[blað]

Poker spielen
at **spille poker**
[sbelə poˀgʌ]

der Dominostein
dominobrik -ken u
[doˀminobrɛg]

das Backgammon
backgammon -et n
[bagˈgamʌn]

das Damespiel
dam -men u
[dɑmˀ]

das Puzzle
puslespil -let n
[pusləsbel]

HOBBYS – HOBBYER

Spiele – Spil

das Schach
skak -ken u
[sgɑg]

der König
konge -n u
[kʌŋə]

die Dame
dame -n u
[dæ:mə]

der Läufer
løber -en u
[lø:bʌ]

der Springer
springer -en u
[sbrɛŋʌ]

der Turm
tårn -et n
[tɒˀn]

der Bauer
bonde -n u
[bɔnə]

das weiße Feld
det **hvidte felt** n
[viðə fɛlˀd]

das Schachbrett
skakbræt -tet n
[sgɑgbrad]

das schwarze Feld
det **sorte felt** n
[sɒ:də fɛlˀd]

der Zug
træk -ket n
[trag]

das Brettspiel
brætspil -let n
[bradsbel]

das Monopoly®
Monopoly®
[mɔnɔ poˀli]

das Mensch ärgere dich nicht®
ludo -et n
[ludo]

würfeln	at **rafle** [rɑflə]
mogeln	at **snyde** [sny:ðə]
das Glück	**held** -et n [hɛlˀ]
das Pech	**uheld** -et n [uhɛlˀ]
Wer ist dran?	**Hvis tur er det?** [ves tuɐ̯ˀ æɐ̯ de]
Du bist dran.	**Det er din tur.** [de æɐ̯ din tuɐ̯ˀ]
gewinnen	at **vinde** [venə]
verlieren	at **tabe** [tæ:bə]

das Jenga®
Jenga®
[dʒɛŋga]

der Würfel
terning -en u
[tæɐ̯neŋ]

FERIEN – FERIE

Am Strand – På stranden

der Strand
strand -en u
[sdranˀ]

die Stranddüne
sandklit -en u
[sanklid]

der Sonnenuntergang
solnedgang -en u
[so:lneðgaŋˀ]

das Meer
hav -et n
[hawˀ]

der Strandkorb
strandkurv -en u
[sdranˀkuɐ̯ˀw]

der Sand
sand -et n
[sanˀ]

die Küste
kyst -en u
[køsd]

die Strandpromenade
strandpromenade -n u
[sdranˀpromə'næ:ðə]

der Liegestuhl
liggestol -en u
[legəsdoˀl]

der Wasserball
badebold -en u
[bæ:ðəbʌlˀd]

das Strandtuch
strandhåndklæde -t n
[sdranˀhʌnklɛ:ðə]

die Kinderschaufel
legeskovl -en u
[lajəsgɒwˀl]

der Flip-Flop®
klipklapper -en u
[klibklabʌ]

der Eimer
spand -en u
[sbanˀ]

FERIEN – FERIE

Am Strand – På stranden

der Sonnenschirm
parasol -len u
[pɑːˀasoˀl]

der Steinstrand
stenstrand -en u
[sdeːnsdranˀ]

die Strandmuschel
strandmusling -en u
[sdranmusləŋ]

die Sandburg
sandslot -tet n
[sanslʌd]

der Seetang
havtang -en u
[hawtaŋˀ]

die Sonnencreme
solcreme -n u
[soːlkrɛˀm]

das Strandresort
strandresort -et n
[sdranˀʁiˈsɒːd]

der Steg
bro -en u
[broˀ]

das Kreuzworträtsel
krydsogtværs -en u
[krysʌˈtvæɐ̯s]

das Sudoku
sudoku -en u
[suˈdoku]

das Strandhäuschen
strandhytte -n u
[sdranˀhydə]

die Strandbar
strandbar -en u
[sdranˀbɑˀ]

die Ebbe	**ebbe** -n u [ɛbə]
die Flut	**flod** -en u [floˀð]
die Strömung	**strøm** -men u [sdrœm]
der FKK-Strand	**naturiststrand** -en u [natuˈrisdsdranˀ]
das Strandgut	**strandingsgods** -et n [sdraneŋsgɔs]
schnorcheln	**at snorkle** [snɒːglə]
der Sonnenbrand	**solskoldning** -en u [soːlsgʌlneŋ]
die Brandung	**brænding** -en u [braneŋ]

sich sonnen
at tage solbad
[tæˀ soːlbað]

FERIEN – FERIE

Das Zelten – Campingen

das Wohnmobil
autocamper -en u
[ɑwtokæ:mbʌ]

der Wohnwagen
campingvogn -en u
[kæ:mpeŋvɒwʔn]

der Campingbus
campingbus -en u
[kæ:mpeŋbus]

das Indianerzelt
indianertelt -et n
[endiˈæʔnʌtɛlʔd]

der Campingstuhl
campingstol -en u
[kæ:mpeŋsdoʔl]

der Gasbrenner
gasbrænder -en u
[gasbranʌ]

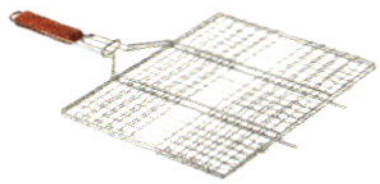

der Grillrost
grill -en u
[gril]

die Lagerfeuerstelle
lejrbålsted -et n
[lɑjʔʌbɔʔlsdɛð]

der Campingplatz
campingplads -en u
[kæ:mpeŋplas]

das Zelt
telt -et n
[tɛlʔd]

der Zeltplatz
teltplads -en u
[tɛlʔdplas]

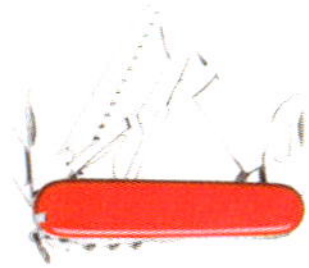

das Taschenmesser
lommekniv -en u
[lʌməkniwʔ]

die Hängematte
hængekøje -n u
[hɛŋəkʌjə]

die Gasflasche	**gasflaske** -n u [gasflasgə]
dasPropangas	**propangas** -sen u [proˈpæʔngas]
die Stirnlampe	**pandelampe** -n u [panəlɑmbə]
der Stromanschluss	**strømtilslutning** -en u [sdrœmtelsludneŋ]
die Duschen und Toiletten	**brusebade og toiletter** pl [bru:səbaðə ɒw toaˈlɛdʌ]
der Feueranzünder	**ildtænder** -en u [iltɛnʌ]
die Holzkohle	**trækul** -let n [trɛʔkɔl]
der/das Insektenspray	**insektspray** -en u [enˈsɛgdsbrɛj]

FERIEN – FERIE

Das Zelten – Campingen

der Schlafsack
sovepose -n u
[sɒwəpoːsə]

das Außenzelt
ydertelt -et n
[yːðʌtɛlˀd]

das Innenzelt
indertelt -et n
[enʌtɛlˀd]

der Zelteingang
teltindgang -en u
[tɛlˀdengɑŋˀ]

die Zeltstange
teltstang -en u
[tɛlˀdsdɑŋˀ]

der Zeltboden
teltbund -en u
[tɛlˀdbɔnˀ]

der Reißverschluss
lynlås -en u
[lyːnlɔˀs]

die Luftmatratze
luftmadras -sen u
[lɔfdmaˈdrɑs]

der Rucksack
rygsæk -ken u
[rœgsɛg]

die Isomatte
liggeunderlag -et n
[legəɔnˀəlɑw]

der Trekkingstock
vandrestav -en u
[vɑndrʌsdæˀw]

der Wanderschuh
vandresko -en u
[vɑndrʌsgoˀ]

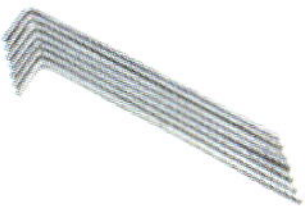

der Hering
teltpløk -ken u
[tɛlˀdpløg]

die Taschenlampe
lommelygte -n u
[lʌmələøgdə]

die Petroleumlampe	**petroleumslampe** -n u [peˈtroˀljɔmslɑmbə]
die Luftpumpe	**luftpumpe** -n u [lɔfdpɔmbə]
die Campingtoilette	**campingtoilet** -tet n [kæːmpeŋtoaˈlɛd]
die Entsorgungsstation	**bortskaffelsesstation** -en u [bɒdsgɑfəlsəssdaˈɕoˀn]
die Regenhaut®	**regnslag** -et n [rɑjnslæˀj]
die Thermowäsche	**termoundertøj** -et n [tæɐ̯moɔnˀʌtʌj]
das Moskitonetz	**myggenet** -tet n [mygənɛd]
ein Zelt aufschlagen	**at slå telt op** [slɔˀ tɛlˀd ʌb]
Kann ich hier mein Zelt aufschlagen?	**Kan jeg slå mit telt op her?** [kan jɑj slɔˀ mid tɛlˀd ʌb heˀɐ̯]

der Wasserkanister
vandtank -en u
[vantɑŋˀg]

KÖRPER UND GESUNDHEIT

KROP OG SUNDHED

DER KÖRPER – KROPPEN

der Mann
mand -en u
[manˀ]

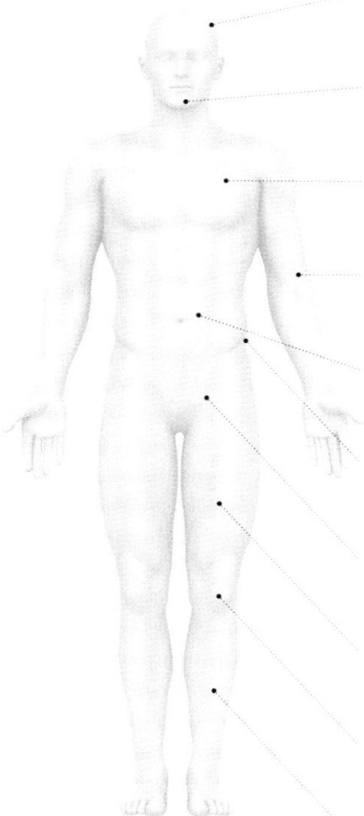

die Frau
kvinde -n u
[kvenə]

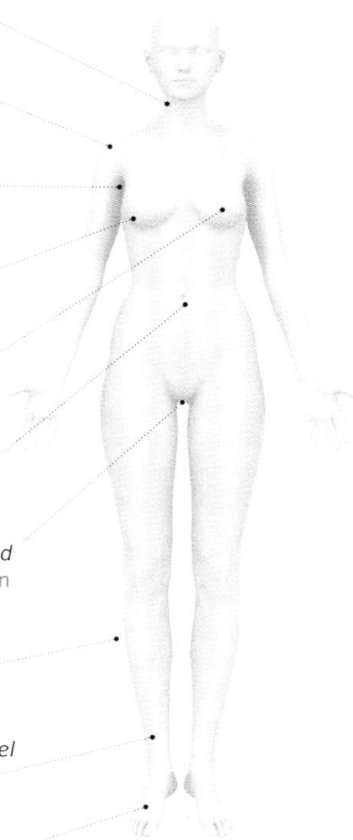

der Kopf
hoved -et n
[ho:əð]

das Kinn
hage -n u
[hæ:jə]

der Brustkorb
brystkasse -n u
[brœsdkasə]

der Arm
arm -en u
[ɑˀm]

der Bauch
mave -n u
[mæ:və]

die Hüfte
hofte -n u
[hʌfdə]

die Leiste
lyske -n u
[lysgə]

der Oberschenkel
lår -et n
[lɒˀ]

das Knie
knæ -et n
[knɛˀ]

das Schienbein
skinneben -et n
[sgenəbeˀn]

der Hals
hals -en u
[halˀs]

die Schulter
skulder -en u
[sgulʌ]

die Achselhöhle
armhule -n u
[ɑˀmhu:lə]

die Brust
bryst -et n
[brœsd]

die Brustwarze
brystvorte -n u
[brœsdvɒ:də]

der Bauchnabel
navle -n u
[nɑwlə]

die Schamgegend
pubesområde -t n
[pu:bəsʌmrɔ:ðə]

das Bein
ben -et n
[beˀn]

der Unterschenkel
underben -et n
[ɔnˀʌbeˀn]

der Fuß
fod -en u
[foˀð]

DER KÖRPER – KROPPEN

die Frau
kvinde -n u
[kvenə]

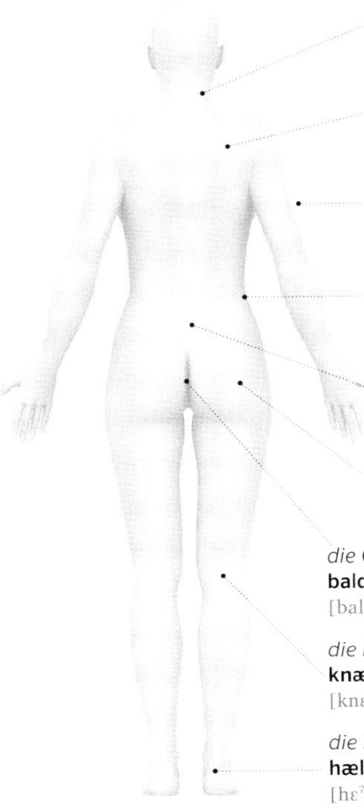

der Nacken
nakke -n u
[nɑgə]

das Schulterblatt
skulderblad -et n
[sgulʌblað]

der Arm
arm -en u
[ɑˀm]

die Taille
talje -n u
[taljə]

die Lende
lænd -en u
[lɛnˀ]

das Gesäß
balde -n u
[balə]

die Gesäßspalte
baldekløft -en u
[baləkløfd]

die Kniekehle
knæhase -n u
[knɛhæːsə]

die Ferse
hæl -en u
[hɛˀl]

der Mann
mand -en u
[manˀ]

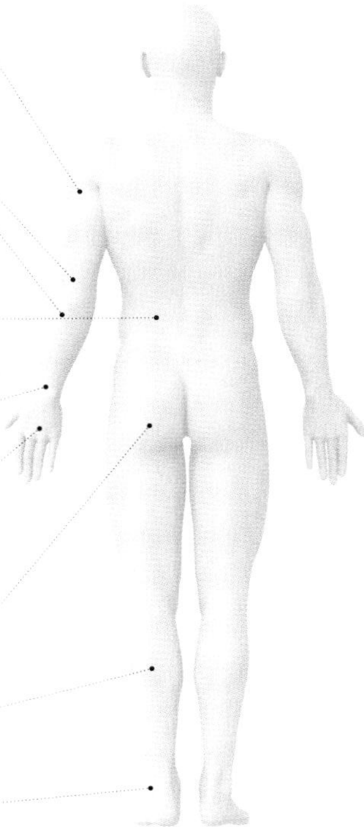

der Oberarm
overarm -en u
[ɒwʌɑˀm]

der Ellbogen
albue -n u
[albuːə]

der Unterarm
underarm -en u
[ɔnˀʌɑˀm]

der Rücken
ryg -gen u
[rœg]

das Handgelenk
håndled -det n
[hʌnleð]

die Hand
hånd -en u
[hʌnˀ]

die Gesäßbacke
balde -n u
[balə]

die Wade
læg -gen u
[lɛˀg]

der Knöchel
knogle -n u
[knɒwlə]

DER KÖRPER – KROPPEN

Die Hand und der Fuß – Hånden og foden

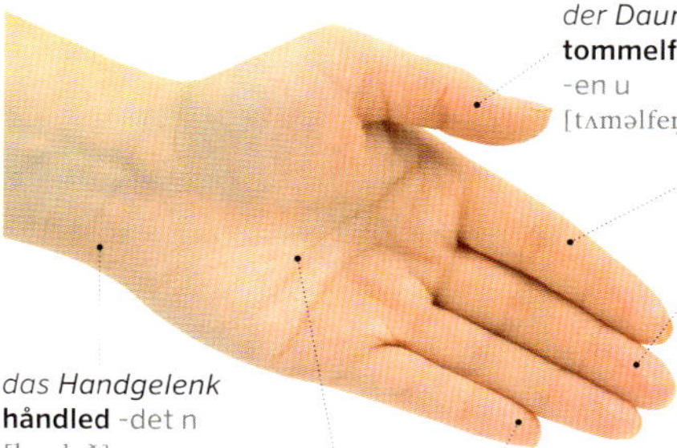

der Daumen
tommelfinger -en u
[tʌməlfeŋˀʌ]

der Zeigefinger
pegefinger -en u
[pɑjəfeŋˀʌ]

der Mittelfinger
langefinger -en u
[lɑŋəfeŋˀʌ]

das Handgelenk
håndled -det n
[hʌnleð]

die Handfläche
håndflade -n u
[hʌnflæːðə]

die Fingerkuppe
fingerspids -en u
[feŋˀʌsbes]

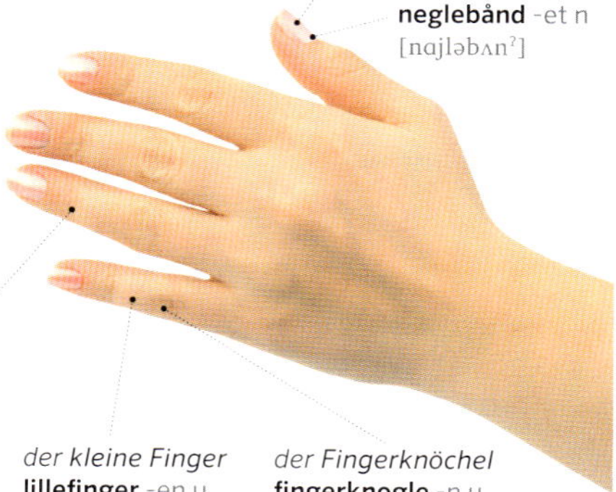

der Fingernagel
fingernegl -en u
[feŋˀʌnɑjˀl]

die Nagelhaut
neglebånd -et n
[nɑjləbʌnˀ]

der Ringfinger
ringfinger -en u
[rɛŋːfeŋˀʌ]

der kleine Finger
lillefinger -en u
[liləfeŋˀʌ]

der Fingerknöchel
fingerknogle -n u
[feŋˀʌknɒwlə]

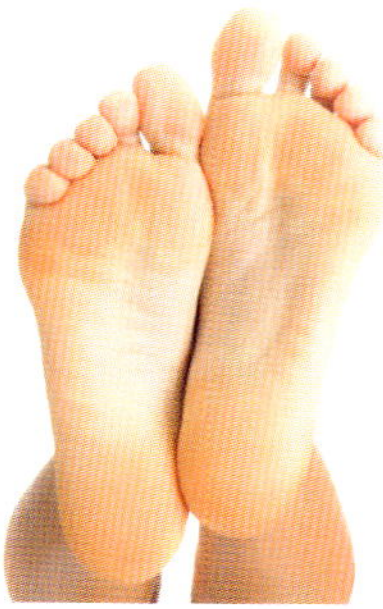

die Fußsohle
fodsål -en u
[foðsɔˀl]

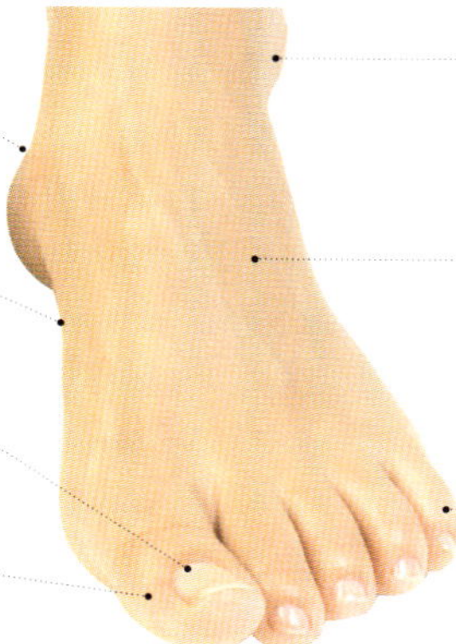

die Ferse
hæl -en u
[hɛˀl]

das Fußgewölbe
svang -en u
[svɑŋˀ]

der Zehennagel
tånegl -en u
[tɔˀnɑjˀl]

der große Zeh
storetå -en u
[sdoɐ̯ətɔˀ]

das Fußgelenk
fodled -det n
[foðleð]

der Fußrücken
vrist -en u
[vrɛsd]

der kleine Zeh
lilletå -en u
[lilətɔˀ]

DER KÖRPER – KROPPEN

Der Kopf – Hovedet

das Gehirn
hjerne -n u
[jæɐ̯nə]

das Großhirn
storehjerne -n u
[jæɐ̯nə]

das Kleinhirn
lillehjerne -n u
[liləjæɐ̯nə]

der Hirnstamm
hjernestamme -n u
[jæɐ̯nəsdɑmə]

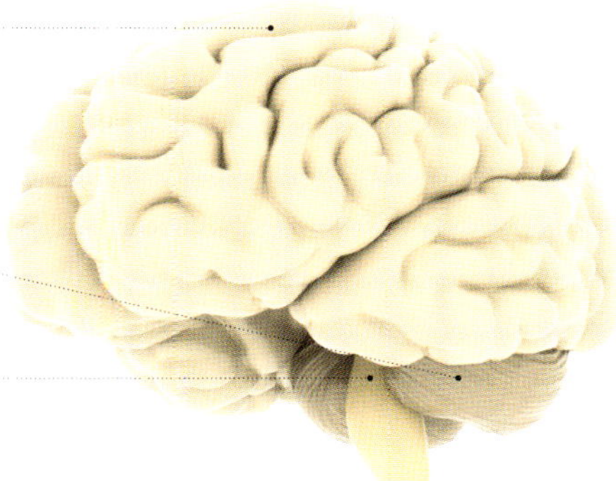

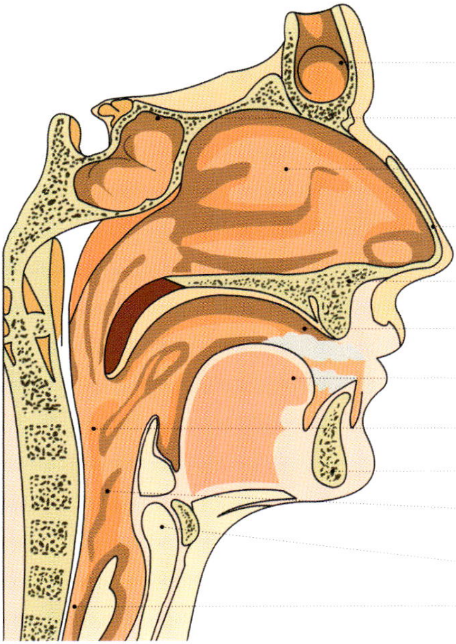

die Stirnhöhle
pandehule -n u
[panəhu:lə]

die Nasenhöhle
næsebor -et n
[nɛ:səbo'ɐ̯]

der Oberkiefer
overkæbe -n u
[kɛ:bə]

die Zunge
tunge -n u
[tɔŋə]

der Unterkiefer
underkæbe -n u
[ɔn'ʌkɛ:bə]

der Kehlkopf
strubehoved -et n
[sdru:bəho:əð]

die Keilbeinhöhle
kilebenshule -n u
[ki:ləbe:nshu:lə]

das Nasenbein
næseben -et n
[nɛ:səbe'n]

der Gaumen
gane -n u
[gæ:nə]

der Rachen
svælg -et n
[svɛl'j]

die Kehle
strube -n u
[sdru:bə]

die Speiseröhre
spiserør -et n
[sbi:sərœ'ɐ̯]

DER KÖRPER – KROPPEN

Die Muskeln – Musklerne

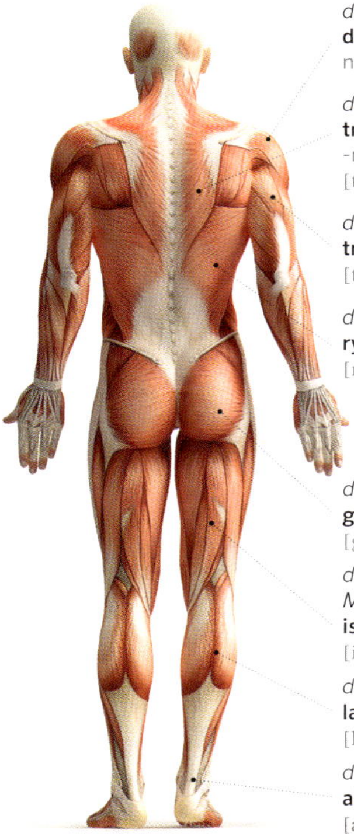

der Deltamuskel
deltamuskel -musklen n [dɛltamusgəl]

der Kapuzenmuskel
trapeziusmuskel -musklen n [traˈpɛdsiusmusgəl]

der Trizeps
triceps -en u [trisɛbs]

der Rückenmuskel
rygmuskel -musklen n [rœgmusgəl]

der Gesäßmuskel
gluteus maximus u [gludɛus maksimus]

die ischiocruralen Muskeln
iskias -sen u [iskjas]

der Wadenmuskel
lægmuskel -musklen n [lɛˀgmusgəl]

die Achillessehne
akillessene -n u [aˈkiləsseːnə]

der Stirnmuskel
pandemuskel -musklen n [panəmusgəl]

der Brustmuskel
brystmuskel -musklen n [brœsdmusgəl]

der Bizeps
biceps -en u [bisɛbs]

der Bauchmuskel
bugmuskel -musklen n [buˀmusgəl]

der Oberschenkelmuskel
den **øvre lårmuskel** n [øwrʌ lɒˀmusgəl]

der vordere Schienbeinmuskel
den **forreste skinnebensmuskel** n [fɒˀɒsdə sgenəbeˀnsmusgəl]

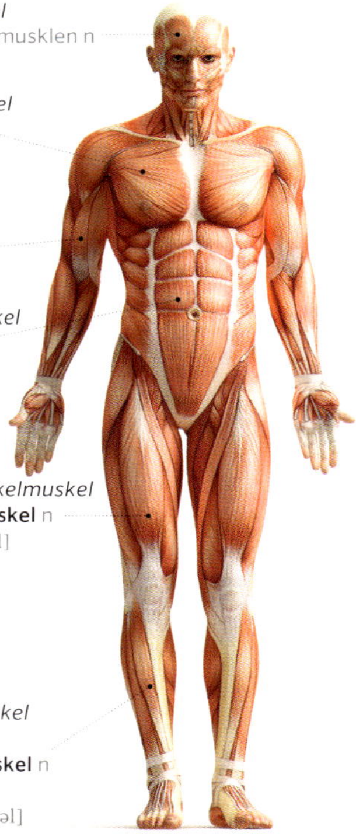

DER KÖRPER – KROPPEN

Das Skelett – Skelettet

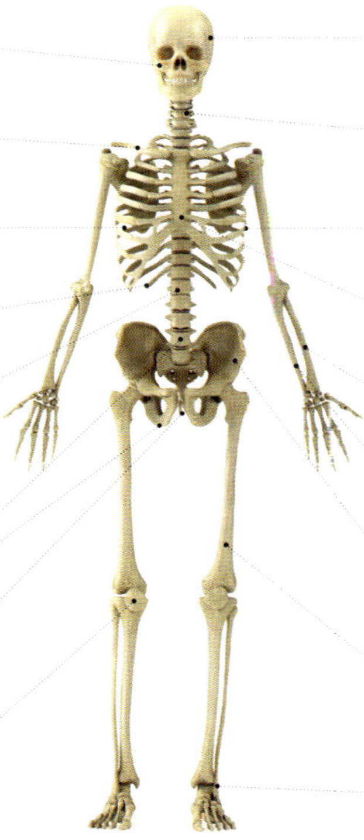

das Jochbein
kindben -et n
[kenbeˀn]

das Schlüsselbein
nøgleben -et n
[nʌjləbeˀn]

der Brustkorb
brystkasse -n u
[brœsdkasə]

die freie Rippe
det **frie ribben** n
[friə ribeˀn]

die Wirbelsäule
hvirvelsøjle -n u
[vig̯ˀwəlsʌjlə]

der Lendenwirbel
lændehvirvel -hvirvlen u
[lɛnəvig̯ˀwəl]

das Sitzbein
sædeben -et n
[sɛːðəbeˀn]

das Steißbein
haleben -et n
[hæːləbeˀn]

die Kniescheibe
knæskal -len u
[knɛsgalˀ]

der Schädel
kranium kraniet n
[krɑˀnjɔm]

der Halswirbel
halshvirvel -hvirvlen u
[halsvig̯ˀwəl]

die Rippe
ribben -et n
[ribeˀn]

das Brustbein
brystben -et n
[brœsdbeˀn]

die Speiche
spoleben -et n
[sboːləbeˀn]

die Elle
albueben -et n
[albuːəbeˀn]

das Becken
bækken -et n
[bɛgən]

der Oberschenkelknochen
lårknogle -n u
[lɒˀknɒwlə]

das Fersenbein
hælben -et n
[hɛˀlbeˀn]

DER KÖRPER – KROPPEN

Die inneren Organe – De indre organer

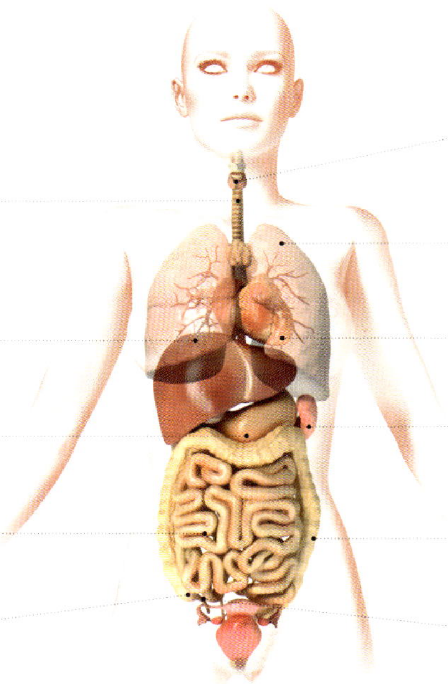

die Niere	**nyre** -n u [nyːʌ]
die Bauchspeicheldrüse	**bugspytkirtel** -kirtlen u [buːsbødkiɐ̯dəl]
der Zwölffingerdarm	**tolvfingertarm** -en u [tʌlfeŋʌtɑˀm]
die Gallenblase	**galdeblære** -n u [galəblɛːʌ]
das Zwerchfell	**mellemgulv** -et n [mɛləmgɔl]
das Gewebe	**væv** -et n [vɛˀw]
die Sehne	**sene** -n u [seːnə]
die Drüse	**kirtel** kirtlen u [kiɐ̯dəl]
der Knorpel	**brusk** -en u [brusg]

DER KÖRPER – KROPPEN

Die Körpersysteme – Kropssystemerne

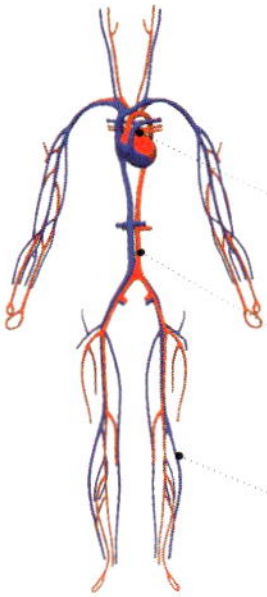

das Herz-Kreislauf-System
hjerte-kar-system -et n
[jæɐ̯də ˈkɑ sysdeˀm]

das Herz
hjerte -t n
[jæɐ̯də]

die Arterie
arterie -n u
[ɑˈteˀɐ̯iə]

die Vene
vene -n u
[veːnə]

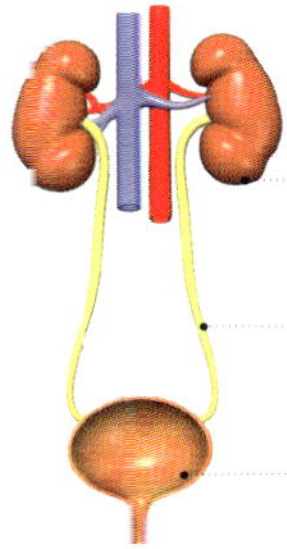

das Harnsystem
urinveje -ne pl
[uˈriˀnvɑjə]

die Niere
nyre -n u
[nyːʌ]

der Harnleiter
urinleder -en u
[uˈriˀnleːðʌ]

die Harnblase
urinblære -n u
[uˈriˀnblɛːʌ]

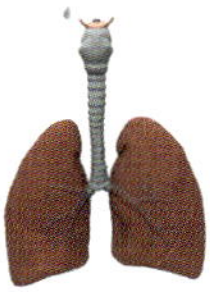

das Atmungssystem
luftveje -ne pl
[lɔfdvɑjə]

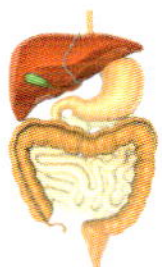

das Verdauungssystem
fordøjelsessystem -et n
[fʌˈdʌjˀəlsəsysdeˀm]

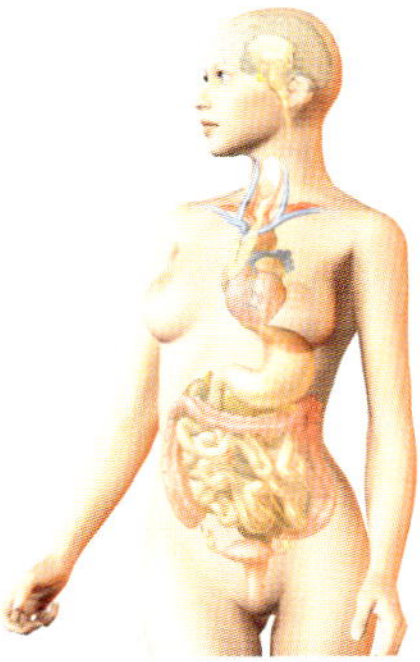

das endokrine System
det **endokrine system** n
[ɛndokriˀnə sysdeˀm]

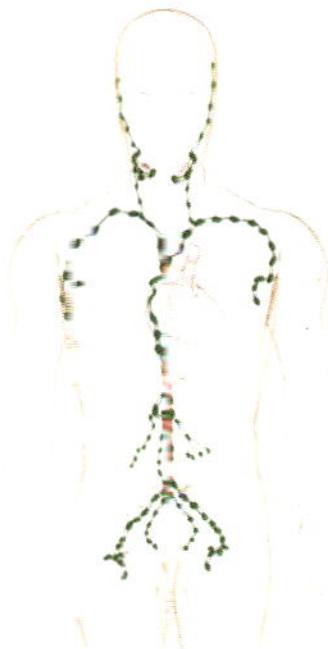

das lymphatische System
lymfesystem -et n
[lømfəsysdeˀm]

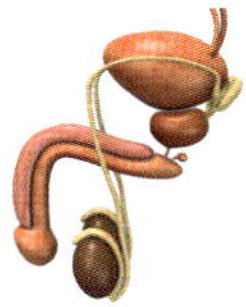

das männliche Fortpflanzungssystem
det **mandlige forplantningssystem** n
[manliə fʌplanˀdneŋsysdeˀm]

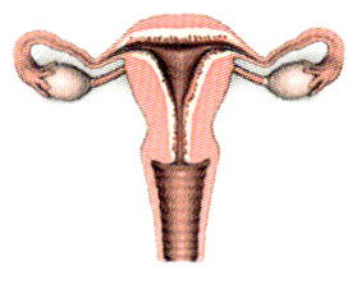

das weibliche Fortpflanzungssystem
det **kvindelige forplantningssystem** n
[kvenəliə fʌplanˀdneŋsysdeˀm]

das Nervensystem	**nervesystem** -et n [næɐ̯vəsyˈsdeˀm]
der Blutkreislauf	**blodkredsløb** -et n [bloðkrɛːsløˀb]
der Tastsinn	**følesans** -en u [føːləsanˀs]
der Sehsinn	**synssans** -en u [syˀnssanˀs]
der Hörsinn	**høresans** -en u [høːʌsanˀs]
der Geruchssinn	**lugtesans** -en u [lɔgdəsanˀs]
der Geschmackssinn	**smagssans** -en u [smæˀjssanˀs]
der Gleichgewichtssinn	**balancesans** -en u [baˈlɑŋsəsanˀs]

DER KÖRPER – KROPPEN

Die Geschlechtsorgane – Kønsorganerne

die männlichen Geschlechtsorgane
det **mandlige kønsorgan** n
[manliə ˈkœnsɒgæˀn]

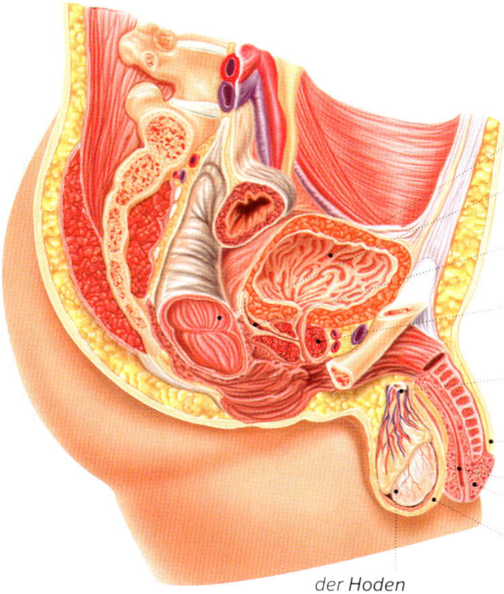

die Erektion	**erektion** -en u [eɐ̯əgˈɕoˀn]
die Vorhaut	**forhud** -en u [fɒːhuðˀ]
die Beschneidung	**omskæring** -en u [ʌmsgɛˀɐ̯eŋ]
der Samenerguss	**ejakulation** -en u [ejakulaˈɕoˀn]
potent/impotent	**potent/impotent** [poˈtɛnˀd/empotɛnˀd]
das Hormon	**hormon** -et n [hɒˈmoˀn]
der Geschlechtsverkehr	**samleje** -t n [sɑmlɑjə]
die Geschlechtskrankheit	**kønssygdom** -men u [kœnˀssyːdʌmˀ]

DER KÖRPER – KROPPEN

Die Geschlechtsorgane – Kønsorganerne

die weiblichen Geschlechtsorgane
det **kvindelige kønsorgan** n
[kvenəliə ˈkœnsɒgæˀn]

der Eileiter
æggeleder -en u
[ɛgəle:ðʌ]

der Eierstock
æggestok -ken u
[ɛgəsdʌg]

die Gebärmutter
livmoder -en u
[liwmoɐ̯]

die Harnblase
urinblære -n u
[uˈriˀnblɛ:ʌ]

der Gebärmutterhals
livmoderhals -en u
[liwmoɐ̯halˀs]

die Harnröhre
urinrør -et n
[uˈriˀnrœˀɐ̯]

die Schamlippe
skamlæbe -n u
[sgɑmlɛ:bə]

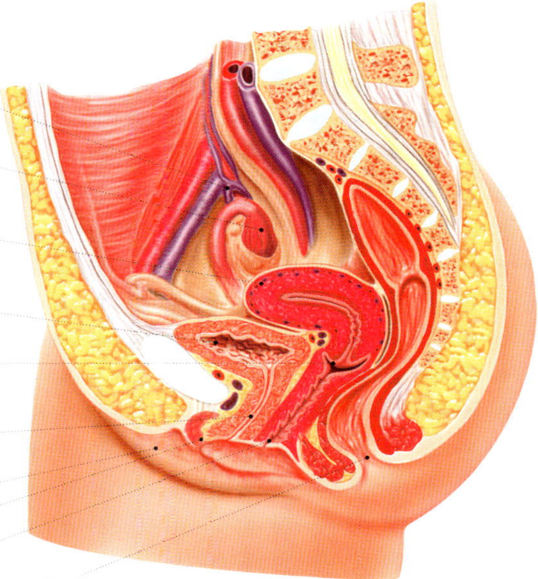

die Klitoris
klitoris -sen u
[klitoris]

die Scheide
skede -n u
[sge:ðə]

der Anus
anus u
[æ:nus]

die Spirale	**spiral** -en u [sbiˈrɑˀl]
das Diaphragma	**pessar** -et n [peˈsɑˀ]
die Empfängnisverhütung	**prævention** -en u [prɛvənˈɕoˀn]
der Eisprung	**ægløsning** -en u [ɛglø:sneŋ]
die Menstruation	**menstruation** -en u [mɛnsdruɑˈɕoˀn]
unfruchtbar/fruchtbar	**steril/fertil** [sdeˈriˀl/fæɐ̯ˈtiˀl]
der Schwangerschaftsabbruch	**svangerskabsafbrydelse/abort** -n/-en u [svɑŋˀʌsgæˀbsɑwbryˀðəlsə/aˈbɒ:d]

das Kondom
kondom -et n
[kʌnˈdoˀm]

die Pille
p-pille -n u
[peˀpelə]

SCHWANGERSCHAFT UND GEBURT – GRAVIDITET OG FØDSEL

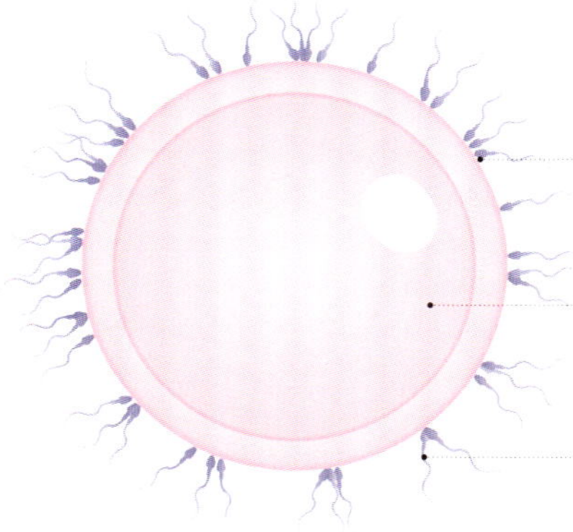

die Empfängnis
undfangelse -n u
[ɔnfɑŋˀəlsə]

die Befruchtung
befrugtning -en u
[beˈfrɔgdneŋ]

die Eizelle
ægcelle -n u
[ɛ:gsɛlə]

das Spermium
sæd -en u
[sɛˀð]

die Ultraschallaufnahme
scanning -en u
[sganeŋ]

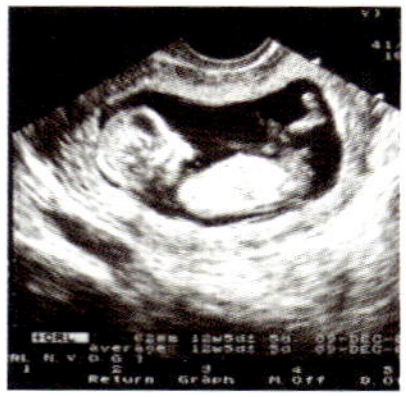

der/das Embryo
foster -et n
[fʌsdʌ]

der Schwangerschaftstest
graviditetstest -en u
[gravidiˈteˀdstɛsd]

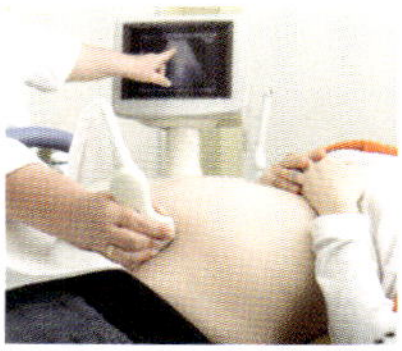

die Ultraschalluntersuchung
ultralydsscanning -en u
[ultralyðssganeŋ]

die Hebamme
jordemor -en u
[joɐ̯moɐ̯]

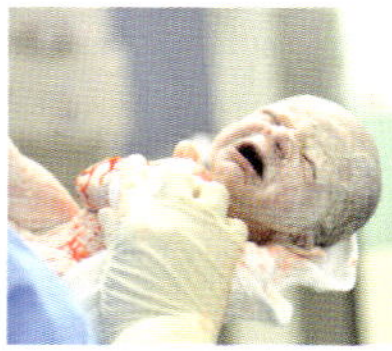

die Geburt
fødsel -en u
[føsəl]

schwanger	**gravid** [graˈviðˀ]
die Wehen	**ve** -en u [veˀ]
die Geburt einleiten	at **sætte fødslen i gang** [sætte føslən iˀ gaŋˀ]
pressen	at **presse** [prasə]
die Nabelschnur	**navlestreng** -en u [nawləsdraŋˀ]
die Plazenta	**moderkage** -n u [moɐ̯kæ:jə]
das Fruchtwasser	**fostervand** -et n [fʌsdʌvanˀ]
die Fruchtblase	**fosterhinde** -n u [fʌsdʌhenə]

SCHWANGERSCHAFT UND GEBURT – GRAVIDITET OG FØDSEL

das Fläschchen
sutteflaske -n u
[sudəflasgə]

der Messlöffel
måleske -n u
[mɔ:ləsgeˀ]

das Milchpulver
mælkepulver -et n
[mɛlgəpɔlˀvʌ]

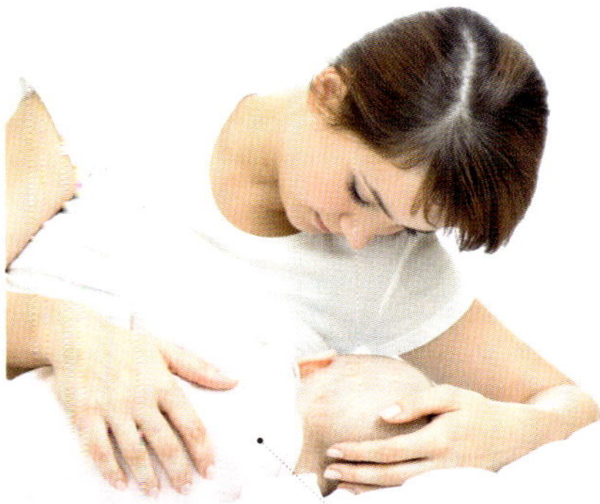

stillen
at **amme**
[ɑmə]

der Säugling
spædbarn -et n
[sbɛðbɑˀn]

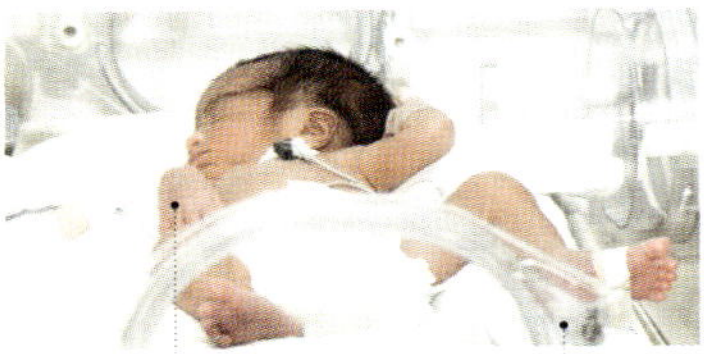

das Frühchen
for tidligt født
[foˀɐ̯ ˈtiðli føˀd]

der Brutkasten
kuvøse -n u
[kuˈvø:sə]

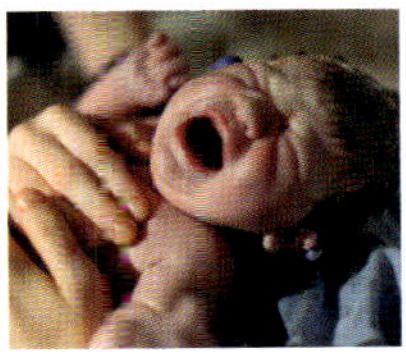

das Neugeborene
den **nyfødte** u
[nyføˀ[illegible]]

die Milchpumpe
mælkepumpe -n u
[mɛlgəpɔmbə]

der Kreißsaal	**fødestue** -n u [fø:ðəsdu:ə]
der Kaiserschnitt	**kejsersnit** -tet n [kɑjsʌsnid]
die Frühgeburt	**for tidlig fødsel** [foˀɐ̯ ˈtiðli føsəl]
die Fehlgeburt	**abort** -en u [aˈbɒ:d]
die eineiigen Zwillinge	de **enæggede tvillinger** pl [e:nɛˀgəð tvil[illegible]ʌ]
die zweieiigen Zwillinge	de **toæggede tvillinger** pl [toɛˀgəð tvile[illegible]]
das Geburtsgewicht	**fødselsvægt** -en u [føsəlsvɛˀgt]
die Impfung	**vaccination** -en u [vɑgsinaˈɕoˀn]

mit der Flasche füttern
at **give sutteflaske**
[giˀ sudəflasgə]

DER ARZTBESUCH – HOS LÆGEN

das Wartezimmer
venteværelse -n u
[vɛndəvæɐ̯ʌlsə]

den Blutdruck messen
at **måle blodtrykket**
[mɔ:lə bloðtrœgəð]

die Ärztin
læge -n u
[lɛ:jə]

die Patientin
patient -en u
[paˈɕɛnˀd]

die Manschette
manchet -ten u
[mɑŋˈɕɛd]

das Rezept
recept -en u
[rɛˈsɛbd]

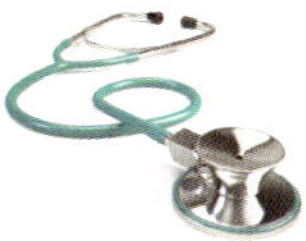

das Stethoskop
stetoskop -et n
[sdedoˈsgoˀb]

das Sprechzimmer
konsultationsværelse -n u
[kʌnsultaˈɕoˀnsvæɐ̯ʌlsə]

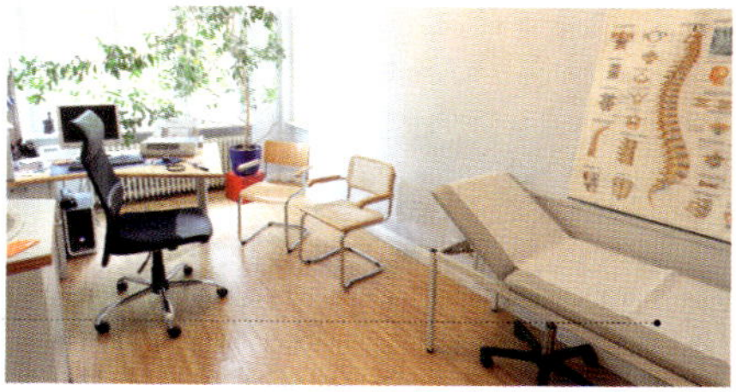

die Untersuchungsliege
briks -en u
[brɛgs]

das Blutdruckmessgerät
blodtryksmåleapparat -et n [bloðtrœgsmɔ:ləabɑˈrɑˀd]

die Sprechstunde	**træffetid** -en u [trafətiðˀ]
jemandem Blut abnehmen	at **tage en blodprøve på nogen** [tæˀ eˀn ˈbloðprœ:wə pɔˀ noən]
der Termin	**aftale** -n u [ɑwtæ:lə]
die Behandlung	**behandling** -en u [beˈhanˀleŋ]
die Diagnose	**diagnose** -n u [diagˈno:sə]
die Überweisung	**henvisning** -en u [hɛnviˀsneŋ]
die Ergebnisse	**resultater** -ne pl [rɛsulˈtæˀdʌ]
die Krankenkasse	**sygekasse** -n u [sy:əkasə]

SYMPTOME UND KRANKHEITEN – SYMPTOMER OG SYGDOMME

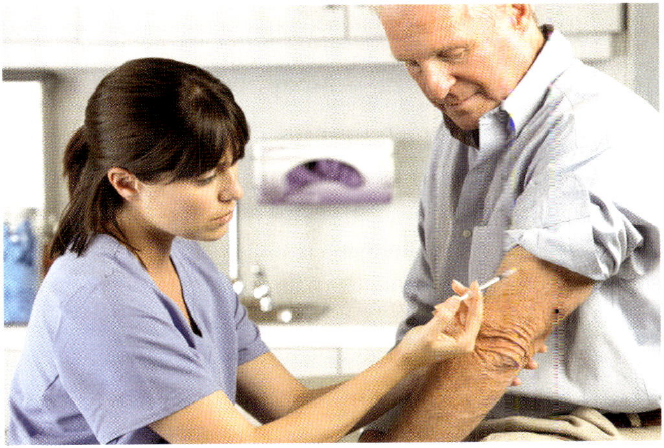

jemandem eine Spritze geben
at **give nogen en indsprøjtning**
[giˀ noən eˀn ˈensbrʌjˀdneŋ]

eine Spritze bekommen
at **få en indsprøjtning**
[fɔˀ eˀn ˈensbrʌjˀdneŋ]

das Virus	**virus** -sen u [vi:rus]
der Infekt	**infektion** -en u [enfɛgˈɕoˀn]
die Allergie	**allergi** -en u [alæɐ̯ˈgiˀ]
der Hautausschlag	**udslæt** -tet n [uðslɛd]
das Ekzem	**eksem** -et n [egˈseˀm]
die Migräne	**migræne** -n u [miˈgrɛ:nə]
das Nasenbluten	**næseblod** -et n [nɛ:səbloˀð]
die Bindehautentzündung	**bindehindebetændelse** -n u [benəhenəbetɛnˀəlsə]
die Mittelohrentzündung	**mellemørebetændelse** -n u [mɛləmø:ɐbetɛnˀəlsə]
der Durchfall	**diarré** -en u [diaˈrɛˀ]
die Darmgrippe	**maveinfluenza** -en u [mæ:vəenfluˈɛnsa
der Schwindel	**svimmelhed** -en u [svemˀəlheðˀ]
die Übelkeit	**kvalme** -n u [kvalmə]
der Krampf	**krampe** -n u [krɑmbə]
die Bronchitis	**bronkitis** -sen u [brʌŋˈkidis]
die Blasenentzündung	**blærebetændelse** -n u [blɛ:ʌbeˈtɛnˀəlsə]

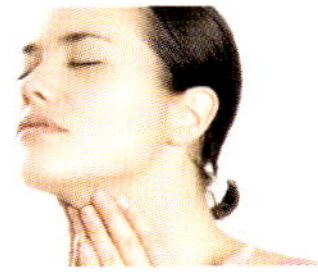

die Halsschmerzen
ondt i halsen
[ɔnˀd iˀ halsən]

die Kopfschmerzen
hovedpine -n u
[ho:əðpi:nə]

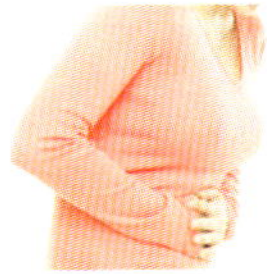

die Magenschmerzen
mavepine -n u
[mæ:vəpi:nə]

die Zahnschmerzen
tandpine -n u
[tanpi:nə]

SYMPTOME UND KRANKHEITEN – SYMPTOMER OG SYGDOMME

krank
syg
[syˀ]

der Schnupfen
snue -n u
[snu:ə]

der Husten
hoste -n u
[ho:sdə]

gesund
rask
[rɑsg]

die Erkältung
forkølelse -n u
[fʌˈkøˀləlsə]

die Grippe
influenza -en u
[enfluˈɛnsa]

das Niesen
nysen u
[ny:sən]

das Fieber
feber -en u
[feˀbʌ]

der Heuschnupfen
høfeber -en u
[hœfeˀbʌ]

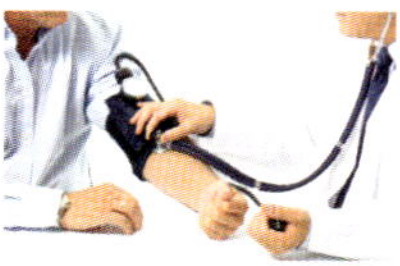

der hohe/niedrige Blutdruck
det **høje/lave blodtryk** n
[hʌjə/lɑwə bloðtrœg]

die Entzündung	**betændelse** -n u [beˈtɛnˀəlsə]
die Gürtelrose	**helvedesild** -en u [hɛlvəðəsilˀ]
die Mangelerscheinung	**mangelsymptom** -et n [mɑŋˀəlsymˈtoˀm]
die Blutvergiftung	**blodforgiftning** -en u [bloðfʌˈgifdneŋ]
die Schuppenflechte	**psoriasis** -sen u [soˈrɛˀasis]
die Kinderkrankheit	**børnesygdom** -men u [bœɐ̯nəsy:dʌmˀ]
die Röteln	**røde hunde** [rœðə hunə]
der/das Scharlach	**skarlagensfeber** -en u [sgɑ:læˀjənsfeˀbʌ]
die Windpocken	**skoldkopper** -ne pl [sgʌlkʌbʌ]
der Mumps	**fåresyge** -n u [fɒ:ˀɒsy:ə]
der Keuchhusten	**kighoste** -n u [kigho:sdə]
die Masern	**mæslinger** -ne pl [mɛsleŋˀʌ]
die Kinderlähmung	**børnelammelse/polio** -n/-en u [bœɐ̯nəlɑməlsə/poˀljo]
der Wundstarrkrampf	**stivkrampe** -n u [sdiwkrɑmbə]
die Tuberkulose	**tuberkulose** -n u [tubæɐ̯guˈlo:sə]
die Rachitis	den **engelske syge** u [ɛŋˀəlsgə sy:ə]
die Hirnhautentzündung	**meningitis** -sen u [meneŋˈgidis]
die Diphtherie	**difteri** -en u [difdʌˈriˀ]
die Tollwut	**rabies** -en u [rɑˀbjɛs]

SYMPTOME UND KRANKHEITEN – SYMPTOMER OG SYGDOMME

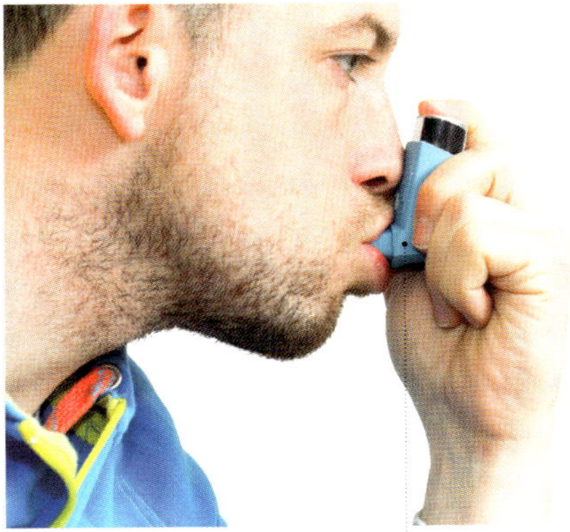

das Asthma
astma -en u
[asdma]

der Inhalator
inhalator -en u
[enhaˈlæːtʌ]

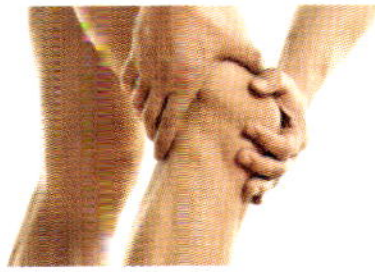

das Rheuma
gigt -en u
[giːgd]

der Diabetes
diabetes -en u
[diaˈbeːdəs]

die Schlafstörung
søvnløshed -en u
[sœwnløsheðˀ]

das Aids
aids -en u
[ɛjds]

die Atemnot	**åndenød** -en u [ʌnənøˀð]
der Alzheimer	**alzheimer** -en u [alshɑjmʌ]
die Demenz	**demens** -en u [deˈmɛnˀs]
die Parkinsonkrankheit	**parkinsons syge** -n u [pɑːgənsʌns syːə]
der Krebs	**kræft** -en u [krafd]
das Geschwür	**mavesår** -et n [mæːvəsɒˀ]
die Schilddrüsenkrankheit	**skjoldbruskkirtelsygdom** -men u [sgjʌlbrusgkiɐ̯dəlsyːdʌmˀ]
der Herzinfarkt	**hjerteanfald** -et n [jæɐ̯dəanfalˀ]
der Schlaganfall	**slagtilfælde** -t n [slɑwtelfɛlˀə]
HIV-positiv/negativ	**HIV-positiv/negativ** [hiwˀ poːsitiwˀ/negatiwˀ]
die multiple Sklerose	den **multiple sklerose** u [mulˈtiˀblə sgleˈʁoːsə]
die Epilepsie	**epilepsi** -en u [epilɛbˈsiˀ]
die Depression	**depression** -en u [deprɛˈɕoˀn]
die Essstörung	**spiseforstyrrelse** -n u [sbiːsəfʌˈsdyɐ̯ˀʌlsə]
die Sucht	**afhængighed** -en u [ɑwˈhɛŋˀiheðˀ]

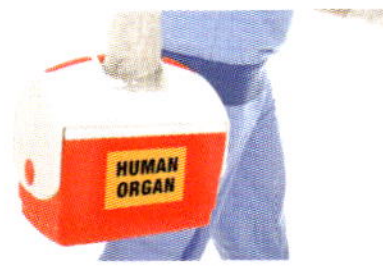

die Transplantation
transplantation -en u
[trɑnsplantaˈɕoˀn]

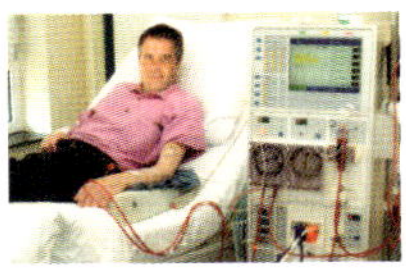

die Dialyse
dialyse -n u
[diaˈlyːsə]

BEHINDERUNGEN – HANDICAP

der Blindenhund
førerhund -en u
[føːʌhunˀ]

der Blindenstock
blindestok -ken u
[blenəsdʌg]

der Rollstuhl
kørestol -en u
[køːʌsdoˀl]

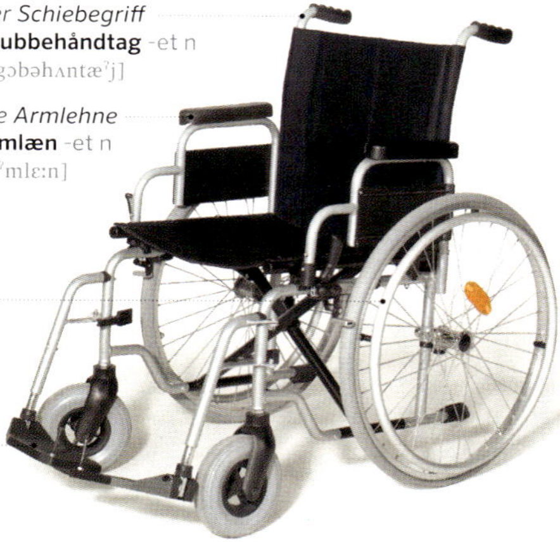

der Schiebegriff
skubbehåndtag -et n
[sgɔbəhʌntæˀj]

die Armlehne
armlæn -et n
[ɑˀmlɛːn]

der Greifreifen
håndring -en u
[hʌnrɛŋː]

die Fußstütze
fodstøtte -n u
[foðsdødə]

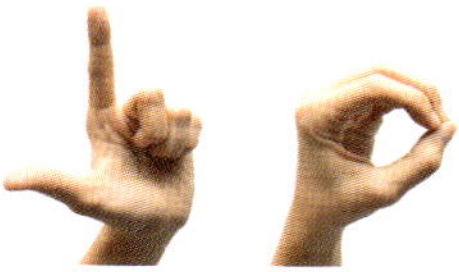

die Gebärdensprache
tegnsprog -et n
[tɑjnsbrɔˀw]

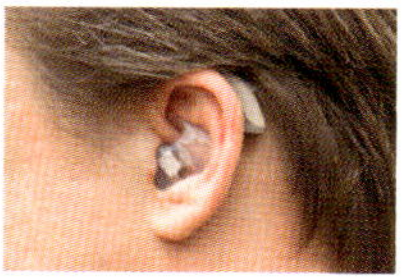

das Hörgerät
høreapparat -et n
[høːʌɑbɑˈrɑˀd]

der Rollator
rollator -en u
[roˈlæːtʌ]

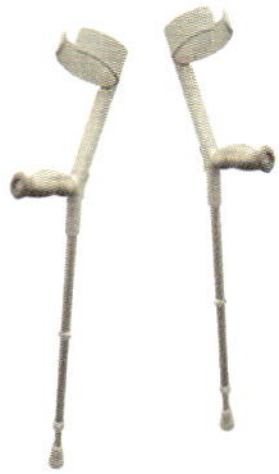

die Krücke
krykke -n u
[krœgə]

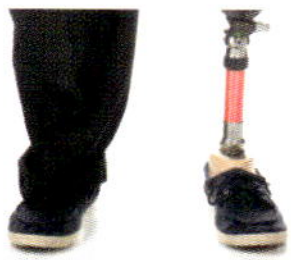

die Prothese
protese -n u
[proˈteːsə]

gelähmt	**lammet** [lɑməd]
die spastische Lähmung	den **spastiske lammelse** u [sbasdisgə lɑməlsə]
hinken	at **halte** [haldə]
blind	**blind** [blenˀ]
schwerhörig	**tunghør** [tɔŋhøˀɐ̯]
gehörlos	**døv** [døˀw]
behindert	**handicappet** [handikɑbəð]
schwerbehindert	**svært handicappet** [svɛˀɐ̯d handikɑbəð]

VERLETZUNGEN – SKADER

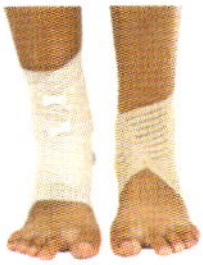

die Verstauchung
forstuvning -en u
[fɒ:sdu:neŋ]

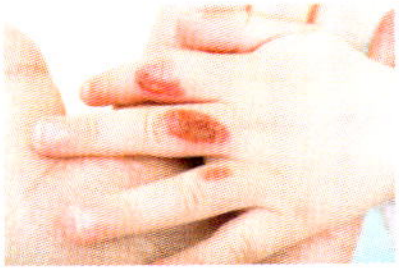

die Verbrennung
forbrænding -en u
[fɒ:braneŋ]

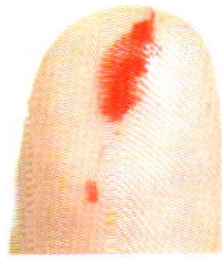

die Schnittwunde
snitsår -et n
[snidsɒˀ]

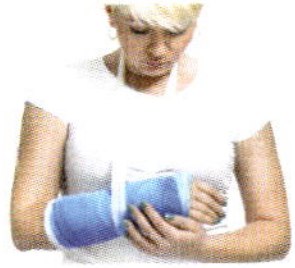

der Knochenbruch
knoglebrud -det n
[knɒwləbruð]

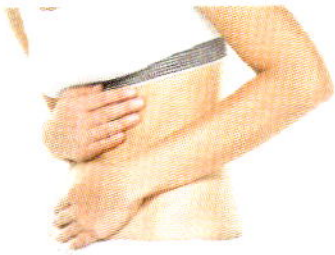

die Vergiftung
forgiftning -en u
[fʌˈgifdneŋ]

der Insektenstich
insektbid -den u
[enˈsɛgdbið]

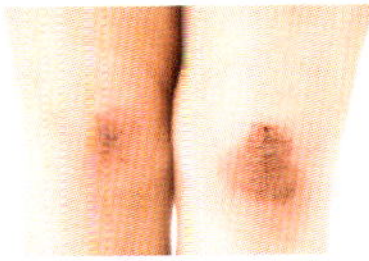

die Schürfwunde
hudafskrabning -en u
[huðɑwsgrɑˀbneŋ]

in Ohnmacht fallen
at **besvime**
[beˈsviˀmə]

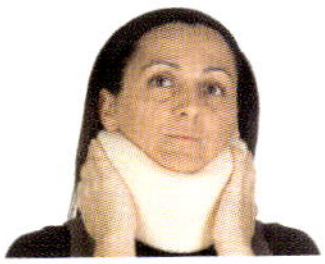

das Schleudertrauma
piskesmæld -et n
[pisgəsmɛlˀ]

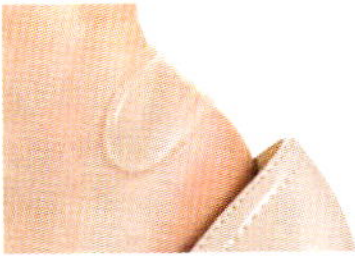

die Blase
blære -n u
[blɛ:ʌ]

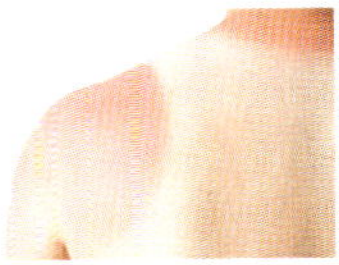

der Sonnenbrand
solskoldning -en u
[so:lsgʌlneŋ]

der Bandscheiben-vorfall
diskusprolaps -en u
[disgusprolɑbs]

die Wunde	**sår** -et n [sɒˀ]
die Brandwunde	**brandsår** -et n [brɑnsɒˀ]
das Blut	**blod** -et n [bloˀð]
bluten	at **bløde** [blø:ðə]
die Blutung	**blødning** -en u [bløðneŋ]
die Gehirnerschütterung	**hjernerystelse** -n u [jæɐnərœsdəlsə]
sich den Arm/einen Wirbel ausrenken	at **forstrække arm/hvirvel** [fʌˈsdragə ɑˀm/viɐˀwəl]
sich den Fuß verstauchen/brechen	at **forstuve/brække foden** [fʌˈsduˀə/bragə foðən]

der elektrische Schlag
det **elektriske stød** n
[eˈlɛgtrisgə sdøð]

BEIM ZAHNARZT – HOS TANDLÆGEN

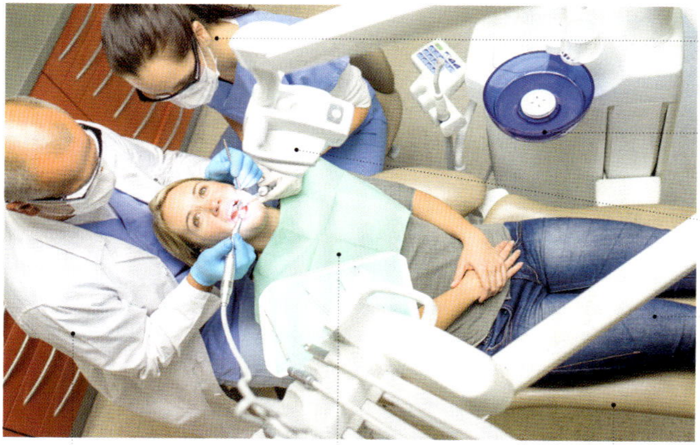

die Zahnarzthelferin
tandlægeassistent -en u
[tanlɛ:jəasiˈsdɛnˀd]

das Mundspülbecken
fontæne -n u
[fʌnˈtɛ:nə]

die Behandlungslampe
behandlingslampe -n u
[beˈhanˀleŋslɑmbə]

die Patientin
patient -en u
[paˈɕɛnˀd]

der Zahnarzt
tandlæge -n u
[tanlɛ:jə]

der Patientenumhang
patientkappe -n u
[paˈɕɛnˀdkɑbə]

der Zahnarztstuhl
tandlægestol -en u
[tanlɛ:jəsdoˀl]

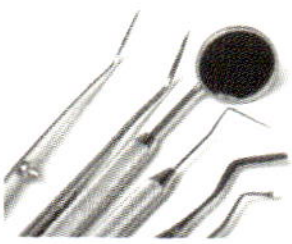

das Zahnarztbesteck
tandlægeinstrumenter -ne pl
[tanlɛ:jəensdruˈmɛnˀdʌ]

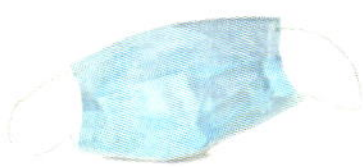

der Mundschutz
maske -n u
[masgə]

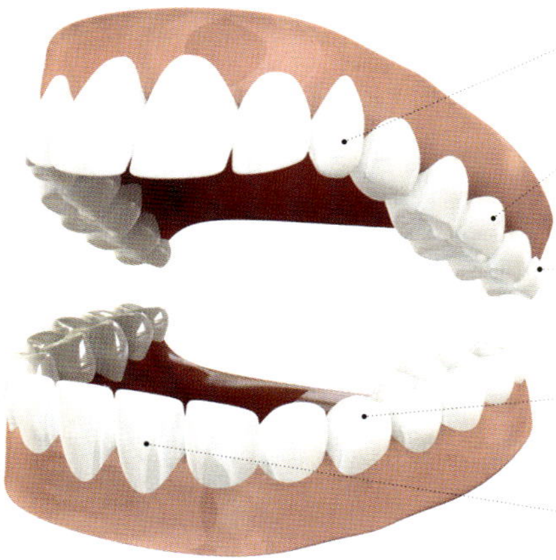

der Eckzahn
hjørnetand -en u
[jœɐ̯nətanˀ]

der hintere Backenzahn
den **bagerste kindtand** u
[bæˀjʌsdə kentanˀ]

der Weisheitszahn
visdomstand -en u
[vi:sdʌmsdanˀ]

der vordere Backenzahn
den **forreste kindtand** u
[fɒˀɒsdə kentanˀ]

der Schneidezahn
fortand -en u
[fɒ:tanˀ]

BEIM ZAHNARZT – HOS TANDLÆGEN

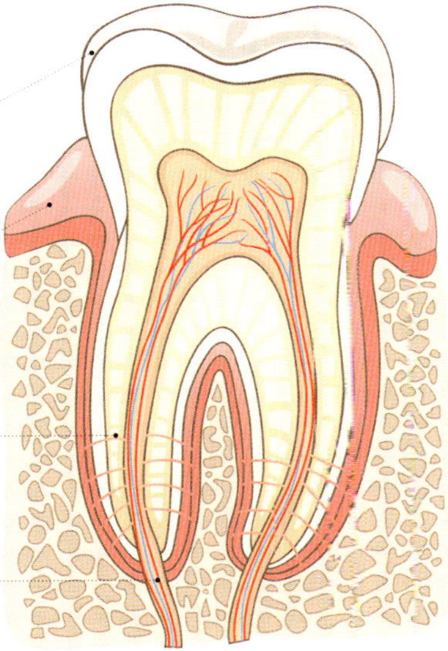

der Zahn
tand -en u
[tanˀ]

der Zahnschmelz
emalje -n u
[eˈmaljə]

das Zahnfleisch
tandkød -et n
[tankøð]

die Zahnwurzel
tandrod -en u
[tanroˀð]

der Nerv
nerve -n u
[næɐ̯və]

die Zahnprothese
tandprotese -n u
[tanproˈteːsə]

die Knirscherschiene
bideskinne -n u
[biːðəsgenə]

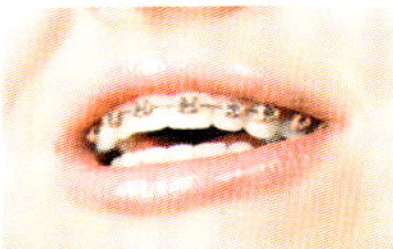

die Zahnspange
tandbøjle -n u
[tanbʌjlə]

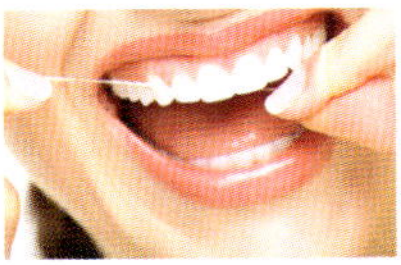

mit Zahnseide reinigen
at **rense med tandtråd**
[ransə meðˀ tantrɔˀð]

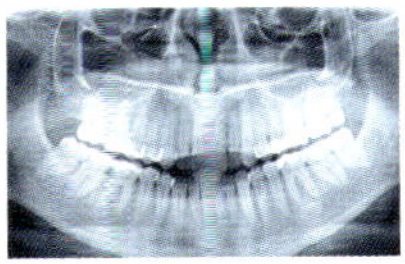

die Röntgenaufnahme
røntgenoptagelse -n u
[rœnˈdgənʌbtæˀjəlsə]

die Krone
krone -n u
[kroːnə]

das Implantat	**implantat** -et n [emplanˈtæˀd]
einen Zahn ziehen	at **trække en tand ud** [tragə eˀn tanˀ uðˀ]
die örtliche Betäubung	**lokalbedøvelse** -n u [loˈkæˀlbeˈdøˀvəlsə]
die Mundhygiene	**mundhygiejne** -n u [mɔnhygiˈɑjnə]
der Zahnbelag	**plak** -ken u [plɑg]
die Karies	**karies** -en u [kɑˀiəs]
die Zahnfüllung	**tandfyldning** -en u [tanfylneŋ]
die Wurzelbehandlung	**rodbehandling** -en u [roðbeˈhanˀleŋ]

das Mundwasser
mundskyllevæske -n u
[mɔnsgøləvɛsgə]

BEIM AUGENOPTIKER – HOS OPTIKEREN

das Auge
øje -t n
[ʌjə]

die Pupille
pupil -len u
[puˈpilˀ]

die Brille
briller -ne pl
[brɛlʌ]

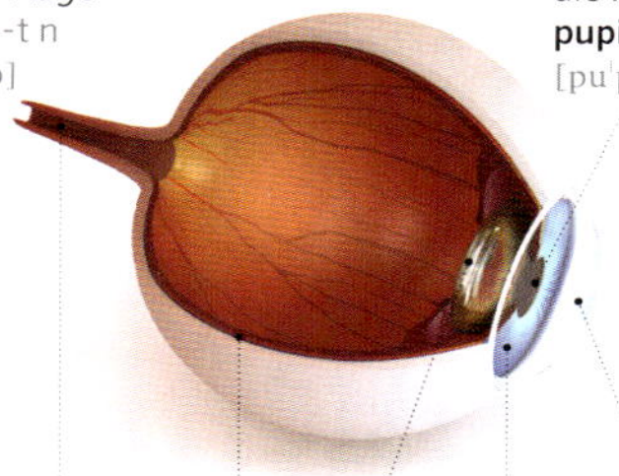

der Sehnerv
synsnerve -n u
[syˀnsnæɐ̯və]

die Linse
linse -n u
[lensə]

die Hornhaut
hornhinde -n u
[hoɐ̯nhenə]

das Brillengestell
brillestel -let n
[brɛləsdɛlˀ]

das Brillenglas
brilleglas -set n
[brɛləglas]

die Netzhaut
nethinde -n u
[nɛdhenə]

die Iris
iris -sen u
[i:ɐ̯is]

die Optikerin
optiker -en u
[ʌbtigʌ]

der Sehtest
synsprøve -n u
[syˀnsprœ:wə]

der Kontaktlinsenbehälter
kontaktlinsebeholder -en u
[kɔnˈtɑgdlensəbeˈhʌlˀʌ]

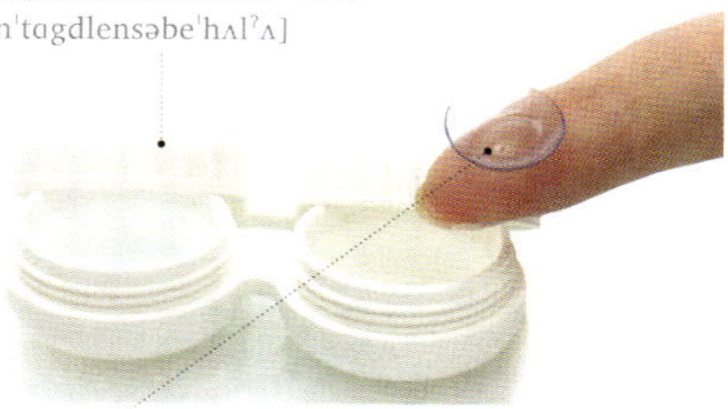

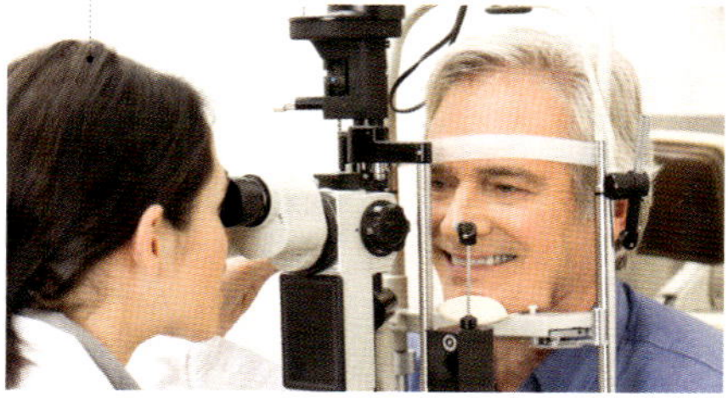

die Kontaktlinse
kontaktlinse -n u
[kɔnˈtɑgdlensə]

das Brillenputztuch	**pudseklud til brille** -en u [pusəkluðˀ tel brɛlə]
die Augentropfen	**øjendråber** -ne pl [ʌjəndrɔ:bʌ]
die Lesebrille	**læsebriller** -ne pl [lɛ:səbrɛlʌ]
weitsichtig	**langsynet** [lɑŋsyˀnəð]
kurzsichtig	**kortsynet** [kɒ:dsyˀnəð]
die Gleitsichtbrille	**briller med glidende overgang** -ne pl [brɛlʌ meðˀ gli:ðənə ˈɒwʌgɑŋˀ]
der graue Star	den **gråe stær** u [grɔə sdɛˀɐ̯]
der grüne Star	den **grøne stær** u [grœnə sdɛˀɐ̯]

IM KRANKENHAUS – PÅ SYGEHUSET

das Krankenzimmer
sygestue -n u
[sy:əsdu:ə]

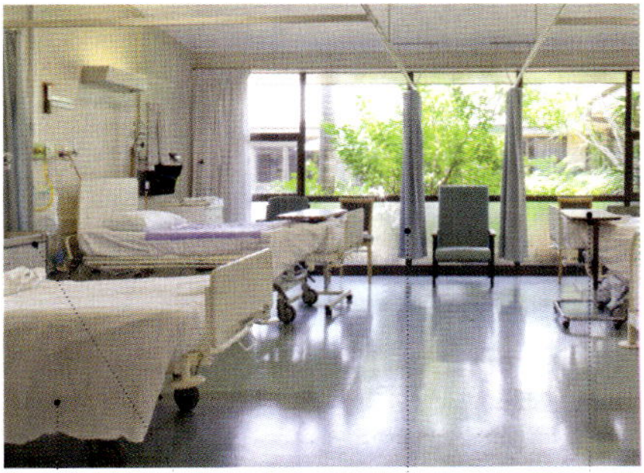

der Nachttisch
natbord -et n
[nadboˀɐ̯]

der Krankentisch
sengebord -et n
[sɛŋəboˀɐ̯]

das Krankenhausbett
sygehusseng -en u
[sy:əhussɛŋˀ]

der Trennvorhang
skilleforhæng -et n
[sgeləfɒ:hɛŋˀ]

das Einzelzimmer
enkeltværelse -t n
[ɛŋˀgəldvæɐ̯ʌlsə]

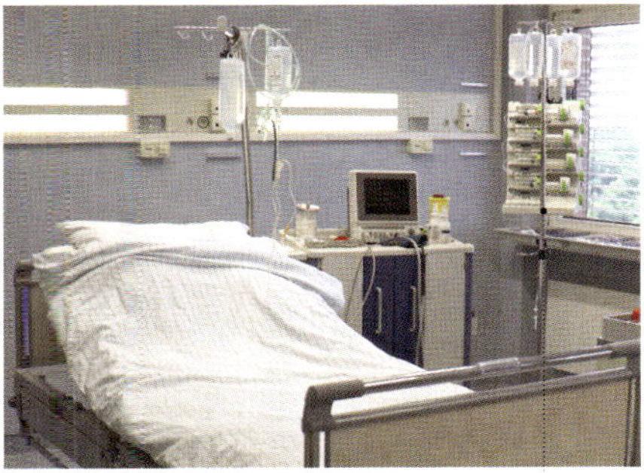

der Infusionsständer
infusionsstander -en u
[enfuˈɕoˀnssdanʌ]

der Notrufknopf
nødhjælpsknap -pen u
[nøðjɛlˀbsknɑb]

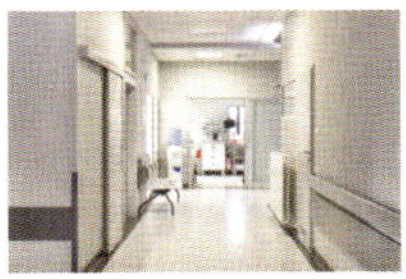

die Station
afdeling -en u
[ɑwdeˀleŋ]

aufgenommen werden	at **blive indskrevet** [bli:ə ensgrɛ:vəð]
entlassen werden	at **blive udskrevet** [bli:ə uðsgrɛ:vəð]
der ambulante Patient	den **ambulante patient** u [ɑmbuˈlanˀdə paˈɕɛnˀd]
der stationäre Patient	den **indlagde patient** u [enlɑgdə paˈɕɛnˀd]
die Besuchszeiten	**besøgstider** -ne pl [beˈsøˀjsti:ðʌ]
die Kinderstation	**børneafdeling** -en u [bœɐ̯nəɑwdeˈleŋ]
die Neurologie	**neurologi** -en u [nœwroloˈgiˀ]
die Onkologie	**onkologi** -en u [ʌŋkoloˈgiˀ]
die Orthopädie	**ortopædi** -en u [ɒtopɛˈdiˀ]
die Kardiologie	**kardiologi** -en u [kɑdioloˈgiˀ]
die Gastroenterologie	**gastroenterologi** -en u [gasdroɛntʌɔloˈgiˀ]
die Gynäkologie	**gynækologi** -en u [gynɛkoloˈgiˀ]
die Abteilung für Hals-Nasen-Ohrenheilkunde	**øre-, næse- og halsafdeling** -en u [ø:ʌ nɛ:sə ɒw ˈhalsɑwdeˀleŋ]
die Quarantäne	**karantæne** -n u [kaˀɑnˈtɛ:nə]

IM KRANKENHAUS – PÅ SYGEHUSET

die Operation
operation -en u
[obəʁɑˈɕoʔn]

Die Chirurgie – Kirurgien

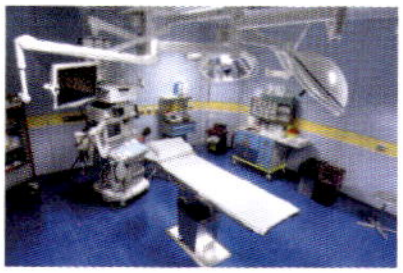

der Operationssaal
operationsstue -n u
[obəʁɑˈɕoʔnsstu:ə]

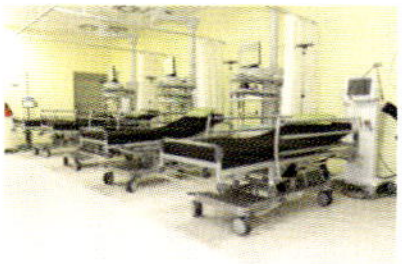

der Aufwachraum
opvågningsrum -met n
[ʌbvɔwʔneŋsʁɔmʔ]

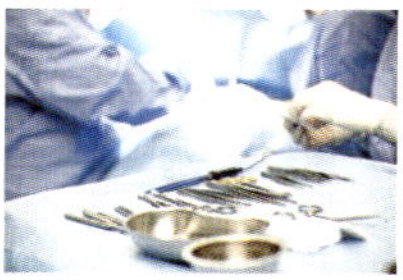

die Operationsleuchte
operationsstuelampe -n u
[obəʁɑˈɕoʔnssdu:əlɑmbə]

der Chirurg
kirurg -en u
[kiˈʁuɐ̯ʔw]

der Mundschutz
maske -n u
[masgə]

die OP-Schwester
operations-sygeplejerske -n u
[obəʁɑˈɕoʔns-sy:əplɑjʔʌsgə]

der Operationstisch
operationsbord -et n
[obəʁɑˈɕoʔnsboʔɐ̯]

der OP-Mantel
operationskittel -kitlen u
[obəʁɑˈɕoʔnskidəl]

der Anästhesist
narkoselæge -n u
[nɑˈko:səlɛ:jə]

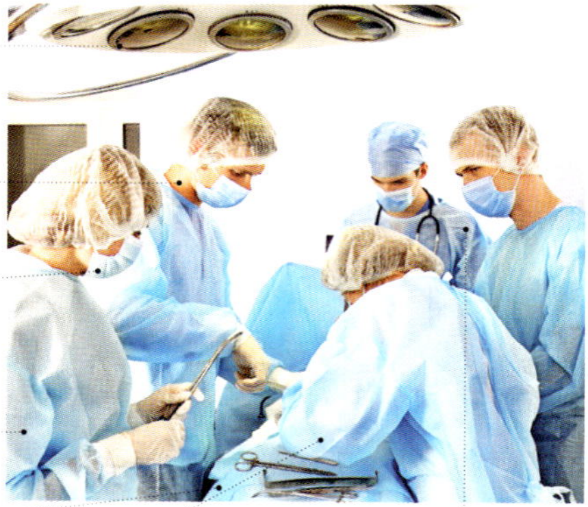

das Operationsbesteck
de **kirurgiske instrumenter** pl
[kiˈʁuɐ̯ʔisgə ensdruˈmɛnʔdʌ]

die Narbe
ar -et n
[ɑʔ]

die Fäden
tråd -en u
[tʁɔʔð]

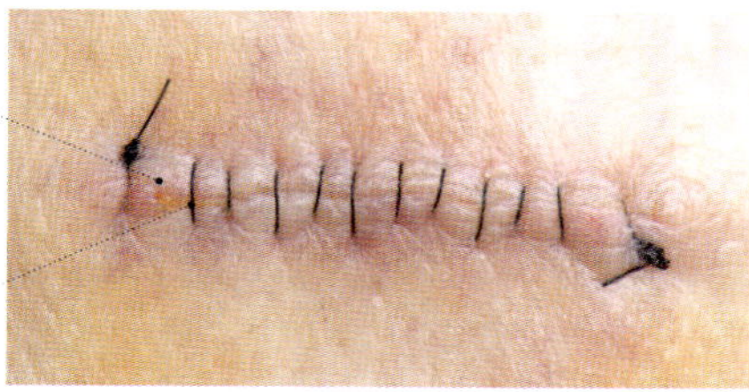

die Lokalanästhesie	**lokalbedøvesle** -n u [loˈkæʔlbeˈdøʔvəlsə]
die Vollnarkose	den **fulde bedøvelse** u [fulʔə beˈdøʔvəlsə]
die Rehabilitation	**genoptræning** -en u [geʔnʌbtʁɛ:neŋ]
die medizinische Nachversorgung	**lægehjælp** -en u [lɛ:jəjɛlʔb]
die Bettruhe	**sengeleje** -t n [sɛŋəlɑjə]
die Genesung	**genoptræning** -en u [geʔnʌbtʁɛ:neŋ]
tot	**død** -en u [døðʔ]
der Tod	**død** [døðʔ]

IM KRANKENHAUS – PÅ SYGEHUSET

Die Unfallstation – På skadestuen

die Intensivstation
intensivafdeling -en u
[entənsiwˀɑwdeˀleŋ]

die Notaufnahme
akutmodtagelse -n u
[aˈkudmoðtæˀjəlsə]

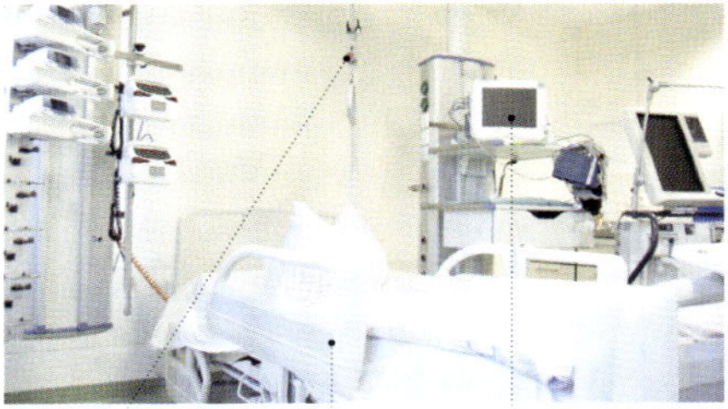

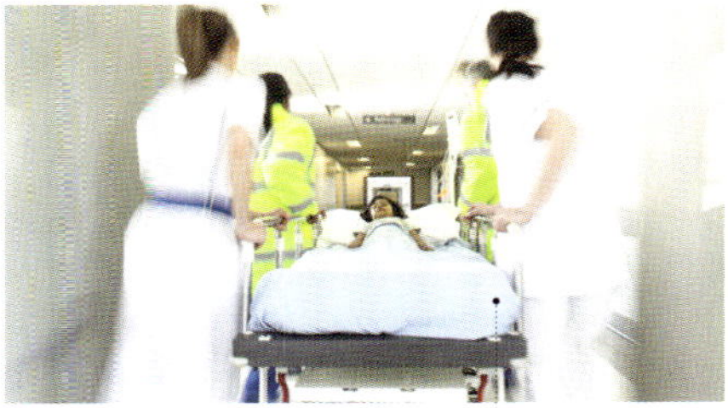

der Rufknopf
tilkaldeknap -pen u
[telkalˀəknɑb]

der Herzmonitor
hjertemonitor -en u
[jæɐ̯dəmʌnitʌ]

die Fahrtrage
båre -n u
[bɒːˀɒ]

das Krankenhausbett
sygehusseng -en u [syːəhussɛŋˀ]

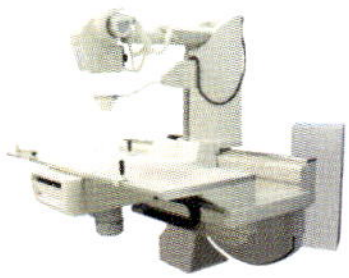

das Röntgengerät
røntgenudstyr -et n
[rœnˀdgənuðsdyɐ̯ˀ]

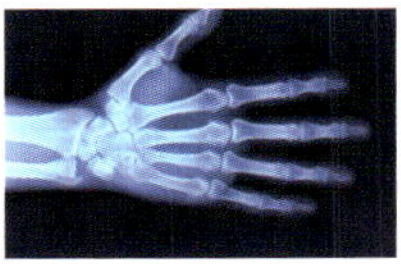

das Röntgenbild
røntgenbillede -t n
[rœnˀdgənbeləðə]

der Warteraum
ventesal -en u
[vɛndəsæˀl]

die Oberärztin
overlæge -n u
[ɒwʌlɛːjə]

die Computertomografie	**CT-scanning** -en u [seˀˈteˈsgaːneŋ]
die Strahlung	**stråling** -en u [sdrɔːleŋ]
eine Diagnose stellen	at **stille en diagnose** [sdelə eˀn diagˈnoːsə]
das Koma	**koma** -en u [koːma]
bewusstlos	**bevidstløs** [beˈvesdløˀs]
die Beatmung	det **kunstige åndedræt** n [kɔnsdiə ʌnədræd]
wieder zu Bewusstsein kommen	at **komme til bevidsthed igen** [kʌmə tel beˈvesdheðˀ igɛn]
wieder gesund werden	at **genvinde helbredet** [gɛnvenˀə ˈhɛlbrɛðəd]

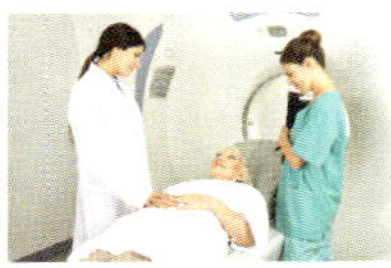

die Kernspintomografie
den **magnetiske resonans** u
[mɑwˈneˀdisgə rɛsoˈnanˀs]

DIE APOTHEKE – APOTEKET

das Medikament
medicin -en u
[mediˈsiˀn]

die Kapsel
kapsel kapseln u
[kɑbsəl]

der Hustensaft
hostesaft -en u
[ho:sdəsɑfd]

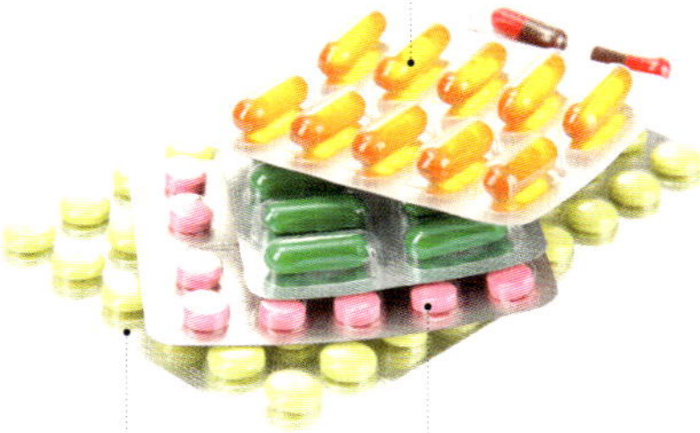

die Sichtverpackung
blisterpakning -en u
[blisdʌpɑgneŋ]

die Tablette
tablet -ten u
[tɑbˈlɛd]

die Dosierung
dosering -en u
[doˈseˀɡeŋ]

der Messbecher
målebæger -et n
[mɔ:ləbɛ:jʌ]

das Zäpfchen
stikpille -n u
[sdegpelə]

die Salbe
salve -n u
[salvə]

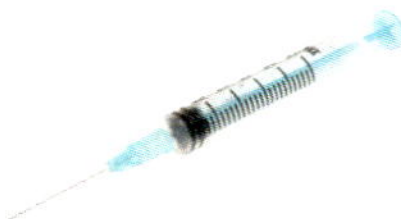

die Spritze
sprøjte -n u
[sbrʌjdə]

die Apothekerin
apoteker -en u
[ɑboˈteˀgʌ]

die Tropfen
dråber -ne pl
[drɔ:bʌ]

der/das Spray
spray -en u
[sbrɛj]

die Vitamintablette
vitaminpille -n u
[vitaˈmiˀnpelə]

die Brausetablette
brusetablet -ten u
[bru:sətɑbˈlɛd]

DIE APOTHEKE – APOTEKET

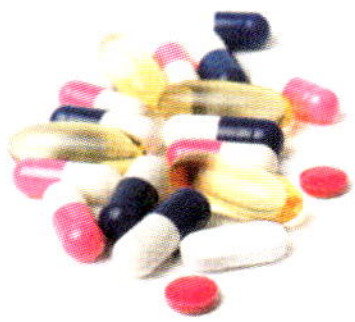

das Nahrungsergänzungsmittel
kosttilskud -det n
[kʌsdtelsguð]

das Sonnenschutzmittel
solcreme -n u
[so:lkrɛˀm]

der/das Mückenspray
myggespray -en u
[mygəsbrɛj]

das/der Fieberthermometer
termometer -et n
[tæɐ̯moˈmeˀdʌ]

die Nagelfeile
neglefil -en u
[nɑjləfiˀl]

der Tampon
tampon -en u
[tɑmˈpʌŋ]

die Slipeinlage
trusseindlæg -get n
[trʊsəenlɛˀg]

das Feuchttuch
vådserviet -ten u
[vɔˀðsæɐ̯viˈɛd]

der Lippenpflegestift
læbepomade -n u
[lɛ:bəpoˈmæ:ðə]

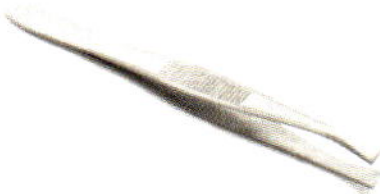

die Pinzette
pincet -ten u
[penˈsɛd]

das Deodorant
deodorant -en u
[deodoˈrɑnˀd]

das/der Hustenbonbon
hostebolsje -t n
[ho:sdəbʌlˀɕə]

das Symptom	**symptom** -et n [symˈtoˀm]
die Nebenwirkung	**bivirkning** -en u [biviɐ̯gneŋ]
der Beipackzettel	**indlægsseddel** -sedlen u [enlɛˀgssɛðˀəl]
die Hautpflege	**hudpleje** -n u [huðˀplɑjə]
das Schmerzmittel	det **smertestillende middel** n [smæɐ̯dəsdeˀlˀənə ˈmiðˀəl]
das Beruhigungsmittel	det **beroligende middel** n [beroˈliˀənə ˈmiðˀəl]
die Schlaftablette	**sovepille** -n u [sɒwəpelə]
das Verfallsdatum	**udløbsdato** -en u [uðløˀbsdæ:to]

der Ohrstöpsel
øreprop -pen u
[ø:ʌprʌb]

DIE ALTERNATIVMEDIZIN – DEN ALTERNATIVE MEDICIN

die Meditation
meditation -en u
[medita'ɕoˀn]

das Yoga
yoga -en u
[jo:ga]

das Tai-Chi
tai chi u
[tɑj'tji]

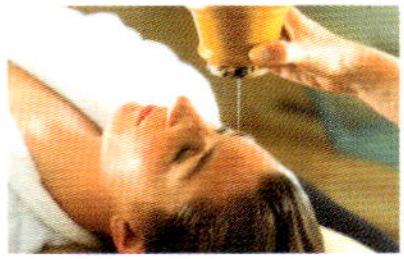

das Ayurveda
ayurveda -en u
[ɑju've:dɑ]

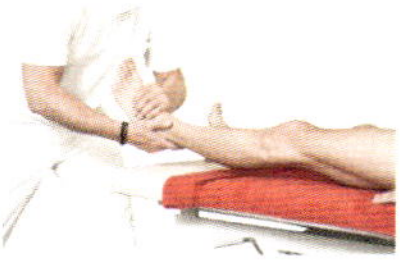

die Osteopathie
osteopati -en u
[osdeopa'tiˀ]

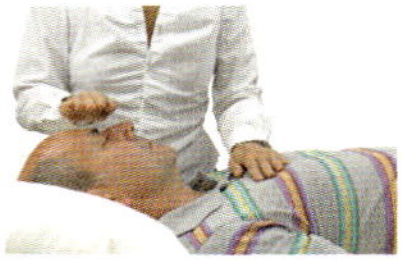

das Reiki
reiki u
[rajki]

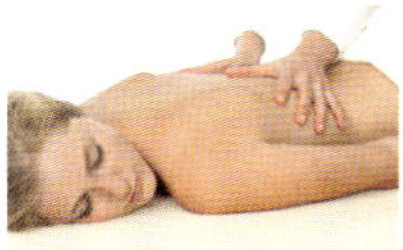

die Massage
massage -n u
[ma'sæ:ɕə]

die Hypnose
hypnose -n u
[hyb'no:sə]

die traditionelle chinesische Medizin
den **traditionelle kinesiske medicin** u
[trɑdiɕo'nɛlə ki'neˀsisgə medi'siˀn]

die Fußreflexzonen-massage
zoneterapi -en u
[so:nəteɑ'piˀ]

das homöopathische Heilmittel
det **homøopatiske middel** n
[homøo'pæˀdisgə miðˀəl]

die Kräuterheilkunde
naturmedicin -en u
[na'tuɐ̯ˀmedi'siˀn]

die Akupunktur
akupunktur -en u
[ɑkupɔŋ'tuɐ̯ˀ]

die Kur	**kur** -en u [kuɐ̯ˀ]
die Palliativmedizin	den **palliative medicin** u [paliatiwˀə medi'siˀn]
die Entspannung	**afslapning** -en u [ɑwslɑbneŋ]
die Entgiftung	**afgiftning** -en u [ɑwgifdneŋ]
die Entziehungskur	**udrensningskur** -en u [uðranˀsneŋskuɐ̯ˀ]
einen Entzug machen	at **gennemføre en afvænning** [gɛnəmføˀʌ eˀn ɑwvɛnˀeŋ]
die Therapie	**terapi** -en u [teɑ'piˀ]
die Lichttherapie	**lysterapi** -en u [lysteɑ'piˀ]

WELLNESS – WELLNESS

die Gesichtsbehandlung
ansigtsbehandling -en u
[ansegdsbeˈhanˀleŋ]

die Kosmetikerin
kosmetolog -en u
[kʌsmetoˈloˀ]

die Gesichtsmaske
ansigtsmaske -n u
[ansegdsmasgə]

die Sauna
sauna -en u
[sɑwna]

der Ofen
ovn -en u
[ɒwˀn]

die Bank
bænk -en u
[bɛŋˀg]

der Kopfkeil
kilepude -n u
[kiːləpuːðə]

der Aufgusskübel
saunaspand -en u
[sɑwnasbanˀ]

der Ruheraum
hvilerum -met n
[viːlərɔmˀ]

das Mineralbad
mineralbad -et n
[minəˈrɑˀlbað]

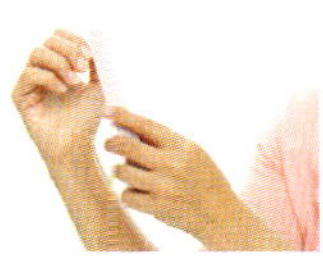

die Maniküre
manicure -n u
[maniˈkyːʌ]

die Pediküre
pedicure -n u
[pediˈkyːʌ]

die Wachsenthaarung	**hårfjerning med voks** -en u [hɒːfjæɐ̯neŋ með vʌgs]
das Dampfbad	**dampbad** -et n [dɑmbbað]
der Aufguss	**saunagus** -en u [sɑwnaguˀs]
das Peeling	**peeling** -en u [piːleŋ]
reinigen	**at rense** [ransə]
Ich habe empfindliche/ trockene Haut.	**Jeg har sart/tør hud.** [jɑj ha sɑˀd/tœˀɐ̯ huðˀ]
Ich habe fettige/ normale Haut.	**Jeg har fedtet/normal hud.** [jɑj ha fedəð/nɒˈmæˀl huðˀ]

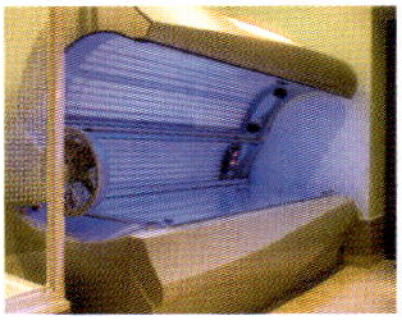

das Solarium
solarium solariet n
[soˈlaˀiɔm]

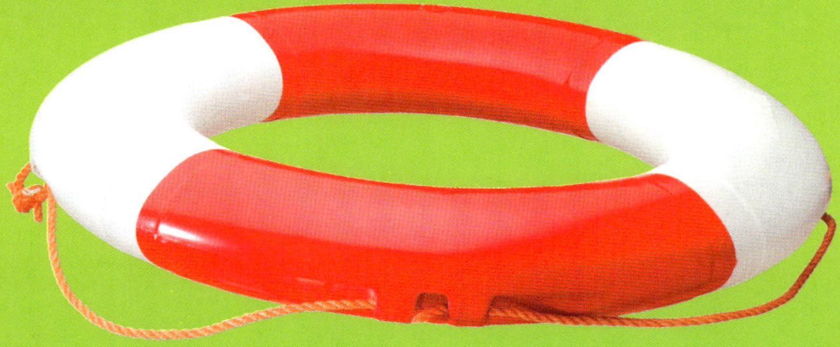

NOTFÄLLE
NØDSTILFÆLDE

ERSTE HILFE – FØRSTEHJÆLP

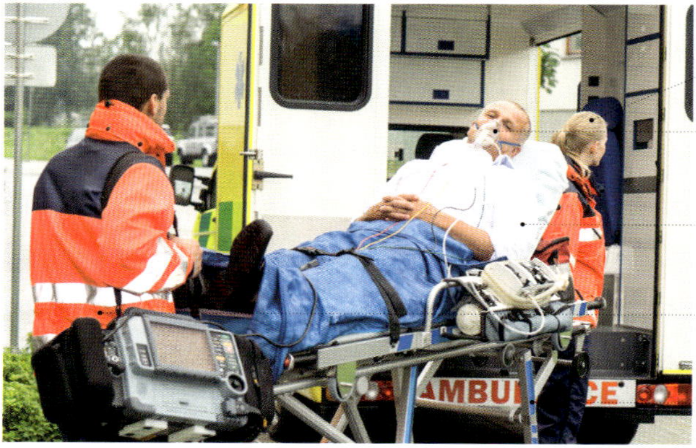

der Rettungswagen
ambulance -n u
[ɑmbuˈlɑŋsə]

die Sanitäterin
paramediciner -en u
[pɑːˀɑmediˈsiˀnʌ]

die Sauerstoffmaske
iltmaske -n u
[ildmasgə]

das Unfallopfer
den **tilskadekomne** u
[teˈsgæːðəˌkʌmˀnə]

der Sanitäter
paramediciner -en u
[pɑːˀɑmediˈsiˀnʌ]

die Trage
båre -n u
[bɒːˀɒ]

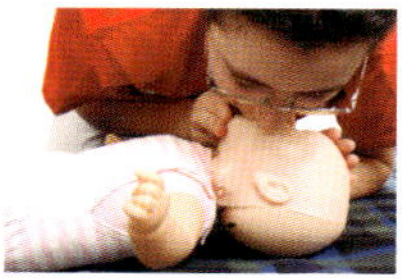

die Mund-zu-Mund-Beatmung
mund til mund-metode -n u
[mɔntəˈmɔnˀmeˈtoːðə]

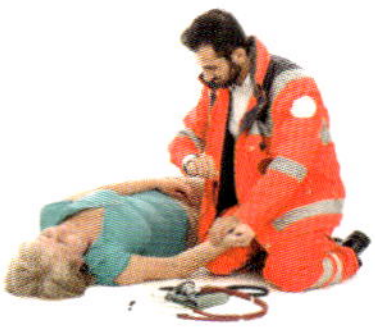

die Pulsmessung
måling af puls -en u
[mɔːleŋ æˀ pulˀs]

die stabile Seitenlage
det **stabile sideleje** n
[sdaˈbiˀlə siːðəlɑjə]

der Unfallort
ulykkessted -et n
[uløgəssdεð]

der Rettungsdienst
redningstjeneste -n u
[rεðneŋstjεːnəsdə]

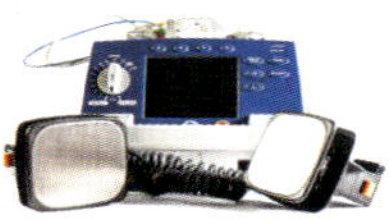

der Defibrillator
defibrillator -en u
[defibriˈlæːtʌ]

der Unfall	**ulykke** -n u [uløgə]
die Wiederbelebung	**genoplivning** -en u [gεnʌbliwˀneŋ]
die Herzdruckmassage	**hjertemassage** -n u [jæɐ̯dəmaˈsæːɕə]
der Puls	**puls** -en u [pulˀs]
bewusstlos	**bevidstløs** [beˈvesdløˀs]
erste Hilfe leisten	at **yde førstehjælp** [yːðə fœɐ̯sdəjεlˀb]
der Notarzt	**vagtlæge** -n u [vɑgdlεːjə]
die Notärztin	**vagtlæge** -n u [vɑgdlεːjə]

ERSTE HILFE – FØRSTEHJÆLP

das Verbandszeug
forbindingsudstyr -et n
[fʌˈbenˀeŋsuðsdyʁ̥ˀ]

der Verband
bandage -n u
[banˈdæːɕə]

das Leukoplast®
Leukoplast® -en u
[læʊ̯goˈplasd]

das Pflaster
plaster -et n
[plasdʌ]

die Verbandschere
bandagesaks -en u
[banˈdæːɕəsags]

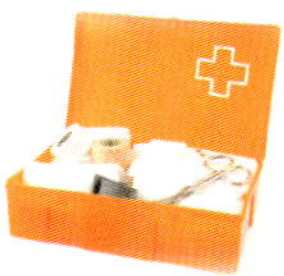

der Erste-Hilfe-Kasten
førstehjælpskasse -n u
[fœʁ̥sdəjɛlˀbskasə]

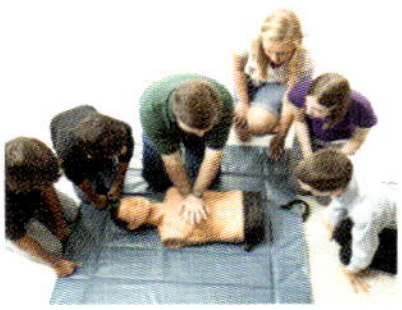

der Erste-Hilfe-Kurs
førstehjælpskursus -kurset n
[fœʁ̥sdəjɛlˀbkuʁ̥sus]

das Desinfektionsmittel
desinfektionsmiddel -midlet n
[desənfɛgˈɕoˀnsmiðˀəl]

die Bandage
forbinding -en u
[fʌˈbenˀeŋ]

steril	**steril** [sdeˈriˀl]
überleben	at **overleve** [ɒwʌleˀvə]
traumatisiert	**traumatiseret** [trɑwmatiˈseˀəð]
unter Schock stehen	at **være i chok** [vɛːʌ iˀ ɕʌg]
der Schock	**chok** -ket n [ɕʌg]
die Blutspende	**bloddonation** -en u [bloðdonaˈɕoˀn]
die Organspende	**organdonation** -en u [ɒˈgæˀndonaˈɕoˀn]
das Adrenalin	**adrenalin** -en u [adrɛnaˈliˀn]

die Mullbinde
gazebind -et n
[gæːsəbenˀ]

DIE POLIZEI – POLITIET

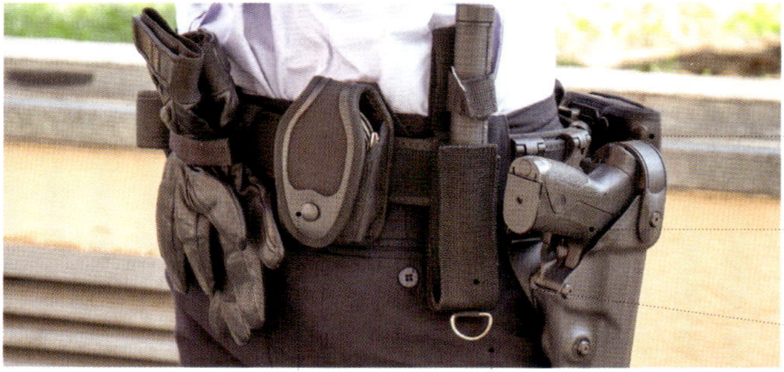

der Dienstgürtel
tjenestebælte -t n
[tjɛ:nəsdəbɛldə]

das Handfunkgerät
radiotelefon -en u
[raʔdjoteləˈfoʔn]

die Pistole
pistol -en u
[piˈsdoʔl]

der Schlagstock
knippel -en u
[knebəl]

die Handschellen
håndjern -et n
[hʌnjæɐ̯ʔn]

die Uniform
uniform -en u
[uniˈfɒʔm]

der Fingerabdruck
fingeraftryk -ket n
[feŋʌɑwtrœg]

der Tatort
gerningssted -et n
[gæɐ̯neŋssdɛð]

die Polizistin
politibetjent -en u
[poliˈtibetjɛnʔd]

der Polizist
politibetjent -en u
[poliˈtibetjɛnʔd]

das Polizeiabzeichen
politiskilt -et n
[poliˈtisgelʔd]

der Zeuge	**vidne** -n u [viðnə]
die Zeugin	**vidne** -n u [viðnə]
der Verbrecher	**forbryder** -en u [fʌˈbryðʔʌ]
die Verbrecherin	**forbryder** -en u [fʌˈbryðʔʌ]
der Kriminalbeamte	**kriminalbetjent** -en u [krimiˈnæʔlbetjɛnʔd]
die Kriminalbeamtin	**kriminalbetjent** -en u [krimiˈnæʔlbetjɛnʔd]
der/die Verdächtige	**den mistænkte** u [mistɛŋʔgdə]
die Ermittlung	**efterforskning** -en u [ɛfdʌfɒ:sgneŋ]

DIE POLIZEI – POLITIET

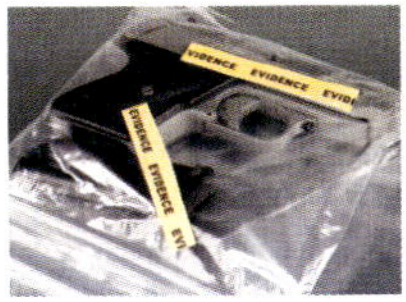

das Polizeiauto
politibil -en u
[poliˈtibiˀl]

die Lichtleiste
lysskinne -n u
[lyssgenə]

das Martinshorn
udrykningshorn -et n
[uðrœgneŋshoɐ̯ˀn]

das Beweisstück
bevis -et n
[beˈviˀs]

das Gefängnis
fængsel fængslet n
[fɛŋˀsəl]

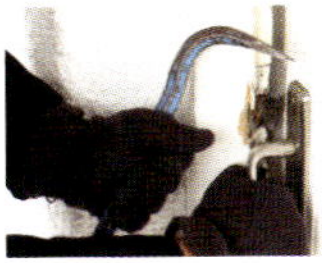

der Einbruch
indbrud -det n
[enbruð]

der Diebstahl
tyveri -et n
[tywʌˈriˀ]

die Festnahme
anholdelse -n u
[hʌlə]

die Gewalt
vold -en u
[vʌlˀ]

der Raubüberfall
røveri -et n
[rœwʌˈriˀ]

der Taschendiebstahl
lommetyveri -et n
[lʌməːtywʌˈriˀ]

die Entführung
kidnapning -en u
[kidnɑbneŋ]

die Straftat	**lovovertrædelse** -n u [lɒwɒwʌtrɛˀðəlsə]
die Körperverletzung	**legemsbeskadigelse** -n u [lɛjəmsbeːgæˀðiˀəlsə]
die Vergewaltigung	**voldtægt** -en u [vʌltɛgd]
der Mord	**mord** -et n [moˀɐ̯]
der Überfall	**overfald** -et n [ɒwʌfalˀ]
fliehen	at **flygte** [fløgdə]
belästigen	at **chikanere** [ɕikaˈneˀʌ]
die Schuld	**skyld** -en u [sgylˀ]

die Polizeiabsperrung
politiafspærring -en u
[poliˈtiˀɑwsbæɐ̯ˀeŋ]

DIE FEUERWEHR – BRANDVÆSENET

der Feuerlöscher
brandslukker -en u
[bransløgʌ]

der Hydrant
brandhane -n u
[branhæ:nə]

der Feuerwehrmann
brandmand -en u
[branmanˀ]

das Visier
visir -et n
[viˈsiɐ̯ˀ]

der Feuerwehrhelm
brandmandshjelm -en u
[branmansjɛlˀm]

die Feuerwehrschutzjacke
den **brandbeskyttende jakke** u
[branbesgødənə jagə]

der Reflexstreifen
refleksstriber -ne pl
[rɛˈflɛgssdri:bʌ]

der Feuerwehrschlauch
brandslange -n u
[branslaŋə]

die Brandbekämpfung
brandbekæmpelse -n u
[branbeˈkɛmˀbəlsə]

der Notausgang
nødudgang -en u
[nøðuðgaŋˀ]

die Axt
økse -n u
[øgsə]

der Rauchmelder
røgdetektor -en u
[rʌjˀdeˈtɛgtʌ]

die Feuerwache
brandstation -en u
[bransdaˈɕoˀn]

das Löschfahrzeug
slukningskøretøj -et n
[slɔgneŋskø:ʌtʌj]

IN DEN BERGEN – I BJERGENE

der Helm
hjelm -en u
[jɛlˀm]

der Karabiner
karabinhage -n u
[kaˀaˈbiˀnhæ:jə]

das Seil
tov -et n
[tɒw]

die Bergwacht
bjergvagt -en u
[bjæɐ̯wvagd]

der Rettungseinsatz
redningsindsats -en u
[rɛðneŋsensads]

die Einsatzkraft
beredskab -et n
[beˈrɛðˀsgæˀb]

der Rettungsschlitten
redningsslæde -n u
[rɛðneŋsslɛ:ðə]

das Schneemobil
snescooter -en u
[snesgu:dʌ]

das Fangnetz
sikkerhedsnet -tet n
[segʌheðsnɛd]

die Lawine
lavine -n u
[laˈvi:nə]

das LVS-Gerät
ARVA®
[arva]

der Rettungshund
redningshund -en u
[rɛðneŋshunˀ]

der Rettungs-hubschrauber
eftersøgnings- og red-ningshelikopter -en u
[ɛfdʌsøˀjneŋs ɒw rɛðneŋshɛliˈkʌbdʌ]

der Lawinenschutz
beskyttelse mod laviner -n u
[beˈsgødəlsə moˀð laˈvi:nʌ]

das Lawinen-warnschild
advarselsskilt mod laviner -et n
[aðva:səlssgelˀd moˀð laˈvi:nʌ]

DAS MEER - HAVET

die Schwimmweste
redningsvest -en u
[rεðneŋsvεsd]

der Rettungsring
redningskrans -en u
[rεðneŋskran'ˀs]

der Sammelpunkt
samlingspunkt -et n
[samleŋspɔŋˀd]

der Sturm
storm -en u
[sdɒˀm]

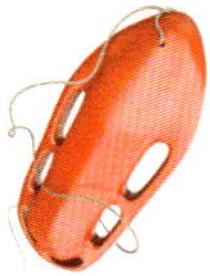

die Rettungsboje
redningsbøje -n u
[rεðneŋsbʌjə]

der Rettungsschwimmer
livredder -en u
[liwrεðʌ]

der Wachturm
vagttårn -et n
[vagdtɒˀn]

der Tsunami
tsunami -en u
[tsuˈnɑːmi]

das Küstenwachboot
kystvagtskib -et n
[køsdvagdsgiˀb]

das Rettungsboot
redningsbåd -en u
[rεðneŋsbɔˀð]

kentern
at **kæntre**
[kεndrʌ]

der Schiffbruch
skibbrud -det n
[sgibbruð]

der/die Vermisste	den **savnede** u [sawnəðə]
das Rettungstau	**redningstov** -et n [rεðneŋstɒw]
die Wetterbedingungen	**vejrforhold** -et n [vεɐ̯fɒːhʌlˀ]
der Seewetterbericht	**havprognose** -n u [hawproˈnoːsə]
die Suche	**søgning** -en u [søjneŋ]
ertrinken	at **drukne** [drɔgnə]
die Havarie	**havari** -et n [havaˈriˀ]
in Seenot geraten	at **være i havsnød** [vεːʌ iˀ hawsnøˀð]

WEITERE NOTSITUATIONEN – ANDRE NØDSITUATIONER

die Explosion
eksplosion -en u
[ɛgsbloˈɕoˀn]

die Epidemie
epidemi -en u
[epedəˈmiˀ]

die Evakuierung
evakuering -en u
[evakuˈeˀʁeŋ]

der Bombenalarm
bombealarm -en u
[bɔmbəaˈlɑˀm]

die nukleare Katastrophe
atomkatastrofe -n u
[aˈtoˀmkadaˈsdroːfə]

die Notlandung
nødlanding -en u
[nøðlaneŋ]

der Terrorangriff
terrorangreb -et n
[tæʁʌan grɛˀb]

retten
at **redde**
[rɛðə]

die Notrufnummer
nødtelefonnummer -et n
[nøðteləˈfoˀnnɔmˀʌ]

die Überwachungskamera
overvågningskamera -et n
[ɒwʌvɔwˀneŋskæˀmərɑ]

der Verletzte
den sårede u
[sɒːˀɒːðə]

die Verletzung
kvæstelse -n u
[kvɛsdəlsə]

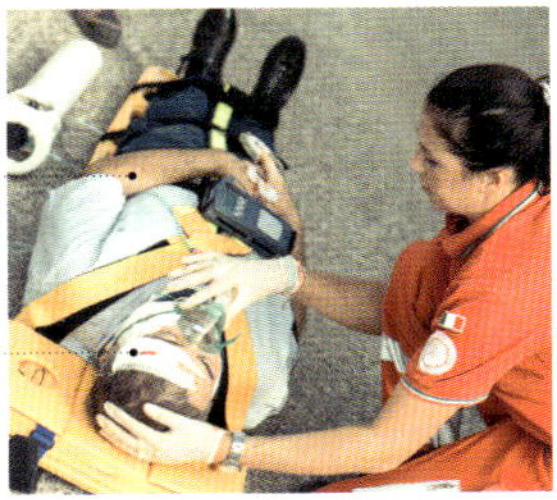

der/die Vermisste	den **savnede** u [sɑwnəðə]
die Suchmannschaft	**eftersøgningsmandskab** -et n [mansgæˀb]
die Gefahr	**fare** -n u [fɑːˀɑ]
Hilfe!	**Hjælp!** [jɛlˀb]
Es ist ein Unfall passiert!	**Der er sket en ulykke!** [dɛˀɐ æɐ sgeð eˀn uløgə]
Rufen Sie einen Rettungswagen!	**Tilkald en ambulance!** [telkalˀ eˀn ambuˈlɑŋsə]
Rufen Sie die Polizei!	**Ring til politiet!** [rɛŋ tel poliˈtiˀəð]
Rufen Sie die Feuerwehr!	**Ring til brandvæsenet!** [rɛŋ tel branvɛˀsənəð]

Achtung, Gefahr!
Pas på. Fare!
[pas pɔˀ fɑːˀɑ]

ERDE UND NATUR

JORD OG NATUR

DER WELTRAUM – UNIVERSET

das Sonnensystem
solsystemet -et n
[so:lsyˈsdeˀm]

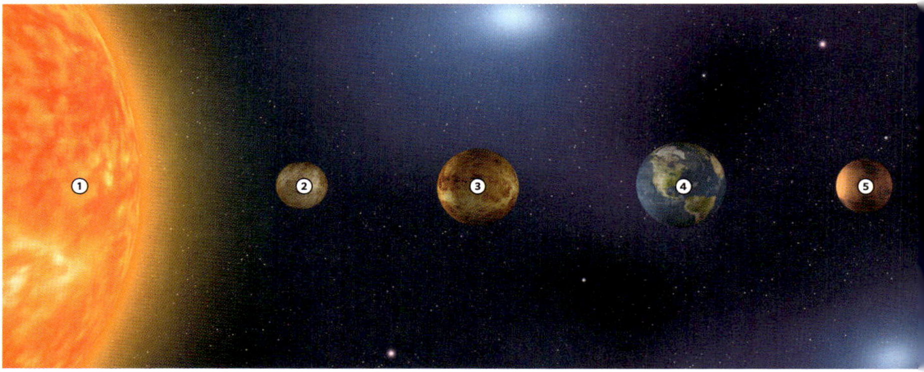

① *die Sonne*
sol -en u
[soˀl]

② *der Merkur*
Merkur
[mæɐ̯ˈkuɐ̯ˀ]

③ *die Venus*
Venus
[ve:nus]

④ *die Erde*
Jorden
[joˀɐ̯]

⑤ *der Mars*
Mars
[mɑˀs]

die Mondphasen
månefase -n u
[mɔ:nəfæ:sə]

⑤ *die Mondsichel*
månesegl -en u
[mɔ:nəsɑjˀl]

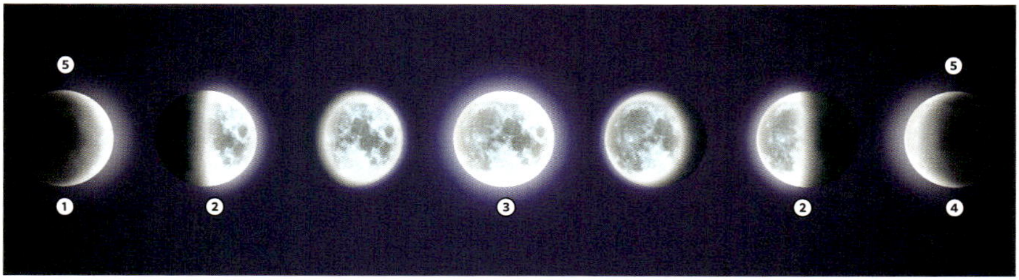

① *der zunehmende Mond*
den **tiltagende måne** u
[teltæˀjənə mɔ:nə]

② *der Halbmond*
halvmåne -n u
[halmɔ:nə]

③ *der Vollmond*
fuldmåne -n u
[fulmɔ:nə]

④ *der abnehmende Mond*
den **aftagende måne** u
[ɑwtæˀjənə mɔ:nə]

DER WELTRAUM – UNIVERSET

⑥ *der Jupiter*
Jupiter
[jubitʌ]

⑦ *der Saturn*
Saturn
[sæjtuɐ̯n]

⑧ *der Uranus*
Uranus
[uraːus]

⑨ *der Neptun*
Neptun
[nɛptun]

das Raumschiff
rumskib -et n
[rɔmsgiˀb]

① *der Außentank*
den **udvendige tank** u
[uðvɛnˀdiə tɑŋˀg]

② *der Booster*
booster -en u
[buːsdʌ]

③ *der Orbiter*
orbiter -en u
[ɔɐ̯bitʌ]

DER WELTRAUM – UNIVERSET

die Sonnenfinsternis
solformørkelse -n u
[so:lfʌˈmœɐ̯gəlsə]

die Galaxie
galakse -n u
[gaˈlɑgsə]

die Milchstraße
mælkevej -en u
[mɛlgəvɑjˀ]

der Komet
komet -en u
[koˈmeˀd]

der Asteroid
asteroide -n u
[asdəroˈi:ðə]

der Planet
planet -en u
[plaˈneˀd]

der Meteor
meteor -en u
[meteˈoˀɐ̯]

das Universum
univers -et n
[uniˈvæɐ̯s]

der Astronaut
astronaut -en u
[asdroˈnɑwˀd]

der Satellit
satellit -ten u
[sadəˈlid]

die Sternwarte
observatorium
observatoriet n
[ʌbsæɐ̯vaˈtoɐ̯ˀjɔm]

das Radioteleskop
radioteleskop -et n
[rɑˀdjoteləˈsgoˀb]

der Nebel
tåge -n u
[tɔ:wə]

das schwarze Loch	**det sorte hul** n [sɒ:də hɔl]
die Schwerkraft	**tyngdekraft** -en u [tøŋˀdəkrɑfd]
die Umlaufbahn	**omløbsbane** -n u [ʌmløˀbsbæ:nə]
das Lichtjahr	**lysår** -et n [lysɒˀ]
der Urknall	**big bang** -et n [bigˈbæ:ŋ]
der Stern	**stjerne** -n u [sdjæɐ̯nə]
die Raumstation	**rumstation** -en u [rɔmsdaˈɕoˀn]
die Astronomie	**astronomi** -en u [asdronoˈmiˀ]

DIE ERDE – JORDEN

① *der Nordpol*
nordpol -en u
[noɐ̯poˀl]

② *das Binnenmeer*
indhav -et n
[enhɑw]

③ *die Halbinsel*
halvø -en u
[haløˀ]

④ *die Meerenge*
stræde -t n
[sdrɛːðə]

⑤ *der Golf*
golf -en u
[gʌlˀf]

⑥ *der Kontinent*
kontinent -et n
[kʌntiˈnɛnˀd]

⑦ *das Meer*
hav -et n
[hɑw]

⑧ *das Land*
land -et n
[lanˀ]

⑨ *die Gebirgskette*
bjergkæde -n u
[bjæɐ̯wkɛːðə]

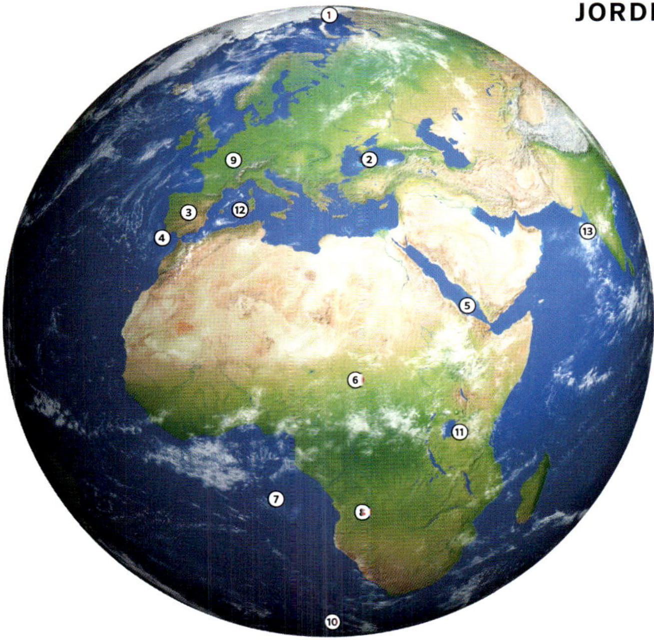

⑩ *der Südpol*
sydpol -en u
[syðpoˀl]

⑪ *der See*
sø -en u
[søˀl]

⑫ *die Insel*
ø -en u
[øˀ]

⑬ *die Bucht*
bugt -en u
[bɔgd]

die Atmosphäre	**atmosfære** -n u [admosˈfɛːʌ]
der Erdmantel	**kappe** -n u [kɑbə]
die Erdkruste	**skorpe** -n u [sgɒːbə]
der innere Erdkern	**den indre jordkerne** u [endrʌ joˀɐ̯kæɐ̯nə]
der äußere Erdkern	**den ydre jordkerne** u [yðrʌ joˀɐ̯kæɐ̯nə]
die Platte	**plade** -n u [plæːðə]
das Grundgestein	**grundfjeld** -et n [grɔnfjɛlˀ]
die Erde	**jord** -en u [joˀɐ̯]

DIE WELTKARTE – VERDENSKORTET

① *das Nordpolarmeer*
Det Arktiske Ocean
[de ˈɑːgtisgə osəæˀn]

⑥ *der Pazifische Ozean*
Stillehavet
[sdeləhæˀvəð]

⑦ *der Atlantische Ozean*
Atlanterhavet
[adˈlanˀtʌhæˀvəð]

⑧ *der Indische Ozean*
Det Indiske Ocean
[de ˈenˀdisgə osəæˀn]

⑨ *das Arabische Meer*
Det Arabiske Hav
[de ɑˈrɑˀbisgə hɑw]

⑩ *das Karibische Meer*
Caribiske Hav
[kɑˈriˀbisgə hɑw]

⑪ *das Mittelmeer*
Middelhavet
[miðˀəlhɑwəð]

⑫ *die Nordsee*
Nordsøen
[noɐ̯søən]

⑬ *die Ostsee*
Østersøen
[øsdʌsøən]

⑭ *das Kaspische Meer*
Det Kaspiske Hav
[de ˈkasbisgə hɑw]

⑮ *das Schwarze Meer*
Sortehavet
[sɒːdhæˀvəð]

⑯ *der Ärmelkanal*
Den Engelske Kanal
[dən ɛŋˀəlsgə kaˈnæˀl]

⑰ *das Rote Meer*
Det Røde Hav
[de rœðə hɑw]

⑱ *das Südpolarmeer*
Det Antarktiske Ocean
[de andˈɑːgtisgə osəæˀn]

② *der Himalaja*
Himalaya
[hiˈmælajə]

③ *die Alpen*
Alperne
[albənə]

④ *die Anden*
Andesbjergene
[andəsbjæɐ̯wənə]

⑤ *die Rocky Mountains*
Rocky Mountains
[rʌgi mawntəns]

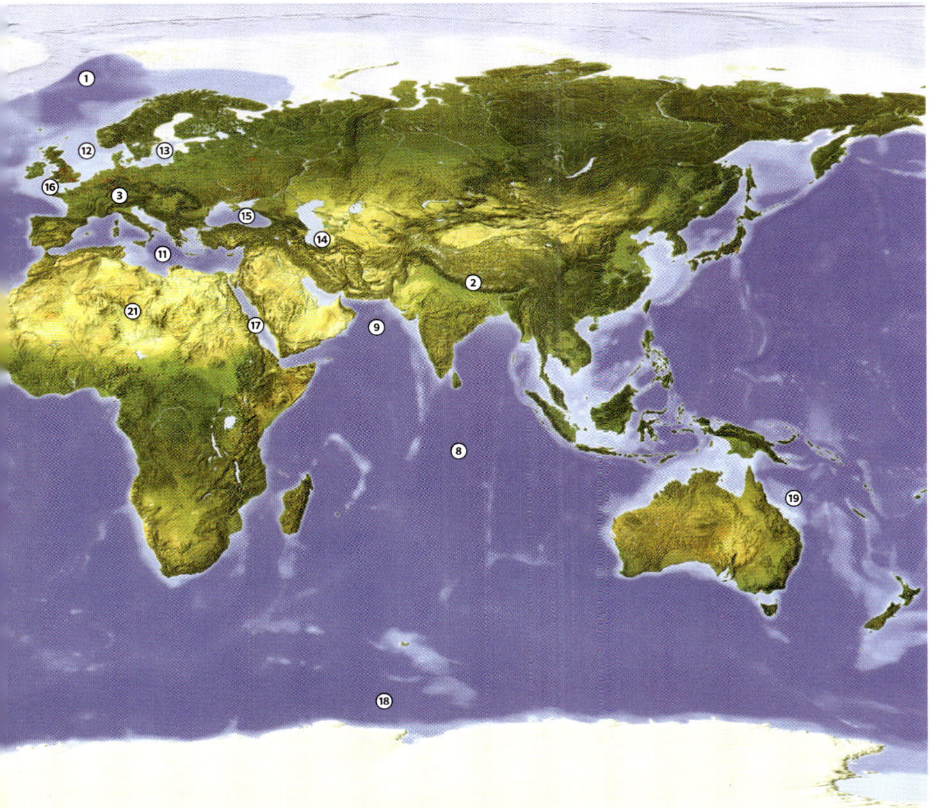

⑲ *das Great Barrier Reef*
Great Barrier Reef
[gɹɛjt ˈbɑiˀʌ ɹi:f]

⑳ *Amazonien*
Amazonia
[amaˈso:nia]

㉑ *die Sahara*
Sahara
[sæhɑˀɑ]

DIE WELTKARTE – VERDENSKORTET

die Nordhalbkugel
den **nordlige halvkugle** u
[nog̯liə halku:lə]

die Arktis
Arktis
[ɑ:gtis]

der nördliche Wendekreis
den **nordlige vendekreds**
[nog̯liə vɛnəkrɛˀs]

die westliche Hemisphäre
den **vestlige hemisfære** u
[vɛsdliə hemisˈfɛ:ʌ]

die östliche Hemisphäre
den **østlige hemisfære** u
[øsdliə hemisˈfɛ:ʌ]

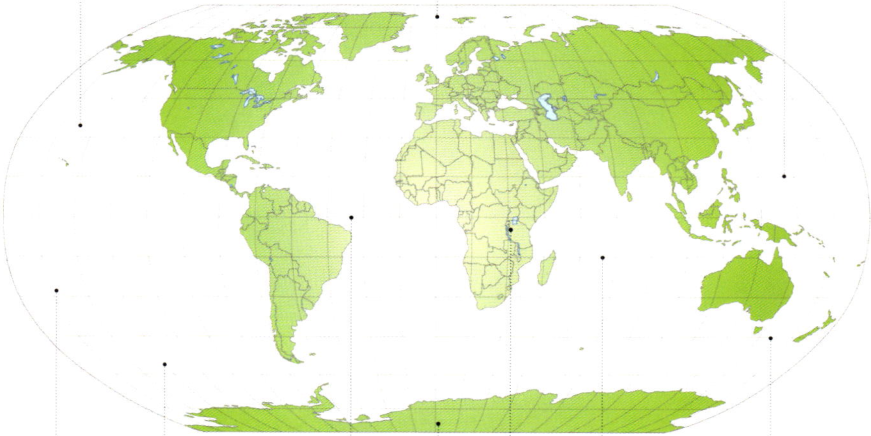

die geografische Länge
den **geografiske længdegrad** u
[geoˈgrɑˀfisgə lɛŋˀdəgrɑˀð]

die Antarktis
Antarktis
[andˈɑ:gtis]

die geografische Breite
den **geografiske breddegrad** u
[geoˈgrɑˀfisgə brɛˀdəgrɑˀð]

die Südhalbkugel
den **sydlige halvkugle** u
[syðliə halku:lə]

der Äquator
ækvator -en u
[ɛˈkvæ:tʌ]

die Tropen
troper -ne pl
[tro:bʌ]

der südliche Wendekreis
den **sydlige vendekreds**
[syðliə vɛnəkrɛˀs]

der nördliche Polarkreis	den **nordlige polarkreds** [nog̯liə poˈlɑˀkrɛˀs]
der südliche Polarkreis	den **sydlige polarkreds** [syðliə poˈlɑˀkrɛˀs]
das Land	**land** -et n [lanˀ]
der Staat	**stat** -en u [sdæˀd]
die Nation	**nation** -en u [naˈɕoˀn]
das Territorium	**område** -et n [ʌmrɔ:ðə]

das Fürstentum	**fyrstedømme** -t n [fyg̯sdədœmə]
das Königreich	**kongerige** -t n [kʌŋəri:ə]
die Republik	**republik** -ken u [rɛpuˈblig]
die Kolonie	**koloni** -en u [koloˈniˀ]
die Provinz	**provins** -en u [proˈvenˀs]
die Zone	**zone** -n u [so:nə]
die Region	**region** -en u [rɛgiˈoˀn]
die Hauptstadt	**hovedstad** -en u [ho:əðsdað]

UN-MITGLIEDSSTAATEN – FN-MEDLEMSSTATER

Europa – Europa

Albanien
Albanien
[albanjən]

Andorra
Andorra
[andɒˈrɑ]

Belgien
Belgien
[bɛˈgjən]

Bosnien und Herzegowina
Bosnien-Hercegovina
[bʌsniən-hæɐ̯səgoˈvina]

Bulgarien
Bulgarien
[bulˈgɑˀrjən]

Dänemark
Danmark
[danmɑg]

Deutschland
Tyskland
[tysglanˀ]

die ehemalige jugoslawische Republik Mazedonien
Den Tidligere Jugoslaviske Republik Makedonien
[dən ˈtiðlieˀʌ jugoˈslæˀvisgə rɛpuˈblig mɑgəˈdoˀnjn]

Estland
Estland
[ɛsdlanˀ]

Finnland
Finland
[fenlanˀ]

Frankreich
Frankrig
[frɑŋˀkriˀ]

Griechenland
Grækenland
[grɛˀgənlanˀ]

Irland
Irland
[iɐ̯lanˀ]

Island
Island
[islanˀ]

Italien
Italien
[iˈtæːˀljən]

Kroatien
Kroatien
[kroˈæˀtjən]

UN-MITGLIEDSSTAATEN – FN-MEDLEMSSTATER

Europa – Europa

Lettland
Letland
[lɛdlan]

Liechtenstein
Liechtenstein
[legtɛnsdɑjn]

Litauen
Litauen
[litɑwnˀ]

Luxemburg
Luxembourg
[lugsəmbɒˀ]

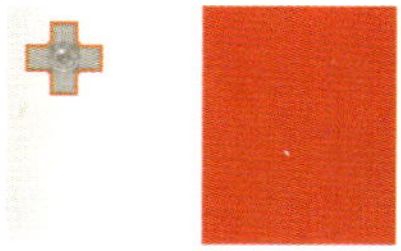

Malta
Malta
[maltɑ]

Moldawien
Moldavien
[mʌlˈdavjən]

Monaco
Monaco
[monako]

Montenegro
Montenegro
[mondenegro]

die Niederlande
Holland
[hʌlanˀ]

Norwegen
Norge
[nɒːwə]

Österreich
Østrig
[øsdri]

Polen
Polen
[polɛn]

Portugal
Portugal
[pɒtugal]

Rumänien
Rumænien
[ruˈmɛːˀnjən]

Russland
Rusland
[ruslanˀ]

San Marino
San Marino
[san maˈrino]

UN-MITGLIEDSSTAATEN – FN-MEDLEMSSTATER

Europa – Europa

Schweden
Sverige
[sve:ˈrig]

die Schweiz
Schweiz
[svɑjˀds]

Serbien
Serbien
[sæɐ̯ˀbjən]

die Slowakei
Slovakiet
[sloˈvɑki:əð]

Slowenien
Slovenien
[sloˈveˀnjən]

Spanien
Spanien
[sbæˀnjən]

Tschechien
Tjekkiet
[tjɛgi:əð]

die Ukraine
Ukraine
[ukrɑˈiˀnə]

Ungarn
Ungarn
[ɔŋgɑˀn]

das Vereinigte Königreich
Det Forenede Kongerige
[de fʌˈeˀnəðə ˈkʌŋəri:ə]

Weißrussland
Hviderusland
[vi:ðəˈruslanˀ]

Zypern
Cypern
[kypən]

Nord- und Mittelamerika – Nord- og Mellemamerika

Antigua und Barbuda
Antigua og Barbuda
[antiguˈæ ˈɒw bɑˈbudə]

die Bahamas
Bahamas
[bahaˈmæs]

Barbados
Barbados
[bɑˈbæʌs]

Belize
Belize
[beˈliˀsə]

UN-MITGLIEDSSTAATEN – FN-MEDLEMSSTATER

Nord- und Mittelamerika – Nord- og Mellemamerika

Costa Rica
Costa Rica
[kʌsdaˈrika]

Dominica
Dominica
[doˈminika]

die Dominikanische Republik
Den Dominikanske Republik
[dən dominiˈkæˀnsgə rɛpuˈblig]

El Salvador
El Salvador
[ɛl salvadoɐ̯]

Grenada
Grenada
[grɛnada]

Guatemala
Guatemala
[guatəˈmala]

Haiti
Haiti
[haiti]

Honduras
Honduras
[hʌnˈduras]

Jamaika
Jamaica
[çaˈmajka]

Kanada
Canada
[kanˀada]

Kuba
Cuba
[kubaˀ]

Mexiko
Mexico
[mɛgsiko]

Nicaragua
Nicaragua
[nikaˈragua]

Panama
Panama
[panˀama]

St. Kitts und Nevis
St. Kitts og Nevis
[saŋd kids ɒw ˈnevis]

St. Lucia
St. Lucia
[saŋd luˈsiːa]

UN-MITGLIEDSSTAATEN – FN-MEDLEMSSTATER

Nord- und Mittelamerika – Nord- og Mellemamerika

St. Vincent und die Grenadinen
St. Vincent og Grenadinerne
[saŋd vinsɛnd ɒw grenaˈdiːnʌnə]

Trinidad und Tobago
Trinidad og Tobago
[trinidað ɒw toˈbæˀgo]

die Vereinigten Staaten
USA
[uˀɛsˈæˀ]

Südamerika – Sydamerika

Argentinien
Argentina
[ɑgɛnˈtiˀna]

Bolivien
Bolivia
[boˈlivia]

Brasilien
Brasilien
[brɑˈsiljən]

Chile
Chile
[tjile]

Ecuador
Ecuador
[ɛkvadɒ]

Guyana
Guyana
[giˈjana]

Kolumbien
Colombia
[kolɔmˈbjana]

Paraguay
Paraguay
[paˀɑguɑj]

Peru
Peru
[peru]

Suriname
Surinam
[suʁˀiˈnɑm]

Uruguay
Uruguay
[uruguɑj]

Venezuela
Venezuela
[vɛnəsuˈəla]

UN-MITGLIEDSSTAATEN – FN-MEDLEMSSTATER

Afrika – Afrika

Ägypten
Egypten
[εˈgybdən]

Algerien
Algeriet
[alˈçeˀg̯iəd]

Angola
Angola
[ɑŋˈgoːlɑ]

Äquatorialguinea
Ækvatorial Guinea
[εkvatog̯iæˀl giˈnea]

Äthiopien
Etiopien
[etiˈoˀpjən]

Benin
Benin
[beˈniˀn]

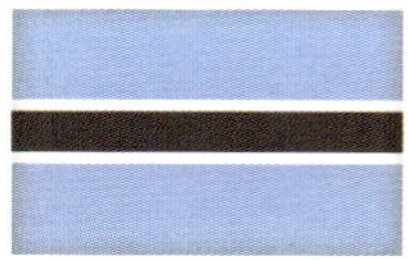

Botswana
Botswana
[bʌdˈsvaˀna]

Burkina Faso
Burkina Faso
[bug̯kiˀna ˈfaso]

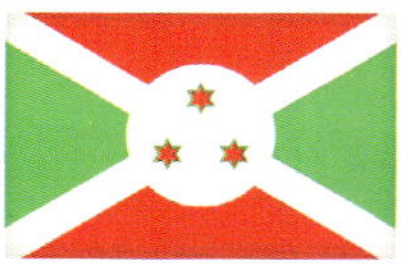

Burundi
Burundi
[buˈrɔnˀdi]

die Demokratische Republik Kongo
Den Demokratiske Republik Congo
[dən demoˈkrɑˀdisgə rεpublig kʌŋgo]

Dschibuti
Djibouti
[djiˈbuˀti]

die Elfenbeinküste
Elfenbenskysten
[εlˀfənbeˀnkøsdən]

Eritrea
Eritrea
[eg̯iˈtrεˀa]

Gabun
Gabon
[gaˈbon]

Gambia
Gambia
[gɑmˀbja]

Ghana
Ghana
[gaːna]

UN-MITGLIEDSSTAATEN – FN-MEDLEMSSTATER

Afrika – Afrika

Guinea
Guinea
[giˈnea]

Guinea-Bissau
Guinea-Bissau
[ginea biˈsaw]

Kamerun
Cameroun
[kaməʁuˀn]

Kap Verde
Kap Verde
[kab ˈvæɐ̯də]

Kenia
Kenya
[kɛnja]

die Komoren
Comorerne
[koˈmoˀʌnə]

Lesotho
Lesotho
[leˈsoˀdo]

Liberia
Liberia
[liˈbeˀɐ̯ia]

Libyen
Libyen
[liˀbjən]

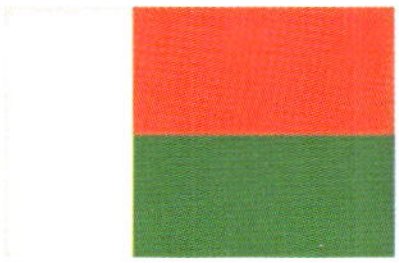

Madagaskar
Madagaskar
[madaˈgasga]

Malawi
Malawi
[maˈlæˀvi]

Mali
Mali
[mæːliˀ]

Mauretanien
Mauretanien
[mawʁɛˈtæˀnjən]

Mauritius
Mauritius
[mawˈriˀtjus]

Marokko
Marokko
[maˈʁʌgo]

Mosambik
Mozambique
[mosamˈbig]

UN-MITGLIEDSSTAATEN – FN-MEDLEMSSTATER

Afrika – Afrika

Namibia
Namibia
[naˈmiˀbja]

(der) Niger
Niger
[nigʌˀ]

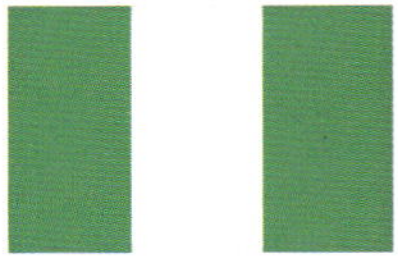

Nigeria
Nigeria
[niˈgeɐ̯ia]

die Republik Kongo
Republikken Congo
[rɛpubligən kʌŋgo]

Ruanda
Rwanda
[ruˈanˀda]

Sambia
Zambia
[sɑmˀbja]

São Tomé und Príncipe
Sao Tome og Principe
[sæːo tʌme ɒw ˈprɛnsibə]

(der) Senegal
Senegal
[senəgal]

die Seychellen
Seychellerne
[seˈçɛlˀʌnə]

Sierra Leone
Sierra Leone
[çæɐ̯ɑ leˈoˀnə]

Simbabwe
Zimbabwe
[simˈbɑbvə]

Somalia
Somalia
[soˈmaˀlja]

Südafrika
Sydafrika
[syðˈɑfrika]

der Sudan
Sudan
[suˈdan]

der Südsudan
Sydsudan
[syðsudan]

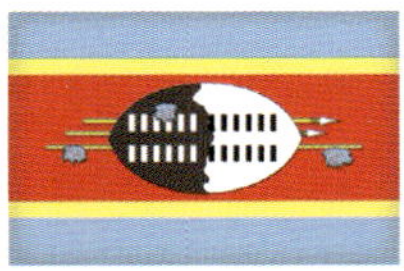

Swasiland
Swaziland
[svæːsilanˀ]

UN-MITGLIEDSSTAATEN – FN-MEDLEMSSTATER

Afrika – Afrika

Tansania
Tanzania
[tansaˀnja]

Togo
Togo
[togo]

der Tschad
Tchad
[tjad]

Tunesien
Tunesien
[tuˈneˀsjən]

Uganda
Uganda
[uˈganˀda]

die Zentralafrikanische Republik
Den Centralafrikanske Republik
[dən sɛnˈtrɑˀlɑfrikæˀnsgə rɛpublig]

Asien – Asien

Afghanistan
Afghanistan
[awˈganisdaˀn]

Armenien
Armenien
[ɑˈmeˀnjən]

Aserbaidschan
Aserbajdsjan
[asæɐ̯bɑjˈdjaˀn]

Bahrain
Bahrain
[bɑˈrɑjˀn]

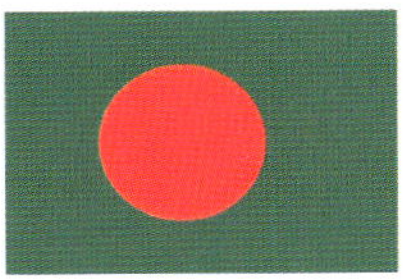

Bangladesch
Bangladesh
[bɑŋlaˈdɛɕ]

Bhutan
Bhutan
[butaˀn]

Brunei
Brunei
[bruˈnɑjˀ]

China
Kina
[kiːna]

UN-MITGLIEDSSTAATEN – FN-MEDLEMSSTATER

Asien – Asien

Georgien
Georgien
[geˈɒˀgjən]

Indien
Indien
[endjən]

Indonesien
Indonesien
[endoˈneˀsjən]

(der) Irak
Irak
[iˈrɑg]

(der) Iran
Iran
[iˈrɑn]

Israel
Israel
[israeˀl]

Japan
Japan
[jæpen]

(der) Jemen
Yemen
[jemən]

Jordanien
Jordan
[joɐ̯daˀn]

Kambodscha
Cambodja
[kɑmˈbodja]

Kasachstan
Kasakhstan
[kasɑgsdaˀn]

Kirgisistan
Kirgisistan
[kiɐ̯ˈgiˀsisdaˀn]

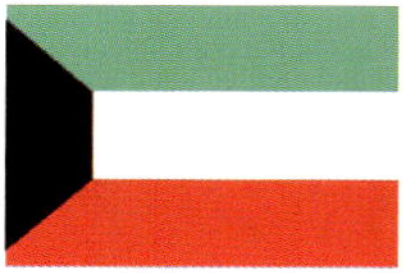

Kuwait
Kuwait
[kuvajˀd]

Laos
Laos
[laos]

(der) Libanon
Libanon
[libanoˀn]

Katar
Qatar
[kaˈtɑˀ]

UN-MITGLIEDSSTAATEN – FN-MEDLEMSSTATER

Asien – Asien

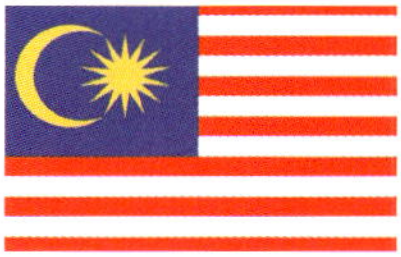

Malaysia
Malaysia
[maˈlajˀsia]

die Malediven
Maldiverne
[mɛldiˀvʌnə]

die Mongolei
Mongoliet
[mʌŋgɔljəd]

Myanmar
Myanmar
[mianˈmɑˀ]

Nepal
Nepal
[nepaˀl]

Nordkorea
Nordkorea
[noɐ̯koɐ̯ea]

Oman
Oman
[ʌˈmanˀ]

Osttimor
Østtimor
[øsdtimoɐ̯]

Pakistan
Pakistan
[pɑgisdaˀn]

die Philippinen
Filippinerne
[filiˈpiˀnʌnə]

Saudi-Arabien
Saudi-Arabien
[sawdiaˈrɑˀbjən]

Singapur
Singapore
[seŋgapɒɐ̯]

Sri Lanka
Sri Lanka
[sriˈlaŋka]

Südkorea
Sydkorea
[syðkoɐ̯ea]

Syrien
Syrien
[syɐ̯ˀiən]

Tadschikistan
Tadsjikistan
[taˈdɕigisdaˀn]

UN-MITGLIEDSSTAATEN – FN-MEDLEMSSTATER

Asien – Asien

Thailand
Thailand
[tɑjlanˀ]

die Türkei
Tyrkiet
[tyɐ̯kjəd]

Turkmenistan
Turkmenistan
[tuɐ̯gˈmeˀnisdaˀn]

Usbekistan
Usbekistan
[usˈbeˀgisdaˀn]

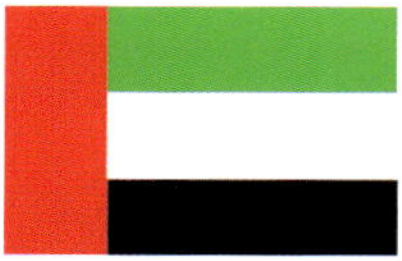

die Vereinigten Arabischen Emirate
De Forenede Arabiske Emirater
[di fʌˈeˀnəðə ɑrɑˀbisgə emiˈrɑˀdʌ]

Vietnam
Vietnam
[vjɛdˈnam]

Ozeanien – Oceanien

Australien
Australien
[awˈsdrɑˀljən]

Fidschi
Fiji
[fidji]

Kiribati
Kiribati
[kiɐ̯iˈbati]

die Marshallinseln
Marshalløerne
[maˀɕɛlˈøʌnə]

Mikronesien
Mikronesiens Forende Stater
[mikroˈnesjəns fʌeˀnəðə sdæˀdʌ]

Nauru
Nauru
[naˈuːruˀ]

Neuseeland
New Zealand
[njuː ˈseːlanˀ]

Palau
Palau
[paˈlauˀ]

UN-MITGLIEDSSTAATEN – FN-MEDLEMSSTATER

Ozeanien – Oceanien

Papua-Neuguinea
Papua Ny Guinea
[papuɐ̯ nyˀ giˈnea]

die Salomonen
Salomonøerne
[sæˀlomɔn øʌnə]

Samoa
Samoa
[saˈmoa]

Tonga
Tonga
[tʌŋga]

Tuvalu
Tuvalu
[tuˈvalu]

Vanuatu
Vanuatu
[vanuˈæːtuˀ]

Internationale Organisationen – Internationale organisationer

die Europäische Union (EU)
Den Europæiske Union (EU)
[dən œwroˈpɛˀisgə unioˀn (eˀuˀ)]

die Vereinten Nationen (UN)
De Forenede Nationer (FN)
[di fʌˈeˀnəðə naˈɕoˀnʌ (ɛfɛn)]

die Organisation des Nordatlantikvertrags (NATO)
Den nordatlantiske traktat (NATO)
[dən noɐ̯adˌanˀtisgə tʀɑgˈtæˀd (næːto)]

die Afrikanische Union
Den Afrikanske Union
[dən ɑfrikæˀnsgə unioˀn]

die Arabische Liga
Den Arabiske Liga
[dən ɑrɑˀbisgə liːga]

die UNESCO
UNESCO
[unæsgo]

das Commonwealth
Commonwealth
[kʌmənwɛlθ]

DAS WETTER – VEJRET

sonnig
solrigt
[so:l]

wolkig
skyet
[sgy:əð]

neblig
tåget
[tɔ:wəð]

windig
blæsende
[blɛ:sənə]

heiß
meget varmt
[maˀɑð vaˀmt]

warm
varmt
[vaˀmt]

kalt
koldt
[kʌlˀd]

bedeckt
overskyet
[ɒwʌsgy:əð]

vereist
tilrimet
[telriˀməð]

verschneit
snedækket
[snedɛgəð]

regnerisch
regnfuldt
[rɑjnfult]

stürmisch
stormfuldt
[sdɒ:mfult]

feucht
fugtigt
[fɔgdit]

die Temperatur	**temperatur** -en u [tɛmbraˈtuɐ̯ˀ]
der Grad	**grad** -en u [graˀð]
Celsius	**celsius** [sɛlˀɕus]
Fahrenheit	**fahrenheit** [fa:ʌnˌhajd]
die Wettervorhersage	**vejrudsigt** [vɛɐ̯uðsegd]
Wie ist das Wetter?	**Hvordan er vejret?** [vɒˈdan æɐ̯ vɛɐ̯əð]
Es ist schön/trüb/nasskalt.	**Der er dejligt/mørkt/vådt og koldt.** [de æɐ̯ dɑjlit/mœɐ̯gt/vʌd ɒw kʌlˀd]
Es regnet/schneit.	**Det regner/sner.** [de rɑjnʌ/sneʌ]

DAS WETTER – VEJRET

der Regen
regn -en u
[rɑjˀn]

der Regenbogen
regnbue -n u
[rɑjˀnbuːə]

der Sonnenschein
solskin -et n
[soːlsgenˀ]

der Wind
vind -en u
[venˀ]

das Gewitter
uvejr -et n
[uvɛˀɐ̯]

der Donner
torden -en u
[toɐ̯dən]

der Blitz
lyn -et n
[lyˀn]

der Hagel
hagl -en u
[hɑwˀl]

der Raureif
rim -et n
[riˀm]

der Schnee
sne -en u
[sneˀ]

der Frost
frost -en u
[frʌsd]

das Eis
is -en u
[iˀs]

die Brise	**brise** -n u [briːsə]
die Windgeschwindigkeit	**vindhastighed** -en u [venhasdiheðˀ]
der Pollenflug	**pollental** -let n [pʌlˀəntal]
die UV-Strahlen	**UV-stråler** -ne pl [uˀˈveˀsdrɔːlʌ]
der Ozon	**ozon** -en u [oˈsoˀn]
die Ozonschicht	**ozonlag** -et n [oˈsoˀnlæˀj]
die Stratosphäre	**stratosfære** -n u [sdrɑdosˈfɛːʌ]
die Troposphäre	**trosposfære** -n u [trobosˈfɛːʌ]

der Smog
smog -gen u
[smʌg]

DAS WETTER – VEJRET

Naturkatastrophen – Naturkatastrofer

die Dürre
tørke -n u
[tœɐ̯gə]

der Hurrikan
orkan -en u
[ɒˈkan]

der Tornado
tornado -en u
[tɒˈnæːdo]

der Monsun
monsun -en u
[mʌnˈsuˀn]

die Überschwemmung
oversvømmelse -n u
[ɒwʌsvœmˀəlsə]

das Erdbeben
jordskælv -et n
[joˀɐ̯sgɛlˀv]

der Vulkanausbruch
vulkanudbrud -det n
[vulˈkanuðbruð]

der Tsunami
tsunami -en u
[tsuˈnɑːmi]

der Erdrutsch
jordskred -det n
[joˀɐ̯]

der Waldbrand
skovbrand -en u
[sgɒwbrɑnˀ]

die Hitzewelle
hedebølge -n u
[heːðəbøljə]

der Sturm
storm -en u
[sdɒˀm]

die Lawine
lavine -n u
[laˈviːnə]

der Schneesturm
snestorm -en u
[snesdɒˀm]

der (tropische) Wirbelsturm
(tropisk) cyklon -en u
[troˀbisg syˈkloˀn]

die Pandemie
pandemi -en u
[pandəˈmiˀ]

DIE LANDSCHAFT – LANDSKABET

der Berg
bjerg -et n
[bjæɐ̯ˀw]

der Gipfel
bjergtop -pen u
[bjæɐ̯wtʌb]

das Gebirge
bjergområde -t n
[bjæɐ̯ˀwʌmrɔːðə]

der Wald
skov -en u
[sgɒwˀ]

der Berghang
bjergskråning -en u
[bjæɐ̯ˀwsgrɔˀneŋ]

der See
sø -en u
[søˀ]

der Felsen
klippe -n u
[klebə]

das Tal
dal -en u
[dæˀl]

der Fluss
flod -en u
[floˀð]

die Flussmündung
flodmunding -en u
[floˀðmɔneŋ]

die Höhle
hule -n u
[huːlə]

die Klippe
skrænt -en u
[sgranˀd]

die Küste
kyst -en u
[køsd]

der Gletscher
gletsjer -en u
[glɛdɕʌ]

der Wasserfall
vandfald -et n
[vanfalˀ]

DIE LANDSCHAFT – LANDSKABET

das Plateau
plateau -et n
[plaˈto]

der Hügel
bakke -n u
[bɑgə]

die Ebene
slette -n u
[slɛdə]

die Schlucht
kløft -en u
[kløfd]

die Wüste
ørken -en u
[œɐ̯gən]

die Wiese
eng -en u
[ɛŋʔ]

das Feuchtgebiet
vådområde -t n
[vɔʔðʌmrɔːðə]

die Heide
hede -n u
[heːðə]

das Grasland
græsarealer -ne pl
[grasˌɑːeˈæʔl]

der Geysir
gejser -en u
[gɑjʔsʌ]

die Thermalquelle
den **varme kilde** u
[vɑʔmə kilə]

der Vulkan
vulkan -en u
[vulˈkan]

die Bucht
bugt -en u
[bɔgd]

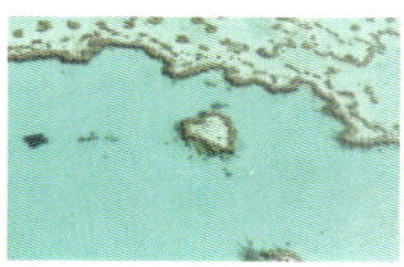

das Korallenriff
koralrev -et n
[koˈrɑlʔrɛw]

die Insel
ø -en u
[øʔ]

der Gebirgsbach
bjergbæk -ken u
[bjæɐ̯wbɛg]

STEINE UND MINERALIEN – STEN OG MINERALER

das Eisenerz
jernmalm -en u
[jæɐ̯nmalˀm]

der Sandstein
sandsten -en u
[sansdeˀn]

der Asphalt
asfalt -en u
[asfalˀd]

der Granit
granit -ten u
[grɑˈnid]

der Kalkstein
kalksten -en u
[kalgsdeˀn]

die Kreide
kridt -et n
[krid]

die Kohle
kul -let n
[kɔl]

der Schiefer
skifer -en u
[sgifʌ]

der Marmor
marmor -et n
[mɑˀmʌ]

der Schwefel
svovl -et n
[svɒwˀl]

der Grafit
grafit -ten u
[grɑˈfid]

das Gold
guld -et n
[gul]

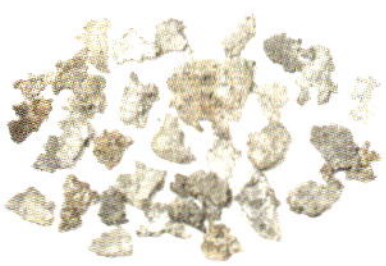

das Silber
sølv -et n
[søl]

das Kupfer
kobber -et n
[kɒwˀʌ]

das Quecksilber
kviksølv -et n
[kvigsøl]

der Bauxit
bauxit -ten u
[bawgˈsid]

STEINE UND MINERALIEN – STEN OG MINERALER

Edel- und Halbedelsteine – Ædel- og halvædelstene

der Rubin
rubin -en u
[ruˈbiˀn]

der Aquamarin
akvamarin -en u
[ɑkvɑmɑˈriˀn]

der Jade
jade -n u
[jæːðə]

der Smaragd
smaragd -en u
[smɑˈrɑwˀd]

der Saphir
safir -en u
[saˈfiɐ̯ˀ]

der Amethyst
ametyst -en u
[ɑməˈtysd]

der Quarz
kvarts -en u
[kvɑːds]

der Diamant
diamant -en u
[diaˈmanˀd]

der Turmalin
turmalin -en u
[tuɐ̯maˈliˀn]

der Topas
topas -en u
[toˈpæˀs]

der Granat
granat -en u
[grɑˈnæˀd]

das/der Tigerauge
tigerøje -t n
[tiːʌʌjə]

der Opal
opal -en u
[oˈpæˀl]

der Bernstein
rav -et n
[rɑw]

der Türkis
turkis -en u
[tyɐ̯ˈkiˀs]

der Rosenquarz
rosakvarts -en u
[roːsakvɑːds]

der Onyx
onyks -en u
[oːnygs]

die Perle
perle -n u
[pæɐ̯lə]

der Lapislazuli
lapis lazuli -en u
[læːpisˈlæˀsuli]

der Citrin
citrin -en u
[siˈtriˀn]

PFLANZEN – PLANTER

Bäume – Træer

die Eiche
eg -en u
[eˀj]

das Laub
løv -et n
[løˀw]

der Ast
gren -en u
[grɛˀn]

der Stamm
stamme -n u
[sdamə]

die Wurzel
rod -en u
[roˀð]

die Krone
krone -n u
[kro:nə]

das Blatt
blad -et n
[blað]

die Borke
bark -en u
[ba:g]

die Seitenwurzel
siderod -en u
[si:ðəroˀð]

die Pfahlwurzel
pælerod -en u
[pɛ:ləroˀð]

die Weide
pil -en u
[piˀl]

die Esche
ask -en u
[asg]

die Buche
bøg -en u
[bøˀj]

die Ulme
elm -en u
[ɛlˀm]

die Birke	**birk** -en u [bigg]
der Ahorn	**ahorn** -en u [ahogˀn]
die Linde	**lind** -en u [lenˀ]
die Tanne	**gran** -en u [gran]
die Fichte	**rødgran** -en u [rœðgran]
der Nadelbaum	**nåletræ** -et n [nɔ:lətrɛˀ]
der Laubbaum	**løvtræ** -et n [løwtrɛˀ]
der immergrüne Baum	det **stedsegrøne træ** n [sdɛðsəgrœnˀə trɛˀ]

der Eukalyptus
eukalyptus -sen u
[œwkaˈlybtus]

PFLANZEN – PLANTER

Wildpflanzen – Vilde planter

die Flechte
lav -en u
[law]

das Moos
mos -et n
[mɔs]

die Distel
tidsel tidslen u
[tisəl]

der Pilz
svamp -en u
[svamˀb]

die Brennnessel
brændenælde -n u
[branɛlə]

der Fingerhut
fingerbøl -et n
[feŋʌbøl]

der Bärenklau
bjørneklo -en u
[bjœɐ̯nəkloˀ]

der Löwenzahn
mælkebøtte -n u
[mɛlgəbødə]

das Gänseblümchen
margerit -ten u
[mɑgəˈrid]

das Heidekraut
hedelyng -en u
[heːðəløŋˀ]

das Hasenglöckchen
honningurt -en u
[hʌneŋuɐ̯ˀd]

der Klee
kløver -en u
[kløˀvʌ]

die Kamille
kamille -n u
[kaˈmilə]

das Maiglöckchen
liljekonval -len u
[liljəkɔnˈvalˀ]

die Pusteblume
mælkebøtte -n u
[mɛlgəbødə]

die Butterblume
ranunkel -en u
[raˈnɔŋˀgəl]

PFLANZEN – PLANTER

Zierblumen – Prydplante

die Rose
rose -n u
[ro:sə]

das Blütenblatt
kronblad -et n
[kro:nblað]

die Blüte
blomstring -en u
[blʌmsdrɛŋ]

der Stängel
stængel stænglen u
[sdɛŋˀəl]

der Stiel
stilk -en u
[sdelˀg]

die Knospe
knop -pen u
[knɔb]

der Dorn
torn -en u
[toɐ̯ˀn]

das Blatt
blad -et n
[blað]

das Schneeglöckchen
vintergæk -ken u
[venˀdʌgɛg]

der Krokus
krokus -sen u
[kro:gus]

die Seerose
nøkkerose -n u
[nøgəˌro:sə]

der Lavendel
lavendel -en u
[laˈvɛnˀəl]

der Flieder	**syren** -en u [syˈrɛˀn]
der/das Rhododendron	**rhododendron** -en u [rodoˈdɛndrʌn]
blühen	at **blomstre** [blʌmsdrʌ]
duften	at **dufte** [dɔfdə]
verwelken	at **visne** [vesnə]
keimen	at **spire** [sbi:ʌ]
die Frühlingsblume	**forårsblomst** -en u [fɒ:ˀɒˀsblʌmˀsd]
der Nachtblüher	den **natlige blomst** u [nadlViə blʌmˀsd]

die Petunie
petunia -en u
[peˈtuˀnja]

PFLANZEN – PLANTER

Zierblumen – Prydplante

die Nelke
nellike -n u
[nelˀegə]

die Primel
primula -en u
[priˀmula]

die Gerbera
gerbera -en u
[gæɐ̯ˀbərɑ]

die Tulpe
tulipan -en u
[tuliˈpæˀn]

die Narzisse
påskelilje -n u
[pɔ:sgəliljə]

die Iris
iris -en u
[i:ɐ̯is]

die Chrysantheme
krysantemum -men u
[kryˈsanˀdəməm]

die Hyazinthe
hyacint -en u
[hyaˈsenˀd]

die Ringelblume
morgenfrue -n u
[mɒˀɒnfru:ə]

das Stiefmütterchen
stedmoderblomst -en u
[sdɛðmoɐ̯blʌmˀsd]

die Orchidee
orkide -en u
[ɒkiˈdeˀ]

der Rosenstrauch
rosenbusk -en u
[ro:sənbusg]

die Lilie
lilje -n u
[liljə]

die Sonnenblume
solsikke -n u
[so:lsegə]

die Geranie
pelargonie -n u
[pelɑˈgoˀnjə]

die Hortensie
hortensie -n u
[hɒˈtɛnˀɕə]

PFLANZEN – PLANTER

Gartenpflanzen – Haveplanter

der/das Efeu
vedbend -en u
[veðbɛnˀ]

der Obstbaum
frugttræ -et n
[frɔgdtrɛˀ]

die Baumblüte
træblomstring -en u
[trɛˀblʌmˀscreŋ]

der Trieb
skud -det n
[sguð]

der Formschnitt
formklipning -en u
[fɒːmklebneŋ]

das Unkraut
Ukrudt -et n
[ukrud]

blühen
at **blomstre**
[blʌmsdrʌ]

verwelken
at **visne**
[vesnə]

die Palme
palme -n u
[palmə]

der Rasen
græsplæne -n u
[grasplɛːnə]

die Blumenwiese
blomstereng -en u
[blʌmˀsdʌɛŋˀ]

die Mohnblume
måneblomst -en u
[mɔːnəblʌmˀsd]

die Kletterpflanze
klatreplante -n u
[plandə]

einjährig
enårig
[eːnɒˀi]

zweijährig
toårig
[toɒˀi]

mehrjährig
flerårig
[flegɒˀi]

TIERE – DYR

Säugetiere – Pattedyr

die Ratte
rotte -n u
[rʌdə]

der Maulwurf
muldvarp -en u
[mulvɑ:b]

die Katze
kat -ten u
[kad]

der Hund
hund -en u
[hunˀ]

das Kaninchen
kanin -en u
[kaˈniˀn]

das Meerschweinchen
marsvin -et n
[mɑ:sviˀn]

die Maus
mus -en u
[muˀs]

der Hamster
hamster -en u
[hɑmˀsdʌ]

die Fledermaus
flagermus -en u
[flɑwʌmuˀs]

das Eichhörnchen
egern -et n
[eˀjʌn]

der Igel
pindsvin -et n
[pensviˀn]

das Frettchen
fritte -n u
[fridə]

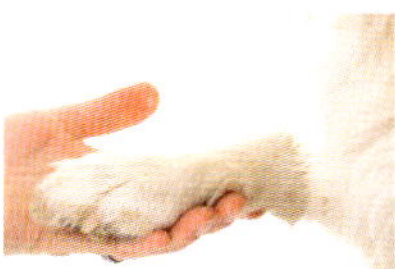

die Pfote
pote -n u
[po:də]

das Schnurrhaar	**knurhår** -et n [knoɐ̯hɒˀ]
das Fell	**pels** -en u [pɛlˀs]
das Maul	**mule** -n u [mu:lə]
der Schwanz	**hale** -n u [hæ:lə]
das Horn	**horn** -et n [hoɐ̯ˀn]
die Kralle	**klov** -en u [klɒwˀ]
die Tatze	**pote** -n u [po:də]
der Huf	**hov** -en u [hɒwˀ]

TIERE – DYR

Säugetiere – Pattedyr

der Gepard
gepard -en u
[geˈpɑˀd]

der Puma
puma -en u
[puːma]

der Wolf
ulv -en u
[ulˀv]

der Waschbär
vaskebjørn -en u
[vasgəbjœɐ̯ˀn]

das Stinktier
stinkdyr -et n
[sdeŋgdyɐ̯ˀ]

das Erdmännchen
surikat -en u
[suɐ̯iˈkæˀd]

der Leopard
leopard -en u
[leoˈpɑˀd]

der Dachs
grævling -en u
[grawleŋ]

der Fuchs
ræv -en u
[rɛˀw]

der Jaguar
jaguar -en u
[jaguˈɑˀ]

der Löwe
løve -n u
[løːvə]

der Tiger
tiger -en u
[tiːʌ]

der Bär
bjørn -en u
[bjœɐ̯ˀn]

der Eisbär
isbjørn -en u
[isbjœɐ̯ˀn]

der Koala
koalabjørn -en u
[koˈæːlabjœɐ̯ˀn]

der Pandabär
pandabjørn -en u
[pandabjœɐ̯ˀn]

TIERE – DYR

Säugetiere – Pattedyr

das Schwein
svin -et n
[sviˀn]

die Ziege
ged -en u
[geðˀ]

das Pferd
hest -en u
[hɛsd]

die Giraffe
giraf -fen u
[giˈrɑf]

das Schaf
får -et n
[fɒˀ]

das Lama
lama -en u
[læːma]

der Esel
æsel æslet n
[ɛˀsəl]

das Reh
rådyr -et n
[rʌdyɐ̯ˀ]

das Rentier
rensdyr -et n
[dyɐ̯ˀ]

das Kamel
kamel -en u
[kaˈmeˀl]

die Kuh
ko -en u
[koˀ]

der Stier
tyr -en u
[tyɐ̯ˀ]

das Nilpferd
flodhest -en u
[floðhɛsd]

das Nashorn
næsehorn -et n
[nɛːsəhoɐ̯ˀn]

der Elefant
elefant -en u
[eləˈfanˀd]

das Zebra
zebra -en u
[seːbrɑ]

TIERE – DYR

Säugetiere – Pattedyr

das Walross
hvalros -en u
[valrʌs]

der Seelöwe
søløve -n u
[søløːvə]

der Seehund
sæl -en u
[sɛˀl]

der Delfin
delfin -en u
[dɛlˈfiˀn]

der Schwertwal
spækhugger -en u
[sbɛghɔgʌ]

der Otter
odder -en u
[ʌðˀʌ]

die Biberratte
bæverrotte -n u
[bɛˀvʌrʌdə]

der Gorilla
gorilla -en u
[goˈrila]

der Orang-Utan
orangutang -en u
[oˈraŋgutaŋˀ]

der Gibbon
gibbon -en u
[gibʌn]

der Pavian
savannebavian -en u
[savanəbaviˈæˀn]

der Schimpanse
chimpanse -n u
[ɕimˈpansə]

das Faultier
dovendyr -et n
[dɒwəndyɐ̯ˀ]

der Ameisenbär
myresluger -en u
[myːʌsluːʌ]

das Känguru
kænguru -en u
[kɛŋˈguːru]

das Jungtier
det **unge dyr** n
[ɔŋˀə dyɐ̯ˀ]

TIERE – DYR

Vögel – Fugle

der Specht
spætte -n u
[sbɛdə]

der Spatz
spurv -en u
[sbuɐ̯ˀw]

der Kolibri
kolibri -en u
[koliˈbriˀ]

der Tukan
tukan -en u
[tuˈkan]

das Rotkehlchen
rødhals -en u
[rœðhalˀs]

die Schwalbe
svale -n u
[svæ:lə]

der Habicht
duehøg -en u
[du:əhøˀj]

die Taube
due -n u
[du:ə]

der Rabe
ravn -en u
[rɑwˀn]

die Krähe
krage -n u
[krɑ:wə]

der Fink
finke -n u
[feŋgə]

die Möwe
måge -n u
[mɔ:wə]

der Kanarienvogel
kanariefugl -en u
[kaˈnɑˀjəfuˀl]

der Schnabel	**snabel** snablen u [snæˀbəl]
das Küken	**fugleunge** -n u [fu:ləɔŋə]
der Flügel	**vinge** -n u [veŋə]
die Kralle	**klov** -en u [klɒwˀ]
die Feder	**fjer** -en u [fjeˀɐ̯]
das Federkleid	**fjerdragt** -en u [fjeɐ̯drɑgd]
zwitschern	at **kvidre** [kviðʌ]
flattern	at **flagre** [flɑwrʌ]

TIERE – DYR

Vögel – Fugle

der Storch
stork -en u
[sdɒːg]

der Flamingo
flamingo -en u
[flaˈmeŋgo]

der Strauß
struds -en u
[sdrus]

der Adler
ørn -en u
[œɐ̯ˀn]

der Pinguin
pingvin -en u
[peŋˈviˀn]

der Kakadu
kakadue -n u
[kɑgɑduːə]

der Papagei
papegøje -n u
[pɑbəˈgʌjə]

die Eule
ugle -n u
[uːlə]

der Truthahn
kalkun -en u
[kalˈkuˀn]

der Schwan
svane -n u
[svæːnə]

die Gans
gås -en u
[gɔˀs]

die Ente
and -en u
[anˀ]

der Hahn
hane -n u
[hæːnə]

das Huhn
høne -n u
[hœːnə]

die Wachtel
vagtel -en u
[vɑgdəl]

der Pfau
påfugl -en u
[pʌfuˀl]

TIERE – DYR

Reptilien und Amphibien – Reptiler og amfibier

die Schlange
slange -n u
[slɑŋə]

das Krokodil
krokodille -n u
[krogəˈdilə]

der Alligator
alligator -en u
[aliˈgæ:tʌ]

die Eidechse
firben -et n
[fiɐ̯beˀn]

das Chamäleon
kamæleon -en u
[kaməleˈoˀn]

der Leguan
leguan -en u
[leguˈæˀn]

die Schildkröte
skildpadde -n u
[sgelpaðə]

die Wasserschildkröte
vandskildpadde -n u
[vansgelpaðə]

der Frosch
frø -en u
[frœˀ]

die Kröte
tudse -n u
[tusə]

die Kaulquappe
haletudse -n u
[hæ:lətusə]

der Salamander
salamander -en u
[salaˈmanˀdʌ]

der Gecko
gekko -en u
[gɛko]

der Panzer	**skjold** -et n [sgjʌlˀ]
die Schuppen	**skæl** -let n [sgɛlˀ]
das Gift	**gift** -en u [gifd]
der Giftzahn	**gifttand** -en u [gifdtanˀ]
das wechselwarme Tier	det **koldblodede dyr** n [kʌlˀbloðədə dyɐ̯ˀ]
kriechen	at **krybe** [kry:bə]
zischen	at **hvæse** [vɛ:sə]
quaken	at **kvække** [kvɛgə]

TIERE – DYR

Fische – Fisk

der Kugelfisch
kuglefisk -en u
[kuːləfesg]

der Hornhecht
hornfisk -en u
[hoɐ̯nfesg]

der Piranha
piratfisk -en u
[piˈradfɛsg]

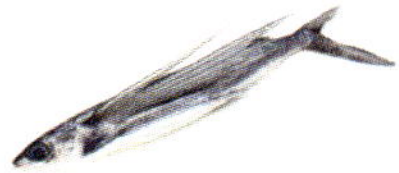

der Fliegende Fisch
flyvefisk -en u
[flyːvəfesg]

der Fächerfisch
sejlfisk -en u
[sɑjlfesg]

der Rochen
rokke -n u
[rʌgə]

der Weiße Hai
den **hvide haj** u
[viðə hɑjˀ]

der Tigerhai
tigerhaj -en u
[tiːʌhɑjˀ]

der Goldfisch
guldfisk -en u
[gulfesg]

der Koi
den **japanske karpe** u
[jaˈpæˀnsgə kɑːbə]

der Aal
ål -en u
[ɔˀl]

der Wels
malle -n u
[malə]

der Fischschwarm	**fiskestime** -n u [fesgəsdiːmə]
die Flosse	**finne** -n u [fenə]
die Kiemen	**gæller** -ne pl [gɛlʌ]
das Tiefseetier	**dybhavsdyr** -et n [dybhawsdyɐ̯ˀ]
der Rogen	**rogn** -en u [rɒwˀn]
der Süßwasserfisch	**ferskvandsfisk** -en u [fæɐ̯sgvansfesg]
der Seefisch	**saltvandsfisk** -en u [saldvansfesg]
das Aquarium	**akvarium** akvariet n [aˈkvɑˀjɔm]

das Seepferdchen
søhest -en u
[søhɛsd]

TIERE – DYR

Insekten und Spinnen – Insekter og edderkopper

der Schmetterling
sommerfugl -en u
[sʌmʌfuˀl]

die Raupe
sommerfuglelarve -n u
[sʌmʌfu:ləlɑ:və]

die Puppe
puppe -n u
[pubə]

der Nachtfalter
natsværmer -en u
[nadsvæɐ̯mʌ]

die Biene
bi -en u
[biˀ]

die Hummel
humlebi -en u
[hɔmləbiˀ]

die Wespe
hveps -en u
[vɛbs]

die Hornisse
gedehams -en u
[ge:ðəhɑmˀs]

die Fliege
flue -n u
[flu:ə]

die Stechmücke
myg -gen u
[myg]

die Zikade
cikade -n u
[siˈkæ:ðə]

der Maikäfer
oldenborre -n u
[ʌlˀən]

die Libelle
guldsmed -en u
[gulsmeð]

die Gottesanbeterin
knæler -en u
[knɛ:lʌ]

die Heuschrecke
græshoppe -n u
[grashʌbə]

die Grille
fårekylling -en u
[fɒ:ˀɒkyleŋ]

TIERE – DYR

Insekten und Spinnen – Insekter og edderkopper

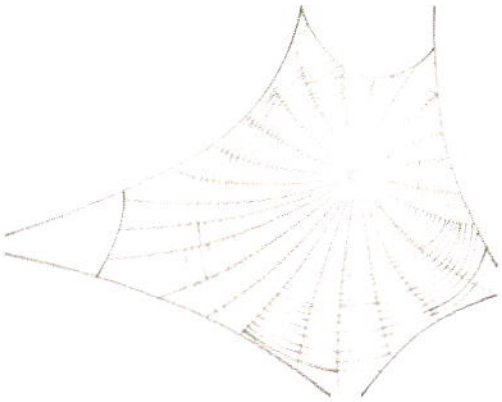

das Spinnennetz
edderkoppespind -et n
[εðˀʌkʌbəsbenˀ]

die Spinne
edderkop -pen u
[εðˀʌkʌb]

der Floh
loppe -n u
[lʌbə]

die Assel
bænkebider -en u
[bεŋgəbiðˀʌ]

die Stinkwanze
den **grøne bredtæge** u
[grœnə brεðtε:jə]

der Marienkäfer
mariehøne -n u
[maˈriˀəhœ:nə]

die Schabe
kakerlak -en u
[kagʌˈlag]

der Wasserläufer
vandløber -en u
[vanlø:bʌ]

der Hundertfüßer
tusindben -et n
[tuˀsənbeˀn]

die Nacktschnecke
skovsnegl -en u
[sgɒwnajˀl]

die Schnecke
snegl -en u
[snajˀl]

der Wurm
orm -en u
[oɐ̯ˀm]

die Termite
termit -ten u
[tæɐ̯ˈmid]

die Ameise
myre -en u
[my:ʌ]

die Zecke
skovflåt -en u
[sgɒwflɔˀd]

der Skorpion
skorpion -en u
[sgɒbiˈoˀn]

ZAHLEN UND MAẞE

TAL OG MÅL

DIE ZAHLEN – TALLENE

Die Kardinalzahlen – Grundtallene

null
nul
[nɔl]

eins
et
[ed]

zwei
to
[toˀ]

drei
tre
[trɛˀ]

vier
fire
[fi:ʌ]

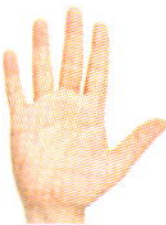

fünf
fem
[fɛmˀ]

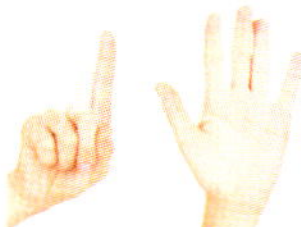

sechs
seks
[sɛgs]

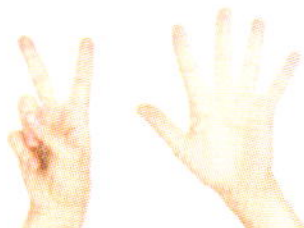

sieben
syv
[sywˀ]

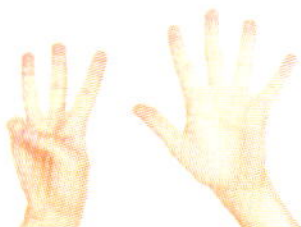

acht
otte
[ɔ:də]

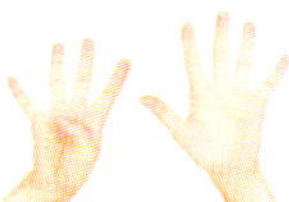

neun
ni
[niˀ]

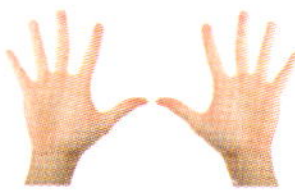

zehn
ti
[tiˀ]

elf	**elleve** [ɛlvə]
zwölf	**tolv** [tʌlˀ]
dreizehn	**tretten** [tradən]
vierzehn	**fjorten** [fjoɐ̯dən]
fünfzehn	**femten** [fɛmdən]
sechzehn	**seksten** [sɑjsdən]
siebzehn	**sytten** [sødən]
achtzehn	**atten** [adən]
neunzehn	**nitten** [nedən]
zwanzig	**tyve** [ty:və]
einundzwanzig	**enogtyve** [eˀnʌty:və]
zweiundzwanzig	**toogtyve** [toˀʌty:və]
dreiundzwanzig	**treogtyve** [trɛˀʌty:və]
dreißig	**tredive** [traðvə]
vierzig	**fyrre** [fœɐ̯ʌ]
fünfzig	**halvtreds** [halˈtrɛs]
sechzig	**tres** [trɛs]
siebzig	**halvfjerds** [halˈfjæɐ̯s]
achtzig	**firs** [fiɐ̯ˀs]
neunzig	**halvfems** [halˈfɛmˀs]
hundert	**hundrede** [hunʌðə]

DIE ZAHLEN – TALLENE

Die Kardinalzahlen – Grundtallene

zweihundertzweiundzwanzig	**tohundredeogtoogtyve** [toˀhunʌðʌˈtoˀʌty:və]
tausend	**tusind** [tuˀsən]
zehntausend	**titusind** [tiˈtuˀsən]
zwanzigtausend	**tyvetusind** [ty:vətuˀsən]
fünfzigtausend	**halvtredstusind** [haltrɛsˈtuˀsən]
fünfundfünfzigtausend	**femoghalvtredstusind** [fɛmˀʌhaltrɛsˈtuˀsən]
hunderttausend	**hundredetusind** [hunʌðˈtuˀsən]
eine Million	**en million** [ɛˀn miliˈoˀn]
eine Milliarde	**en milliard** [ɛˀn miliˈɑˀd]
eine Billion	**en billion** [eˀn biliˈoˀn]

Die Ordinalzahlen – Ordenstallene

erste(r, s)	**første** [fœɐ̯sdə]
zweite(r, s)	**anden** [anən]
dritte(r, s)	**tredje** [trɛðjə]
vierte(r, s)	**fjerde** [fjɛ:ʌ]
fünfte(r, s)	**femte** [fɛmdə]
sechste(r, s)	**sjette** [ɕɛ:də]
siebte(r, s)	**syvende** [syʊˀənə]
achte(r, s)	**ottende** [ʌdənə]
neunte(r, s)	**niende** [niˀənə]
zehnte(r, s)	**tiende** [tiˀənə]
elfte(r, s)	**elvte** [ɛlfdə]
zwölfte(r, s)	**tolvte** [tʌldə]
dreizehnte(r, s)	**trettende** [tradənə]
vierzehnte(r, s)	**fjortende** [fjoɐ̯dənə]
fünfzehnte(r, s)	**femtende** [fɛmdənə]
sechzehnte(r, s)	**sekstende** [sɑjsdənə]
siebzehnte(r, s)	**syttende** [sødənə]
achtzehnte(r, s)	**attende** [adənə]
neunzehnte(r, s)	**nittende** [nedənə]
zwanzigste(r, s)	**tyvende** [ty:vənə]
einundzwanzigste(r, s)	**enogtyvende** [eˀnʌty:vənə]
zweiundzwanzigste(r, s)	**toogtyvende** [toˀʌty:vənə]

DIE ZAHLEN – TALLENE

Die Ordinalzahlen – Ordenstallene

dreißigste(r, s)	**tredivte** [traðfdə]
vierzigste(r, s)	**fyrreogtyvende** [fœɐ̯ʌˈty:vənə]
fünfzigste(r, s)	**halvtredsindstyvende** [haltrɛsənsˈty:vənə]
sechzigste(r, s)	**tresindstyvende** [trɛsənsˈty:vənə]
siebzigste(r, s)	**halvfjersindstyvende** [halfjæɐ̯sensˈty:vənə]
achtzigste(r, s)	**firsindstyvende** [fiɐ̯ˀsənsˈty:vənə]
neunzigste(r, s)	**halvfemsindstyvende** [halfɛmˀsənsˈty:vənə]
hundertste(r, s)	**hundrede** [hunʌðə]
zweihunderterste(r, s)	**tohundrede** [toˀˈhunʌðə]
zweihundertfünfundzwanzigste(r, s)	**tohundredeogfemogtyvende** [toˀhunʌðʌfɛmˀʌˈty:vənə]
dreihundertste(r, s)	**trehundrede** [trɛˀˈhunʌðə]
tausendste(r, s)	**tusinde** [tuˀsənə]
zehntausendste(r, s)	**titusinde** [tiˀˈtuˀsənə]
millionste(r, s)	**millionte** [miliˈoˀndə]
zehnmillionste(r, s)	**timillionte** [tiˀmiliˈoˀndə]
vorletzte(r, s)	**forrige** [fɒ:iə]
letzte(r, s)	**sidste** [sisdə]

Die Bruchzahlen – Brøktallene

ein halber/ein halbes/eine halbe	**en halv** [eˀn halˀ]
ein Drittel	**en tredjedel** [eˀn ˈtrɛðjədeˀl]
ein Viertel	**en fjerdedel** [eˀn ˈfjɛ:ʌdeˀl]
ein Fünftel	**en femtedel** [eˀn ˈfɛmdədeˀl]
ein Achtel	**en ottendedel** [eˀn ˈʌdənədeˀl]
drei Viertel	**tre fjerdedele** [toˀ ˈfjɛ:ʌdeˀlə]
zwei Fünftel	**to femtedele** [toˀ ˈfɛmdədeˀlə]
siebeneinhalb	**syv og en halv** [sywˀ ɒw eˀn ˈhalˀ]
zwei Siebzehntel	**to syvendedele** [toˀ ˈsy:vənədeˀlə]
fünf und drei Achtel	**fem og tre ottendele** [fɛmˀ ɒw trɛˀ ˈʌdənədeˀlə]

DIE ZAHLEN – TALLENE

Weitere Zahlwörter – Yderligere talord

einmal	**en gang** [eˀn gaŋˀ]
zweimal	**to gange** [toˀ gaŋə]
dreimal	**tre gange** [trɛˀ gaŋə]
viermal	**fire gange** [fiːʌ gaŋə]
mehrmals	**flere gange** [fleːʌ gaŋə]
manchmal	**nogle gange** [noən gaŋə]
niemals	**aldrig** [ɑldri]
einfach	**enkelt** [ɛŋˀgəld]
doppelt/zweifach	**dobbelt** [dʌbəld]
dreifach	**tredobbelt** [trɛˀdʌbəld]
vierfach	**firdobbelt** [fiːʌdʌbəld]
fünffach	**femdobbelt** [fɛmˀdʌbəld]
sechsfach	**seksdobbelt** [sɛgsdʌbəld]
mehrfach/vielfach	**flerdobbelt** [fleːʌdʌbəld]

ein Paar	**et par** [ed pɑ]
ein halbes Dutzend	**et halvt dusin** [ed hald duˈsiˀn]
ein Dutzend	**et dusin** [ed duˈsiˀn]
ein Gros	**gros (12 dusin)** [grʌs (tʌlˀ duˈsiˀn)]
ein paar	**et par** [ed pɑ]
wenige	**få** [fɔˀ]
einige	**nogle** [noən]
etliche	**adskillige** [aðˈsgelˀiə]
manche	**mangen en/et** [maŋən eˀn/ed]
viele	**mange** [maŋə]
beide	**begge** [bɛgə]
sämtliche	**samtlige** [samdliə]
alle	**alle** [aˈleˀ]
jeder/jede/jedes	**hver/hvert** [vɛˀɐ̯/vɛˀɐ̯d]

der Taschenrechner
lommeregner -en u
[lʌmərajnʌ]

die Quadratwurzel
kvadratrod -en u
[kvaˈdrɑˀdroˀð]

das Prozent
procent -en u
[proˈsɛnˀd]

die Ziffer
ciffer -et n
[sifʌ]

der Dezimalpunkt
decimalkomma -et n
[desiˈmæˀlkʌma]

dividieren
at **dividere**
[diviˈdeˀʌ]

multiplizieren
at **gange med**
[gaŋə meðˀ]

subtrahieren
at **trække fra**
[tragə frɑˀ]

addieren
at **lægge sammen**
[lɛgə samˀən]

ist gleich
er lig med
[æɐ̯ liˀ meðˀ]

DIE ZEIT – TIDEN

Die Uhrzeit – Klokken

ein Uhr
klokken et
[klʌgən ed]

zwei Uhr
klokken to
[klʌgən toˀ]

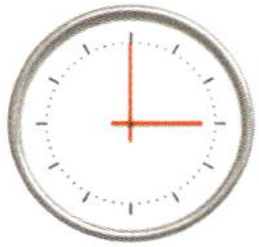

drei Uhr
klokken tre
[klʌgən trɛˀ]

vier Uhr
klokken fire
[klʌgən fi:ʌ]

fünf Uhr
klokken fem
[klʌgən fɛmˀ]

sechs Uhr
klokken seks
[klʌgən sɛgs]

sieben Uhr
klokken syv
[klʌgən sywˀ]

acht Uhr
klokken otte
[klʌgən ɔ:də]

neun Uhr
klokken ni
[klʌgən niˀ]

zehn Uhr
klokken ti
[klʌgən tiˀ]

elf Uhr
klokken elleve
[klʌgən ɛlvə]

zwölf Uhr mittags
klokken tolv
[klʌgən tʌlˀ]

dreizehn Uhr
klokken tretten
[klʌgən tradən]

die Stunde	**time** -n u [ti:mə]
die Minute	**minut** -tet n [meˈnud]
eine halbe Stunde	**en halv time** [eˀn halˀ ti:mə]
die Sekunde	**sekund** -et n [seˈkɔnˀd]
Wie viel Uhr ist es?	**Hvad er klokken?** [vað æɐ̯ klʌgən]
Es ist zwei Uhr.	**Klokken er to.** [klʌgən æɐ̯ toˀ]
Um wie viel Uhr?	**Hvornår?** [vɒˈnɒˀ]
Um sieben Uhr.	**Klokken syv.** [klʌgən sywˀ]

DIE ZEIT – TIDEN

Die Uhrzeit – Klokken

vierzehn Uhr
klokken fjorten
[klʌgən fjoɐ̯dən]

fünfzehn Uhr
klokken femten
[klʌgən fɛmdən]

sechzehn Uhr
klokken seksten
[klʌgən sɑjsdən]

siebzehn Uhr
klokken sytten
[klʌgən sødən]

achtzehn Uhr
klokken atten
[klʌgən adən]

neunzehn Uhr
klokken nitten
[klʌgən nedən]

zwanzig Uhr
klokken tyve
[klʌgən ty:və]

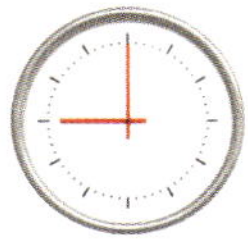

einundzwanzig Uhr
klokken enogtyve
[klʌgən eˀnʌty:və]

zweiundzwanzig Uhr
klokken toogtyve
[klʌgən toˀʌty:və]

dreiundzwanzig Uhr
klokken treogtyve
[klʌgən trɛˀʌty:və]

Mitternacht
midnat
[miðnad]

fünf nach zwölf
fem minutter over tolv
[fɛmˀ meˈnudʌ ɒwʌ tʌlˀ]

halb elf	**halv elleve** [halˀ ɛlvə]
zwanzig vor sieben	**tyve minutter i syv** [ty:və meˈnudʌ iˀ sywˀ]
Viertel vor zwölf	**et kvarter i tolv** [ed kvɑ:dʌ iˀ tʌlˀ]
Wann?	**Hvornår?** [vɒˈnɒˀ]
Vor/in zehn Minuten.	**Inden/om ti minutter.** [enər/ʌmˀ tiˀ meˈnudʌ]
Gegen Mittag.	**Ved middagstid.** [veð medastiðˀ]
Seit wann?	**Hvor længe?** [vɒˀ lɛŋə]
Seit gestern.	**Siden i går.** [siðən iˀ gɒˀ]

Viertel nach neun
kvart over ni
[kvɑ:d ɒwʌ niˀ]

DIE ZEIT – TIDEN

Tag und Nacht – Dag og nat

die Mitternacht
midnat u
[miðnad]

die Morgendämmerung
morgendæmring -en u
[mɒˀɒndɛmrɛŋ]

der Sonnenaufgang
solopgang -en u
[so:lʌbgɑŋˀ]

der Morgen
morgen -en u
[mɒˀɒn]

der Mittag
middag -en u
[meda]

der Nachmittag
eftermiddag -en u
[ɛfdʌmeda]

der Sonnenuntergang
solnedgang -en u
[so:lneðgɑŋˀ]

die Abenddämmerung
aftendæmring -en u
[ɑfdəndɛmrɛŋ]

der Abend
aften -en u
[ɑfdən]

der Frühling
forår -et n
[fɒ:ˀɒˀ]

der Sommer
sommer -en u
[sʌmʌ]

der Herbst
efterår -et n
[ɛfdʌɒˀ]

der Winter
vinter -en u
[venˀdʌ]

heute	**i dag** [iˀ dæˀ]
morgen	**i morgen** [iˀ mɒˀɒn]
übermorgen	**i overmorgen** [iˀ ɒwʌmɒˀɒn]
gestern	**i går** [iˀ gɒˀ]
vorgestern	**i forgårs** [iˀ fɒ:gɒˀs]
Welches Datum haben wir heute?	**Hvad dato har vi i dag?** [vað dæ:to hɑˀ vi iˀ dæˀ]
der 9. September 2019	**den 9. september 2019** [dən niˀənə sebˈtɛmˀbʌ toˀtuˀsənnedən]
der Feiertag	**helligdag** -en u [hɛlidæˀ]

DIE ZEIT – TIDEN

Der Kalender – Kalenderen

der Sonntag
søndag -en u
[sœnˀda]

der Montag
mandag -en u
[manˀda]

der Dienstag
tirsdag -en u
[tiɐ̯ˀsda]

der Mittwoch
onsdag -en u
[ɔnˀsda]

der Donnerstag
torsdag -en u
[tɒˀsda]

der Freitag
fredag -en u
[frɛˀda]

der Samstag
lørdag -en u
[lœɐ̯da]

der Wochentag
ugedag -en u
[u:ədæˀ]

die Woche
uge -n u
[u:ə]

der Tag
dag -en u
[dæˀ]

das Wochenende
weekend -en u
[vi:gɛnˀd]

das Datum
dato -en u
[dæ:to]

das Jahr
år -et n
[ɒˀ]

der Monat
måned -en u
[mɔ:nəð]

der Januar	**januar** u [janu͵ɑˀ]
der Februar	**februar** u [febru͵ɑˀ]
der März	**marts** u [mɑ:ds]
der April	**april** u [aˈpriˀl]
der Mai	**maj** u [mɑjˀ]
der Juni	**juni** u [juˀni]
der Juli	**juli** u [juˀli]
der August	**august** u [ɑwˈgɔsd]
der September	**september** u [sebˈtɛmˀbʌ]
der Oktober	**oktober** u [ogˈtoˀbʌ]
der November	**november** u [noˈvɛmˀbʌ]
der Dezember	**december** u [deˈsɛmˀbʌ]

MAßE - MÅL

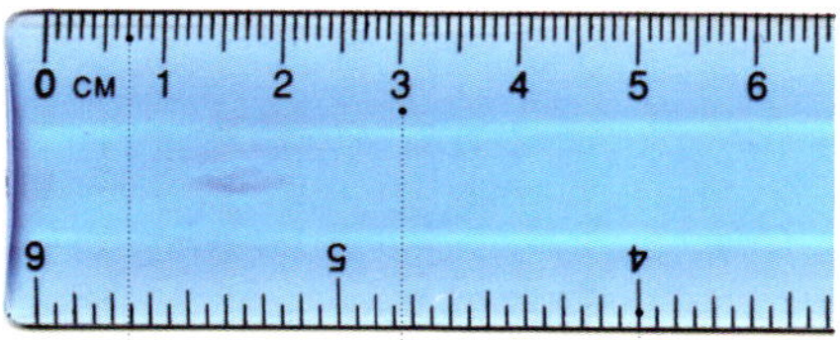

der/das Millimeter
millimeter -en u
[milime'dʌ]

der/das Zentimeter
centimeter -en u
[sɛnti'me'dʌ]

der Zoll
tomme -n u
[tʌmə]

der/das Liter
liter -en u
[lidʌ]

der/das Milliliter
milliliter -en u
[mililidʌ]

die Unze
ounce u
[ɑwns]

das Pint
pint u
[paind]

der Kilometer
kilometer -en u
[kilo'me'dʌ]

die Meile
mil -en u
[mi'l]

das Yard
yard -en u
[jɑ'd]

der Acre/Morgen
acre/morgen -n/-en u
[eikə/mɒ'ɒn]

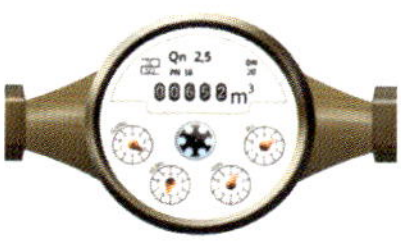

der/das Kubikmeter
kubikmeter -en u
[ku'bigme'dʌ]

der Fuß	**fod** -en u [fo'ð]
der/das Meter	**meter** -en u [me'dʌ]
der/das Quadratmeter	**kvadratmeter** -en u [kva'drɑ'dme'dʌ]
der Quadratfuß	**kvadratfod** -en u [kva'drɑ'dfo'ð]
der/das Hektar	**hektar** -en u [hɛg'tɑ']
die Tasse	**kop** -pen u [kʌb]
der Esslöffel	**spiseske** -en u [sbi:səsge']
der Teelöffel	**teske** -en u [te'sge']

DAS GEWICHT – VÆGTEN

die Tonne
ton -net n
[tʌn²]

das Kilogramm
kilogram -met n
[kiloˈgram²]

das Gramm
gram -met n
[gram²]

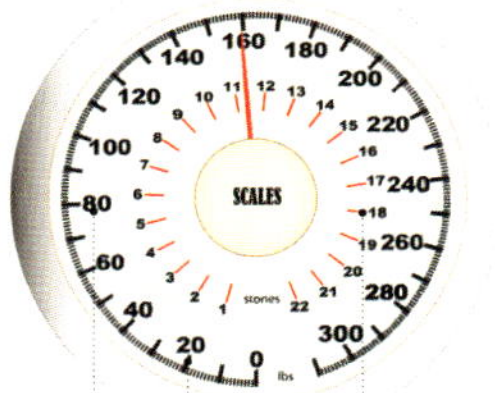

das Pfund
pund -et n
[pun²]

die Unze
ounce u
[ɑwns]

das Stone (= 6,35 kg)
stone (= 6,35 kg) -en u
[stɔʊn]

DIE WÄHRUNG – VALUTAEN

$

der Dollar
dollar -en u
[dʌlʌ]

£

das Pfund
pund -et n
[pun²]

€

der Euro
euro -en u
[œwro]

¥

der Yen
yen -nen u
[jɛn]

der Baht	**baht** -en u [bad]	*der Rand*	**rand** -en u [ran²]
die Rupie	**rupi** -en u [ru:pi]	*der Peso*	**peso** -en u [pe:so]
der Dinar	**dinar** -en u [diˈnɑ²]	*der Real*	**real** -en u [rɛˈæ²l]
der Franc	**franc** -en u [fraŋ²g]	*der Yuan*	**yuan** -en u [juˈan]
der Schweizer Franken	**schweizerfranc** -en u [fraŋ²g]	*die Lira*	**lire** -n u [li:ʌ]
die Krone	**krone** -n u [kro:nə]	*der Rubel*	**rubel** rublen u [ru²bəl]

DIE WICHTIGSTEN SÄTZE – DE VIGTIGSTE SÆTNINGER

DIE VERBEN – VERBERNE

INDEX – INDEKS

DIE WICHTIGSTEN SÄTZE – DE VIGTIGSTE SÆTNINGER

Mit diesen nützlichen Wörtern und Sätzen drücken Sie sich in den wichtigsten und häufigsten Situationen mit Sicherheit aus.

IM GESPRÄCH – I TALE

BEGRÜẞEN UND VERABSCHIEDEN – HILSE PÅ OG TAGE AFSKED

Guten Tag!	Goddag! [goˈdæˀ]
Guten Abend!	Godaften! [goˈɑfdən]
Hallo!	Hej! [hai]
Auf Wiedersehen!	Farvel! [fɑˈvɛl]
Tschüss!	Hej! [hai]

HÖFLICHKEIT – HØFLIGHEDER

bitte	værsågod [ˈvæɐ̯sgoˀ]
danke	tak [tag]
bitte schön	selv tak [sɛlˀvtag]
Ja, bitte.	Ja tak [ja tag]
Nein, danke.	Nej tak [nai tag]
Keine Ursache!	Det var så lidt! [de var so lid]
Entschuldigung!	Undskyld! [ˈɔnsgylˀ]
Entschuldigen Sie, ...	Undskyld, ... [ˈɔnsgylˀ ..]
Das tut mir leid.	Det gør mig ondt. [de ˈgœɐ̯ mai ɔnˀd]
Wie geht's?	Hvordan går det? [vɒˈdan gɒˀr de]
Danke, gut. Und Ihnen/dir?	Tak, det går godt. Og du? [tag de gɒˀr gʌd ɒw du]

KOMMUNIKATION – KOMMUNIKATION

Wie bitte?	Hvabehar? [vɑbəˈhɑˀ]
Ich verstehe.	Jeg forstår. [jai fʌˈsdɔˀ]
Ich verstehe nicht.	Jeg forstår ikke. [jai fʌˈsdɔˀ ˈegə]
Könnten Sie das bitte wiederholen?	Kan du gentage det? [kan du ˈgɛntæˀ de]
Könnten Sie bitte langsamer sprechen?	Kan du tale langsommere? [kan du talə ˈlɑŋsʌmˀərə]
Könnten Sie das bitte aufschreiben?	Kan du skrive det ned? [kan du sgrivə de ˈneðˀ]
Was bedeutet ...?	Hvad betyder ...? [vað beˈtyˀðə ...]

SICH VORSTELLEN – PRÆSENTERE SIG

Wie heißt du?	Hvad hedder du? [vað heðer du]
Wie heißen Sie?	Hvad hedder De? [vað heðer di]
Ich heiße ...	Jeg hedder... [jai heðer ...]
Woher kommen Sie?	Hvor kommer De fra? [vɒˀ kʌmə di frɐ̯]
Woher kommst du?	Hvor kommer du fra? [vɒˀ ˈkʌmə du frɐ̯]
Ich komme aus ...	Jeg kommer fra ... [jai ˈkʌmə frɐ̯ ...]
Das ist mein Mann.	Det er min mand [de ær miˀn ˈmæˀn]
Das ist meine Frau.	Det er min kone [de ær miˀn ˈkoːnə]
Das ist mein Partner.	Det er min partner [de ær miˀn ˈpardnər]

Das ist meine Partnerin.	Det er min partner [de ær miˀn ˈpardnər]
Das ist mein Sohn.	Det er min søn [de ær miˀn ˈsœn]
Das ist meine Tochter.	Det er min datter [de ær miˀn ˈdadər]
Hier ist meine E-Mail-Adresse.	Her er min e-mailadresse. [hɛˀɐ̯ ær miˀn ˈi:mɛjladrasə]
Hier ist meine Telefonnummer.	Her er mit telefonnummer. [hɛˀɐ̯ ær miˀt teləfóˀnnɔmˀʌ]

BEIM TELEFONIEREN – I TELEFONEN

Ich hätte gern eine SIM-Karte, bitte.	Jeg vil gerne bede om et SIM-kort. [jai vil ˈgæɐ̯nə ˈbe ɔm ed simkɒ:d]
Mein Akku ist leer.	Mit batteri er afladt. [miˀt badʌriˀ ær ˈɑwlad]
Hier spricht ...	Det er ... [de ær ...]
Mit wem spreche ich bitte?	Hvem taler jeg med? [vɛmˀ ˈtæ:lə jai meðˀ]
Kann ich bitte Herrn/Frau ... sprechen?	Jeg vil gerne tale med ... [jai vel gæɐ̯nə ˈtæ:lə meðˀ ...]
Tut mir leid, er/sie ist nicht da.	Jeg beklager, men han/hun er ikke til stede. [jai beklæˀjə meˀn han/hun ær ˈegə telsdɛðə]
Kann er/sie Sie zurückrufen?	Kan han/hun ringe tilbage? [kan han/hun rɛŋə tebæjə]

UNTERWEGS – UNDERVEJS

TOILETTE UND BAD – TOILET OG BAD

Wo ist bitte die Toilette?	Hvor er toilettet? [vɒˀ ær toalɛdəð]
Damen	Damer [dæ:mər]
Herren	Herrer [hærʌr]
die Damentoilette	Dametoilettet [dæ:mətoalɛdəð]
die Herrentoilette	Herretoilettet [hærʌtoalɛdəð]

BAHN – TOG

Wann fährt der nächste Zug ab?	Hvornår kører det næste tog? [vɒˈnɒˀ kø:ʌ de nɛsdə tɔˀw]
Wo muss ich umsteigen?	Hvor skal jeg skifte? [vɒˀ sgalˀ jai sgífdə]
Von welchem Gleis fährt der Zug nach ...?	Fra hvilket spor kører toget til...? [frɐ̯ velgəð ˈsboˀɐ̯ kø:ʌ tɔˀwəð tel ˈ...]
Ist dieser Platz noch frei?	Er denne plads ledig? [ær dɛnə plas ˈle:ði]
Hält dieser Zug in ...?	Stopper toget i ...? [sdʌbʌ tɔˀwəð i ˈ...]

BUS – BUS

Welche Linie fährt nach ...?	Hvilken linje kører til ...? [velgn liniə kø:ʌ tel ˈ...]
Welche Linie fährt zum Bahnhof?	Hvilken linje kører til banegården? [velgn liniə kø:ʌ tel ˈbæ:nəgɒˀn]
Wann fährt der nächste Bus nach ...?	Hvornår kører den næste bus til ...? [vɒˈnɒˀ kø:ʌ de nɛsdə bus tel ...]

Wo muss ich aussteigen?	Hvornår skal jeg stige af? [vɒˈnɒˀ sgal jai sdiːə æˀ]
Wie viele Haltestellen sind es?	Hvor mange stoppesteder er det? [vɒˀ maŋə ˈsdɔbəsdɛðə ær de]
Fährt dieser Bus nach ...?	Kører denne bus til...? [køːʌ dɛnə bus tel ˈ...]

AUTO – BIL

der Führerschein	kørekort [køːʌkɒːd]
Entschuldigen Sie bitte, wie komme ich nach ...?	Undskyld, hvordan kommer jeg til ...? [ˈɔnsgylˀ vɒˈdan kʌmə jai tel ˈ...]
Entschuldigen Sie bitte, wo ist ...?	Undskyld, hvor er ...? [ˈɔnsgylˀ vɒˀ ær ˈ...]
Wie weit ist es?	Hvor langt er det? [vɒˀ ˈlaŋd ær de]

BEIM ARZT – HOS LÆGEN

Ich bin krankenversichert.	Jeg er sygeforsikret. [jai ær ˈsyːəfʌseged]
Ich möchte von einer Ärztin behandelt werden, bitte.	Jeg vil gerne behandles af en kvindelige læge. [jai vel gæɐ̯nə behánˀləs æˀ en ˈkvenəli lɛːjə]
Es tut hier weh.	Det gør mig ondt. [de ˈgœɐ̯ mai ɔnˀd]
Ich bin ohnmächtig geworden.	Jeg besvimede. [jai besvíˀməðə]
Ich habe mich erbrochen.	Jeg har kastet op. [jai har ˈkasdəð ʌb]
Ich habe Herzbeschwerden.	Jeg har hjerteproblemer. [jai har ˈjæɐ̯dəprobleˀmə]
Ich habe Atembeschwerden.	Jeg har åndedrætsbesvær. [jai har ˈʌnədradbesvɛˀɐ̯]
Ich habe Zahnschmerzen.	Jeg har tandpine. [jai har ˈtanˀpiːnə]
Ich habe eine Füllung verloren.	Jeg har mistet en fyldning. [jai har ˈmesdəð en ˈfylneŋ]
Ich bin allergisch gegen Antibiotika.	Jeg er allergisk over for antibiotika. [jai ær alæɐ̯ˀgisg ɒwʌ ˈfoˀɐ̯ antibióˀtika]
Ich bin allergisch gegen Bienen.	Jeg er allergisk over for bier. [jai ær alæɐ̯ˀgisg ɒwʌ ˈfoˀɐ̯ ˈbiːˀər]
Ich bin allergisch gegen Pollen.	Jeg er allergisk over for pollen. [jai ær alæɐ̯ˀgisg ɒwʌ ˈfoˀɐ̯ ˈpʌlˀən]
Ich bin Diabetiker/Diabetikerin.	Jeg har sukkersyge. [jai har ˈsɔgʌsyːə]
Ist es ansteckend?	Er det smitsomt? [ær de ˈsmedsʌmˀd]
Ich brauche ein Rezept für ...	Jeg behøver en recept på ... [jai behøˀvər en rɛsɛbd poˀ ˈ...]
Ich nehme Medikamente gegen ...	Jeg tager medicin mod ... [jai tɑˀ medisíˀn moˀð]

DIE VERBEN – VERBERNE

Wenn es darum geht, eigene Sätze zu bilden, hilft Ihnen unsere ausführliche Verbliste, wo Sie auch abstrakte Verben, die sich nicht abbilden lassen, nachschlagen und übersetzen können.

A

abbeißen	bide af	[bi:ðə æˀ]
abbiegen	dreje	[drajə]
abbringen	aflede	[ɑwleˀðə]
abfahren	køre bort	[kø:ʌ ˈboɐ̯ˀd]
abfärben	smitte af	[smedə ˈæˀ]
abfinden	affinde sig med	[ɑwfenˀə saj ˈmeðˀ]
abfragen	spørge	[sbœɐ̯ʌ]
abführen	føre bort fra	[fø:ʌ boɐ̯ˀd ˈfrɑˀ]
abfüllen	aftappe	[ɑwtɑbə]
abgeben	aflevere	[ɑwlevéˀʌ]
abgewöhnen	afvænne	[ɑwvɛnˀə]
abgrenzen	begrænse	[begranˀsə]
abhaken	krydse af	[krysə ˈæˀ]
abhalten	afholde	[ɑwhʌlˀə]
abhärten	hærde	[hæɐ̯də]
abhauen	hugge af	[hɔgə ˈæˀ]
abheben	løfte	[løfdə]
abholen	hente	[hɛndə]
abklären	afklare	[ɑwklɑˀɑ]
abklingen	tage af	[tæˀ ˈæˀ]
abkochen	koge	[kɔ:wə]
abkühlen	afkøle	[ɑwkøˀlə]
abkürzen	afkorte	[ɑwkɒ:də]
abladen	aflade	[ɑwlæ:ðə]
ablaufen	udløbe	[uðˀlø:bə]
ablecken	slikke	[slegə]
ablegen	aflægge	[ɑwlɛgə]
ablehnen	afvise	[ɑwvi:sə]
ablenken	bortlede	[boɐ̯ˀdleˀðə]
abmagern	tabe sig	[tæ:bə saj]
abmalen	male	[mæ:lə]
abmelden	afmelde	[ɑwmɛ:lə]
abmessen	måle	[mɔ:lə]
abnehmen	tabe sig	[tæ:bə saj]
abnutzen	slide	[sli:ðə]
abonnieren	abonnere	[ɑbonéˀʌ]
abprallen	prelle af	[pralə æˀ]
abputzen	gøre rent	[gœ:ʌ ˈrɛˀn]
abraten	fraråde	[frɑˀrɔˀðə]
abräumen	rydde op	[ryðə ˈʌb]
abreagieren	afreagere	[ɑwrɛagéˀʌ]
abrechnen	afregne	[ɑwrɑjˀnə]
abregen	hidse sig ned	[hisə saj ˈneðˀ]
abreisen	afrejse	[ɑwrɑjsə]
abreißen	afrive	[ɑwri:və]
abrunden	afrunde	[ɑwrɔndə]
abrutschen	skride	[sgri:ðə]
absagen	afbestille	[ɑwbesdelˀə]
abschaffen	afskaffe	[ɑwsgɑfə]
abschalten	afbryde	[ɑwbry:ðə]
abschätzen	vurdere	[vuɐ̯déˀʌ]

abschauen	efterligne [ɛfdʌli:ne]
abschicken	afsende [ɑwsɛnˀə]
abschleppen	bugsere [bugséˀʌ]
abschließen	afslutte [ɑwsludə]
abschminken	afsminke [ɑwsmeŋˀgə]
abschneiden	afskære [ɑwsgɛˀʌ]
abschreiben	kopiere [kopjéˀʌ]
abschwächen	svække [svɛgə]
abschweifen	komme bort fra [kʌmə boɐ̯ˀd ˈfrɑˀ]
abschwellen	blive svagere [bli:ə ˈsvæˀjeˀʌ]
absehen	overskue [ɒwʌsgúˀə]
absenden	afsende [ɑwsɛnˀə]
absetzen	afsætte [ɑwsɛdə]
absichern	sikre [segrʌ]
absinken	sænke [sɛŋgə]
abspeichern	gemme [gɛmə]
abspielen	afspille [ɑwsbelˀə]
abspringen	springe af [sbrɛŋə ˈæˀ]
abspülen	skylle af [sgølə ˈæˀ]
abstammen	nedstamme fra [neðˀsdɑmˀə frɑˀ]
abstehen	stikke ud [sdegə ˈuðˀ]
abstellen	stille bort [sdelə ˈboɐ̯ˀd]
absterben	dø [døˀ]
abstimmen	afstemme [ɑwsdɛmˀə]
abstoßen	afstøde [ɑwsdøˀðə]
abstreiten	benægte [benɛ́gdə]
abstumpfen	sløve [sløwɛs]
abstürzen	styrte ned [sdyɐ̯də ˈneðˀ]
abstützen	afstøtte [ɑwsdødə]
absuchen	søge [sø:jə]
abtreiben	få foretaget en abort [fɔˀ fɒ:ɒtæəð eˀn abɑ́:d]
abtrocknen	tørre af [tœɐ̯ʌ ˈæˀ]
abtropfen	afdryppe [ɑwdrœbə]
abverlangen	kræve [krɛ:və]
abwägen	afveje [ɑwvɑjˀə]
abwarten	afvente [ɑwvɛnˀdə]
abwaschen	vaske af [vasgə æˀ]
abwechseln	veksle [vɛgslə]
abwehren	afværge [ɑwvæɐ̯ˀwə]
abweichen	afvige [ɑwviˀə]
abweisen	afvise [ɑwvi:sə]
abwerten	devaluere [devaluéˀʌ]
abwischen	tørre af [tœɐ̯ʌ ˈæˀ]
abzahlen	afbetale [ɑwbetæˀlʌ]
abziehen	fratrække [frɑtragə]
achten	respektere [rɛsbɛgtéˀʌ]
ächzen	knirke [kniɐ̯gə]
addieren	lægge sammen [lɛgə ˈsɑmˀən]
adoptieren	adoptere [adʌbtéˀʌ]
adressieren	adressere [adrɛséˀʌ]
agieren	handle [hanlə]
ähneln	ligne [li:nə]
ahnen	ane [æ:nə]
aktivieren	aktivere [ɑgtivéˀʌ]
aktualisieren	opdatere [ʌbdatéˀʌ]
akzeptieren	acceptere [agsɛbtéˀʌ]
alarmieren	alarmere [alaméˀʌ]

amputieren	amputere	[amputéˀʌ]
amüsieren	more	[mo:ʌ]
analysieren	analysere	[analyséˀʌ]
anbauen	påmontere	[pɔmʌntéˀʌ]
anbeten	forgude	[fʌgúˀðə]
anbiedern	indynde	[enønˀə]
anbieten	tilbyde	[telbyˀðə]
anblicken	kigge på	[kigə ˈpɔˀ]
anbrüllen	råbe ad	[rɔ:bə ˈað]
andauern	vare ved	[vɑ:ɑ ˈveð]
ändern	ændre	[ɛndrʌ]
andeuten	antyde	[antyðˀə]
androhen	true	[trú:ə]
aneignen	tilegne	[telɑjˀnə]
anekeln	give kvalme	[giˀ ˈkvalmə]
anerkennen	anerkende	[anʌkɛnˀə]
anfangen	begynde	[begønˀə]
anfassen	røre ved	[rœ:ʌ ˈveð]
anfertigen	fremstille	[framˀsdelˀə]
anfeuern	tænde op	[tɛnə ˈʌb]
anflehen	bønfalde	[bœnfalˀə]
anfordern	anmode om	[anmoˀðə ˈʌmˀ]
anfreunden	blive venner	[bli:ə ˈvɛnʌ]
anfühlen	føle på	[fø:lə ˈpɔˀ]
anführen	anføre	[anføˀʌ]
angeben	angive	[angiˀ]
angehören	tilhøre	[telhøˀʌ]
angeln	fiske	[fesgə]
angewöhnen	vænne til	[vɛnə ˈtel]

angleichen	tilpasse	[telpasə]
angreifen	angribe	[angriˀbə]
ängstigen	gøre bange	[gœ:ʌ ˈbɑŋə]
angucken	kigge på	[kigə ˈpɔˀ]
anhaben	have på	[hæ:və ˈpɔˀ]
anhalten	stoppe	[sdʌbə]
anhängen	vedhæfte	[veðhɛfdə]
anhimmeln	beundre	[beɔnˀdrʌ]
anhören	høre på	[hø:ʌ ˈpɔˀ]
anklagen	anklage	[anklæ:jə]
ankleben	klistre på	[klisdrʌ ˈpɔˀ]
anklicken	klikke på	[klegə ˈpɔˀ]
anklopfen	banke på	[bɑŋgə ˈpɔˀ]
anknüpfen	tilknytte	[telknydə]
ankommen	ankomme	[ankʌmˀə]
ankreuzen	krydse af	[krysə ˈæˀ]
ankündigen	meddele	[mɛðdeˀlə]
anlächeln	smile til	[smi:lə ˈtel]
anlachen	grine	[gri:nə]
anlehnen	læne mod	[lɛ:nə ˈmoˀð]
anleiten	vejlede	[vɑjˀleˀðə]
anlocken	tiltrække	[teltragə]
anlügen	lyve	[ly:və]
anmachen	tænde	[tɛnə]
anmaßen	tiltage	[teltæˀ]
anmelden	anmelde	[anmɛlˀə]
anmerken	bemærke	[bemæɐ̯gə]
annähern	tilnærme	[telnæɐ̯ˀmə]
annehmen	antage	[antæˀ]
annullieren	annullere	[anuléˀʌ]

anordnen	arrangere	[ɑˀɑŋɕéˀʌ]
anpacken	gribe	[griˀbə]
anpassen	tilpasse	[telpasə]
anpflanzen	plante	[plandə]
anprobieren	prøve	[prœ:wə]
anreden	tale til	[tæ:lə ˈtel]
anrufen	ringe til	[rɛŋə ˈtel]
ansagen	præsentere	[prɛsɑntéˀʌ]
ansammeln	samle	[sɑmlə]
anschalten	tænde	[tɛnə]
anschauen	se på	[seˀ ˈpɔˀ]
anschieben	skubbe	[sgɔbə]
anschleichen	snige sig ind på	[sni:ə sɑj ˈenˀ pɔˀ]
anschließen	tilslutte	[telsludə]
anschmiegen	kæle	[kɛ:lə]
anschnallen	spænde fast	[sbɛnˀə ˈfasd]
anschnauzen	skælde ud	[sgɛlə ˈuðˀ]
anschreien	råbe ad	[rɔ:bə ˈað]
anschuldigen	anklage	[anklæ:jə]
anschweigen	være tavs	[vɛ:ʌ ˈtɑwˀs]
anschwellen	svulme op	[svulmə ˈʌb]
anschwindeln	snyde	[sny:ðə]
ansehen	se	[seˀ]
anspannen	spænde	[sbɛnə]
anspielen	spille	[sbelə]
anspitzen	spidse	[sbesə]
anspornen	inspirere	[ensbiˈrɛ́ˀʌ]
ansprechen	tiltale	[teltæ:lə]
anspringen	springe	[springe]
anspucken	spytte på	[sbødə ˈpɔˀ]
anstarren	stirre på	[sdiɐ̯ʌ ˈpɔˀ]
anstecken	smitte	[smedə]
anstehen	stå i kø	[sdɔˀ i ˈkøˀ]
ansteigen	stige	[sdi:ə]
anstellen	ansætte	[ansɛdə]
anstimmen	istemme	[isdɛmˀə]
anstoßen	støde sammen	[sdø:ðə ˈsɑmˀən]
anstrahlen	belyse	[belýˀsə]
anstreben	stræbe efter	[sdrɛ:bə ˈɛfdʌ]
anstreichen	male	[mæ:lə]
anstrengen	anstrenge	[ansdraŋˀə]
antreffen	møde	[mø:ðə]
antreiben	drive frem	[dri:və ˈframˀ]
antreten	tiltræde	[teltrɛˀðə]
antun	gøre fortræd	[gœ:ʌ fʌtréð]
antworten	svare	[svɑ:ɑ]
anvertrauen	betro sig	[betróˀ saj]
anweisen	anvise	[anviˀsə]
anwenden	anvende	[anvɛnə]
anwidern	væmmes	[vɛməs]
anzeigen	vise	[vi:sə]
anziehen	tage på	[tæˀ ˈpɔˀ]
anzünden	tænde	[tɛnə]
anzweifeln	tvivle	[tviwlə]
applaudieren	klappe	[klɑbə]
arbeiten	arbejde	[ɑ:bɑjˀdə]
ärgern	irritere	[iɐ̯ité ˀʌ]

atmen	ånde [ʌnə]
aufarbeiten	oparbejde [ʌbɑ:bɑjˀdə]
aufatmen	ånde lettet op [ʌnə lɛdəð ˈʌb]
aufbauen	bygge [bygə]
aufbewahren	opbevare [ʌbevɑˀɑ]
aufblasen	puste op [pu:sdə ˈʌb]
aufbleiben	blive oppe [bli:ə ˈʌbə]
aufbrauchen	bruge op [bru:ə ˈʌb]
aufbrausen	fare op [fɑ:ɑ ˈʌb]
aufbrechen	bryde op [bry:ðə ˈʌb]
aufbringen	bringe op [brɛŋə ˈʌb]
aufdecken	opdage [ʌbdæˀjə]
aufdrängen	påtvinge [pɔˈtveŋˀə]
aufdrehen	påskrue [pɔˀsgru:ə]
aufeinanderfolgen	følge efter hinanden [føljə ˈɛfdʌ hinanən]
aufessen	spise op [sbi:sə ˈʌb]
auffallen	vække opmærksomhed [vɛgə ʌbmæ̌ɐ̯gsʌmheðˀ]
auffangen	opfange [ʌbfɑŋˀə]
auffassen	opfatte [ʌbfadə]
auffordern	opfordre [ʌbfɒˀdrʌ]
aufführen	opføre [ʌbføˀʌ]
aufgeben	opgive [ʌbgiˀ]
aufgreifen	tage op [tæˀ ˈʌb]
aufhaben	have på [hæ:və ˈpɔˀ]
aufhalten	opholde [ʌbhʌlˀə]
aufhängen	hænge op [hɛŋə ˈʌb]
aufheben	løfte op [løfdə ˈʌb]
aufhetzen	hidse op [hisə ˈʌb]

aufholen	indhente [inhɛndə]
aufhören	stoppe [sdʌbə]
aufkleben	påklæbe [pʌklɛˀbə]
aufladen	oplade [ʌblæ:ˀðə]
auflassen	lade stå åben [læ:ðə]
auflauern	ligge på lur [legə ˈpɔˀ luɐ̯]
aufleben	genoplive [gɛnʌbli:ve]
auflehnen	gøre oprør [gœ:ʌ ʌbrœˀɐ̯]
auflockern	løsne [løsnə]
auflösen	løse op [lø:sə ˈʌb]
aufmachen	åbne [ɔ:bnə]
aufmuntern	opmuntre [ʌbmɔnˀdrʌ]
aufnehmen	optage [ʌbtæˀ]
aufpassen	passe på [pasə ˈpʌ]
aufplatzen	revne [rawnə]
aufpumpen	pumpe op [pɔmbə ˈʌb]
aufraffen	samle sammen [sɑmlə ˈsɑmˀən]
aufräumen	rydde op [ryðə ˈʌb]
aufrechterhalten	bevare [bevάˀɑ]
aufregen	ophidse [ʌbhisə]
aufrunden	afrunde [ɑwrɔndə]
aufsammeln	samle op [sɑmlə ˈʌb]
aufschieben	udsætte [uðˀsɛdə]
aufschließen	låse op [lɔ:sə ˈʌb]
aufschreiben	skrive op [sgri:və ˈʌb]
aufspringen	springe op [sbrɛŋə ˈʌb]
aufstacheln	ophidse [ʌbhisə]
aufstehen	stå op [sdɔˀ ˈʌb]

aufstellen	opstille	[ʌbsdel'ə]
aufstützen	støtte	[sdødə]
aufsuchen	søge op	[sø:jə 'ʌb]
auftauchen	dukke op	[dɔgə 'ʌb]
aufteilen	dele op	[de:lə 'ʌb]
auftragen	lægge på	[lɛgə 'pʌ]
auftreiben	opdrive	[ʌbdri'və]
auftreten	optræde	[ʌbtrɛ'ðə]
aufwachen	vågne op	[vɔwnə 'ʌb]
aufwachsen	vokse op	[vʌgsə 'ʌb]
aufwärmen	varme op	[vɑ:mə 'ʌɔ]
aufwecken	vække	[vɛgə]
aufweichen	blødgøre	[bløðgœ'ʌ]
aufweisen	gøre opmærksom på	[gœ:ʌ ʌbmæ̈ɐ̯gsʌm' 'ɔʌ]
aufwischen	tørre op	[tœɐ̯ʌ 'ʌb]
aufwühlen	oprøre	[ʌbrœ'ʌ]
aufzählen	tælle op	[tɛlə 'ʌb]
aufzeichnen	notere	[noté'ʌ]
aufzeigen	vise	[vi:sə]
aufzwingen	pålægge	[pʌlɛgə]
ausarbeiten	udarbejde	[uð'ɑbɑj'də]
ausatmen	ånde ud	[ʌnə 'uð']
ausbessern	udbedre	[uð'bɛð'rʌ]
ausbleiben	udeblive	[u:ðəbli'və]
ausbrechen	bryde ud	[bry:ðə 'uð]
ausbreiten	udbrede	[uð'brɛ'ðə]
ausdehnen	udvide	[uðvið'ə]
ausdenken	udtænke	[uð'tɛŋ'gə]
auseinander-brechen	skille fra hinanden	[sgelə 'frɑ' hinanən]
ausfallen	falde ud	[falə 'uð']
ausfragen	udspørge	[uð'sbœɐ̯'wə]
ausfüllen	udfylde	[uð'fyl'ə]
ausgeben	udgive	[uðgi']
ausgehen	udgå	[uðgɔ']
ausgleichen	udligne	[uðli'nə]
aushaben	være færdig med	[vɛ:ʌ fæɐ̯di 'með']
aushalten	udholde	[uðhʌl'ə]
aushelfen	hjælpe til	[jɛlbə 'tel]
auskennen	være fortrolig med noget	[vɛ:ʌ fæɐ̯di 'með' nɔ:əð]
auskommen	klare sig	[klɑ:ɑ sɑj]
auslachen	grine ad	[gri:nə æ'de']
auslaufen	udløbe	[uðlø'bə]
ausleeren	tømme	[tœmə]
ausleihen	låne	[lɔ:nə]
ausloggen	logge af	[lʌgə 'æ']
auslösen	udløse	[uðlø'sə]
ausmachen	slukke	[slɔgə]
ausmalen	farvelægge	[fɑ:vəlɛgə]
ausmessen	udmåle	[uðmɔ'lə]
ausnutzen	udnytte	[uðnødə]
auspacken	pakke ud	[pɑgə 'uð]
ausplaudern	afsløre	[ɑwslø'ʌ]
auspressen	udpresse	[uðprasə]
ausprobieren	prøve	[prœ:wə]

ausrasten	blive rasende [bli:ə ˈrɑ:sənə]
ausrauben	udplyndre [uðpløn?rʌ]
ausrechnen	regne ud [rɑjnə ˈuð]
ausreden	tale ud [tæ:lə ˈuð]
ausreichen	række [ragə]
ausreisen	rejse ud [rɑjsə ˈuð]
ausrichten	udrette [uðradə]
ausruhen	hvile [vi:lə]
ausrutschen	glide [gli:ðə]
ausschalten	slukke [slɔgə]
ausscheiden	udskille [uðsgel?ə]
ausschimpfen	skælde ud [sgɛlə ˈuð?]
ausschlafen	sove ud [sɒwə ˈuð]
ausschließen	udelukke [u:ðəlɔgə]
ausschneiden	udskære [uðsgɛ?ʌ]
aussehen	se ud [se? ˈuð]
äußern	give udtryk for [gi? uðtrœg ˈfʌ]
aussetzen	udsætte [uðsɛdə]
aussprechen	udtale [uðtæ:lə]
ausstehen	udstå [uðsdɔ?]
aussteigen	udstige [uðsdi:ə]
aussterben	uddø [uðdø?]
ausstrecken	udstrække [sdragə]
aussuchen	udvælge [uðvɛl?jə]
austauschen	ombytte [ʌmbydə]
austeilen	uddele [uðde?lə]
austoben	afreagere [ɑwrɛagé?ʌ]
austreten	udtræde [uðtrɛ?ðə]
austricksen	narre [nɑ:ɑ]
austrinken	drikke ud [drɛgə ˈuð]
ausüben	udøve [uðø?və]
auswählen	udvælge [uðvɛl?jə]
auswandern	udvandre [uðvɑn?drʌ]
auswaschen	skrubbe [sgrɔbə]
auswechseln	udveksle [uðvɛgslə]
ausweichen	undvige [ɔnvi?ə]
auswerten	vurdere [vuɐ̯dé?ʌ]
auswirken	udvirke [uðviɐ̯gə]
auszählen	beregne [berɑ́j?nə]
auszeichnen	udmærke [uðmæɐ̯gə]
ausziehen	udtrække [uðtragə]

B

babysitten	babysitte [bɛjbisidə]
backen	bage [bæːjə]
baden	bade [bæːðə]
baggern	grave [grɑːvə]
basteln	sysle [syslə]
bauen	bygge [bygə]
beabsichtigen	have til hensigt [ha tel ˈhɛnsegd]
beachten	overholde [ɒwʌhʌlˀə]
beängstigen	skræmme [sgramə]
beanspruchen	belaste [belásdə]
beantragen	ansøge [ansøˀjə]
beantworten	besvare [besváˀɑ]
bearbeiten	bearbejde [beábɑjˀdə]
beatmen	give kunstigt åndedræt [giˀ kɔnsdi ˈʌnədrad]
beaufsichtigen	holde øje med [hʌlə ˈʌjə ˈmeðˀ]
beauftragen	overdrage [ɒwʌdʁɑːwə]
bedanken	takke [tɑgə]
bedauern	fortryde [fʌtrýˀðə]
bedecken	tildække [teldɛgə]
bedenken	overveje [ɒwʌvɑjˀə]
bedeuten	betyde [betýˀðə]
bedienen	betjene [betjɛˀnə]
bedrängen	plage [plæːjə]
bedrohen	true [truːə]
bedrücken	gøre ked af det [gœːʌ keðˀ ˈæˀ de]
beeilen	skynde [sgønə]

beeindrucken	gøre indtryk på [gœːʌ entrœg ˈpʌ]
beeinflussen	påvirke [pʌviɐ̯gə]
beeinträchtigen	forringe [fʌrɛŋˀə]
beenden	afslutte [ɑwsludə]
beerdigen	begrave [begráˀvə]
befassen	beskæftige [besgɛ́fdiˀə]
befehlen	befale [befǽˀlə]
befestigen	fastgøre [fasdgœːʌ]
befeuchten	fugte [fɔgdə]
befinden	befinde [befenˀə]
befolgen	følge [føljə]
befragen	spørge [sbœɐ̯ʌ]
befreien	befri [befríˀ]
befriedigen	tilfredsstille [telfrɛ́ssdelˀə]
befruchten	befrugte [befrɔ́gdə]
befürchten	frygte [frœgdə]
befürworten	anbefale [anbefæˀlə]
begegnen	møde [møːðə]
begehen	begå [begɔ́ˀ]
begehren	begære [begɛ́ˀʌ]
begeistern	begejstre [begájˀsdrʌ]
beginnen	begynde [begǿnˀə]
begleiten	ledsage [leðsæˀjə]
beglückwünschen	lykønske [løgønˀsgə]
begraben	begrave [begráˀvə]
begreifen	begribe [begríˀbə]
begrenzen	begrænse [begránˀsə]
begründen	begrunde [begrɔ́nˀə]
begrüßen	hilse på [hilsə ˈpʌ]

begünstigen	begunstige	[begɔ́nˀsdiˀə]
begutachten	bedømme	[bedœ́mˀə]
behalten	beholde	[behʌ́lˀə]
behandeln	behandle	[behánˀlə]
beharren	fastholde	[fasdhʌlˀə]
behaupten	hævde	[hɛwdə]
beheben	afhjælpe	[ɑwjɛlˀbə]
behelfen	hjælpe	[jɛlbə]
beherrschen	beherske	[behæɐ̯sgə]
beherzigen	lægge sig på sinde	[lɛgə sɑj pʌ ˈsenˀə]
behindern	hæmme	[hɛmə]
behüten	beskytte	[besgǿdə]
beibehalten	bibeholde	[biˀbehʌlˀə]
beibringen	tilføje	[telfʌjˀə]
beichten	bekende	[bekɛ́nˀə]
beifügen	vedlægge	[veðlɛgə]
beinhalten	indeholde	[enəhʌlˀə]
beipflichten	bifalde	[bifalˀə]
beirren	anfægte	[anfɛgdə]
beißen	bide	[biːðə]
beistehen	bistå	[bisdɔˀ]
beitragen	bidrage	[bidrɑˀwə]
beitreten	tilslutte sig	[telsludə sɑj]
bejahen	bekræfte	[bekráfdə]
bejubeln	tiljuble	[teljublə]
bekämpfen	bekæmpe	[bekɛmˀbə]
bekehren	omvende	[ʌmvɛnˀə]
bekennen	bekende	[bekɛnˀə]
beklagen	beklage	[beklǽˀjə]

beklecken	plette	[plɛdə]
bekommen	få	[fɔˀ]
bekräftigen	bekræfte	[bekráfdə]
beladen	læsse	[lɛsə]
belasten	belaste	[belásdə]
belästigen	forstyrre	[fʌsdyɐ̯ˀʌ]
belauschen	smuglytte	[smuˀlydə]
beleidigen	fornærme	[fʌnǽɐ̯ˀmə]
bellen	gø	[gøˀ]
belohnen	belønne	[belœ́nˀə]
belügen	lyve for	[lyːvə ˈfʌ]
bemerken	lægge mærke til	[lɛgə mæɐ̯gə ˈtel]
bemitleiden	have medlidenhed med	[ha mɛðliðˀənheðˀ ˈmeðˀ]
bemühen	ulejlige	[ulɑjˀliˀə]
benachrichtigen	underrette	[ɔnˀʌradə]
benehmen	opføre sig	[ʌbføˀʌ sɑj]
beneiden	misunde	[misɔnˀə]
benennen	benævne	[benɛ́wˀnə]
benoten	bedømme	[bedœ́mˀə]
benötigen	behøve	[behǿˀvə]
beobachten	observere	[ʌbsæɐ̯véˀʌ]
beraten	rådgive	[rʌðgiˀ]
berechnen	beregne	[berájˀnə]
bereden	drøfte	[drœfdə]
bereiten	forberede	[fɒːberɛðˀə]
bereithalten	holde parat	[hʌlə pɑráˀd]
bereitmachen	gøre parat	[gœːʌ pɑráˀd]
bereuen	fortryde	[fʌtrýˀðə]

berichten	rapportere	[rɑbɒtéˀʌ]
berichtigen	berigtige	[berɛ́gdiˀɛ]
berücksichtigen	tage hensyn til	[tæˀ hɛnsyˀn tel]
beruhigen	berolige	[beróˀliˀə]
berühren	berøre	[berœˀʌ]
beschädigen	beskadige	[besgæ̂ˀðiˀə]
beschaffen	fremskaffe	[framˀsgɑfə]
beschäftigen	beskæftige	[besgɛ́fdiˀə]
bescheinigen	kvittere for	[kviteˀʌ ˈfʌ]
beschenken	give en gave	[giˀ eˀn ˈgæ:və]
beschimpfen	fornærme	[fʌnæ̂ɐ̯ˀmə]
beschleunigen	accelerere	[ɑgsɛlərɛ́ˀʌ]
beschließen	beslutte	[beslúdə]
beschmutzen	tilsmudse	[telsmusə]
beschränken	begrænse	[begránˀsə]
beschreiben	beskrive	[besgríˀvə]
beschuldigen	beskylde	[besgýlˀə]
beschützen	beskytte	[besgǿdə]
beschweren	klage	[klæ:jə]
beseitigen	fjerne	[fjæɐ̯nə]
besetzen	optage	[ʌbtæˀ]
besichtigen	inspicere	[ensbiséˀʌ]
besiegen	besejre	[besájˀrʌ]
besitzen	besidde	[besíðˀə]
besorgen	skaffe	[sgɑfə]
besprechen	diskutere	[disgutéˀʌ]
bestätigen	bekræfte	[bekráfdə]
bestatten	begrave	[begráˀvə]
bestaunen	beundre	[beɔ́nˀdrʌ]
bestehen	bestå	[besdɔ́ˀ]
bestellen	bestille	[besdélˀə]
bestimmen	bestemme	[besdémə]
bestrafen	straffe	[sdrɑfə]
bestreiten	bestride	[besdríðˀə]
besuchen	besøge	[besǿˀjə]
betätigen	betjene	[betjɛ́ˀnə]
betäuben	bedøve	[bedǿˀvə]
beteiligen	deltage i	[deltæˀ ˈi]
beten	bede	[be:ðə]
beteuern	forsikre	[fʌségrʌ]
betonen	fremhæve	[framˀhɛˀvə]
betören	forføre	[fʌfǿˀʌ]
betrachten	betragte	[betrágdə]
betreuen	tage sig af	[tæˀ saj æˀ]
betrügen	bedrage	[bedráˀwə]
betteln	tigge	[tegə]
beugen	bøje	[bʌjə]
beunruhigen	forurolige	[fɒuróˀliə]
beurteilen	vurdere	[vuɐ̯ déˀʌ]
bevorzugen	foretrække	[fɒ:ɒtragə]
bewachen	overvåge	[ɒwʌvɔˀwə]
bewaffnen	bevæbne	[bevɛ́ˀbnə]

bewältigen	klare [klɑːɑ]
bewegen	bevæge [bevɛ́ˀjə]
beweisen	bevise [bevíˀsə]
bewerben	reklamere for [rɛklameˀʌ ˈfʌ]
bewerten	bedømme [bedœ́mˀə]
bewirken	bevirke [bevíg̥ə]
bewohnen	bebo [bebóˀ]
bewundern	beundre [beɔ́nˀdrʌ]
bezahlen	betale [betǽˀlə]
bezeichnen	betegne [betájˀnə]
bezweifeln	betvivle [betvíwˀlə]
biegen	bøje [bʌjə]
bieten	byde [byːðə]
bilden	danne [danə]
bitten	anmode [anmoˀðə]
blamieren	blamere [blaméˀʌ]
blasen	blæse [blɛːsə]
bleiben	blive [bliːə]
blenden	blænde [blɛnə]
blinken	blinke [bleŋgə]
blinzeln	misse med øjnene [misə meðˀ ˈʌjnənə]
blitzen	lyne [lyːnə]
blockieren	blokere [blokéˀʌ]
blühen	blomstre [blʌmsdrʌ]
bluten	bløde [bløːðə]
bohren	bore [boːʌ]
boxen	bokse [bʌgsə]
boykottieren	boykotte [bʌjˌkʌdə]

braten	stege [sdɑjə]
brauchen	behøve [behǿˀvə]
brechen	brække [bragə]
bremsen	bremse [bramsə]
brennen	brænde [branə]
bringen	bringe [brɛŋə]
bröckeln	smuldre [smulrʌ]
brüllen	brøle [brœːlə]
brummen	brumme [brɔmə]
brüten	ruge [ruːə]
buchen	reservere [rɛsæɐ̯véˀʌ]
buchstabieren	stave [sdæːvə]
bücken	bøje [bʌjə]
bügeln	stryge [sdryːə]
bummeln	slentre [slɛndrʌ]
bürsten	børste [bœɐ̯sdə]

C

campen	campere [kampé^ʔʌ]
charakterisieren	karakterisere [kaʔagteɐ̯isé^ʔʌ]
chatten	chatte [tjadə]

D

dableiben	blive [bli:ə]
danebenbenehmen	opføre sig upassende [ʌbføʔʌ saj ˈupasənə]
danken	takke [tagə]
darstellen	vise [vi:sə]
dastehen	befinde sig [befénʔə saj]
dauern	vare [va:a]
decken	dække [dɛgə]
dehnen	strække [sdragə]
dementieren	dementere [deməntéʔʌ]
demonstrieren	demonstrere [demɔnsdrɛʔʌ]
demütigen	ydmyge [yðmyʔə]
denken	tænke [tɛŋgə]
deprimieren	deprimere [depriméʔʌ]
desinfizieren	desinficere [desənfiséʔʌ]
deuten	pege [pajə]
dienen	tjene [tjɛ:nə]
diskriminieren	diskriminere [disgriminéʔʌ]
diskutieren	diskutere [disgutéʔʌ]
disqualifizieren	diskvalificere [diskvalifiséʔʌ]
distanzieren	distancere [disdaŋséʔʌ]
dividieren	dele [de:lə]
donnern	tordne [toɐ̯dnə]
dosieren	dosere [doséʔʌ]
downloaden	downloade [dawnlɔ́wdə]
dramatisieren	dramatisere [dramatiséʔʌ]
dranbleiben	hænge på [hɛŋə ˈpʌ]

drängeln	mase [mæ:sə]
drängen	trænge [traŋə]
drankommen	komme til [kʌmə ˈtel]
drehen	dreje [drɑjə]
drohen	true [tru:ə]
drucken	trykke [trœgə]
drücken	presse [prasə]
ducken	bøje [bʌjə]
duften	dufte [dɔfdə]
dulden	tåle [tɔ:lə]
durchdenken	gennemtænke [gɛnəmtɛŋˀgə]
durcheinander-bringen	bringe i uorden [brɛŋə i ˈuɒˀdən]
durchführen	gennemføre [gɛnəmføˀʌ]
durchsagen	meddele [mɛðdeˀlə]
durchschauen	gennemskue [gɛnəmsguˀə]
durchsetzen	gennemtrumfe [gɛnˀəmtrɔmfə]
durchsickern	sive ud [si:və ˈuðˀ]
durchstöbern	gennemsøge [gɛnəmsøˀjə]
durchstreichen	slette [slɛdə]
durchwühlen	gennemrode [gɛnəmroˀðə]
durchziehen	gennemføre [gɛnˀəmfø:ʌ]
dürfen	må [mɔˀ]
duschen	tage brusebad [tæˀ ˈbru:səbað]
duzen	være dus [dudə]

E

ebnen	jævne [jɛwnə]
ehren	ære [ɛ:ʌ]
eignen	egne sig [ɑjnə sɑj]
eilen	skynde sig [sgønə sɑj]
einatmen	indånde [enʌnˀə]
einbilden	bilde ind [bilə ˈen]
einbrechen	bryde in [bry:ðə ˈen]
einchecken	tjekke ind [tjɛgə ˈen]
eincremen	smøre ind [smœ:ʌ ˈen]
eindringen	trænge ind [traŋə ˈen]
eindrücken	trykke ind [trœgə ˈen]
einengen	stramme [sdrɑmə]
einfädeln	tråde [trɔ:ðə]
einfahren	tilkøre [tel͵køˀʌ]
einfallen	falde ind [falə ˈen]
einfangen	indfange [enfɑŋˀə]
einfügen	sætte ind [ensɛdə]
einfühlen	indleve [enleˀvə]
einführen	indføre [enføˀʌ]
eingeben	indlæse [enlɛˀsə]
eingestehen	indrømme [enrœmˀə]
eingreifen	gribe ind [gri:bə ˈen]
eingrenzen	afgrænse [ɑwgranˀsə]
einholen	indhente [enhɛnˀdə]
einigen	forene [fʌéˀnə]
einkaufen	købe ind [kø:bə ˈen]
einkleben	klistre ind [klisdrʌ ˈen]
einklemmen	klemme fast [klɛmˀə ˈfasd]

einladen	invitere [envité'ʌ]
einleben	slå sig ned [slɔ' saj 'neð']
einlenken	give efter [gi:və 'ɛfdʌ]
einleuchten	give mening [gi:və 'me:neŋ]
einliefern	indlevere [enlevé'ʌ]
einloggen	logge ind [lʌgə 'en]
einlösen	indløse [enlø:sə]
einmischen	blande sig i [blanə saj 'i]
einordnen	indordne [enɒ:dnə]
einpacken	pakke ind [pɑgə 'en]
einparken	parkere [pɑké'ʌ]
einpflanzen	plante [plandə]
einplanen	tage højde for [ta hʌj'də 'fʌ]
einprägen	indprente [enpran'də]
einräumen	indrømme [enrœmə]
einreden	overtale [ɒwʌtæ'lə]
einreiben	gnide ind [gni:ðə 'en]
einreisen	rejse ind [rɑjsə 'en]
einrosten	ruste [rɔsdə]
einschalten	tænde [tɛnə]
einschätzen	bedømme [bedœ́m'ə]
einschenken	skænke [sgɛŋgə]
einschlafen	falde i søvn [falə i 'sœw'n]
einschließen	låse inde [lɔ:sə 'enə]
einschränken	indskrænke [ensgraŋ'gə]
einschreiten	skride ind [sgri:ðə 'en]
einschüchtern	skræmme [sgramə]
einschulen	starte i skole [sdɑ:də i 'sgo:lə]
einsehen	indse [ense']
einsetzen	indsætte [ensɛdə]
einsperren	indespærre [enəsbæɐ̯ʌ]
einspringen	træde til [trɛ:ðə 'tel]
einstecken	stikke ind [sdegə 'en]
einsteigen	stige ind [sdi:ə 'en]
einstellen	indstille [ensdelə]
einstürzen	styrte sammen [sdyɐ̯də 'sɑm'ən]
eintauchen	sænke ned [sɛŋgə 'neð']
einteilen	inddele [ende:lə]
eintragen	indføje [enfʌjə]
eintreffen	indtræffe [entrafə]
eintreten	træde ind [trɛ:ðə 'en]
einwandern	indvandre [envɑn'drʌ]
einwechseln	skifte ind [sgifdə 'en]
einweichen	lægge i blød [lɛgə i 'blø'ð]
einweihen	indvie [envi'ə]
einweisen	indføre [enfø'ʌ]
einwenden	indvende [envɛn'ə]
einwilligen	indvillige [envil'iə]
einzahlen	indbetale [enbetæ'lə]
eitern	afsondre [ɑwsʌn'drʌ]
ekeln	væmmes [vɛməs]

empfangen	modtage [moˀðtæˀ]
empfehlen	anbefale [anbefæˀlə]
empfinden	føle [fø:lə]
enden	slutte [sludə]
entdecken	opdage [ʌbdæˀjə]
entfachen	antænde [antɛnˀə]
entfallen	bortfalde [boɐ̯ˀdfalˀə]
entfernen	fjerne [fjæɐ̯nə]
entführen	bortføre [boɐ̯ˀdføˀʌ]
entgegenbringen	vise [vi:sə]
entgegnen	indvende [invɛnə]
entgleisen	afspore [ɒwsbo:ʌ]
enthalten	indeholde [enəhʌlˀə]
entkommen	undslippe [ɔnslebə]
entlanggehen	gå langs med [gɔˀ lɑŋˀs ˈmeðˀ]
entlassen	afskedige [ɑwsgeˀðiə]
entlasten	aflaste [ɑwlasdə]
entlaufen	løbe bort [lø:bə ˈboɐ̯ˀd]
entscheiden	beslutte [beslúdə]
entschließen	vedtage [veðtæˀ]
entschuldigen	undskylde [ɔnsgylˀə]
entsetzen	forfærde [fʌfǽɐ̯ˀdə]
entsorgen	bortskaffe [boɐ̯ˀdsgɑfə]
entspannen	slappe af [slɑbə ˈæˀ]
entsprechen	svare til [svɑ:ɑ ˈtel]
entstehen	opstå [ʌbsdɔˀ]
entstellen	skamfere [sgɑmféˀʌ]

enttäuschen	skuffe [sgɔfə]
entwaffnen	afvæbne [ɑwvɛˀbnə]
entweichen	undslippe [ɔnslebə]
entwerfen	designe [disɑ́jnə]
entwickeln	udvikle [uðveglə]
erben	arve [ɑ:və]
erbrechen	kaste op [kasdə ˈʌb]
ereignen	ske [sgeˀ]
erfahren	erfare [æɐ̯fɑ́ˀɑ]
erfinden	opfinde [ʌbfenˀə]
erforschen	udforske [uðˀfɒ:sgə]
erfrieren	fryse ihjel [fry:sə ijɛ́l]
erfrischen	friske op [frɛsgə ˈʌb]
erfüllen	gå i opfyldelse [gɔˀ i ˈʌbfylˀəlsə]
ergänzen	supplere [supléˀʌ]
ergeben	overgive sig [ɒwʌgiˀ ˈsɑj]
erhalten	modtage [moˀðtæˀ]
erhoffen	håbe [hɔ:bə]
erhöhen	forhøje [fʌhʌ́jˀə]
erholen	komme sig [kʌmə ˈsɑj]
erinnern	huske [husgə]
erkälten	blive forkølet [bli:ə fʌkǿˀləð]
erkennen	erkende [æɐ̯kɛ́nˀə]
erklären	erklære [æɐ̯klɛ́ˀʌ]
erkundigen	spørge [sbœɐ̯ʌ]
erlauben	tillade [telæˀðə]
erläutern	forklare [fʌklɑ́ˀɑ]

erleben	opleve [ʌbleˀvə]
erledigen	klare [klɑ:ɑ]
erleichtern	lette [lɛdə]
erlösen	befri [befríˀ]
ermahnen	advare [aðvɑˀɑ]
ermitteln	beslutte [beslúdə]
ermöglichen	muliggøre [mu:ligœˀʌ]
ermorden	myrde [myɐ̯də]
ermuntern	anspore [ansboˀʌ]
ermutigen	opmuntre [ʌbmɔnˀdrʌ]
ernähren	ernære [æɐ̯ˈnɛˀʌ]
ernennen	udnævne [uðˀnɛwˀnə]
erneuern	forny [fʌnýˀ]
ernten	høste [høsdə]
eröffnen	åbne [ɔ:bnə]
erpressen	afpresse [ɑwprasə]
erregen	hidse op [hisə ˈʌb]
erreichen	nå [nɔˀ]
erscheinen	komme til syne [kʌmə tel ˈsy:nə]
erschrecken	forskrække [fʌsgrágə]
erschüttern	ryste [rœsdə]
erschweren	gøre vanskelig [gœ:ʌ ˈvansgəli]
ersetzen	erstatte [æɐ̯sdádə]
erstaunen	forbavse [fʌbáwˀsə]
ersticken	kvæle [kvɛ:lə]
ertappen	gribe [gri:bə]
ertragen	tåle [tɔ:lə]
ertrinken	drukne [drɔgnə]
erwähnen	nævne [nɛwnə]
erwarten	forvente [fʌvénˀdə]
erwidern	svare [svɑ:ɑ]
erwürgen	strangulere [sdrɑŋguléˀʌ]
erzählen	fortælle [fʌtélˀə]
erzeugen	producere [produséˀʌ]
erziehen	opdrage [ʌbdrɑˀwə]
erzwingen	påtvinge [pʌtveŋˀə]
essen	spise [spise]
existieren	eksistere [ɛgsisdéˀʌ]
explodieren	eksplodere [ɛgsblodéˀʌ]

F

fahren	køre	[køre]
fallen	falde	[falə]
fälschen	forfalske	[fʌfálˀsgə]
falten	folde	[fʌlə]
fangen	fange	[fɑŋə]
färben	farve	[fɑ:və]
fassen	tage fat i	[ta ˈfad i]
fasten	faste	[fæ:sdə]
faszinieren	fascinere	[fasiˈnéˀʌ]
faulen	rådne	[rʌðnə]
faulenzen	dovne	[dɒwnə]
fechten	fægte	[fɛgdə]
fegen	feje	[fɑjə]
fehlen	mangle	[mɑŋlə]
feiern	fejre	[fɑjrʌ]
feilen	file	[ɑkivéˀʌ]
fernsehen	se fjernsyn	[seˀ ˈfjæɐ̯nsyˀn]
fernsteuern	fjernstyre	[fjæɐ̯nsdyˀʌ]
fertigmachen	slide ned	[sli:ðə ˈneðˀ]
fesseln	binde	[benə]
festhalten	holde fast	[hʌlə ˈfasd]
festnehmen	anholde	[anhʌlˀə]
feststehen	være sikker	[vɛ:ʌ ˈsegʌ]
feststellen	fastslå	[fasdslɔˀ]
filmen	filme	[filmə]
filtern	filtrere	[filtrέˀʌ]
finanzieren	finansiere	[financeˀʌ]
finden	finde	[fenə]
flehen	bønfalde	[bœnfalˀə]
flicken	lappe	[lɑbə]
fliegen	flyve	[fly:və]
fliehen	stikke af	[sdegə ˈæˀ]
fließen	flyde	[fly:ðə]
flimmern	flimre	[flemrʌ]
flirten	flirte	[flœɐ̯də]
fluchen	bande	[bandə]
flüchten	flygte	[fløgdə]
flüstern	hviske	[vesgə]
föhnen	føntørre	[føntœɐ̯ʌ]
folgen	følge	[føljə]
folgern	konkludere	[kʌŋkludéˀʌ]
foltern	torturere	[tɒturéˀʌ]
fordern	kræve	[krɛ:və]
fördern	fremme	[framə]
formulieren	formulere	[formulére]
forschen	forske	[forske]
fortbilden	videreuddanne	[viðʌˀʌúðdanˀə]
fortfahren	vedblive	[veðˀbli:ə]
fortsetzen	fortsætte	[fɒ:dsɛdə]
fotografieren	fotografere	[fodograféˀʌ]
fragen	spørge	[sbœɐ̯ʌ]
frankieren	frankere	[frɑŋkéˀʌ]
freigeben	frigive	[friˀgiˀvə]
freihaben	have fri	[hæ:və ˈfriˀ]

freilassen	slippe fri [slebə ˈfriˀ]
freisprechen	frifinde [friˀfenˀə]
fremdgehen	være utro [vɛːʌ ˈutroˀ]
fressen	æde [ɛːðə]
freuen	glæde [glɛːðə]
frieren	fryse [fryːsə]
frühstücken	spise morgenmad [sbiːsə ˈmɒːɒnmað]
frustrieren	frustrere [frusdrέˀʌ]
fühlen	føle [føːlə]
führen	føre [føːʌ]
füllen	fylde [fylde]
funktionieren	fungere [fɔŋgéˀʌ]
fürchten	frygte [frœgdə]

G

gähnen	gabe [gæːbə]
garantieren	garantere [gɑˀɑntéˀʌ]
geben	give [gi]
gefährden	bringe i fare [brɛŋə i ˈfɑːɑ]
gefallen	behage [behæˀjə]
gehen	gå [gå]
gehorchen	adlyde [aðlyˀðə]
gehören	høre [høːʌ]
gelangen	nå [nʌ]
gelingen	lykkes [løgəs]
gelten	gælde [gɛlə]
genehmigen	acceptere [ɑgsɛbtéˀʌ]
genesen	blive rask [bliːə ˈrɑsg]
genieren	skamme sig [sgɑmə sɑj]
genießen	nyde [nyːðə]
genügen	være nok [vɛːʌ ˈnʌg]
geschehen	ske [sgeˀ]
gestatten	tillade [telæˀðə]
gestehen	tilstå [telsdɔˀ]
gestikulieren	gestikulere [gɛsdikuléˀʌ]
gewinnen	vinde [venə]
gewittern	lyne og tordne [lyːnə ɒw ˈtoɐ̯dnə]
gewöhnen	vænne [vɛnə]
gießen	vande [vanə]
glänzen	stråle [sdrɔːlə]
glätten	glatte [gladə]
glauben	tro [troˀ]
gleichen	ligne [liːnə]

gleiten	glide	[gli:ðə]
gliedern	inddele	[ende'lə]
glitzern	glitre	[glidrʌ]
glühen	gløde	[glø:ðə]
gönnen	unde	[ɔnə]
graben	grave	[grɑ:və]
gratulieren	gratulere	[grɑtulé'ʌ]
greifen	gribe	[gri:bə]
grenzen	grænse	[gransə]
grillen	grille	[grilə]
grinsen	grine hånligt	[gri:nə 'hɔ:nlid]
grübeln	gruble	[grublə]
gründen	grundlægge	[grɔn'lɛgə]
grunzen	grynte	[grœndə]
gruseln	gyse	[gy:sə]
grüßen	hilse	[hilsə]
gucken	se	[se']
gurgeln	skylle	[sgølə]
gutmachen	gøre godt igen	[gœ:ʌ 'gʌd igɛn]

H

haaren	fælde	[fɛlə]
haben	have	[hæ:və]
hacken	hakke	[hɑgə]
hadern	strides	[sdrið']
hageln	hagle	[hɑwlə]
häkeln	hække	[hɛglə]
halbieren	halvere	[halvé'ʌ]
halten	holde	[hʌlə]
hämmern	hamre	[hɑmrʌ]
handeln	handle	[hanlə]
handhaben	håndhæve	[hʌn'hɛ'və]
hängen	hænge	[hɛŋə]
harmonieren	harmonere	[hɑmoné'ʌ]
hassen	hade	[hæ:ðə]
hauen	hugge	[hɔgə]
heben	løfte	[løfdə]
hecheln	gispe	[gisbə]
heften	hæfte	[hɛfdə]
hegen	pleje	[plajə]
heilen	helbrede	[hɛlbrɛð'ə]
heimfahren	køre hjem	[kø:ʌ 'jɛm']
heimzahlen	gengælde	[gɛngɛl'ə]
heiraten	gifte	[gifdə]
heißen	hedde	[heðə]
heizen	opvarme	[ʌbvɑ'mə]
helfen	hjælpe	[jɛlbə]
herausfordern	udfordre	[uð'fɒ'drʌ]
herrschen	herske	[hæɐ̯sgə]
hervorrufen	kalde frem	[kal'ə 'fram']

hetzen	skynde sig [sgønə saj]
heucheln	hykle [hyglə]
heulen	græde [gra:ðə]
hinken	halte [haldə]
hinrichten	henrette [hɛnradə]
hinterfragen	granske [grɑnsgə]
hinweisen	henvise [hɛnviˀsə]
hinzufügen	tilføje [telfʌjˀə]
hobeln	høvle [hœwlə]
hocken	sidde på hug [seðə pʌ ˈhug]
hoffen	håbe [hɔ:bə]
holen	hente [hɛndə]
hören	høre [hø:ʌ]
humpeln	humpe [hɔmbə]
hungern	sulte [suldə]
hupen	dytte [dydə]
hüpfen	hoppe [hʌbə]
husten	hoste [ho:sdə]
hüten	passe på [pasə ˈpʌ]
hypnotisieren	hypnotisere [hybnotiséˀʌ]

I

identifizieren	identificere [idɛntifiséˀʌ]
ignorieren	ignorere [injorέˀʌ]
impfen	vaccinere [vɑgsinéˀʌ]
infizieren	inficere [enfiséˀʌ]
informieren	informere [enfɒméˀʌ]
innehaben	eje [ɑjə]
inspirieren	inspirere [ensbirέˀʌ]
installieren	installere [ensdaléˀʌ]
integrieren	integrere [entəgrέˀʌ]
interessieren	interessere [entrəséˀʌ]
interpretieren	fortolke [fʌtʌ́lˀgə]
interviewen	interviewe [entʌvjúˀə]
investieren	investere [envəsdéˀʌ]
irreführen	vildlede [vilˀleˀðə]
irren	tage fejl [tæˀ ˈfɑjˀl]
irritieren	irritere [ii̯itéˀʌ]
isolieren	isolere [isoléˀʌ]

J

jagen	jage [jæ:jə]
jammern	jamre [jɑmrʌ]
joggen	jogge [jʌgə]
jubeln	juble [jublə]
jucken	klø [kløˀ]

K

kämmen	rede [rɛˀ]
kämpfen	kæmpe [kɛmbə]
kapitulieren	overgive [ɒwʌgiˀ]
kaputtgehen	gå i stykker [gɔˀ i ˈsdøgʌ]
kassieren	kassere [kaséˀʌ]
kauen	tygge [tygə]
kauern	krybe sammen [kry:bə ˈsɑmˀən]
kaufen	købe [kø:bə]
kehren	feje [fɑjə]
kehrtmachen	vende om [vɛnə ˈʌmˀ]
kennen	kende [kɛnə]
kennzeichnen	kendetegne [kɛnətɑjˀnə]
keuchen	stønne [sdœnə]
kichern	fnise [fni:sə]
kidnappen	kidnappe [kidnɑbə]
kitzeln	kilde [kilə]
klaffen	gabe [gæ:bə]
klagen	klage [klæ:jə]
klammern	klamre [klɑmrʌ]
klappen	klappe [klɑbə]
klappern	klapre [klɑbrʌ]
klären	afklare [ɑwklɑˀɑ]
klargehen	uddybe [uðˀdyˀbə]
klarkommen	klare det [klɑ:ɑ ˈde]
klatschen	klappe [klɑbə]
kleben	klæbe [klɛ:bə]
kleckern	spilde [sbilə]
klettern	klatre [kladrʌ]

klicken	klikke [klegə]
klingeln	ringe [rɛŋə]
klingen	lyde [ly:ðə]
klopfen	banke [bɑŋgə]
knabbern	nippe [nebə]
knacken	knage [knæ:jə]
knallen	knalde [knalə]
kneifen	knibe [kni:bə]
kneten	ælte [ɛldə]
knicken	knække [knɛgə]
knien	knæle [knɛ:lə]
knirschen	knase [knæ:sə]
knistern	knitre [knidrʌ]
knittern	krølle [krœlə]
knöpfen	knappe [knɑbə]
knurren	knurre [knoɐ̯ʌ]
kochen	koge [kɔ:wə]
kombinieren	kombinere [kɔmbinéˀʌ]
kommen	komme [kʌmə]
kommentieren	kommentere [kɔməntéˀʌ]
können	kunne [kunə]
konstruieren	konstruere [kʌnsdrueˀʌ]
konsumieren	forbruge [fʌbrúˀə]
kontrollieren	kontrollere [kʌntroléˀʌ]
konzentrieren	koncentrere [kʌnsəntréˀʌ]
kooperieren	samarbejde [sɑmɑbɑjˀdə]
koordinieren	koordinere [kɒɒdinéˀʌ]
kopieren	kopiere [kopjéˀʌ]

korrigieren	korrigere [kɒigéˀʌ]
kosten	koste [kɔsdə]
krabbeln	kravle [krɑwlə]
krankmelden	sygemelde [sy:əmɛlˀə]
kratzen	kradse [krɑsə]
kraulen	kærtegne [kɛɐ̯tɑjˀnə]
kräuseln	rynke [rœŋgə]
kreisen	kredse [krysə]
kreuzen	krydse [krɛ:sə]
kribbeln	krible [kriblə]
kriechen	krybe [kry:bə]
kriegen	få [fɔˀ]
kritisieren	kritisere [kridiséˀʌ]
krümeln	smuldre [smulrʌ]
krümmen	bøje [bʌjə]
kühlen	køle [kø:lə]
kümmern	se efter [seˀ ˈɛfdʌ]
kündigen	opsige [ʌbsi:]
kürzen	forkorte [fʌkɒ́:də]
kuscheln	kæle [kɛ:lə]
küssen	kysse [køsə]

L

lächeln	smile	[smiːlə]
lachen	le	[leˀ]
laden	læsse	[lɛsə]
lagern	lagre	[læjrʌ]
lähmen	lamme	[lɑmə]
lahmlegen	gå i stå	[gɔˀ i ˈsdɔˀ]
landen	lande	[lanə]
langweilen	kede	[keːðə]
lassen	lade	[læːðə]
lästern	bagtale	[bæˀjtæːlə]
lauern	lure	[luːʌ]
laufen	løbe	[løːbe]
läuten	ringe	[rɛŋə]
leben	leve	[leːvə]
lecken	slikke	[slegə]
leeren	tømme	[tœmə]
legen	lægge	[lɛgə]
lehnen	læne	[lɛːnə]
lehren	lære	[lɛːʌ]
leiden	lide	[liːðə]
leihen	låne	[lɔːnə]
leisten	yde	[yːðə]
leiten	lede	[leːðə]
lenken	styre	[sdyːʌ]
lernen	lære	[lɛːʌ]
lesen	læse	[lɛːsə]
leugnen	nægte	[nɛgdə]
lieben	elske	[elske]
liebkosen	kærtegne	[kɛɐ̯taj̊ˀnə]
liefern	levere	[leveˀʌ]
liegen	ligge	[legə]
lispeln	læspe	[lɛsbə]
loben	rose	[roːsə]
locken	lokke	[lʌgə]
lockern	løsne	[løsnə]
löffeln	spise med ske	[sbiːsə meðˀ ˈsgeˀ]
lohnen	lønne	[lœnə]
löschen	slukke	[slɔgə]
lösen	løse	[løːsə]
losfahren	køre bort	[køːʌ ˈbɒɐ̯ˀd]
loswerden	blive af med	[bliːə ˈæˀ meðˀ]
lüften	lufte	[lɔfdə]
lügen	lyve	[lyːvə]
lutschen	sutte	[sudə]

M

machen	gøre [gœ:ʌ]
mahnen	advare [aðvɑˀɑ]
mailen	maile [mɛjlə]
malen	male [mæ:lə]
manipulieren	manipulere [manipuléˀʌ]
markieren	markere [mɑkéˀʌ]
massieren	massere [maséˀʌ]
meditieren	meditere [meditéˀʌ]
meiden	undgå [ɔngɔˀ]
meinen	mene [me:nə]
meistern	beherske [behæɐ̯sgə]
melden	melde [mɛlə]
merken	bemærke [bemǽɐ̯gə]
messen	måle [mɔ:lə]
miauen	mjave [mjɑwə]
mieten	leje [lɑjə]
mindern	mindske [mensgə]
mischen	blande [blanə]
missachten	ringeagte [rɛŋəɑgdə]
missbilligen	misbillige [misbilˀiə]
missbrauchen	misbruge [misbruˀə]
missen	undvære [ɔnvɛˀʌ]
missfallen	mishage [mishæˀjə]
missglücken	mislykkes [mislǿgəs]
misshandeln	mishandle [mishánˀlə]
misslingen	fejle [fɑjlə]
misstrauen	mistro [mistroˀ]
missverstehen	misforstå [misfʌsdɔˀ]
mitbekommen	bemærke [bemǽɐ̯gə]
mitfahren	ledsage [leðsæˀjə]
mitfühlen	føle med [fø:lə ˈmeðˀ]
mitmachen	deltage i [deltæˀ ˈi]
mitteilen	meddele [mɛðdeˀlə]
mixen	mikse [megsə]
mögen	kunne lide [kunə ˈliˀ]
morden	myrde [myɐ̯də]
motivieren	motivere [motivéˀʌ]
multiplizieren	multiplicere [multipliséˀʌ]
murmeln	mumle [mɔmlə]
müssen	skulle [sgulə]
mutmaßen	formode [fʌmóˀðə]

N

nachahmen	efterligne [ɛfdʌliˀnə]
nachdenken	tænke [tɛŋgə]
nachgeben	give efter [giˀ ˈɛfdʌ]
nachholen	indhente [enhɛnˀdə]
nachkommen	imødekomme [imǿːðəkʌmˈə]
nachtragen	bære nag [bɛːʌ ˈnæˀj]
nagen	gnave [gnæːvə]
nahekommen	komme nærmere [kʌmə ˈnæɐ̯mʌˀʌ]
nahen	nærme sig [næɐ̯mə sɑj]
nähen	sy [syˀ]
nähern	nærme [næɐ̯mə]
nahestehen	stå nær [sdɔˀ ˈnɛˀɐ̯]
naschen	spise slik [sbiːsə ˈsleg]
necken	drille [drɛlə]
nehmen	tage [tæˀ]
neiden	misunde [misɔnˀə]
neigen	bøje [bʌjə]
nennen	kalde [kalə]
nerven	gå på nerverne [gɔˀ pʌ ˈnæɐ̯vənə]
nicken	nikke [negə]
niederknien	knæle ned [knɛːlə ˈneðˀ]
niederlassen	bosætte sig [bosɛdə saj]
nieseln	støvregne [sdøˀwrɑjnə]
niesen	nyse [nyːsə]
nörgeln	beklage sig [beklǽˀjə ˈsɑj]
nummerieren	nummerere [nɔmʌréˀʌ]
nuscheln	snøvle [snœwlə]

O

öffnen	åbne [ɔ:bnə]
ölen	smøre [smœ:ʌ]
operieren	operere [obəréˀʌ]
opfern	ofre [ʌfrʌ]
ordnen	ordne [ɒ:dnə]
organisieren	organisere [ɒganiséˀʌ]
orientieren	orientere [ɒiəntéˀʌ]

P

packen	pakke [pɑgə]
paddeln	padle [paðlə]
parken	parkere [pɑkéˀʌ]
passen	passe [pasə]
passieren	ske [sgeˀ]
petzen	sladre [slaðrʌ]
pfeffern	pebre [pewrʌ]
pfeifen	fløjte [flʌjdə]
pflanzen	plante [plandə]
pflegen	pleje [plɑjə]
pflücken	plukke [plɔgə]
picknicken	holde picnic [hʌlə ˈpignig]
piepen	pippe [pibə]
piepsen	kvidre [kviðrʌ]
plagen	plage [plæ:jə]
planen	planlægge [plæ:nlɛgə]
planschen	pjaske [pjasgə]
plappern	plapre [plɑbrʌ]
platzen	revne [rawnə]
platzieren	placere [plaséˀʌ]
plaudern	sludre [sluðrʌ]
pleitegehen	gå konkurs [gɔˀ kʌŋkúɐ̯ˀs]
pokern	spille poker [sbelə ˈpoˀgʌ]
posieren	posere [poséˀʌ]
prägen	præge [prɛ:jə]
prahlen	prale [prɑ:lə]
prallen	støde [sdø:ðə]

präsentieren	præsentere [presənté^ʔʌ]
pressen	presse [prasə]
probieren	prøve [prœ:wə]
protestieren	protestere [prodəsdéʔʌ]
provozieren	provokere [provokéʔʌ]
prüfen	kontrollere [kʌntroléʔʌ]
prügeln	tæske [tɛsgə]
pupsen	prutte [prudə]
pusten	blæse [blɛ:sə]
putzen	pudse [pusə]

Q

quaken	kvække [kvɛgə]
quälen	mishandle [mishanʔlə]
qualmen	ose [o:sə]
quengeln	klynke [kløŋgə]
quieken	hvine [vi:nə]
quietschen	knirke [kniggə]

R

rächen	hævne [hɛwnə]
radeln	cykle [syglə]
rascheln	rasle [rɑslə]
rasen	ræse [rɛːsə]
rasieren	barbere [bɑbéˀʌ]
rasseln	skramle [sgrɑmlə]
raten	gætte [gɛdə]
rätseln	spekulere [sbeguléˀʌ]
rattern	klapre [klɑbrʌ]
rauben	røve [rœːvə]
rauchen	ryge [ryːə]
rauschen	suse [suːsə]
räuspern	rømme [rœmə]
rausschmeißen	smide ud [smiːðə ˈuðˀ]
reagieren	reagere [rɛagéˀʌ]
realisieren	realisere [rɛaliséˀʌ]
rebellieren	gøre oprør [gœːʌ ˈʌbrœˀɐ̯]
rechnen	beregne [berájˀnə]
rechtfertigen	begrunde [begrɔ́nˀə]
recyceln	genbruge [gɛnbruˀə]
reden	tale [tæːlə]
regeln	regulere [rɛguléˀʌ]
regen	bevæge [bevɛ́ˀjə]
regieren	regere [rɛgéˀʌ]
registrieren	registrere [rɛgisdréˀʌ]
regnen	regne [rɑjnə]
reiben	rive [riːvə]
reichen	række [ragə]
reimen	rime [riːmə]
reinigen	gøre rent [gœːʌ ˈrɛˀnd]
reinlegen	snyde [snyːðə]
reisen	rejse [rɑjsə]
reißen	rive [riːvə]
reiten	ride [riːðə]
reizen	friste [frɛsdə]
rekeln	dovne [dɒwnə]
rennen	løbe [løːbə]
renovieren	renovere [rɛnovéˀʌ]
reparieren	reparere [rɛbɑréˀʌ]
reservieren	reservere [rɛsæɐ̯véˀʌ]
respektieren	respektere [rɛsbɛgtéˀʌ]
retten	redde [rɛðə]
revanchieren	hævne sig [hɛwnə ˈsɑj]
richtigstellen	rette [radə]
riechen	lugte [lɔgdə]
riskieren	risikere [risikéˀʌ]

rollen	rulle [rulə]
röntgen	røntgenfotografere [rœnˀdgənfodografé̄ˀʌ]
rosten	ruste [rɔsdə]
rubbeln	gnubbe [gnɔbə]
rückerstatten	tilbagebetale [tebǽ:jəbetæˀlə]
rudern	ro [roˀ]
rufen	kalde [kalə]
ruhen	hvile [vi:lə]
rühren	røre [rœ:ʌ]
ruinieren	ruinere [ruinéˀʌ]
rutschen	rutsje [rudɕə]
rütteln	ruske [rusgə]

S

sagen	sige [si:]
sägen	save [sæ:və]
salzen	salte [saldə]
sammeln	samle [samlə]
säubern	rense [ransə]
saugen	suge [su:ə]
schaden	skade [sgæ:ðə]
schaffen	skaffe [klɑ:ɑ]
schälen	skrælle [sgralə]
schalten	skifte [sgifdə]
schämen	skamme sig [sgamə saj]
schätzen	værdsætte [vɛɐ̯sɛdə]
schauen	se [seˀ]
schaufeln	skovle [sgɒwlə]
schaukeln	gynge [gøŋə]
schäumen	skumme [sgɔmə]
scheinen	skinne [sgenə]
scheitern	mislykkes [misløgəs]
schenken	skænke [sgɛŋgə]
scherzen	spøge [sbø:jə]
scheuchen	skræmme bort [sgramə ˈboɐ̯ˀd]
scheuen	undgå [ɔngɔˀ]
schicken	sende [sɛnə]
schieben	skubbe [sgɔbə]
schiefgehen	gå galt [gɔˀ ˈgalˀd]
schielen	skæve [sgɛ:və]
schießen	skyde [sgy:ðə]
schildern	skildre [skildre]

schimmeln	mugne	[mɔgnə]
schimpfen	skælde ud	[sgɛlə ˈuðˀ]
schlafen	sove	[sɒwə]
schlagen	slå	[slɔˀ]
schlecken	slikke	[slegə]
schleichen	krybe	[kry:bə]
schleppen	slæbe	[slɛ:bə]
schließen	lukke	[lɔgə]
schluchzen	hulke	[hulgə]
schlucken	sluge	[slu:ə]
schlüpfen	smutte	[smudə]
schmarotzen	snylte	[snyldə]
schmatzen	smaske	[smasgə]
schmecken	smage	[smæ:jə]
schmeißen	smide	[smi:ðə]
schmelzen	smelte	[smɛldə]
schmerzen	smerte	[smæɐ̯də]
schminken	sminke	[smeŋgə]
schmollen	surmule	[suɐ̯muˀlə]
schmücken	smykke	[smøgə]
schmunzeln	smile skælmsk	[smi:lə ˈsgɛlˀmsg]
schnarchen	snorke	[snɒ:gə]
schnauben	snøfte	[snøfdə]
schnaufen	puste	[pu:sdə]
schneiden	skære	[sgɛ:ʌ]
schneien	sne	[sneˀ]
schnurren	spinde	[sbenə]
schocken	chokere	[chokére]
schockieren	chokere	[chokére]
schonen	skåne	[sgɔ:nə]
schrauben	skrue	[sgru:ə]
schreiben	skrive	[sgri:və]
schreien	skrige	[sgri:ə]
schubsen	skubbe	[sgɔbə]
schummeln	snyde	[sny:ðə]
schütteln	ryste	[rœsdə]
schütten	spilde	[sbilə]
schützen	beskytte	[besgǿdə]
schwächen	svække	[svɛgə]
schwanken	svaje	[svɑjə]
schwänzen	pjække	[pjɛgə]
schwärmen	sværme	[svæɐ̯mə]
schwarzfahren	køre uden billet	[kø:ʌ uðən biléd]
schweben	svæve	[svɛ:və]
schweigen	tie	[ti:ə]
schwerfallen	være svært	[vɛ:ʌ ˈsvɛˀɐ̯d]
schwimmen	svømme	[svœmə]
schwindeln	svindle	[svenlə]
schwingen	svinge	[sveŋə]
schwirren	svirre	[sviɐ̯ʌ]
schwitzen	svede	[sve:ðə]
schwören	sværge	[svæɐ̯wə]
segeln	sejle	[sɑjlə]
sehen	se	[seˀ]
sehnen	længes	[lɛŋəs]
sein	være	[vɛ:ʌ]
senden	sende	[sɛnə]
senken	sænke	[sɛŋgə]

servieren	servere	[sæɐ̯véˀʌ]
setzen	sætte	[sɛdə ˈneðˀ]
seufzen	sukke	[sɔgə]
sichergehen	være sikker	[vɛ:ʌ ˈsegʌ]
sichern	sikre	[sikrə]
sicherstellen	forsikre	[fʌsíkrə]
siegen	sejre	[sɑjrʌ]
siezen	sige De	[si: ˈdi]
simsen	sms'e	[ɛsɛmésə]
singen	synge	[søŋə]
sinken	synke	[søŋgə]
sitzen	sidde	[seðə]
skaten	skate	[sgɛjdə]
sollen	skal	[sgalˀ]
sonnen	solbade	[so:lbæ:ðə]
sorgen	være bekymret	[vɛ:ʌ bekǿmˀrʌð]
sortieren	sortere	[sɒtéˀʌ]
sparen	spare	[sbæ:ɐ̯]
spaßen	spøge	[sbø:jə]
spazieren	spadsere	[sbaséˀʌ]
speichern	gemme	[gɛmə]
speisen	spise	[sbi:sə]
spekulieren	spekulere	[sbeguléˀʌ]
spenden	donere	[donéˀʌ]
sperren	spærre	[sbæɐ̯ʌ]
spiegeln	spejle	[sbɑjlə]
spielen	spille	[sbelə]
spinnen	spinde	[sbenə]
spitzen	spidse	[sbesə]

spotten	spotte	[sbʌdə]
sprechen	tale	[tæ:lə]
spreizen	sprede	[sbrɛ:ðə]
sprengen	sprænge	[sbraŋə]
sprießen	spire	[sbi:ʌ]
springen	springe	[sbrɛŋə]
spritzen	sprøjte	[sbrʌjdə]
sprudeln	sprudle	[sbruðlə]
sprühen	sprøjte	[sbrʌjdə]
spucken	spytte	[sbødə]
spuken	spøge	[sbø:jə]
spülen	vaske op	[vasgə ˈʌb]
spüren	mærke	[mæɐ̯gə]
stammen	nedstamme	[neðˀsdɑmˀə]
stapeln	stable	[sdæ:blə]
stärken	styrke	[sdyɐ̯gə]
starren	stirre	[sdiɐ̯ʌ]
starten	starte	[sdɑ:də]
stattfinden	finde sted	[fenə ˈsdɛð]
staunen	blive forbavset	[bli:ə fʌbáwˀsə]
stechen	stikke	[stikke]
stecken	sidde fast	[seðə ˈfasd]
stehen	stå	[sdɔˀ]
stehlen	stjæle	[sdjɛ:lə]
steigen	gå op	[kladrʌ]
steigern	forøge	[fʌǿˀjə]
stellen	stille	[sdelə]
sterben	dø	[døˀ]
steuern	styre	[sdy:ʌ]

stieren	stirre [sdiɐ̯ʌ]
stillen	amme [amə]
stillhalten	holde stille [hʌlə ˈsdelə]
stillliegen	ligge stille [legə ˈsdelə]
stimmen	stemme [sdɛmə]
stinken	lugte [lɔgdə]
stöbern	gennemsøge [gɛnˀəmsø:jə]
stocken	standse [sdansə]
stöhnen	stønne [sdœnə]
stolpern	snuble [snublə]
stoppen	stoppe [sdʌbə]
stören	forstyrre [fʌsdýɐ̯ˀʌ]
stoßen	støde [sdø:ðə]
stottern	stamme [sdɑmə]
strafen	straffe [sdrɑfə]
straffen	stramme [sdrɑmə]
strahlen	stråle [sdrɔ:lə]
strampeln	sprælle [sbralə]
strapazieren	anstrenge [ansdraŋˀə]
sträuben	gøre modstand [gœ:ʌ ˈmoˀðsdanˀ]
streben	stræbe [sdrɛ:bə]
strecken	strække [sdragə]
streicheln	klappe [klɑbə]
streichen	male [mæ:lə]
streifen	strejfe [strɑjfə]
streiken	strejke [sdrɑjgə]
streiten	skændes [sgɛnəs]
streuen	drysse [drœsə]
stricken	strikke [sdrɛgə]
studieren	studere [sdudéˀʌ]
stürmen	storme [sdɒ:mə]
stürzen	styrte [sdyɐ̯də]
stutzen	tøve [tø:və]
stützen	støtte [sdødə]
subtrahieren	trække fra [tragə ˈfrɑˀ]
suchen	søge [sø:jə]
summen	nynne [nønə]
sündigen	synde [sønə]
surfen	surfe [sœ:fə]
süßen	søde [sø:ðə]

T

tadeln	irettesætte [irádəsɛdə]
tanken	tanke [taŋgə]
tanzen	danse [dansə]
tapezieren	tapetsere [tɑbəséˀʌ]
tappen	famle [fɑmlə]
tarnen	skjule [sgju:lə]
tasten	indtaste [fɑmlə]
tauchen	dykke [døgə]
tauen	smelte [smɛldə]
taufen	døbe [dø:bə]
taugen	være egnet [vɛ:ʌ ˈɑjnəð]
taumeln	vakle [vɑglə]
tauschen	bytte [bydə]
täuschen	vildlede [nɑ:ɑ]
teilen	dele [de:lə]
teilnehmen	deltage [deltæˀ]
telefonieren	telefonere [teləfonéˀʌ]
testen	teste [tɛsdə]
ticken	dikke [degə]
tippen	maskinskrive [masgí:nsgri:və]
toben	rase [rɑ:sə]
tolerieren	tolerere [toləréˀʌ]
töten	slå ihjel [slɔˀ ijɛ́l]
totfahren	køre ihjel [kø:ʌ ijɛ́l]
totschießen	skyde ihjel [sgy:ðə ijɛ́l]
totschlagen	tæve ihjel [tɛ:və ijɛ́l]
tragen	bære [bɛ:ʌ]
trainieren	træne [trɛ:nə]

trampeln	trampe [trɑmbə]
tränen	løbe i vand [lø:bə i ˈvanˀ]
transportieren	transportere [transbɒtéˀʌ]
trauen	stole på [sdo:lə ˈpʌ]
trauern	sørge [sœɐ̯wə]
träumen	drømme [drœmə]
treffen	træffe [trafə]
trennen	skille [sgelə]
treten	træde [trɛ:ðə]
trinken	drikke [drɛgə]
trocknen	tørre [tœɐ̯ʌ]
trödeln	smøle [smø:lə]
trommeln	tromme [trɔmə]
tröpfeln	dryppe [drœbə]
tropfen	dryppe [drœbə]
trösten	trøste [trœsdə]
trotzen	trodse [trʌsə]
trügen	bedrage [bedrάˀwə]
tun	gøre [gœ:ʌ]
turnen	gøre gymnastik [gœ:ʌ gymnásdig]
tyrannisieren	tyrannisere [tyrɑniséˀʌ]

U

üben	øve [øvə]
überanstrengen	overanstrenge [ɒwʌánsdraŋˀə]
überarbeiten	overarbejde [rɛvidéˀʌ]
überblicken	overskue [ɒwʌsguˀə]
überbringen	overbringe [ɒwʌbrɛŋˀə]
überbrücken	bygge bro [bygə ˈbro]
überdenken	tænke over [tɛŋgə ˈɒwʌ]
übereinstimmen	være enig [vɛːʌ ˈeːni
überfahren	køre over [køːʌ ˈɒwʌ
überfallen	overfalde [ɒwʌfalˀə]
überfordern	overbelaste [ɒwʌbelasdə]
übergeben	kaste op [kasdə ˈʌb]
überholen	overhale [ɒwʌhæˀlə]
überhören	overhøre [ɒwʌhøˀʌ]
überlappen	overlappe [ɒwʌhøˀʌ]
überlassen	overlade [ɒwʌlæˀðə]
überleben	overleve [ɒwʌleˀvə]
überlegen	overveje [ɒwʌvɑjˀə]
überlisten	overliste [ɒwʌlesdə]
übernachten	overnatte [ɒwʌnadə]
übernehmen	overtage [ɒwʌtæˀ]
überprüfen	kontrollere [kʌntroléˀʌ]
überqueren	gå tværs over [gɔˀ tvæɐ̯s ɒwʌ]
überraschen	overraske [ɒwʌrɑsgə]
überreden	overtale [ɒwʌtæˀlə]
überreichen	overrække [ɒwʌragə]
überschatten	overskygge [ɒwʌsgygə]
überschätzen	overvurdere [ɒwʌvuɐ̯déˀʌ]
überschlagen	anslå [anslɔˀ]
überschnappen	blive skør [bliːə ˈsgøˀɐ̯]
überschneiden	skære over [ɒwʌlɑbə]
überschütten	overhælde [ɒwʌhɛlə]
überschwemmen	oversvømme [ɒwʌsvœmə]
übersehen	overse [ɒwʌseˀ]
übersetzen	oversætte [ɒwʌsɛdə]
überspielen	overspille [ɒwʌsbelə]
übersteigen	overstige [ɒwʌsdiːə]
überstrapazieren	overanstrenge [ɒwʌansdraŋˀə]
überstürzen	forcere [fɒséˀʌ]
übertragen	overføre [ɒwʌføːʌ]
übertreffen	overgå [ɒwʌgɔˀ]
übertreiben	overdrive [ɒwʌdriˀvə]
überwachen	overvåge [ɒwʌvɔˀwə]
überwältigen	overvælde [ɒwʌvɛlˀə]
überweisen	overføre [ɒwʌføˀʌ]
überwiegen	opveje [ʌbvɑjə]
überwinden	overvinde [ɒwʌvenˀə]
überzeugen	overbevise [ɒwʌbeviˀsə]
überziehen	overtrække [ɒwʌtragə]
umarmen	omfavne [ʌmfɑwˀnə]
umbauen	bygge om [rɛnovéˀʌ]
umbenennen	omdøbe [ʌmdøˀbə]
umblättern	blade om [blæːðə ʌm]
umbringen	dræbe [drɛːbə]
umdrehen	dreje om [drɑjə ˈʌm]

umfallen	falde om [falə ˈʌm]
umfassen	omfatte [ʌmfadə]
umgehen	omgå [ɔngɔˀ]
umhängen	hænge omkring [hænŋe ʌmkrɛŋˀ]
umkehren	vende om [vɛnə ˈʌm]
umkippen	vælte [vɛldə]
umklammern	omklamre [ʌmklɑmˀrʌ]
umkommen	omkomme [ʌmkʌmˀə]
umleiten	omlede [ʌmle:ðə]
umräumen	flytte [flødə]
umreißen	skildre [sgeldrʌ]
umrühren	omrøre [ʌmrœ:ʌ]
umschalten	omskifte [ʌmsgifdə]
umsehen	se sig om [seˀ sɑj ˈʌm]
umsetzen	omdanne [ʌmdanə]
umsteigen	omstige [ʌmsdi:ə]
umstimmen	ombestemme [ʌmbesdɛmə]
umstürzen	omstyrte [ʌmsdyɐ̯də]
umtauschen	ombytte [ʌmbydə]
umwerfen	vælte [vɛldə]
umziehen	flytte [flødə]
unterbrechen	afbryde [ɑwbryˀðə]
unterdrücken	undertrykke [ɔnˀʌtrœgə]
untergehen	synke [søŋgə]
unterhalten	underholde [ɔnˀʌhaldə]
unterlassen	undlade [ɔnlæˀðə]
unternehmen	foretage [fɒ:ɒtæˀ]
unterrichten	undervise [ɔnˀʌvi:sə]
untersagen	forbyde [fʌbýˀðə]
unterschätzen	undervurdere [ɔnˀʌvuɐ̯déˀʌ]
unterscheiden	skelne [sgɛlnə]
unterschreiben	underskrive [ɔnˀʌsgri:və]
unterstellen	antage [antæˀ]
unterstreichen	understrege [ɔnˀʌsdrɑjə]
unterstützen	understøtte [ɔnˀʌsdødə]
untersuchen	undersøge [ɔnˀʌsø:jə]
untertauchen	dykke ned [fʌsvénˀə]
unterteilen	inddele [endeˀlə]
urteilen	dømme [dœmə]

V

verabreden	aftale [ɑwtæ:lə]
verabschieden	tage afsked [tæˀ ˈɑwsgeðˀ]
verachten	foragte [fʌágdə]
verallgemeinern	generalisere [genərɑlisé ˀʌ]
verändern	forandre [fʌánˀdrʌ]
verängstigen	skræmme [sgramə]
verantworten	være ansvarlig for [vɛ:ʌ ˈansvɑˀli foˀɐ̯]
verarbeiten	forarbejde [fʌɑbájˀdə]
verärgern	forarge [fʌáˀwə]
verarzten	behandle [behánˀlə]
verbergen	skjule [sgju:lə]
verbessern	forbedre [fʌbéðˀrʌ]
verbeugen	bukke [bɔgə]
verbiegen	bøje [bʌjə]
verbieten	forbyde [fʌbýˀðə]
verbinden	forbinde [fʌbénˀə]
verbleiben	forblive [fʌblíˀvə]
verbluten	forbløde [fʌblǿˀðə]
verbrauchen	forbruge [fʌbru:ə]
verbreiten	sprede [sbrɛ:ðə]
verbrennen	forbrænde [fʌbranˀə]
verbringen	tilbringe [telbrɛŋˀə]
verdächtigen	mistænke [mistɛŋˀgə]
verdanken	takke [sgylə]
verdauen	fordøje [fʌdʌjˀə]
verdecken	skjule [sgju:lə]
verderben	ødelægge [ø:ðəlɛgə]
verdeutlichen	tydeliggøre [ty:ðəligœˀʌ]
verdienen	fortjene [fʌtjɛ́ˀnə]
verdoppeln	fordoble [fʌdʌ́blə]
verdrängen	fortrænge [fʌtráŋə]
verdursten	tørste ihjel [tœɐ̯sdə ijɛ́l]
verehren	tilbede [telbeˀðə]
vereinbaren	aftale [ɑwtæ:lə]
vereinen	forene [fʌéˀnə]
vereinfachen	forenkle [fʌɛ́ŋˀglə]
vereinheitlichen	standardisere [sdandɑdiséˀʌ]
vereinigen	forene [fʌéˀnə]
verfallen	forfalde [fʌrɛ́ŋˀəs]
verfälschen	forfalske [fʌfálˀsgə]
verfassen	forfatte [fʌfadə]
verfaulen	forrådne [rʌðnə]
verfehlen	forfejle [fʌfájˀlə]
verfeinern	forfine [fʌfi:nə]
verfluchen	forbande [fʌbanˀə]
verfolgen	forfølge [fʌfølˀjə]
verfügen	anordne [anɒ:dnə]
verführen	forføre [fʌføˀʌ]
vergehen	forgå [fʌgɔˀ]
vergelten	gengælde [gɛngɛlˀə]
vergessen	glemme [glɛmə]
vergeuden	bortødsle [boɐ̯ˀdøslə]
vergewaltigen	voldtage [vʌltæˀ]
vergewissern	forvisse [fʌvesə]
vergiften	forgifte [fʌgifdə]
vergleichen	sammenligne [sɑmənliˀnə]

vergnügen	fornøje [fʌnʌjˀə]
vergraben	nedgrave [neðgrɑˀvə]
vergrößern	forstørre [fʌsdœ̍ɐ̯ˀʌ]
verhaften	arrestere [ɑˀɑsdéˀʌ]
verhalten	forholde [fʌhʌlˀə]
verhandeln	forhandle [fʌhánˀlə]
verhängen	pålægge [pʌlɛgə]
verharmlosen	bagatellisere [bɑgatɛliséˀʌ]
verharren	blive stående [bliːə ˈsdɔˀənə]
verheilen	hele [heːlə]
verheimlichen	skjule [sgjuːlə]
verherrlichen	forherlige [fʌhæ̍ɐ̯ˀliə]
verhexen	forhekse [fʌhɛ́gsə]
verhindern	forhindre [fʌhénˀdrʌ]
verhören	forhøre [fʌhǿˀʌ]
verhüllen	tilsløre [telsløˀʌ]
verhungern	sulte ihjel [suldə ijɛ́l]
verhüten	forhindre [fʌhénˀdrʌ]
verirren	forvilde [fʌvílˀə]
verjagen	jage bort [jæˀjə ˈboɐ̯ˀd]
verkaufen	sælge [sɛljə]
verklagen	sagsøge [sɑwsøˀjə]
verkleiden	klæde sig ud [klɛːðə saj ˈuðˀ]
verkleinern	formindske [fʌménˀsgə]
verknoten	knytte sammen [benə ˈsɑmˀən]
verknüpfen	sammenkoble [sɑmˀənkʌblə]
verkommen	forkomme [fʌkʌmˀə]

verkörpern	personificere [pæɐ̯sonifiséˀʌ]
verkraften	klare [klɑːɑ]
verkrampfen	trække sammen [tragə ˈsɑmˀən]
verkümmern	vantrives [vantriˀvəs]
verkürzen	forkorte [fʌkɑ́ːdə]
verlangen	forlange [fʌlɑ́ŋˀə]
verlängern	forlænge [fʌlɛ́ŋˀə]
verlangsamen	nedsætte [neðˀsɛdə]
verlassen	forlade [fʌlǽˀðə]
verlaufen	forløbe [fʌlǿˀbə]
verleihen	udleje [uðlɑjˀə]
verlernen	glemme [glɛmə]
verletzen	såre [sɒːɒ]
verleugnen	nægte [nɛgdə]
verleumden	bagtale [bæˀtæˀlə]
verlieben	forelske [fʌɛ́lˀsgə]
verlieren	tabe [tæːbə]
verloben	forlove [fʌlɔˀvə]
vermehren	forøge [fʌøˀjə]
vermeiden	undgå [ɔngɔˀ]
vermieten	leje ud [lɑjə ˈuðˀ]
vermischen	blande [blanə]
vermissen	savne [sɑwnə]
vermitteln	formidle [fʌmíðˀlə]
vermuten	formode [fʌmóˀðə]
vernachlässigen	forsømme [fʌsœ́mˀə]
vernehmen	afhøre [ɑwhøˀʌ]
verneigen	bukke [bɔgə]
verneinen	benægte [benɛ́gdə]

vernichten	ødelægge [ø:ðəlɛgə]
veröffentlichen	offentliggøre [ʌfəndligœ'ʌ]
verordnen	ordinere [ɒdiné'ʌ]
verpacken	pakke [pɑgə]
verpassen	miste [mesdə]
verpflichten	forpligte [fʌplégdə]
verprügeln	tæve [tɛ:və]
verraten	forråde [fʌrɔ'ðə]
verrechnen	afregne [ɑwrɑj'nə]
verreisen	rejse [rɑjsə]
verrenken	forvride [fʌvríð'ə]
verriegeln	låse [lɔ:sə]
verringern	forringe [fʌréŋ'ə]
versagen	forsage [fʌsǽ'jə]
versammeln	forsamle [fʌsám'lə]
versäumen	forsømme [fʌsœ́m'ə]
verschenken	forære [fʌɛ́'ʌ]
verschicken	forsende [fʌsén'ə]
verschieben	forskyde [fʌsgý'ðə]
verschimmeln	mugne [mɔgnə]
verschlafen	sove over sig [sɒwə 'ɒwʌ sɑj]
verschlechtern	forværre [fʌvǽɐ̯'ʌ]
verschließen	låse [lɔ:sə]
verschlimmern	forværre [fʌvǽɐ̯'ʌ]
verschlucken	sluge [slu:ə]
verschmutzen	tilsmudse [telsmusə]
verschonen	skåne [sgɔ:nə]
verschönern	forskønne [fʌsgœ́n'ə]
verschütten	spilde [sbilə]

verschweigen	fortie [fʌtí'ə]
verschwenden	ødsle bort [øslə 'boɐ̯'d]
verschwimmen	flyde ud [fly:ðə 'uð']
verschwinden	forsvinde [fʌsvén'ə]
verschwören	forsværge [fʌsvǽɐ̯'wə]
versenden	forsende [fʌsɛ́n'ə]
versetzen	flytte [flødə]
verseuchen	forurene [fʌrúrɛ'nə]
versichern	forsikre [fʌségrʌ]
versickern	løbe ud [lø:bə 'uð']
versinken	sænke [sɛŋgə]
versöhnen	forsone [fʌsó'nə]
versorgen	forsørge [fʌsœ́ɐ̯'wə]
verspäten	forsinke [fʌséŋ'gə]
versperren	spærre [sbæɐ̯ʌ]
verspotten	håne [hɔ:nə]
versprechen	love [lɔ:və]
verspüren	mærke [mæɐ̯gə]
verständigen	informere [enfɒmé'ʌ]
verstärken	forstærke [fʌsdǽɐ̯gə]
verstauben	forstøve [fʌsdǿ'və]
verstauchen	forstuve [fʌsdú'ə]
verstecken	gemme [gɛmə]
verstehen	forstå [fʌsdɔ́']
versteigern	auktionere [ɑwgçonérə]
verstellen	forstille [fʌsdél'ə]
verstopfen	tilstoppe [telsdʌbə]
verstoßen	forstøde [fʌsdǿ'ðə]
verstreichen	smøre på [smœ:ʌ 'pɔ']
verstummen	forstumme [fʌsdɔ́m'ə]

versuchen	forsøge [fʌsøˀjə]
versüßen	forsøde [fʌsøˀðə]
vertagen	udsætte [uðˀsɛdə]
vertauschen	ombytte [ʌmˈbydə]
verteidigen	forsvare [fʌsváˀɑ]
verteilen	fordele [fʌdéˀlə]
vertiefen	gøre dybere [gœːʌ ˈdyˀbeˀʌ]
vertragen	tåle [tɔːlə]
vertrauen	have tillid [hæːvə teliðˀ]
vertreiben	fordrive [fʌdríˀvə]
vertreten	repræsentere [rɛprɛsəntéˀʌ]
vertrocknen	tørre ud [tœɐ̯ʌ ˈuðˀ]
vertrödeln	sløse bort [sløːsə ˈboɐ̯ˀd]
vertrösten	holde hen [hʌlə ˈhɛn]
vertuschen	neddysse [neðˀdysə]
verübeln	tage ilde op [tæˀ ilə ˈʌb]
verüben	begå [begɔ́ˀ]
verunglücken	forulykke [fɒúløgə]
verunsichern	gøre usikker [gœːʌ ˈusegʌ]
verunstalten	skæmme [sgɛmə]
verursachen	forårsage [fɒˀɒsæˀjə]
verurteilen	dømme [dœmə]
verwechseln	forveksle [fʌvégslə]
verweigern	nægte [nɛgdə]
verwelken	visne [vesnə]
verwenden	anvende [anvɛnˀə]
verwirklichen	virkeliggøre [viɐ̯gəligœˀʌ]
verwirren	forvirre [fʌvíɐ̯ˀʌ]
verwischen	slette [slɛdə]
verwöhnen	forvænne [fʌvɛnˀə]
verwunden	såre [sɒːɒ]
verzaubern	fortrylle [fʌtrýlˀə]
verzehren	konsumere [kʌnsuméˀʌ]
verzeichnen	optegne [ʌbtɑjˀnə]
verzeihen	tilgive [telgiˀ]
verzerren	fordreje [fʌdrájˀə]
verzichten	give afkald [giˀ ˈɑwkalˀ]
verzieren	udsmykke [uðˀsmøgə]
verzögern	forsinke [fʌséŋˀgə]
verzweifeln	fortvivle [fʌtvíwˀlə]
voraussagen	forudsige [fɒuðsiˀə]
vorbeifahren	køre forbi [køːʌ fʌbíˀ]
vorbereiten	forberede [fɒːberɛðˀə]
vorbeugen	forebygge [fɒːɒbygə]
vordrängeln	mase sig frem [mæːsə sɑj ˈframˀ]
vorenthalten	nægte [nɛgdə]
vorfallen	ske [sgeˀ]
vorfinden	finde [fenə]
vorgeben	foregive [fɒːɒˌgiˀ]
vorhaben	have i sinde [ha i ˈsenˀə]
vorhersehen	forudse [fɒuðseˀ]
vorkommen	forekomme [fɒːɒkʌmˀə]
vorlesen	læse højt [lɛːsə ˈhʌjt]

vormachen	vise [vi:sə]
vornehmen	planlægge [plæ:nlɛgə]
vorschlagen	foreslå [fɒ:ɒslɔˀ]
vorschreiben	foreskrive [fɒ:ɒsgriˀvə]
vorsorgen	sørge for [sœɐ̯wə ˈfʌ]
vorstellen	forestille [fɒ:ɒsdelˀə]
vortäuschen	foregive [fɒ:ɒgiˀ]
vortragen	fremlægge [framˀlɛgə]
vorübergehen	gå over [gɔˀ ˈɒwʌ]
vorweisen	forevise [fɒ:ɒviˀsə]
vorwerfen	anklage for [anklæˀjə ˈfʌ]
vorzeigen	fremvise [framˀviˀsə]
vorziehen	foretrække [fɒ:ɒtragə]

W

wachsen	vokse [vʌgsə]
wackeln	vakle [vɑglə]
wagen	vove [vɔ:və]
wählen	vælge [vɛljə]
wahrnehmen	bemærke [bemæ̌ɐ̯gə]
wandern	vandre [vɑndrʌ]
warnen	advare [aðvɑˀɑ]
warten	vente [vɛndə]
waschen	vaske [vasgə]
wechseln	skifte [sgifdə]
wecken	vække [vɛgə]
wegfahren	køre bort [kø:ʌ ˈboɐ̯ˀd]
wegfallen	bortfalde [boɐ̯ˀdfalˀə]
weggehen	gå sin vej [gɔˀ sin ˈvɑjˀ]
weglassen	udelade [u:ðəlæˀðə]
wegnehmen	borttage [boɐ̯ˀdtæˀə]
wegrennen	løbe væk [lø:bə ˈvɛg]
wegschicken	sende bort [sɛnə ˈboɐ̯ˀd]
wegschmeißen	smide bort [smi:ðə ˈboɐ̯ˀd]
wehren	bekæmpe [bekɛ́mˀbə]
weigern	nægte [nɛgdə]
weinen	græde [gra:ðə]
welken	visne [vesnə]
wellen	bølge [bøljə]

wenden	vende [vɛnə]
werden	blive [bli:ə]
werfen	kaste [kasdə]
wetten	vædde [vɛðə]
wickeln	skifte [sgifdə]
widerlegen	modbevise [moˀðbəvíˀsə]
widersetzen	modsætte sig [moˀðsɛdə sɑj]
widerspiegeln	genspejle [gɛnsbɑjˀlə]
widerstehen	modstå [moˀðsdɔˀ]
widmen	dedikere [dedikéˀʌ]
wiedergeben	give tilbage [giˀ tebǽ:jə]
wiederholen	gentage [gɛntæˀ]
wiederkehren	vende tilbage [vɛnə tebǽ:jə]
wiederkommen	komme igen [kʌmə igén]
wiedersehen	gense [seˀ igén]
wiegen	veje [vɑjə]
wiehern	vrinske [vrɛnsgə]
wimmeln	vrimle [vrɛmlə]
wimmern	klynke [kløŋgə]
winden	vinde [venə]
winken	vinke [veŋgə]
winseln	klynke [kløŋgə]
wippen	vippe [vebə]
wirken	virke [viɐ̯gə]
wischen	tørre [tœɐ̯ʌ]
wispern	hviske [vesgə]
wissen	vide [vi:ðə]
wohnen	bo [boˀ]
wollen	ville [vilə]
wundern	undre sig [ɔndrʌ saj]
wünschen	ønske [ønsgə]
würdigen	sætte pris på [sɛdə priˀs ˈpɔˀ]
würfeln	kaste terninger [kasdə ˈtæɐ̯neŋʌ]
würgen	kvæle [kvɛ:lə]
würzen	krydre [kryðrʌ]

Z

zahlen	betale [betæ̂ˀlə]
zählen	tælle [tɛlə]
zähmen	tæmme [tɛmə]
zanken	småskændes [smɔˀsgɛnəs]
zappeln	sprælle [sbralə]
zaubern	trylle [trylə]
zeichnen	tegne [tɑjnə]
zeigen	vise [vi:sə]
zelten	campere [kɑmpéˀʌ]
zerbrechen	ødelægge [ø:ðəlɛgə]
zerdrücken	knuse [knu:sə]
zerfallen	smuldre [smulrʌ]
zerkleinern	skære i stykker [sgɛ:ʌ i ˈsdøgʌ]
zerknüllen	krølle sammen [krœlə ˈsɑmˀən]
zerkratzen	kradse [krɑsə]
zerkrümeln	smuldre [smulrʌ]
zerreißen	rive itu [ri:və itú]
zerren	slæbe [slɛ:bə]
zerschlagen	slå i stykker [slɔˀ i ˈsdøgʌ]
zerspringen	splintre [sblendrʌs]
zerstören	ødelægge [ø:ðəlɛgə]
zertreten	knuse [knu:sə]
zertrümmern	smadre [smaðrʌ]
ziehen	trække [tragə]
zielen	sigte [segdə]
zieren	pynte [pøndə]
zischen	hysse [hysə]
zittern	skælve [sgɛlvə]
zögern	tøve [tø:və]
zoomen	zoome ind [su:mə ˈenˀ]
zubeißen	bide [bi:ðə]
zubereiten	tilberede [telberéˀðə]
zubinden	binde [benə]
zublinzeln	blinke til [bleŋgə ˈtel]
zucken	spjætte [sbjɛdə]
zücken	trække [tragə]
zudecken	dække til [dɛgə ˈtel]
zudrehen	slukke [slɔgə]
zufriedengeben	være tilfreds [vɛ:ʌ tefrés]
zufriedenlassen	lade i fred [læ:ðə i ˈfrɛð]
zufügen	tilføje [telfʌjˀə]
zugeben	indrømme [enˀrœmˀə]
zugreifen	tage for sig [tæ fʌ ˈsɑj]
zugucken	se [seˀ]
zuhören	lytte til [lydə ˈtel]
zujubeln	tiljuble [teljublə]
zuknöpfen	knappe [knɑbə]
zulächeln	smile til [smi:lə ˈtel]
zulassen	tillade [telæˀðə]
zumachen	lukke [lɔgə]

zumuten	fordre [fɒ:drʌ]
zünden	antænde [antɛnˀə]
zunehmen	tage til [teltæˀ]
zunichtemachen	tilintetgøre [teléndəðgœːˀʌ]
zunicken	nikke til [negə ˈtel]
zuordnen	tildele [telde:lə]
zupacken	gribe [gri:bə]
zupfen	plukke [plɔgə]
zurechtfinden	finde vej [fenə ˈvɑjˀ]
zurücknehmen	tage tilbage [tæˀ tebǽ:jə]
zurufen	tilkalde [telkalə]
zusagen	acceptere [ɑgsɛbtéˀʌ]
zusammenhängen	hænge sammen [hɛŋə ˈsɑmˀən]
zusammenprallen	støde samme [sdø:ðə ˈsɑmˀən]
zusammenschreiben	skrive sammen [sgriˀvə ˈsɑmˀən]
zuschicken	sende [sɛnə]
zuschlagen	smække i [smɛgə ˈi]
zuschließen	låse [lɔ:sə]
zuschrauben	skrue i [sgru:ə ˈi]
zusehen	se på [seˀ ˈpɔˀ]
zusichern	forsikre [fʌségrʌ]
zuspielen	aflevere til [ɑwleveˀʌ ˈtel]
zuspitzen	tilspidse [telspise]
zustimmen	være enig [vɛ:ʌ ˈe:ni]
zustoßen	tilstøde [telsdøˀðə]
zutrauen	have tillid til [hæ:və teliðˀ ˈtel]
zutreffen	passe [pasə]
zuvorkommen	komme i forkøbet [kʌmə i ˈfɒ:køˀbəð]
zuwenden	vende mod [vɛnə ˈmoˀð]
zuziehen	trække [tragə]
zwängen	tvinge [tveŋə]
zweifeln	tvivle [tviwlə]
zwicken	knibe [kni:bə]
zwingen	tvinge [tveŋə]
zwinkern	blinke [bleŋgə]

INDEX DEUTSCH – INDEKS TYSK

INDEX DÄNISCH – INDEKS DANSK

INDEX DEUTSCH – INDEKS TYSK

F

C

G

H

L

M

Q

R

T

U

V

W

X

Y

Z

INDEX DÄNISCH – INDEKS DANSK

C

D

E

N

O

P

S

T

U

BILDNACHWEIS

* – © Fotolia.com

14 */Csaba Peterdi, **16** */Alexander Raths, **16** */Jeanette Dietl, **16** */Forgiss, **16** */paulmz, **16** */fotodesign-jegg.de, **16** */mimagephotos, **16** */Syda Productions, **16** */iko, **16** */Jeanette Dietl, **16** */drubig-photo, **16** */oocoskun, **17** */damato, **17** */vbaleha, **17** */Rido, **17** */Ljupco Smokovski, **17** */Jeanette Dietl, **17** */Janina Dierks, **17** */Valua Vitaly, **17** */Rido, **17** */Andres Rodriguez, **17** */Syda Productions, **17** */Valua Vitaly, **18** */Dmitry Lobanov, **18** */Samuel Borges, **18** */DenisNata, **18** */Pavel Losevsky, **18** */Gabriel Blaj, **18** */WONG SZE FEI, **18** */vgstudio, **18** */Picture-Factory, **18** */Ariwasabi, **19** */endostock, **19** */mma23, **19** */Jasmin Merdan, **19** */Tom Wang, **19** */Michael Gray, **19** */JanMika, **19** */BeTa-Artworks, **19** */michaeljung, **19** */Savannah1969, **19** */patpitchaya, **19** */Sabphoto, **19** */Cello Armstrong, **19** */eyetronic, **20** */Danilo Rizzuti, **20** */Ruth Black, **20** */Smileus, **20** */chesterF, **20** iStockphoto/Catherine Yeulet, **20** */DenisNata, **20** */Melinda Nagy, **20** */Kaarsten, **20** */MISHELA, **20** */Eray, **20** */Unclesam, **20** */satin_111, **20** */Michael Fritzen, **21** */yanlev, **21** */BeTa-Artworks, **21** */Margit Power, **21** */Brenda Carson, **21** */Africa Studio, **21** */Piotr Marcinski, **21** */Fotowerk, **21** */AVRORA, **21** */stockyimages, **21** */Tyler Olson, **21** */ExQuisine, **21** */Glenda Powers, **21** Thinkstock/iStockphoto, **22** */Valua Vitaly, **22** */codiarts, **23** */Jaimie Duplass, **23** */kimar, **23** */magann, **23** */Stefan Balk, **23** */Kaponia Aliaksei, **23** */koji6aca, **23** */yuriyzhuravov, **23** */yuriyzhuravov, **23** */Ermolaev Alexandr, **23** */V.R.Murralinath, **23** */badmanproduction, **23** */Anton Zabielskyi, **23** */auremar, **23** */koji6aca, **24** */mimagephotos, **24** */Tiler84, **24** */velazquez, **24** */giorgiomtb, **24** */apops, **24** */dusk, **24** */Knut Wiarda, **24** */stokkete, **24** */Taiga, **24** */Taiga, **24** */Taiga, **24** */Taiga, **25** */Karramba Production, **25** */Robert Kneschke, **25** */cantor pannatto, **25** */Garrincha, **25** */Picture-Factory, **25** */bevangoldswain, **25** */WavebreakMediaMicro, **25** */Rido, **25** */Minerva Studio, **25** */cantor pannatto, **25** */Fotowerk, **25** */Fotowerk, **26** */Gelpi, **26** */stockyimages, **26** */WavebreakmediaMicro, **26** */pathdoc, **26** */Ilike, **26** */pathdoc, **26** */Andres Rodriguez, **26** */Garrincha, **26** */cantor pannatto, **26** */pressmaster, **26** */vladimirfloyd, **26** */Elnur, **26** */Klaus Eppele, **27** */boumenjapet, **27** */Vera Anistratenko, **27** */carol_anne, **27** */Andrey Armyagov, **27** Thinkstock/NikolayK, **27** */srdjan111, **27** */Zbyszek Nowak, **27** */Pamela Uyttendaele, **27** */Michaela Pucher, **27** */Katrina Brown, **28** */ghoststone, **28** */nito, **28** */zhekos, **28** */chiyacat, **28** */Alexandra Karamyshev, **28** */BEAUTYofLIFE, **28** */Lucky Dragon, **29** */Karramba Production, **29** */BEAUTYofLIFE, **29** */Khvost, **29** */Khvost, **29** */Elnur, **29** */Popova Olga, **29** */Artem Gorohov, **29** */Elnur, **29** */Ruslan Kudrin, **29** */Gordana Sermek, **29** */Alexandra Karamyshev, **30** */alaterphotog, **30** */Elnur, **30** */Elnur, **30** */Ruslan Kudrin, **30** */Alexandra Karamyshev, **30** */Alexandra Karamyshev, **30** */Oliver Preißner, **30** */Robert Lehmann, **30** */Alexandra Karamyshev, **31** */mimagephotos, **31** */Alexandra Karamyshev, **31** */Alexandra Karamyshev, **31** */ludmilafoto, **31** */okinawakasawa, **31** Thinkstock/Alexandru Chiriac, **31** */cedrov, **31** */Khvost, **31** */hifashion, **31** */Alexandra Karamyshev, **31** */Alexandra Karamyshev, **32** */Little_wine_fly, **32** */Jiri Hera, **32** */rangizzz, **32** */Jiri Hera, **32** */Andrew Buckin, **32** Thinkstock/Danny Chan, **32** */Artem Merzlenko, **32** */Cobalt, **32** */fotomatrix, **32** */Rozaliya, **32** */adisa, **32** */Kira Nova, **32** */Shariff Che'Lah, **32** */venusangel, **32** */Unclesam, **32** */srki66, **33** */adisa, **33** */adisa, **33** */lalouetto, **33** */PRILL Mediendesign, **33** */Africa Studio, **33** */adisa, **33** */Andrey Bandurenko, **33** */Nadinelle, **33** */design56, **33** */Sergey Rusakov, **33** */Jiri Hera, **33** */gemenacom, **33** */Andre Plath, **33** */Alexander Raths, **33** */Liaurinko, **33** */thaikrit, **33** */humbak, **34** */wiedzma, **34** */kontur-vid, **34** */Tharakorn, **34** */picsfive, **34** */pattarastock, **34** */NilsZ, **34** */picsfive, **34** */picsfive, **34** */ksena32, **34** */cristi180884, **34** */bpstocks, **34** */nito, **34** */Tarzhanova, **34** */bpstocks, **34** */terex, **34** */ibphoto, **35** */Gennadiy Poznyakov, **36** */stockone, **38** */JSB, **38** */stocker1970, **38** */photo 5000, **38** */Tiberius Gracchus, **38** */Ralf Gosch, **38** */visivasnc, **38** */Lasse Kristensen, **38** */Speedfighter, **38** */Bokicbo, **38** */typomaniac, **38** */O.M., **38** */designsstock, **38** */Tatty, **39** */Kurhan, **39** */selensergen, **39** */Brilliant Eagle, **39** */Iriana Shiyan, **39** */terex, **39** */Sashkin, **39** */bcdesign, **39** */pyzata, **39** */Thomas Aumann, **39** */Tiberius Gracchus, **39** */Igor Kovalchuk, **39** */Maksym Yemelyanov, **39** */pabijan, **40** */Magda Fischer, **41** */Kasia Bialasiewicz, **41** */bennnn, **41** */Bert Folsom, **41** */Aleksandar Jocic, **41** */yevgenromanenko, **41** */Aleksandr Ugorenkov, **42** */Iriana Shiyan, **42** */luchshen, **42** */sokrub, **42** */sokrub, **42** */okinawakasawa, **43** */pics721, **43** */Delphimages, **43** */arteferretto, **43** */Kitch Bain, **43** */Chris Brignell, **44** */stock_for_free, **44** */kornienko, **45** */mrgarry, **45** */mariocigic, **45** Thinkstock/Hemera, **45** */Alexander Morozov, **45** */Denis Gladkiy, **45** */Sergii Moscaliuk, **45** */sutsaiy, **45** */sutsaiy, **45** */okinawakasawa, **45** */Alexander Morozov, **45** */venusangel, **45** */bergamont, **45** */Alexander Morozov, **45** */sutsaiy, **45** */manipulateur, **45** */kmiragaya, **46** */fotyma, **46** */Denisa V, **46** */jonnysek, **46** */Kitch Bain, **46** */phollen, **46** */Alona Dudaieva, **46** */M.R. Swadzba, **46** Thinkstock/iStockphoto, **46** */bennyartist, **46** */Nikola Bilic, **46** */cretolamna, **46** */Igor Syrbu, **46** */Piotr Pawinski, **47** */cretolamna, **47** */Harald Biebel, **47** */gavran333, **47** */M.R. Swadzba, **47** */IrisArt, **47** */Diana Taliun, **47** */cretolamna, **47** */M S, **47** */nito, **47** */Bombaert Patrick, **47** */scol22, **47** */cretolamna, **47** */picsfive, **48** */Sunshine Pics, **48** */VRD, **48** */petrsalinger, **48** */cretolamna, **48** */gavran333, **48** */Uwe Landgraf, **48** */nito, **48** */Schwoab, **48** */cretolamna, **48** */Stefan Balk, **48** */karandaev, **48** */Lucky Dragon, **48** */PhotoSG, **49** */2mmedia, **50** */Andres Rodriguez, **50** */simmittorok, **50** */Liliia Rudchenko, **50** */venusangel, **50** */Ljupco Smokovski, **50** */Maksim Kostenko, **50** Thinkstock/Stockbyte, **50** */Xuejun li, **50** */Ljupco Smokovski, **50** */Coprid, **50** */Yingko, **51** */poligonchik, **52** */arsdigital, **53** */adpePhoto, **53** */Africa Studio, **53** */Tiler84, **53** */NilsZ, **53** */Africa Studio, **53** */Coprid, **54** */magraphics.eu, **54** */sommersby, **54** */ermess, **54** */AndG, **55** */ILYA AKINSHIN, **55** */Lusoimages, **55** */HamsterMan, **55** */jlcst, **55** */Foto-Ruhrgebiet, **55** */Dmytro Akulov, **55** */picsfive, **55** */ibphoto, **55** */Jonathan Stutz, **55** */Jackin, **55** */ganko, **55** */artmim, **55** */Klaus Eppele, **56** */Sashkin, **56** */Creatix, **56** */Andreja Donko, **56** */Katrina Brown, **56** */Ljupco Smokovski, **57** */Okea, **58** */kmit, **58** */luckylight, **58** */tuja66, **58** */tuja66, **58** */corund, **58** */tuja66, **58** */Rynio Productions, **58** */mick20, **58** */Denis Dryashkin, **58** */tuja66, **58** */claudio, **58** */CE Photography, **58** */tuja66, **58** */Бурдюков Андрей, **58** */vav63, **59** */Rynio Productions, **59** */Rynio Productions, **59** */Rynio Productions, **59** */PRILL Mediendesign, **59** */fefufoto, **59** */antonsov85, **60** */andersphoto, **60** */scis65, **60** */venusangel, **60** */Coprid, **60** */f9photos, **60** */tuja66, **60** */Konovalov Pavel, **60** */Freer, **60** */Nik, **60** */chungking, **60** */mariusz szczygieł, **61** */auremar, **61** */Africa Studio, **61** */ankiro, **61** */Ionescu Bogdan, **61** */piai, **61** */Denys Rudyi, **62** */Nomad_Soul, **62** */gradt, **62** */twister025, **62** */egorovvasily, **62** */womue, **62** Thinkstock/

iStockphoto, **62** Thinkstock/iStockphoto, **62** */cherezoff, **62** */by-studio, **63** */coco, **63** */D. Ott, **63** */D. Ott, **63** */federicofoto, **63** */babsi_w, **63** */Stibat Studio, **63** */Kara, **63** */Jeanette Dietl, **63** */sonne fleckl, **63** */keller, **63** */miket, **63** */WoGi, **63** */M. Schuppich , **63** */Marco Becker , **63** */kobra78 , **63** */Kalle Kolodziej, **64** */mallivan, **64** */Zbyszek Nowak, **64** */opasstudio, **64** */hsagencia, **64** */photka , **64** */photka , **64** */photka , **64** */photka , **64** */Gerald Bernard , **64** */Jaimie Duplass , **64** */steamroller , **64** */tompet80 , **64** */schankz, **64** */keerati, **65** */hopfi23, **65** */Alex Petelin, **65** */Patryssia, **65** */D. Ott, **65** */Horticulture, **65** */Kasia Bialasiewicz, **65** */mopsgrafik, **65** */B. Wylezich, **65** */fotoschab, **65** */Miredi, **65** */udra11, **65** */NinaMalyna, **65** */rupbilder, **66** */mates, **68** */unpict, **68** */Teamarbeit, **68** */Christian Jung, **68** Dreamstime/Christianjung, **68** */HLPhoto, **68** */ExQuisine , **68** */rdnzl, **68** */uckyo, **68** */ExQuisine, **68** */lefebvre_jonathan, **68** */Cornerman, **68** */Mara Zemgaliete, **68** iStockphoto/Vasko, **68** */Diana Taliun, **68** Thinkstock/Alena Dvorakova, **68** Shutterstock/marco mayer, **69** */ExQuisine, **69** */ExQuisine, **69** */fotomaster, **69** */Eric Isselée, **69** */boguslaw, **69** */Eric Isselée, **69** */nito, **69** */Irina Khomenko, **69** */Viktor, **69** */Oran Tantapakul, **69** */lightpoet, **70** */Rémy MASSEGLIA, **70** */Natalia Merzlyakova, **70** Dreamstime/Witoldkr1, **70** */Picture Partners, **70** */antonio scarpi, **70** */Gaetan Soupa, **70** */o.meerson, **70** */ExQuisine, **70** Dreamstime/Pipa 100, **70** */lunamarina, **70** */HelleM, **70** */Dalmatin.o , **70** */Witold Krasowski, **70** */Andrei Nekrassov, **70** */Dionisvera, **70** */Dionisvera, **71** */angorius, **71** */Dani Vincek, **71** */felinda, **71** */Andrey Starostin, **71** */pedrolieb, **71** */ExQuisine, **71** Dreamstime/Onepony, **71** */dulsita, **71** */Giuseppe Lancia, **71** */margo555, **71** */BSANI , **71** */womue, **71** */Jiri Hera, **72** */ExQuisine, **72** Dreamstime/Sethislav, **72** */volff , **73** */dimakp, **73** Shutterstock/Multiart, **73** Shutterstock/Krzysztof Slusarczyk, **73** */Daddy Cool, **73** */Brad Pict, **73** Dreamstime/Jack14, **73** */cynoclub, **73** */Picture Partners, **73** */Lsantill , **73** */Coprid, **73** */Fotofermer, **73** */Brad Pict, **73** */Mara Zemgaliete, **74** */Dani Vincek , **74** */Natika, **74** */Luis Carlos Jiménez, **74** */angorius, **74** */marrfa, **74** */Natika, **74** */fotogal, **74** */Shawn Hempel, **74** */Jessmine, **74** */Daorson, **74** */Jérôme Rommé, **74** */gcpics, **74** */Picture Partners, **75** */valeriy555, **75** */valeriy555, **75** */Barbara Pheby, **75** */volga1971, **75** Dreamstime/Robynmac, **75** */Anna Kucherova, **76** */jerome signoret, **76** */boguslaw, **76** */fotomatrix, **76** */World travel images, **76** */margo555 , **76** */margo555 , **76** */margo555 , **76** */margo555 , **76** */Wolfgang Jargstorff, **77** */valeriy555, **77** */silencefoto, **77** */valeriy555, **77** */valeriy555, **77** */silencefoto, **77** */valeriy555, **77** */photocrew, **77** */valeriy555, **77** */Anna Kucherova, **77** */valeriy555, **77** */Malyshchyts Viktar, **77** */charlottelake, **77** */valeriy555, **78** */tycoon101, **78** */Zbyszek Nowak, **78** */M.R. Swadzba, **78** */Schlierner, **78** */Ekaterina Lin, **78** */Andrey Starostin, **79** */azureus70, **79** */azureus70, **79** */valeriy555, **79** */Dionisvera, **79** Thinkstock/anna1311, **79** */valeriy555, **79** */Andrea Wilhelm, **79** */valeriy555, **79** */valeriy555, **79** */valeriy555, **79** */valeriy555, **79** */valeriy555, **79** */valeriy555, **79** */Anna Kucherova, **80** */Malyshchyts Viktar, **80** */Malyshchyts Viktar, **80** */Malyshchyts Viktar, **80** */Malyshchyts Viktar, **80** */Malyshchyts Viktar, **80** */Malyshchyts Viktar, **80** */Malyshchyts Viktar, **80** */Malyshchyts Viktar, **80** */Malyshchyts Viktar, **80** */Malyshchyts Viktar, **80** */Natika, **80** */Malyshchyts Viktar, **80** */Malyshchyts Viktar, f9photos, **80** */Malyshchyts Viktar, **80** */Oleksiy Ilyashenko, **80** */Tim UR, **80** */valeriy555, **80** */valeriy555, **80** */Natika, **80** */valeriy555, **81** Dreamstime/Skyper1975, **81** */Werner Fellner, **81** */marilyn barbone, **81** */nblxer, **81** */goodween123, **82** */Popova Olga, **82** */Popova Olga, **82** */mates, **82** */Popova Olga, **82** */Popova Olga, **82** */Popova Olga, **82** */Popova Olga, **82** */Popova Olga, **82** */pimponaco, **82** */Schlierner, **82** */svl861, **82** */svl861, **82** Dreamstime/Margouillat, **83** */Team 5, **83** MDB/seli8, **83** */unpict, **83** */Tomboy2290, **83** */nbriam, **83** */Vera Kuttelvaserova, **83** */Vesna Cvorovic, **83** */Maceo, **83** */scis65, **84** Thinkstock/iStockphoto, **84** Thinkstock/iStockphoto, **84** Thinkstock/iStockphoto, **84** Thinkstock/iStockphoto, **84** Thinkstock/iStockphoto, **84** Thinkstock/iStockphoto, **84** Thinkstock/iStockphoto, **84** Thinkstock/iStockphoto, **84** */Popova Olga, **84** Thinkstock/iStockphoto, **84** Thinkstock/iStockphoto, **84** Thinkstock/iStockphoto, **84** Thinkstock/iStockphoto, **84** Thinkstock/iStockphoto, **84** Thinkstock/iStockphoto, **84** Thinkstock/iStockphoto, **85** Dreamstime/Sergioz, **85** */Africa Studio, **85** */Orlando Bellini, **85** */Inga Nielsen, **85** */Inga Nielsen, **85** */Inga Nielsen, **85** */Boris Ryzhkov, **86** */Popova Olga, **86** */Popova Olga, **86** */Popova Olga, **86** */Popova Olga, **86** */Popova Olga, **86** */Popova Olga, **86** */Popova Olga, **86** */Popova Olga, **86** */Popova Olga, **86** */Popova Olga, **86** */Popova Olga, **86** */Popova Olga, **86** */Popova Olga, **86** */Popova Olga, **86** */Elena Schweitzer, **86** */Picturefoods.com, **87** Dreamstime/Jirkaejc, **87** Dreamstime/Glasscuter, **87** */Andrzej Tokarski, **87** Dreamstime/Pryzmat, **87** */Stefano Neri , **87** */Roxana, **87** */enzo4, **87** */Stefano Neri, **87** */akulamatiau, **87** */zorandim75, **87** */marilyn barbone, **88** */pico, **88** */Sergejs Rahunoks, **88** Dreamstime/Givaga, **88** */Piovanello, **88** */Piovanello, **88** */the_pixel, **88** */Liaurinko, **88** */nemez210769, **88** */midosemsem, **88** */Jiri Hera, **88** */juri semjonow, **88** */Brad Pict, **88** Dreamstime/Travelling-light, **88** Dreamstime/Synchronista, **88** */Julian Weber, **88** */IrisArt , **89** */BeTa-Artworks, **89** */Sergii Moscaliuk, **89** */Diana Taliun, **89** */Daniel Wiedemann, **89** Dreamstime/Nagme, **89** */lantapix, **89** */Olegich, **89** */scis65, **89** */Vidady, **89** */komar.maria, **90** */Petrov Vadim, **90** */unpict, **90** */Smart7, **90** */tycoon101, **90** */M. Schuppich, **90** */digifood, **90** */Schwoab, **90** */photocrew, **90** */chrisdorney, **90** */anakondasp, **90** */unpict, **90** */sorcerer11, **90** */Lucky Dragon, **91** */MarFot, **91** */ppi09, **91** */Kesu, **91** */Andrea Wilhelm, **91** */kehr design, **91** */gtranquillity, **91** */Corinna Gissemann, **91** */Lucky Dragon, **91** */Jiri Hera, **91** */sergojpg, **91** */Daryl Musser, **91** */robysaba, **91** */unpict, **92** */Jiri Hera, **92** */Nitr, **92** */Nitr, **92** */ExQuisine, **92** */Natika , **92** */Inga Nielsen, **92** */Nitr, **92** */Nitr, **92** */Taffi, **92** */karandaev, **92** */unpict, **92** */baibaz, **92** */Africa Studio, **93** */pabijan, **93** */amenic181, **93** */Viktor, **93** */blende40, **93** */Fotofermer, **93** */Rob Stark, **93** */gtranquillity, **93** */gtranquillity, **93** */gtranquillity, **93** */gtranquillity, **93** */gtranquillity, **93** */Inga Nielsen, **94** Thinkstock/puchkovo48, **94** */neirfy, **94** */Nitr, **94** */Nitr, **94** */Nitr, **94** */Taffi, **94** */Taffi, **94** */Taffi, **94** */Taffi, **94** */karandaev, **94** */karandaev, **94** */karandaev, **95** */Hemeroskopion, **95** */Hemeroskopion, **95** */Hemeroskopion, **95** */Hemeroskopion, **95** */Hemeroskopion, **95** */Hemeroskopion, **95** */Hemeroskopion, **95** */Hemeroskopion, **95** */Hemeroskopion, **95** */Hemeroskopion, **95** */Hemeroskopion, **95** */Hemeroskopion, **95** */Hemeroskopion, **96** */kab-vision, **96** Shutterstock/Multiart - Shutterstock.com, **96** */Volodymyr Shevchuk, **96** */Sergejs Rahunoks, **96** */sspice, **96** */Corinna Gisseman, **96** */azureus70, **96** */Popova Olga, **96** */baibaz, **97** */Whitebox Media, **97** */angorius, **97** */Andrea Wilhelm, **97** Dreamstime/Margouillat, **97** */Viktor, **97** */Kesu, **97** */Peredniankina, **97** */margo555, **97** */Aleksandar Jocic, **98** */Jiri Hera, **98** */victoria p., **98** */djama, **98** */vagabondo, **98** */Jiri Hera, **98** */scis65, **98** */blende40, **98** */MUNCH!, **98** */Africa Studio, **98** */arinahabich, **98** */Marius Graf, **98** */Marius Graf, **98** */Marius Graf, **98** */Liaurinko, **98** */Brad Pict, **98** */juniart, **99** */Dmytro Sukharevskyy, **99** */Dmytro Sukharevskyy, **99** */Dmytro Sukharevskyy, **99** */Sergejs Rahunoks, **99** */canoncam, **99** */uckyo, **99** */torsakarin, **99** */Thibault Renard, **99** */eyewave, **99** */Orlando Bellini, **99** */Blue Wren, **99** */Dmytro Sukharevskyy, **99** */Dmytro Sukharevskyy, **100** */Jacek

Chabraszewski, **100** */Inga Nielsen, **100** */dusk, **100** */Road King, **100** */Jack Jelly, **100** Dreamstime/Tomislav Pinter, **100** */Jacek Chabraszewski, **100** */ExQuisine, **100** */aktifreklam, **100** */zhekos , **100** */Jess Yu, **100** */illustrez-vous, **100** */Andrea Wilhelm, **101** */Minerva Studio, **101** */Boris Ryzhkov, **101** */Nitr, **101** */unpict, **101** */Jacek Chabraszewski, **101** */photocrew, **101** */Viktor, **101** */eyewave, **101** Dreamstime/Lightzoom, **101** iStockphoto/Gordana Sermek, **102** */Africa Studio, **102** */Vitaly Korovin, **102** */Coprid, **102** */Schlierner, **102** */Fotofermer, **103** */ashka2000, **103** */womue, **103** */EM Art, **103** */ExQuisine, **103** */photocrew, **103** */jeehyun, **103** */reineg, **103** */reineg, **103** */reineg, **103** */reineg, **103** */Subbotina Anna, **103** */rangizzz, **103** */sjhuls, **104** */Fotofermer, **106** Thinkstock/Keith Levit Photography, **106** Thinkstock/iStockphoto, **106** Thinkstock/iStockphoto, **106** Thinkstock/iStockphoto, **106** Thinkstock/iStockphoto, **106** Thinkstock/iStockphoto, **106** Thinkstock/iStockphoto, **106** Thinkstock/iStockphoto, **106** Thinkstock/Fuse, **107** Thinkstock/Fuse, **107** Thinkstock/iStockphoto, **107** Thinkstock/iStockphoto, **107** Thinkstock/iStockphoto, **107** Thinkstock/Comstock, **107** */Alexandra Gl, **108** */leremy, **108** */leremy, **108** */leremy, **108** */leremy, **108** */leremy, **108** */leremy, **108** */mrtimmi, **108** */mrtimmi, **108** */mrtimmi, **108** */mrtimmi, **108** */mrtimmi, **108** */mrtimmi, **108** */Bobo, **108** */leremy, **108** */leremy, **108** */FelixCHH, **109** Thinkstock/iStockphoto, **109** */Eisenhans, **109** Thinkstock/iStockphoto, **109** Thinkstock/iStockphoto, **109** Thinkstock/Hemera, **109** Thinkstock/Hemera, **109** Thinkstock/Hemera, **109** */Bombaert Patrick, **109** */algre, **109** Thinkstock/Hemera, **109** Thinkstock/iStockphoto, **109** Thinkstock/Hemera, **110** */Vladimir Kramin, **110** */algre, **111** */algre, **111** */apttone, **112** Thinkstock/iStockphoto, **112** */Jenny Thompson, **112** */Aaron Amat, **112** */overthehill, **112** */eldadcarin, **112** */Michael Seidel, **113** Thinkstock/iStockphoto, **113** */gradt, **113** */Lasse Kristensen, **113** */Željko Radojko, **113** */golandr, **114** Thinkstock/iStockphoto, **114** Thinkstock/Stockbyte, **115** Thinkstock/iStockphoto, **115** Thinkstock/Hemera, **115** Thinkstock/iStockphoto, **115** Thinkstock/iStockphoto, **115** Thinkstock/iStockphoto, **115** */Bikeworldtravel, **116** */Idelfoto, **116** Thinkstock/iStockphoto, **116** Thinkstock/Hemera, **116** Thinkstock/Hemera, **116** Thinkstock/Hemera, **117** Thinkstock/iStockphoto, **117** Thinkstock/iStockphoto, **117** Thinkstock/iStockphoto, **118** Thinkstock/iStockphoto, **119** Thinkstock/Hemera, **119** Thinkstock/iStockphoto, **119** Thinkstock/iStockphoto, **119** Thinkstock/iStockphoto, **119** Thinkstock/iStockphoto, **119** Thinkstock/iStockphoto, **119** Thinkstock/iStockphoto, **119** Thinkstock/iStockphoto, **119** Thinkstock/iStockphoto, **119** Thinkstock/iStockphoto, **119** Thinkstock/iStockphoto, **119** Thinkstock/iStockphoto, **119** Thinkstock/iStockphoto, **119** Thinkstock/iStockphoto, **119** Thinkstock/Hemera, **119** Thinkstock/iStockphoto, **120** Thinkstock/iStockphoto, **120** Thinkstock/Hemera, **120** Thinkstock/Photos.com, **120** Thinkstock/iStockphoto, **120** */photo 5000, **120** Thinkstock/iStockphoto, **120** Thinkstock/iStockphoto, **120** Thinkstock/Hemera, **120** Thinkstock/Hemera, **121** */Eisenhans, **121** Thinkstock/iStockphoto, **121** Thinkstock/iStockphoto, **121** Thinkstock/Stockbyte, **121** Thinkstock/Hemera, **121** Thinkstock/iStockphoto, **121** Thinkstock/Julio de la Higuera Rodrigo, **121** */DeVIce, **121** */Artem Gorohov, **121** */Lukas Sembera, **121** Thinkstock/iStockphoto, **121** Thinkstock/iStockphoto, **121** */Eisenhans, **121** Thinkstock/iStockphoto, **121** Thinkstock/iStockphoto, **121** */auremar, **122** */laurenthuet, **122** */Nikolai Sorokin, **122** */Dmitry Vereshchagin, **122** */Ettore, **122** */tr3gi, **122** */12ee12, **122** Thinkstock/Vladimir Arndt, **123** */Fotito, **123** */mschick, **123** */BlueSkyImages, **123** */contrastwerkstatt, **123** Thinkstock/iStockphoto, **123** Thinkstock/Hemera Technologies, **124** */Ckea, **124** */Marcus Lindström - iStockphoto.com, **125** */CandyBox Images, **125** */TMAX, **125** */michaeljung, **125** */Maygutyak, **125** */Steve Mann, **125** */nui7711, **125** */Jörg Hackemann, **126** */Sashkin, **126** */virtabo, **126** Thinkstock/iStockphoto, **126** */Ben Chams, **126** */Ben Chams, **126** */Ben Chams, **126** */mindscanner , **126** */swx, **126** */michaeljung, **126** */alexmillos, **126** Thinkstock/iStockphoto, **126** */Bergringfoto, **126** Thinkstock/iStockphoto, **126** */chalabala, **126** */Ben Burger, **127** */Tupungato, **127** */Pink Badger, **127** */HappyAlex, **127** */monticellllo, **127** */monticellllo, **127** */monticellllo, **128** */Masyanya, **128** */Dmitry Vereshchagin, **128** */Dmitry Vereshchagin, **128** */Dmitry Vereshchagin, **128** */Photobank kiev, **129** */vichie81, **129** */Uschi Hering, **129** */skampixelle, **129** */DOC RABE Media, **129** */Nadine Klabunde, **129** */AndreasJ. **130** */Farinoza, **132** */Marco2811, **132** */phant, **132** */Crobard, **132** */A.Karnholz, **132** */ermess, **133** */sborisov, **133** */XtravaganT, **133** */Mihai-Bogdan Lazar, **133** */jacek_kadaj, **133** */ArTo, **133** */hansenn, **133** */Marcel Schauer, **133** Thinkstock/iStockphoto, **133** */Jörg Lantelme, **133** */vaitekune, **133** */apops, **133** */motivation1965, **133** */steschum, **133** Thinkstock/iStockphoto, **133** Thinkstock/iStockphoto, **133** */HaywireMedia, **134** */Scanrail, **134** */anshar73, **134** */XtravaganT, **134** Thinkstock/iStockphoto, **134** Thinkstock/iStockphoto, **134** */A_Lein, **134** Thinkstock/iStockphoto, **134** */jovannig, **134** */Patryk Kosmider, **134** */Max, **134** Thinkstock/Getty Images, **134** */miket, **134** */Ciaobucarest, **134** */Paul Liu, **134** Thinkstock/iStockphoto, **134** */Adrian v. Allenstein, **135** */Pabkov, **135** Thinkstock/iStockphoto, **135** Thinkstock/iStockphoto, **135** Thinkstock/photodisc/David De Lossy, **135** */Anchels, **135** Thinkstock/Ingram Publishing, **135** */Ichbins11, **135** */MIMOHE, **135** */blas, **135** */Franz Pfluegl, **135** */Petra Beerhalter, **135** */davidundderriese, **136** */contrastwerkstatt, **136** */Berni, **136** */Berni, **136** */Berni, **136** */slava296, **136** */Berni, **136** */Berni, **136** */xy, **136** */lunamarina, **136** */Berni, **137** Thinkstock/Hemera, **137** */oranhall, **137** */Kzenon, **137** Thinkstock/iStockphoto, **137** */Margo Harrison, **137** Thinkstock/iStockphoto, **137** Thinkstock/iStockphoto, **137** */JackF, **137** */Africa Studio, **137** */Hirurg, **137** */stockyimages, **138** */qech, **138** */contrastwerkstatt, **138** Thinkstock/iStockphoto, **138** Thinkstock/iStockphoto, **138** Thinkstock/photodisc/Keith Brofsky, **138** */LVDESIGN, **138** */Santiago Cornejo, **139** */eyewave, **139** */jogyx, **139** */Joop Hoek, **139** */T. Michel, **139** Thinkstock/iStockphoto, **139** */dextroza, **139** Thinkstock/iStockphoto, **139** */lowtech24, **139** Thinkstock/iStockphoto, **139** Thinkstock/iStockphoto, **139** Thinkstock/Comstock, **139** */Picture-Factory, **139** Thinkstock/iStockphoto, **140** Thinkstock/iStockphoto, **140** Thinkstock/iStockphoto, **140** */zhu difeng, **140** */Gina Sanders, **140** */Bauer Alex, **140** */Andres Rodriguez, **140** */Kzenon, **140** */Alex Tihonov, **140** */Alex Tihonov, **140** */Christophe Fouquin, **140** */Sven Weber, **140** */mediagram, **140** */bradleyhebdon, **140** */Africa Studio, **140** */paul prescott, **140** */Tyler Olson, **141** */shotsstudio, **141** */luanateutzi, **141** */adisa, **141** */scaliger, **141** Thinkstock/Fuse, **141** Thinkstock/Andrey Burmakin, **141** Thinkstock/Digital Vision/RL Productions, **141** */Pumba, **141** */lightpoet, **141** Thinkstock/Fuse, **141** Thinkstock/iStockphoto, **141** */chamillew, **141** */gemenacom, **141** */mangostock, **141** */Tyler Olson, **141** */Kzenon, **142** */photocreo, **142** Thinkstock/photodisc/Siri Stafford, **142** */T. Michel, **142** */filtv, **142** */apops, **142** */Monkey Business, **143** */JJAVA, **143** */JJAVA, **143** */JackF, **143** */Pavel Losevsky, **143** */Pavel Losevsky, **143** */erwinova, **143** */JJAVA, **143** */Art Allianz, **143** */Sam Spiro, **143** */adisa, **143** */JackF, **143** */JackF, **143** */rufeh, **143** Thinkstock/Hemera, **143** */M. studio, **143** Thinkstock/iStockphoto, **144** */Minerva Studio, **144** */eyetronic, **144** */paul prescott, **144** */corepics, **144** */AlienCat, **144** */Thomas Francois, **144** */ag visuell, **144** */Minerva Studio, **144** */contrastwerkstatt, **145** */Art Allianz, **145** */adisa, **145** */Pumba, **145** */adisa, **145** */Vitaly Maksimchuk, **145** Thinkstock/iStockphoto, **145** */amlet, **145** Thinkstock/Brand X Pictures, **145** */

Joshhh, **145** */karandaev, **145** */808isgreat, **145** Thinkstock/iStockphoto, **145** */Andres Rodriguez, **146** */ruigsantos, **146** */Pixel & Création, **146** Thinkstock/iStockphoto, **146** */robert, **146** Thinkstock/Ingram Publishing, **146** */by-studio, **146** Thinkstock/Digital Vision, **146** */viperagp, **146** */OlegDoroshin, **146** */Pixelwo f2, **146** */VL@D, **146** */rekemp, **146** */Natalia Merzlyakova, **146** */spaxiax, **146** */Sunshine Pics, **146** */eyewave, **147** */nicknick_ko, **147** Thinkstock/iStockphoto, **147** Thinkstock/iStockphoto, **147** */Mingis, **147** */nyul, **147** Thinkstock/iStockphoto, **147** */Africa Studio, **147** */Minerva Studio, **147** Thinkstock/iStockphoto, **147** */fottoo, **147** */Africa Studio, **147** Thinkstock/iStockphoto, **147** */Digitalpress, **148** Thinkstock/Hemera, **148** Thinkstock/iStockphoto, **148** */cottonfioc, **148** */goodluz, **148** */Alen Ajan, **148** */Artur Bogacki, **148** */leungchopan, **148** */Paul Vinten, **148** Thinkstock/Jupiterimages, **148** */amarok17wolf, **148** */Scott Griessel, **148** */fxegs, **148** */terex, **149** */kameraauge, **149** */LianeM, **149** */XtravaganT, **149** */vom, **149** */dbvirago, **149** */Stuart Monk, **149** */legeartispics, **149** */phant, **149** */ArTo, **149** */Sorry, **149** */bbourdages, **149** */Furan, **149** */bluclementine, **150** Thinkstock/iStockphoto, **150** */AV, **150** Thinkstock/Mikhail Markovskiy, **150** */DragonImages, **150** */piccaya, **150** */Leonid Tit, **150** */ArtHdesign, **150** */womue, **150** */Maurizio Malangone, **151** */alex200464, **151** Thinkstock/iStockphoto, **151** */Arkady Chubykin, **151** Thinkstock/iStockphoto, **151** */djama, **151** */Schulz-Design, **151** */Martinan, **151** */Ammentorp, **151** */Gerhard Seybert, **151** Thinkstock/Digital Vision, **151** */travis manley, **152** */Nika Novak, **154** */Gennadiy Poznyakov, **154** */sdenness, **154** */contrastwerkstatt, **154** */Monkey Business, **154** */Robert Kneschke, **154** */shock, **154** */Monkey Business, **154** Thinkstock/iStockphoto, **154** */Cozyta, **154** Thinkstock/Comstock, **154** */tiero, **154** */contrastwerkstatt, **154** */hues, **155** */Gennadiy Poznyakov, **155** */kritchanut, **156** */luminastock, **156** */robert, **156** */yeyen, **156** */auremar, **156** */Javier Castro, **156** */peshkova, **156** */Gennadiy Poznyakov, **156** */Kzenon, **156** */sunabesyou, **156** */gemenacom, **156** */shock, **156** */Jürgen Fälchle, **156** */Nosvos, **156** */luminastock, **156** */karros, **156** */peshkova, **157** */Olga Galushko, **157** */AVAVA, **157** */Tyler Olson, **157** */Sven Bähren, **157** */alco81, **157** */paylessimages, **157** */Robert Kneschke, **157** */auremar, **157** */ayutaroupapa, **157** */Aiwendyl, **157** */kmiragaya, **157** */contrastwerkstatt, **157** */Tomasz Trojanowski, **158** Thinkstock/iStockphoto, **158** */Africa Studio, **158** */Zerbor, **158** */dkimages, **158** */babimu, **158** */phloxii, **158** */Africa Studio, **158** */Vlad Ivantcov, **158** */Vladyslav Danilin, **159** */ThorstenSchmitt, **159** Thinkstock/PhotoObjects.net, **159** */lily, **160** Thinkstock/iStockphoto, **160** */leszekglasner, **160** */Mat Hayward, **160** */Konstantin L, **160** */josje71, **160** */xy, **160** */Creativa, **160** */Monkey Business, **160** */Monkey Business, **160** */aidaricci, **161** Thinkstock/iStockphoto, **161** */Marius Graf, **161** */muro, **161** */BEAUTYofLIFE, **161** */ia_64, **161** */lu-photo, **162** */Jörg Lantelme, **162** */Berni, **162** */Jeanette Dietl, **162** Thinkstock/Brand X Pictures, **162** */Randall Reed, **162** */Minerva Studio, **162** */trotzolga, **162** */johannesspreter, **162** */Africa Studio, **162** */Alexander Raths, **162** */contrastwerkstatt, **162** */agenturfotografin, **162** */lightpoet, **163** Thinkstock/James Woodson, **163** */CandyBox Images, **163** */Igor Mojzes, **163** */WavebreakmediaMicro, **163** */Africa Studio, **163** */Andres Rodriguez, **163** */xy, **163** */apops, **163** */pearl, **163** */Robert Kneschke, **163** */Markus Haack, **163** */lightpoet, **164** */Minerva Studio, **164** */WavebreakmediaMicro, **164** */goodluz, **164** */lightpoet, **164** */goodluz, **164** */Kzenon, **164** */CandyBox Images, **164** */Fuse, **164** */goodluz, **164** */pearl, **164** */mangostock, **164** Thinkstock/iStockphoto, **164** Thinkstock/Digital Vision, **165** */contrastwerkstatt, **165** */A_Bruno, **165** */WavebreakmediaMicro, **165** */Geo Martinez, **165** */Geo Martinez, **165** */endostock, **166** */Minerva Studio, **166** */apops, **166** */bevangoldswain, **166** */Adam Gregor, **166** */Kzenon, **166** */Kzenon, **166** */michaeljung, **166** */ontrastwerkstatt, **166** */Tyler Olson, **166** */Valentina R., **166** */contrastwerkstatt, **166** */Iurii Sokolov, **166** */Kzenon, **166** */Picture-Factory, **166** */Rido, **166** */nyul, **167** */goodluz, **167** */Kadmy, **167** */Peter Atkins, **167** */jörn buchheim, **167** */Kadmy, **167** */Kurhan, **167** */krizz7, **167** */Kadmy, **167** */ikonoklast_hh, **167** */Marén Wischnewski, **167** */apops, **167** */goodluz, **167** */Cyril Comtat, **167** Thinkstock/Andriy Fomenko, **167** */manu, **167** */petert2, **168** */Monika Wisniewska, **168** Thinkstock/iStockphoto, **168** */goodluz, **168** */Minerva Studio, **168** */Kzenon, **168** */Kzenon, **168** Thinkstock/Photodisc, **168** */Kzenon, **168** */Claudia Nagel, **168** */Minerva Studio, **168** */Kzenon, **168** */contrastwerkstatt, **168** */CandyBox Images, **168** */Kzenon, **168** */Kzenon, **168** */Kurhan, **169** */goodluz, **169** */contrastwerkstatt, **169** */Igor Mojzes, **169** */mezzotint, **169** */claudiaveja, **169** */Andrey Kiselev, **169** */WavebreakmediaMicro, **169** */Elnur, **169** */diego cervo, **169** */Africa Studio, **169** */Africa Studio, **169** */berc, **169** */Natali_ua, **169** Thinkstock/Fuse, **169** */lightpoet, **169** */contrastwerkstatt, **172** */terex, **172** Thinkstock/iStockphoto, **172** */nikkytok, **172** */marcoprati, **172** */eyewave, **172** */Africa Studio, **173** */Africa Studio, **173** */Diana Taliun, **173** */Rulan, **173** */interklicks, **173** Thinkstock/iStockphoto, **173** Thinkstock/iStockphoto, **173** */Corwin, **173** */rangizzz, **173** */monstersparrow, **174** */Picture-Factory, **174** */Carlos Caetano, **174** */vda_82, **174** */vetkit, **174** */Jacek Fulawka, **174** */masterzphotofo, **175** */Viorel Sima, **175** */Mi.Ti., **175** */Brian Jackson, **175** */juniart, **175** */Oksana Kuzmina, **175** */Marcin Sadlowski, **176** */Gelpi, **178** */TAlex, **178** */karandaev, **179** */Maksym Yemelyanov, **179** */Vitas, **179** */romantiche, **179** */rawcaptured, **179** */AVD, **179** */Sergey Dashkevich, **179** Thinkstock/iStockphoto, **179** */Artur Synenko, **179** */dimakp, **179** */heigri, **179** */Lusoimages, **179** */Apart Foto, **179** */sonne fleckl, **179** */Manuela Fiebig, **179** */Klaus Eppele, **179** */Artur Synenko, **180** */Gina Sanders, **180** */snyfer, **180** */snyfer, **180** */Iurii Timashov, **180** */Iurii Timashov, **180** */Iurii Timashov, **180** */Iurii Timashov, **180** */Iurii Timashov, **180** */Iurii Timashov, **180** */WonderfulPixel, **180** */Iurii Timashov, **180** */Iurii Timashov, **180** */Iurii Timashov, **181** */WonderfulPixel, **181** */WonderfulPixel, **181** */WonderfulPixel, **181** */WonderfulPixel, **181** */WonderfulPixel, **181** */vasabii, **181** */grgroup, **181** */Skipio, **181** */vector_master, **181** */Scanrail, **181** */Vectorhouses, **181** */Vectorhouses, **181** */Vectorhouses, **182** */Metin Tolun, **182** */inal09, **182** */electriceye, **182** */Do Ra, **182** */Do Ra, **182** */Do Ra, **182** */Do Ra, **182** */Do Ra, **182** */Do Ra, **182** */Do Ra, **182** */Palsur, **182** */marog-pixcells, **182** */Palsur, **183** */mtkang, **183** */Taffi, **183** */pizuttipics, **183** */by-studio, **183** */Scanrail, **183** */RTimages, **183** */Aleksandr Bryliaev, **183** */JcJg Photography, **183** */Coprid, **183** */tanatat, **183** */Palsur, **183** */Andrew Barker, **184** */ashumskiy, **184** */Gewoldi, **184** */Vitas, **184** */singkham, **185** */Sebalos, **185** */tomispin, **185** */manaemedia, **185** */Niceregionpics, **185** */thanomphong, **185** */Lusoimages, **186** Thinkstock/Alexander Podshivalov, **186** */wellphoto, **186** */Stefan Körber, **186** */Pavel Losevsky, **187** */TrudiDesign, **187** */WavebreakmediaMicro, **187** */ArtHdesign, **187** */valdis torms, **187** */cirquedesprit, **187** */Alexandra Gl, **187** */Sergey Nivens, **187** */imkenneth, **187** */WavebreakMediaMicro, **188** */jfv, **188** */pressmaster, **188** */jminso679, **188** */Marco2811, **188** */Johanna Mühlbauer, **188** */A_Bruno, **189** */pedrosala, **189** */fotomatrix, **189** */Uwe Bumann, **189** */robert, **189** */Milan Surkala, **189** */the_builder, **189** */reich, **190** */Scanrail, **190** */Dron, **190** */drubig-photo, **190** */mirabella, **190** */gradt, **191** */gradt, **191** Thinkstock/iStockphoto, **191** */JiSIGN, **191** */JiSIGN, **191** */JiSIGN, **191** */Rido, **191** */auremar, **192** */Elenathewise, **194** */mirpic, **194** */KB3, **194** Thinkstock/Stockbyte, **195** */lesniewski, **195** */Lario Tus, **195** */Melinda Nagy, **195** */kostasaletras, **195** */contrastwerkstatt, **195** */

beachboyx10, 196 Thinkstock/iStockphoto, 196 */Val Thoermer, 197 Thinkstock/Dorling Kindersley RF, 197 */snaptitude, 198 */Pavel Losevsky, 198 */.shock, 198 */Nicholas Piccillo, 198 Thinkstock/Photodisc, 198 Thinkstock/Photodisc, 198 Thinkstock/Photoobjects.net, 198 */.shock, 198 */micromonkey, 199 */kromkrathog, 199 Thinkstock/Fuse, 199 */Stian Iversen, 200 */Tan Kian Khoon, 200 */modestil, 200 */Igor Sokolov, 200 */piai, 200 */W II Hughes, 200 */Actionpics, 200 */Kelpfish, 200 */Africa Studio, 200 */Brocreative, 200 */karaboux, 200 */Lance Bellers, 200 */Sean Gladwell, 200 */by-studio, 201 */kanate, 201 */by-studio, 201 */Michael Pettigrew, 201 Thinkstock/Ingram Publishing, 202 */Katya Constantine, 202 */Nicholas Piccillo, 203 */Dmitry Vereshchagin, 203 */PinkBlue, 203 */PinkBlue, 203 */PinkBlue, 204 */Kris Strach, 204 */Kzenon, 204 */Kzenon, 205 */Quasarphoto, 205 */sumnersgraphicsinc, 205 */sumnersgraphicsinc, 205 */Veniamin Kraskov, 205 */Apart Foto, 205 */RTimages, 206 */zozulinskyi, 206 */Stefan Schurr, 206 */berc, 206 */mezzotint, 206 */ekarin, 206 Thinkstock/Digital Vision, 207 */Sportlibrary, 207 */lilufoto, 207 */roibu, 207 Thinkstock/TongRo Images, 207 */lilufoto, 207 Thinkstock/iStockphoto, 207 Thinkstock/iStockphoto, 207 */Michael Rosskothen, 207 */Oscar Brunet, 207 */Oscar Brunet, 207 Thinkstock/Comstock/JupiterImages, 208 */alessandro0770, 208 */Stefan Schurr, 208 */Maridav, 208 Thinkstock/moodboard, 208 */endostock, 208 */lightpoet, 208 */yanlev, 208 Thinkstock/Fuse, 208 */Wong Hock Weng, 209 */Andres Rodriguez, 209 */goldenangel, 209 */wellphoto, 209 Thinkstock/Digitial Vision, 209 */wellphoto, 209 */Cpro, 209 */Cpro, 209 */Birgit Reitz-Hofmann, 209 */Kitch Bain, 209 */Tony Taylor Stock, 209 */xy, 210 */marsyk, 210 */Sportlibrary, 210 */agentur2728.de, 210 Thinkstock/Hemera @ Getty Images, 211 Thinkstock/iStockphoto, 211 Thinkstock/iStockphoto, 211 Thinkstock/Comstock, 212 Thinkstock/iStockphoto, 212 */dima266f, 212 */Maridav, 212 */Anion, 212 */beatrice prève, 212 Thinkstock/Hemera, 212 */EpicStockMedia, 212 Thinkstock/iStockphoto, 212 Thinkstock/iStockphoto, 212 Thinkstock/Monkey Business, 213 Thinkstock/Fuse, 213 Thinkstock/iStockphoto, 213 Thinkstock/Pixland, 213 */attltibi, 213 */attltibi, 213 */belinka, 213 */Andrey Kiselev, 213 */auremar, 213 */tunedin, 213 Thinkstock/Hemera, 213 */Dmitry Vereshchagin, 213 */Elnur, 214 */Kseniya Abramova, 215 */Thierry RYO, 215 */Kseniya Abramova, 215 */Kseniya Abramova, 215 Thinkstock/Thomas Northcut @ Getty Images, 215 */Margo Harrison, 215 */fifranck, 215 */hosphotos, 215 */Heike und Hardy, 215 Thinkstock/iStockphoto, 215 */PackShot, 215 */auremar, 216 */Ljupco Smokovski, 216 */SS1001, 216 */Vadim Bukharin, 216 */Dmitry DG, 217 */ftlaudgirl, 217 */U. Woell, 217 */Anton Gvozdikov, 217 */project1photography, 217 */Volker Skibbe, 217 */Marcelo Dufflocq, 217 Thinkstock/iStockphoto, 217 */roblan, 217 */andreshka, 217 */stoonn, 217 */daseaford, 217 */sablin, 217 */garry_images, 218 */dell, 218 */Silvano Rebai, 218 */dell, 218 */victor zastol'skiy, 218 */mradlgruber, 218 Thinkstock/iStockphoto, 218 */© Olympixel, 218 */Val Thoermer, 218 */terranova_17, 219 Thinkstock/iStockphoto, 219 Thinkstock/moodboard, 219 */Galina Barskaya, 219 Thinkstock/Hemera, 219 */Dreef, 219 */Steeve ROCHE, 219 Thinkstock/iStockphoto, 219 Thinkstock/Photodisc/Ryan McVay, 219 */corepics, 219 */Lsantilli, 220 Thinkstock/iStockphoto, 220 */Netzer Johannes, 220 */Stefan Schurr, 220 */inigocia, 220 */Netzer Johannes, 220 */Jan Kranendonk, 220 */monster85, 220 */Avantgarde, 220 */photomag, 220 */storm, 220 */Fotoimpressionen, 220 */Marco2811, 220 */yanlev, 220 */lassedesignen, 220 */Stefan Schurr, 220 */Grigorenko, 221 */lilufoto, 221 */3dmentat, 221 */makoidos, 221 */Bergringfoto, 221 */Marin Conic, 221 */Dimitar Marinov, 221 */just2shutter, 221 Thinkstock/iStockphoto, 221 */Shmell, 221 */olly, 221 Thinkstock/iStockphoto, 221 Thinkstock/Cameron Spencer @ Getty Images, 221 */ChantalS, 221 */Felix Mizioznikov, 221 Thinkstock/Digital Vision, 221 */artjazz, 222 Thinkstock/iStockphoto, 222 */okinawakasawa, 222 */VIPDesign, 222 */okinawakasawa, 222 */starush, 222 */Hetizia, 223 Thinkstock/Wavebreak Media, 223 */Lerche & Johnson, 223 */Lerche & Johnson, 223 */Lerche & Johnson, 223 */Lerche & Johnson, 223 Thinkstock/iStockphoto, 223 Thinkstock/iStockphoto, 223 */Lerche & Johnson, 223 */Wisky, 223 */nito, 223 */Kzenon, 224 */Africa Studio, 226 Thinkstock/iStockphoto, 226 Thinkstock/Digital Vision, 226 Thinkstock/iStockphoto, 226 Thinkstock/Purestock, 226 Thinkstock/iStockphoto, 226 */Andrey Burmakin, 226 */Andrey Burmakin, 226 */Nejron Photo, 226 Thinkstock/JupiterImages © Getty Images, 227 Thinkstock/Digital Vision, 227 Thinkstock/Digital Vision, 227 Thinkstock/Digital Vision, 228 Thinkstock/iStockphoto, 228 */Africa Studio, 228 */Kalim, 228 Thinkstock/iStockphoto, 228 */ysbrandcosijn, 229 */Klaus Eppele, 229 */scalaphotography, 229 */cynoclub, 229 */Brian Jackson, 229 */mekcar, 229 */by-studio, 229 */Henry Schmitt, 229 */Henry Schmitt, 229 */alephcomo1, 229 */Henry Schmitt, 229 */deusexlupus, 229 */apops, 229 */MUE, 229 */MUE, 229 */MUE, 229 thinkstock/Hemera (Cagri Oner), 230 */ReMuS, 230 */soerenkuhrt, 230 */Maruba, 230 */cjansuebsri, 230 Thinkstock/iStockphoto, 230 */Constantinos, 230 */ILYA AKINSHIN, 230 */dvs71, 230 */Jürgen Fälchle, 230 */Uros Petrovic, 230 */Distrikt3, 230 */Lucky Dragon USA, 230 */Denis Ivatin, 230 */photlook, 230 */Klaus Eppele, 230 */venusangel, 231 Thinkstock/iStockphoto, 231 */visivasnc, 231 */sumnersgraphicsinc, 231 */ArtFamily, 231 Thinkstock/iStockphoto, 231 */ysbrandcosijn, 231 */jehafo, 232 */Andrey Armyagov, 232 Thinkstock/iStockphoto, 232 */G.Light, 232 Thinkstock/Digital Vision/A J James, 232 Thinkstock/iStockphoto, 232 */bizoo_n, 233 */Bombaert Patrick, 233 */tuja66, 233 */Giuseppe Porzani, 233 */ILYA AKINSHIN, 233 */jiggo, 234 */starman963, 234 */Kirill Zdorov, 234 */tobago77, 234 */Steve Mann, 234 */Michael Flippo, 234 Thinkstock/iStockphoto, 234 */Martina Berg, 234 */st-fotograf, 234 */imagika, 234 Thinkstock/iStockphoto, 234 */WavebreakMediaMicro, 234 */jillchen, 234 */Alexander Raths, 235 */Warren Millar, 235 Thinkstock/Stockbyte, 235 Thinkstock/iStockphoto, 235 Thinkstock/iStockphoto, 235 Thinkstock/iStockphoto, 235 Thinkstock/iStockphoto, 235 */ksena32, 235 Thinkstock/iStockphoto, 235 */AllebaziB, 235 */Barbara Pheby, 235 Thinkstock/Hemera, 235 */womue, 235 */Liliia Rudchenko, 235 Thinkstock/iStockphoto, 235 */jogyx, 235 */Marius Graf, 236 */Regina Jersova, 236 */bittedankeschön, 236 Thinkstock/iStockphoto, 236 */franzgustincich, 236 */openlens, 236 */bruniewska, 236 */Amid, 236 Thinkstock/iStockphoto, 236 */Gino Santa Maria , 236 Thinkstock/iStockphoto, 236 */krimzoya46, 236 */sandis94, 236 */tsaplia, 236 */tiggerlith, 236 */neirfy, 236 */bahrialtay, 237 */akekoksom, 238 Thinkstock/iStockphoto, 238 Thinkstock/iStockphoto, 238 */Sergiogen, 238 Thinkstock/iStockphoto, 238 */babimu, 239 */uckyo, 239 */RTimages, 239 */Africa Studio, 239 */Africa Studio, 239 */luiscarceller, 239 */Neyro, 239 */kornienko, 239 Thinkstock/thinstock Ablestock.com @ Getty Images, 239 */Mushy, 239 */maestria_diz, 239 Thinkstock/iStockphoto, 239 */U. Hardberck, 239 */Andreja Donko, 239 */koosen, 239 Thinkstock/iStockphoto, 239 Thinkstock/Hemera @ Getty Images, 240 */Printemps, 240 */Africa Studio, 240 Thinkstock/iStockphoto, 240 */shooarts, 240 */Vyacheslav Plyasenko, 240 */Artranq, 240 Thinkstock/JupiterImages © Getty Images, 240 */Firma V, 240 */ronstik, 240 */lunamarina, 240 */iampuay, 240 */Kuzmick, 240 */marysa03, 241 Thinkstock/Fuse, 241 Thinkstock/Creatas Images, 241 Thinkstock/Fuse, 241 */Kzenon, 241 */nyul, 241 */

Sergey Nivens, **241** */Nejron Photo, **242** */Robert Neumann, **242** */ratana_k, **242** */Marius Graf, **242** Thinkstock/iStockphoto, **242** */Unclesam, **242** */indigolotos, **242** */Birgit Reitz-Hofmann, **242** */fotomanu21, **242** */Hamik, **243** */Lichtmaler, **243** */Cmon, **243** Thinkstock/iStockphoto, **243** */DoraZett, **243** */NoName, **243** */RTimages, **243** */avtor_ep, **243** Thinkstock/Comstock, **243** */Dan Race, **243** Thinkstock/Digital Vision/Ryan McVay, **243** Thinkstock/Ingram Publishing, **243** Thinkstock/iStockphoto, **243** */seen, **244** Thinkstock/Zoonar, **244** */donfiore, **244** Thinkstock/iStockphoto, **244** */eldadcarin, **244** */eldadcarin, **244** */Anja Roesnick, **244** */Anja Roesnick, **244** */Anja Roesnick, **244** */Africa Studio, **244** */Foto-Ruhrgebiet, **244** Thinkstock/Zoonar, **244** */eldadcarin, **244** */STUDIO12, **245** Thinkstock/iStockphoto, **245** */sergign, **245** */schoki_01, **245** */aleciccotelli, **245** */Fyle, **245** */frank peters, **245** */Christer Tvedt, **246** */benjaminnolte, **246** Thinkstock/iStockphoto, **246** Thinkstock/Digital Vision/Alexander Hassenstein, **246** */Aleksandar Todorovic, **247** Thinkstock/iStockphoto, **247** */f9photos, **247** Thinkstock/iStockphoto, **247** */photocrew, **247** Thinkstock/iStockphoto, **247** */Aleksandar Todorovic, **247** */mikesch112, **247** */rangizzz, **247** */chulja, **247** Thinkstock/iStockphoto, **247** */pressmaster, **247** Thinkstock/iStockphoto, **247** */arnau2098, **248** */B. Wylezich, **248** */philipus, **248** */Angus , **248** */od - pictureworks, **248** */bergamont , **248** */risto0, **248** */full image, **248** */Coprid, **248** */f9photos, **248** */sss78, **248** */federicofoto, **249** */Africa Studio, **249** */Ljupco Smokovski, **249** */Danicek, **249** Thinkstock/iStockphoto, **249** */Alexey Potapov, **249** */scphoto48 , **249** */tolism, **250** */babimu, **252** */CLIPAREA.com, **252** */CLIPAREA.com, **253** */CLIPAREA.com, **253** */CLIPAREA.com, **254** Thinkstock/Zoonar, **254** Thinkstock/Hemera @ Getty Images, **254** Thinkstock/iStockphoto, **255** */mrgarry, **255** */turhanerbas, **256** */adimas, **257** */adimas, **258** */pixelcaos, **259** */3drenderings, **259** */3drenderings, **259** */3drenderings, **259** */3drenderings, **259** */3drenderings, **259** */3drenderings, **259** */arsdigital, **259** */pixelcaos, **260** */pixelcaos, **261** */pixelcaos, **261** */Diana Taliun, **262** */vectorus, **262** */Lsantilli, **262** */Sven Bähren, **262** */Tyler Olson, **262** */GordonGrand, **262** */iStockphoto, **263** */reflektastudios, **263** Thinkstock/oksun70, **263** */Robert Angermayr, **263** */silverrobert, **263** */Popova Olga, **263** */gradt, **264** */Alexander Raths, **264** */fhmedien_de, **264** */Creativa, **264** */ISO K° - photography, **264** */Sashkin, **264** */Africa Studio, **265** */Monkey Business, **265** */dalaprod, **265** */drubig-photo, **265** */drubig-photo, **265** */vladimirfloyd, **266** */Africa Studio, **266** */iko, **266** */DoraZett, **266** */Creativa, **266** */Gina Sanders, **266** */Subbotina Anna, **266** */drubig-photo, **266** */Ocskay Bence, **266** */detailblick, **266** */Kurhan, **267** */Creativa, **267** */underdogstudios, **267** */Dmitry Lobanov, **267** */rangizzz, **267** */Dan Race, **267** */Eisenhans, **267** */smikeymikey1, **268** Thinkstock/iStockphoto, **268** */Guido Grochowski, **268** */Dmitry Vereshchagin, **268** */HBK, **268** */treetstreet, **268** */Peter Atkins, **268** */Bandika, **268** */wckiw, **269** */ksena32, **269** */Igor Mojzes, **269** */st-fotograf, **269** */Vidady, **269** */Maridav, **269** Thinkstock/iStockphoto, **269** Thinkstock/iStockphoto, **269** */Kondor83, **269** */Gelpi, **269** */Volker Witt, **269** */apops, **269** */juefraphoto , **269** */Joss, **270** */CandyBox Images, **270** */alswart, **270** */hitdelight, **270** */unclepodger, **271** */Igor Zakowski, **271** */Rade Lukovic, **271** */draw05, **271** */blende40, **271** */Kurhan, **271** */Jessmine, **271** */contrastwerkstatt, **271** */apops, **272** */Alexandr Mitiuc, **272** Thinkstock/iStockphoto, **272** */Tyler Olson, **272** */Africa Studio, **273** */malajscy, **273** */Gerhard Brée, **273** */ep stock, **273** */ksl, **274** */Gennadiy Poznyakov, **274** */Tobilander, **274** */malajscy, **274** */starman963, **274** */Jim Vallee, **275** */danutelu, **275** */spotmatikphoto, **275** */Robert Kneschke, **275** */Dmitry Vereshchagin, **275** */itsmejust, **275** */Robert Kneschke, **275** */WONG SZE FEI, **276** */Africa Studio, **276** */Africa Studio, **276** */contrastwerkstatt, **276** */khuntapol, **276** */Coprid, **276** */Anatoly Repin, **276** */adisa, **276** */Borys Shevchuk, **276** */Manuel Schäfer, **276** */Nataraj, **277** */Gordon Saunders, **277** */seen, **277** */only4denn, **277** Thinkstock/Hemera, **277** */Coprid, **277** */blondina93, **277** */by-studio, **277** */Jiri Hera, **277** */Johanna Goodyear, **277** */Nazzu, **277** */Tharakorn, **277** */Tarzhanova, **277** */terex, **278** */Tatjana Balzer, **278** */Tyler Olson, **278** */Schlierner, **278** */Kzenon, **278** */modul_a, **278** */Nikki Zalewski, **278** */Khorzhevska, **278** */bertys30, **278** */Tran-Photography, **278** */Zdenka Darula, **278** */WONG SZE FEI, **278** */pearl, **278** */Taffi, **279** */Gennadiy Poznyakov, **279** */ecobo, **279** */pukall-fotografie, **279** */goodluz, **279** Thinkstock/Dorling Kindersley RF, **279** Thinkstock/iStockphoto, **279** */Artem Merzlenko, **280** */Han van Vonno, **282** */CandyBox Images, **282** */Roman Milert, **282** */Volker Witt, **282** */AK-DigiArt, **282** */Dario Lo Presti, **282** */benjaminnolte, **283** */Michael Schütze, **283** */brozova, **283** */Rodja, **283** Thinkstock/iStockphoto, **283** */cristi180884, **283** */Lisa F. Young, **284** Thinkstock/iStockphoto, **284** Thinkstock/Photodisc, **284** */VRD, **284** */Andre Bonn, **284** */shutswis, **285** */Lukas Sembera, **285** Thinkstock/liquidlibrary, **285** */marog-pixcells, **285** Thinkstock/iStockphoto, **285** */koszivu, **285** */Photographee.eu, **285** Thinkstock/iStockphoto, **285** */Monkey Business, **285** */Photographee.eu, **285** */Gerhard Seybert, **285** */Artem Furman, **286** */PictureArt, **286** */Pavel Losevsky, **286** */davis, **286** */Arcady, **286** */playstuff, **286** */beermedia, **286** */Lucky Dragon USA, **286** */Igor Kovalchuk, **287** */Christa Eder, **287** */Svetlana Gryankina, **287** */creAtive, **287** */Berry, **287** */Maygutyak, **287** */WoGi, **287** */Tobboo, **287** */jogyx, **287** */rouakcz, **287** */Silvano Rebai, **288** */Fiedels, **288** */nupsik284, **288** */Birgit Reitz-Hofmann, **288** */Claudio Divizia, **288** */GP, **288** */S.Kobold, **288** */amorfati.art, **288** */CPJ Photography, **288** */Zacarias da Mata, **288** */Hugh McKean, **288** */aquapix, **288** */Eric Gevaert, **289** */andrewburgess, **289** Thinkstock/iStockphoto, **289** */lassedesignen, **289** */Heinz Waldukat, **289** */Sergey Kamshylin, **289** */Nazzalbe, **289** */Kalle Kolodziej, **289** */Roy Pedersen, **289** */MacX, **289** */reeel, **289** */marqs, **289** */william87, **290** */Igor Kovalchuk, **292** Thinkstock/iStockphoto, **292** */Artenauta, **293** */fergregory, **294** */Jürgen Fälchle, **294** */peresanz, **294** */magann, **294** */vencav, **294** */virtua73, **294** */Kovalenko Inna, **294** */creatifixus, **294** */cboix, **294** */Florent DIE, **294** */ping han, **294** */peresanz, **294** */kevron2001, **294** */peresanz, **295** */jeremyculpdesign, **297** */Arid Ocean, **298** */artalis, **299** */jokatoons, **299** */Thomas Röske, **299** */jokatoons, **299** */jokatoons, **299** */jokatoons, **299** */jokatoons, **299** */jokatoons, **299** */jokatoons, **299** */jokatoons, **299** */jokatoons, **299** */jokatoons, **299** */jokatoons, **299** */jokatoons, **299** */jokatoons, **299** */jokatoons, **299** */jokatoons, **300** */jokatoons, **300** */jokatoons, **300** */jokatoons, **300** */jokatoons, **300** */jokatoons, **300** */jokatoons, **300** */jokatoons, **300** */jokatoons, **300** */jokatoons, **300** */jokatoons, **300** */jokatoons, **300** */jokatoons, **300** */jokatoons, **300** */jokatoons, **300** */jokatoons, **300** */jokatoons, **301** */jokatoons, **301** */jokatoons, **301** */Thomas Röske, **301** */jokatoons, **301** */jokatoons, **301** */Pekchar, **301** */jokatoons, **301** */jokatoons, **301** */jokatoons, **301** */jokatoons, **301** */jokatoons, **301** */jokatoons, **301** */jokatoons, **302** Thinkstock/Hemera, **302** Thinkstock/Hemera, **302** Thinkstock/Hemera, **302** Thinkstock/Hemera, **302** Thinkstock/Hemera, **302** Thinkstock/Hemera, **302** Thinkstock/Hemera, **302** Thinkstock/Hemera, **302** Thinkstock/Hemera, **302** Thinkstock/Hemera, **302** Thinkstock/Hemera, **302** Thinkstock/Hemera, **302** Thinkstock/Hemera, **302** */Route66, **302** Thinkstock/Hemera, **302** Thinkstock/Hemera, **303** Thinkstock/Hemera, **303** Thinkstock/Hemera, **303** Thinkstock/Hemera, **303** Thinkstock/Hemera, **303**

Thinkstock/Hemera, **303** Thinkstock/Hemera, **303** Thinkstock/Hemera, **303** Thinkstock/iStockphoto, **303** Thinkstock/iStockphoto, **303** Thinkstock/iStockphoto, **303** Thinkstock/iStockphoto, **303** Thinkstock/iStockphoto, **303** Thinkstock/iStockphoto, **303** Thinkstock/iStockphoto, **303** Thinkstock/iStockphoto, **304** Thinkstock/iStockphoto, **304** Thinkstock/iStockphoto, **304** Thinkstock/iStockphoto, **304** Thinkstock/iStockphoto, **304** */romantiche, **304** */romantiche, **304** */romantiche, **304** */romantiche, **304** */romantiche, **304** */romantiche, **304** */romantiche, **304** */romantiche, **304** */romantiche, **304** */romantiche, **304** */romantiche, **304** */romantiche, **305** */romantiche, **305** */romantiche, **305** */romantiche, **305** */romantiche, **305** */romantiche, **305** */romantiche, **305** */romantiche, **305** */romantiche, **305** */romantiche, **305** */romantiche, **305** */romantiche, **305** */romantiche, **305** */romantiche, **305** */romantiche, **305** */romantiche, **306** */romantiche, **306** */romantiche, **306** */romantiche, **306** */romantiche, **306** */romantiche, **306** */romantiche, **306** */romantiche, **306** */romantiche, **306** */romantiche, **306** */romantiche, **306** */romantiche, **306** */romantiche, **306** */romantiche, **306** */romantiche, **306** */romantiche, **306** */romantiche, **307** */romantiche, **307** */romantiche, **307** */romantiche, **307** */romantiche, **307** */romantiche, **307** */romantiche, **307** */romantiche, **307** */romantiche, **307** */romantiche, **307** */romantiche, **307** */petra b., **307** */petra b., **307** */petra b., **307** */petra b., **308** */petra b., **308** */petra b., **308** */petra b., **308** */petra b., **308** */petra b., **308** */petra b., **308** */petra b., **308** */petra b., **308** */petra b., **308** */petra b., **308** */petra b., **308** */petra b., **308** */petra b., **308** */petra b., **308** */petra b., **308** */petra b., **309** */petra b., **309** */petra b., **309** */petra b., **309** */petra b., **309** */petra b., **309** */petra b., **309** */petra b., **309** */Yotama, **309** */petra b., **309** */petra b., **309** */petra b., **309** */petra b., **309** */petra b., **309** */petra b., **309** */petra b., **309** */petra b., **309** */petra b., **310** */petra b., **310** */petra b., **310** */petra b., **310** */petra b., **310** */petra b., **310** */petra b., **310** */petra b., **310** */petra b., **310** */petra b., **310** */Pekchar, **310** */megastocker, **310** Thinkstock/iStockphoto, **310** */Thomas Röske, **310** Thinkstock/iStockphoto, **310** Thinkstock/iStockphoto, **310** Thinkstock/iStockphoto, **310** Thinkstock/iStockphoto, **311** Thinkstock/iStockphoto, **311** */Thomas Röske, **311** Thinkstock/iStockphoto, **311** Thinkstock/iStockphoto, **311** Thinkstock/iStockphoto, **311** Thinkstock/iStockphoto, **311** Thinkstock/iStockphoto, **311** */jokatoons, **311** */yannik LABBE, **311** */Dream Cursor, **311** */sunt, **311** Thinkstock/iStockphoto, **311** */Andreas Meyer, **311** */DomLortha, **312** */Elena Petrova, **312** */Christian Pedant, **312** */Tomas Sereda, **312** Thinkstock/Fuse, **312** */Masson, **312** */Alliance, **312** */marog-pixcells, **312** */byheaven, **312** */joda, **312** */Miredi, **312** */momanuma, **312** */pictureguy32, **312** */bugphai, **313** */Nathan Jaskowiak, **313** */Vera Kuttelvaserova, **313** */rangizzz, **313** Thinkstock/Image Source, **313** */Leonid Tit, **313** */hjschneider, **313** */tiplyashina, **313** */Serg Zastavkin, **313** */Vera Kuttelvaserova, **313** */Vera Kuttelvaserova, **313** */RyszardStelmachowicz, **313** */Hamik, **313** */rangizzz, **314** */Sunny Forest, **314** Thinkstock/iStockphoto, **314** */Minerva Studio, **314** Thinkstock/iStockphoto, **314** */steffendia, **314** */FrankBirds, **314** */Sunshine Pics, **314** */Christophe Fouquin, **314** Thinkstock/iStockphoto, **314** */lassedesignen, **314** Thinkstock/iStockphoto, **314** Thinkstock/iStockphoto, **314** */Maygutyak, **314** */mario beauregard, **314** */victor zastol'skiy, **314** */macky_ch, **315** */scattomatto74, **315** */Sabine Kipus, **315** */Cmon, **315** */Dario Bajurin, **315** */jacare35, **315** */kohy, **316** */nni94, **316** Thinkstock/Ingram Publishing, **316** */ollirg, **316** */Martin M303, **316** */mrks_v, **316** */doris oberfrank-list, **316** Thinkstock/iStockphoto, **316** */steffus, **316** */smereka, **316** */Ben Burger, **316** */kentauros, **316** */Bernd S., **316** */Dario Bajurin, **316** */acceleratorhams, **316** */Fyle, **316** */Alena Stalmashonak, **317** */siimsepp, **317** */siimsepp, **317** */siimsepp, **317** */siimsepp, **317** */siimsepp, **317** */Tyler Boyes, **317** */siimsepp, **317** */Tyler Boyes, **317** */vvoe, **317** */wlad074, **317** */Tyler Boyes, **317** */iraries, **317** */Ekaterina Fribus, **317** */Ekaterina Fribus, **317** */marcel, **317** */siimsepp, **318** */boykung, **318** */Alexander Hoffmann, **318** */Alexander Hoffmann, **318** */Atiketta Sangasaeng, **318** */byjeng, **318** */Alexander Hoffmann, **318** */Alexander Hoffmann, **318** */apttone, **318** */Alexander Hoffmann, **318** */bigjo, **318** */Rozaliya, **318** */VL@D, **318** */Alexander Hoffmann, **318** */Alex Shadrin, **318** */Alexander Hoffmann, **318** */Alexander Hoffmann, **318** */Digipic, **318** */volff, **318** */Alexander Hoffmann, **318** */Alexander Hoffmann, **319** */Alexander Potapov, **319** */Tiler84, **319** */Tiler84, **319** */Tiler84, **319** */Tiler84, **319** */lamax, **320** */vladimirkim3722, **320** */k_kron, **320** Thinkstock/iStockphoto, **320** */iko, **320** */Jürgen Fälchle, **320** */ondrej83, **320** */Heinz Waldukat, **320** */termis1983, **320** */Tom, **320** */mubus, **320** */veneratio, **320** */Roman Pyshchyk, **320** */Picture-Factory, **320** */Omika, **320** */funnycreature, **320** */Almgren, **321** */Nik, **321** */Tonanakan, **321** */motorlka, **321** */Pavlo Vakhrushev, **321** */Miroslawa Drozdowski, **321** */pia-pictures, **322** */Gang, **322** */Africa Studio, **322** */felinda, **322** */sergio37_120, **322** */eyetronic, **322** */sergio37_120, **322** */VICUSCHKA, **322** */tr3gi, **322** */Tim UR, **322** */alfastudiofoto, **322** */sergio37_120, **322** */lenkusa, **322** */sergio37_120, **322** */Friedberg, **322** */Africa Studio, **322** */Roxana, **323** */anankkml , **323** */Daniel Strauch, **323** */Stefan Körber, **323** */hans klein, **323** */juiceteam2013, **323** */audioscience, **323** */keller , **323** */flucas , **323** */ jacky , **323** */Tomashko , **323** */Serghei Velusceac , **323** */Andrea Wilhelm, **323** */tab62, **323** */Ichbins11, **323** */Studio Barcelona, **323** */volkerr, **324** */Farinoza, **324** */Eric Isselée, **324** */jagodka, **324** */Azaliya Elya Vatel, **324** */Eric Isselée, **324** */Uros Petrovic, **324** */Katrina Brown, **324** */eastmanphoto, **324** */nn-fotografie, **324** */cynoclub, **324** */biglama, **324** */Eric Isselée, **324** */grafikplusfoto, **325** Thinkstock/iStockphoto, **325** */Eric Isselée, **325** */JackF, **325** */Eric Isselée, **325** */Eric Isselée, **325** */Aaron Amat, **325** */Eric Isselée, **325** */Eric Isselée, **325** */anekoho, **325** */Christian Musat, **325** */Eric Isselée, **325** */Eric Isselée, **325** */Christian Musat, **325** */ILYA AKINSHIN, **325** */Eric Isselée, **325** */Eric Isselée, **326** */Eric Isselée, **326** */StarJumper, **326** */Eric Isselée, **326** */Anatolii, **326** */Vera Kuttelvaserova, **326** */Eric Isselée, **326** */Coprid, **326** */Eric Isselée, **326** */JackF, **326** */nexusseven, **326** */EwaStudio, **326** */cynoclub, **326** */anankkml, **326** */tiero, **326** */Taalvi, **326** */Eric Isselée, **327** */Alexander Potapov, **327** */Eric Isselée, **327** */Eric Isselée, **327** */Eric Isselée, **327** Thinkstock/iStockphoto, **327** Thinkstock/iStockphoto, **327** */Mike Price, **327** */Roman Samokhin, **327** */Eric Isselée, **327** */Eric Isselée, **327** Thinkstock/iStockphoto, **327** */maz12, **327** */Eric Isselée, **327** */Smileus, **327** */XK, **327** */anankkml, **328** */Eric Isselée, **328** */Steve Byland, **328** */Eric Isselée, **328** */Eric Isselée, **328** */Eric Isselée, **328** */Eric Isselée, **328** */Eric Isselée, **328** */fotomaster, **328** */jakgree, **328** */Farinoza, **328** */Farinoza, **328** Thinkstock/iStockphoto, **328** */Eric Isselée, **329** */Uryadnikov Sergey, **329** */phant, **329** */Eric Isselée, **329** */Eric Isselée, **329** */ILYA AKINSHIN, **329** */Janis Smits, **329** */Aaron Amat, **329** */ILYA AKINSHIN, **329** */Eric Isselée, **329** */fotomaster, **329** */Roman Samokhin, **329** */shishiga, **329** */Nicolette Wollentin, **329** */sval7, **329** */Eric Isselée, **329** */Eric Isselée, **330** */eastmanphoto, **330** */eastmanphoto, **330** */Smileus, **330** */Daniel Nimmervoll, **330** */kurapy, **330** */Eric Isselée, **330** */jagodka, **330** */Richard Carey, **330** */Anatolii, **330** */antpkr, **330** Thinkstock/iStockphoto, **330** */Eric Isselée, **330** */eastmanphoto, **331** */Irochka, **331** */Giuseppe Porzani, **331** */eyeblink, **331** */manuart, **331** */Eric Isselée, **331** */lunamarina, **331** */pistol7, **331** */Richard Carey, **331** */Witold Krasowski, **331** Thinkstock/Hemera, **331** Thinkstock/

iStockphoto, **331** */Coprid, **331** */tongdang, **332** */Oliver Klimek, **332** */Valeriy Kirsanov, **332** */defun, **332** */Alekss, **332** */JPS, **332** */Gewoldi, **332** */Henrik Larsson, **332** */vnlit, **332** */Klaus Eppele, **332** */xiaoliangge, **332** */VRD, **332** */Alekss, **332** */Marco Uliana, **332** */morelia1983, **332** */Zbyszek Nowak, **332** */npps48, **333** Thinkstock/iStockphoto, **333** */defun, **333** */Cosmin Manci, **333** Thinkstock/Hemear, **333** */fancyfocus, **333** */gertrudda, **333** */xjbxjhxm, **333** Thinkstock/iStockphoto, **333** */defun, **333** */emer, **333** */chungking, **333** */Coprid, **333** Thinkstock/iStockphoto, **333** */eastmanphoto, **333** */Carola Schubbel, **333** */natara, **334** */tescha555, **336** */DDRockstar, **336** */Denys Prykhodov, **336** */Denys Prykhodov, **336** */Denys Prykhodov, **336** */Denys Prykhodov, **336** */Denys Prykhodov, **336** */Denys Prykhodov, **336** */Africa Studio, **336** */Africa Studio, **336** */Africa Studio, **336** */DB, **339** */robert, **340** */magann, **340** */magann, **340** */magann, **340** */magann, **340** */magann, **340** */magann, **340** */magann, **340** */magann, **340** */magann, **340** */magann, **340** */magann, **340** */magann, **340** */magann, **341** */magann, **341** */magann, **341** */magann, **341** */magann, **341** */magann, **341** */magann, **341** */magann, **341** */magann, **341** */magann, **341** */magann, **341** */magann, **341** */vvoe, **341** */Lucky Dragon, **342** */tomreichner, **342** */Marco2811, **342** */merydolla, **342** */in-foto-backgrounds, **342** */Reicher, **342** */ARochau, **342** */Yahya Idiz, **342** */motorradcbr, **342** */Beboy, **342** */Dmytro Smaglov, **342** */Anton Gvozdikov, **342** */sborisov, **342** */Netzer Johannes, **343** Stockphoto/Juffin, **344** */Juulijs, **344** */m.u.ozmen, **344** */lucato, **344** */www.strubhamburg.de, **344** */guynamedjames, **344** */Jörg Hackemann, **344** */MaxWo, **345** */AI, **345** */hayo, **345** */ufotopixl10, **345** */vector icon, **345** */vector icon, **345** */vector icon, **345** */vector icon

Frisch Weiterlernen mit PONS Bildwörterbüchern:

ISBN 978-3-12-516084-2
9,99 € **[D/A]**

ISBN 978-3-12-516085-9
9,99 € **[D/A]**

ISBN 978-3-12-516080-4
9,99 € **[D/A]**

ISBN 978-3-12-516081-1
9,99 € **[D/A]**

ISBN 978-3-12-516109-2
9,99 € **[D/A]**

ISBN 978-3-12-516083-5
9,99 € **[D/A]**

ISBN 978-3-12-516111-5
9,99 € **[D/A]**

ISBN 978-3-12-516121-4
12,99 € **[D]** 13,40 € **[A]**

ISBN 978-3-12-516101-6
9,99 € **[D/A]**

PONS

Bildwörterbuch Dänisch-Deutsch

Bearbeitet von: A.C.T. Fachübersetzungen GmbH, Anette Dralle

1. Auflage 2019 (1,01 – 2019)

www.pons.de
E-Mail: kundenservice@pons.de

Projektleitung: Christiane Mackenzie
Gestaltung: Petra Michel, Essen
Umschlaggestaltung: Anne Helbich, Stuttgart
Satz: Satzkasten, Stuttgart
Umschlagfotos von links nach rechts: Getty Images/inbj; Shutterstock/drebha; Shutterstock/Bildagentur Zoonar GmbH

Logoentwurf: Erwin Poell, Heidelberg
Logoüberarbeitung: Sabine Redlin, Ludwigsburg
Druck und Bindung: Publikum d.o.o.

ISBN: 978-3-12-516190-0